한국사상선 7

이이

도학의 쇄신과 안민의 길

한국사상선 7

김경호 편저

이이

도학의 쇄신과 안민의 길

창비
Changbi Publishers

창비 한국사상선 간행의 말

나날이 발전하는 세상을 약속하던 자본주의가 반문명적 본색을 여지없이 드러내며 다수의 삶을 고통으로 몰아간 지 오래다. 이제는 인간 문명의 기본 터전인 지구 생태를 거세게 위협하는 시대에 이르렀다. 결국 세상의 종말이 닥친다 해도 놀랄 수 없는 시대의 위태로움이 전에 없던 문명적 대전환을 요구한다는 각성에서 창비 한국사상선의 기획은 시작되었다. '전환'이라는 강력하게 실천적인 과제는 우리 모두에게 다른 삶의 전망과 지침이 필요하며 전망과 지침으로 살아 작동할 사상이 절실함을 뜻한다. 그런 사상을 향한 다급하고 간절한 요청에 공명하려는 기획으로서, 창비 한국사상선은 한국사상이라는 분야를 요령 있게 소개하거나 새롭게 정비하는 평시적 작업을 넘어 어떤 비상한 대책이기를 열망하며 구상되었다.

사상을 향한 요청이 반드시 '한국사상'으로 향할 이유가 되는지 반문하는 이들도 있을지 모른다. 사상이라고 하면 플라톤 같은 유구한 이름으로 시작하여 무수히 재해석된 쟁쟁한 인물과 계보로 가득한 서구사상을 으레 떠올리기 때문이다. 우리가 겪는 위기가 행성 전체에 걸친 것이라면 늘 그래왔듯 서구의 누군가가 자기네 사상전통에 기대 무언가 이야기하지 않았을까, 그런 것들을 찾아보는 편이 더 효율적이지 않을까 하는 생각은 사실 오래된 습관이다. 더욱이 '한국사상'이라는 표현 자체가 많은 독자들에게 꽤 낯설게 느껴질 법하다. 한국의 유교사상이라거나 한국의 불교사상 같은 분류는 이따금 듣게 되지만 그 경우는 유교사상이나 불교사상의 지역적 분화라는 인상이 강하다. 한국사상이 변모하고 확장하면서 갖게 된 유교적인 또는 불교적인 양상으로 이해하는 방식은 익숙지 않을 것이기에 '한국사상'에 대한 우리의 공통감각은 여전히 흐릿하다고 말할 수 있다.

하지만 이런 사정이야말로 창비 한국사상선 발간의 또 다른 동력이다. 서구사상은 오랜 시간 구축한 단단한 상호참조체계를 바탕으로 세계 지성계에서 압도적 발언권을 유지하는 한편 오늘날의 위기에 관해서도 이런저런 인식의 '전회turn'라는 형식으로 대응하고 있다. 그럼에도 그 위상의 이면에 강고한 배타성과 편견이 작동하고 있음을 지적하는 목소리가 높다. 무엇보다 지금 이곳 — 그리고 지구의 또 다른 여러 곳 — 의 경험이 그들의 셈법에 들어 있지 않고 따라서 그 경험이 빚어낸 사상적 성과 역시 반영되지 않는다는 느낌은 갈수록 커져왔다. 서구사상에서 점점 빈번해지는 여러 전회들이 결국 그들 나름의 뚜렷한 한계 안에서 이루어지는 뒤집기 또는 공중제비에 불과하다는 인상도 지우기 어렵다. 정치, 경제, 문화 등 여러 부문에서 그렇듯이 이제 사상에서도 서구가 가진 위상은 돌이킬 수 없이 상대화되고 보편의 자리는 진실로 대안에 값하는 사상을 향한 열린 분투에 맡겨졌다.

그런가 하면 '한국적인 것' 일반은 K라는 수식어구를 동반하며 부쩍 세계적 이목을 끌고 있다. K의 부상은 유행에 민감한 대중문화에서 시작되어서인지 하나의 파도처럼 몰려와 해변을 적셨다가 곧이어 다른 파도에 밀려가리라 생각되기도 한다. '한류'라는 지칭에 집약된 이 비유는 숱한 파도가 오고 가도 해변은 변치 않는다는 암묵적 전제에 갇혀 있지만, 음악이든 드라마든 이만큼의 세계적 반향을 일으킨다면 해당 분야의 역사를 다시 쓰면서 더 항구적인 영향을 남길 수 있다고 평가받아야 한다. 중요한 것은 이제 한국적인 것이 무시 못 할 세계적 발언권을 획득하면서 단순히 어떻게 들리게 할까가 아니라 무엇을 말할까에 집중할 수 있게 된 점이다. 대중문화에 이어 한국문학이 느리지만 묵직하게 존재감을 발하는 이 시점이 한국사상이 전지구적 과제를 향해 독자적 목소리를 보태기에 더없이 적절한지 모른다.

그러기 위해 한국사상은 스스로를 호명하고 가다듬는 작업을 함께 진행해야 한다. 이름 자체의 낯섦에서 알 수 있듯 한국사상은 그저 우리 역사에 존재했던 여러 사상가들의 사유들을 총합하는 무엇이 아니라 상당 정도로 새로이 구성해야 하는 무엇에 가깝다. 창비 한국사상선은 문명전환을 이룰 대안사상의 모색이라는 과제를 중심으로 이 작업에 임하고자 했는데, 이는 거꾸로 바로 그런 모색이 실제로 한국사상의 면면한 바탕임을 발견하는 과정이기도 했다. 여기 실린 사상가들의 사유에는 역사와 현실을 탐문하며 새로운 삶의 보편적 비전을 구현하려 한 강도 높은 실천성, 그리고 주어진 사회의 시스템을 변혁하는 일과 개개인의 마음을 닦는 일이 진리에 속하는 과업으로서 단일한 도정이라는 깨달음이 깊이 새겨져 있다. 이 점은 오늘날 한국사상의 구성과 전승이 어떤 방식으로 지속되어야 할지 일러준다. 이직은 우리 자신에게조차 '가난한 노래의 씨'로 놓인 이 사유들을 참조하고 재해석하면서 위태로운 세계의 '광야'를 건널 지구적 자원이자 자기 삶의 실질적 영감으로 부단히 활용하는 실천을 통해 비로소 한국사상의 역량은 온전히 발휘될 것이다.

창비 한국사상선이 사상가들의 핵심저작을 직접 제공하는 데 주력한 이유도 여기에 있다. 학구적 관심이 아니라도 누구든 삶과 세계에 대해 사유하고 발언할 때 펼쳐 인용하고 되새기는 장면을 그려본 구성이다. 이제껏 칸트와 헤겔을 따오고 맑스와 니체, 푸꼬와 데리다를 언급했던 만큼이나 가까이 두고 자주 들춰보는 공통 교양서가 되기를 기대한다. 그러기 위해 원문의 의도를 훼손하지 않는 범위에서 되도록 오늘날의 언어에 가깝게 풀어 싣고자 노력했다. 핵심저작 앞에 실린 편자의 서문은 해당 사상가의 사유를 개관하며 입문의 장벽을 낮추는 역할에 더하여, 덜 주목받은 면을 조명하고 새로운 관점을 보탬으로써 독자들의 시야를 넓혀 각자 또 다른 해석자가 되도록 고무한다. 부록과 연보는 사상가를 둘러싼 당대적·세계적 문맥을 더 면밀히 읽는 데 도움이 되고자 한다.

사상선 각권이 개별 사상가의 전체 저작에서 중요한 일부를 추릴 수밖에 없었듯 전체적으로도 총 30권으로 기획되었기에 어쩔 수 없이 선별적이다. 시기도 조선시대부터로 제한했다. 그러다 보니 신라의 원효나 최치원같이 여전히 사상가로서 생명을 지녔을뿐더러 어떤 의미로 한국적 사상의 원류에 해당하는 분들과 고려시대의 중요 사상가들이 제외되었다. 또 조선시대의 특성상 유교사상이 지나치게 큰 비중을 차지한 느낌도 없지 않을 것이다. 하지만 조선의 유학 자체가 송학 내지 신유학의 단순한 이식이 아니라 중국에서 실현된 바 없는 독특한 유교국가를 만들려는 세계사적 실험이었거니와, 이 시대의 사상가들이 각기 자기 나름으로 유·불·선 회통이라는 한반도 특유의 사상적 기획에 기여하고자 했음이 이 선집을 통해 드러나리라 믿는다.

조선시대 이전이 제외된 대신 사상선집에서 곧잘 소홀히 되는 20세기 후반까지 포함하며 이제껏 사상가로 이야기되지 않던 문인, 정치인, 종교인을 다수 망라한 점도 본서의 자랑이다. 한번에 열권씩 발행하되 전부를 시대순으로 간행하기보다 1~5권과 16~20권을 1차로 배본하는 등 발간 방식에서도 20세기가 너무 뒤로 밀리지 않게 배려했다. 1권 정도전에서 시작하여 30권 김대중으로 마무리되는 구성에 1인 단독집만이 아니라 2, 3, 4인 합집을 배치하여 선별의 아쉬움도 최대한 보충하고자 했으나, 사상가들의 목록은 당연히 완결된 것이 아니고 추후 보완작업을 기대해야 한다. 그럼에도 이 사상선을 하나의 '정전'으로 세우고자 했음을 굳이 숨기고 싶지 않다. 다만 모든 정전의 운명이 그렇듯 깨어지고 수정되고 다시 세워지는 굴곡이야말로 한국사상의 생애주기에 꼭 필요한 일이다. 아니, 창비 한국사상선 자체가 정전 파괴와 쇄신의 정신까지 담고 있음에 주목해주시기를 바란다. 특히 수운 최제우와 소태산 박중빈 같은 한반도가 낳은 개벽사상가를 중요하게 배치한 점은 사상선의 고유한 취지를 한층 부각해주리라 기대한다.

창비 한국사상선은 1966년 창간 이래 60년 가까이 한국학에 남다른 관심을 기울여온 계간 『창작과비평』, 그리고 '독자와 함께 더 나은 세상을' 꿈꾸어온 도서출판 창비의 의지와 노력이 맺은 결실이다. 문명적 대전환에 기여할 사상, 그런 의미에서 단순히 개혁적이기보다 개벽적이라 불러야 할 사상에 의미 있는 보탬이 되고 대항담론에 그치지 않는 대안담론으로서 한국사상이 갖는 잠재성을 세계의 다른 구성원들과 공유하는 계기가 된다면 더없는 보람일 것이다. 오직 함께하는 일로서만 가능한 이 사상적 실천에 독자 여러분의 많은 관심과 참여를 부탁드린다.

2024년 7월
창비 한국사상선 간행위원회 일동

차례

일러두기

1. 본 역주는 교감본(校勘本) 『율곡전서(栗谷全書)』 1·2·3(율곡연구원 2019)을 대본으로 사용했다.
   판본에 대한 내용은 교감본 『율곡전서』 해제를 참고하길 바란다.
2. 각주는 모두 편저자의 것이고, 원주는 【 】안에 표기했다.
3. 국립국어원 표기 규정을 따르되, 일부 표기에는 가독성과 당대의 맥락을 고려했다.

조선 유학의 갱신과 전환

어쩌면 우리는 오랫동안 누군가에 의해 그려지고 활자로 박제된 율곡 이이를 마주해왔는지도 모른다. 강단에 갇힌 '성리학의 대가', 오천원권 지폐 속 온화한 이미지의 학자, 아니면 과거시험에서 아홉번 장원했던 '구 도장원공'이라는 천재, 혹은 강직하고 격정적이었던 정치·행정가로서의 모습이 그것이다. 하지만 켜켜이 쌓인 세월의 먼지를 털어내고 다시 만날 이이는 그저 세상 물정 모르는 책상물림이 아니다. 그는 무너져가는 공동 체의 담장 아래에서 백성들과 함께 피·땀·눈물을 흘렸던 삶의 현장, 그 중 심에 있었다.

이 책 『이이: 도학의 쇄신과 안민의 길』은 『율곡전서』의 글 중 일부를 엄 선하여 편역編譯한 것이다. 이는 율곡 사상과 인간적 면모에 덧씌워진, 때 로는 축소되고 때로는 증폭된 근대적·식민적 해석의 잔해를 걷어내는 작 업이다. 동시에 이이의 진면목을 시대의 문제의식 속에 다시 세워, 온전하 고 정당한 위상을 되찾아주는 정명正名의 기획이기도 하다. 이러한 취지에 따라 본서는 16세기 조선의 숨결이 살아 있는 '도학道學' '이학理學' '성학 聖學'이라는 오래된 어휘를 기본으로 삼았다. 다만, '성과 이에 관한 학문

〔性理之學〕'을 성리학性理學이라는 틀로 가두었던 근대지近代知의 개념은 필요한 경우에 병용했다.

이것은 단순히 과거의 낱말을 복원하려는 퇴행이 아니라, 이이가 치열하게 실천했던 '삶-정치'의 영역과 그 결을 드러내려는 시도다. 율곡 사상에 관한 호명과 재해석, 사유의 재배치는 그것 자체로 새로운 학술적 도전이자 사상적 모험이라 할 만하다. 이러한 방법론은 율곡 사상이 단지 조선이라는 특정 시대에 유폐되지 않았음을 말해준다. 나아가 그 사상이 현대를 사는 우리의 심정心情은 물론, 국가 통치 시스템의 본질과도 긴밀하게 연결되어 있음을 직시하게 한다. 율곡 사상은 비록 전통시대의 산물이지만, 시공을 횡단하여 현재와 접속할 수 있는 특이점이 분명하다. 그 저변에는 인간의 조건에 대한 혁신과 보편적 가치의 확장이라는 역동적인 힘이 유장하게 흐르고 있다.

이이의 이학理學은 공허한 관념의 유희가 아니다. 그것은 시대의 부조리에 대한 깊은 유감遺憾을 넘어, 고통받는 이들과의 시대적 공감으로 나아가기 위한 논리적 무기이자 서사의 도구였다. 그는 우주의 원리와 현실의 유동성을 갈라놓지 않았다. 적어도 이이는 원리와 현실은 분리된 듯하나 함께 공존한다는 수준 높은 형이상학적 통찰을, 가장 낮은 곳의 굶주림을 보듬는 안민安民의 실천으로 연결했다. 이것이 이이가 강조했던 무실務實과 변통變通, 그리고 경장更張을 통한 실효實效의 본질이다. 더 나아가 이러한 면모는 그를 조선 실학의 선구로 평가할 수 있는 이유이기도 하다.

이 책의 구성은 다음과 같다. 1장 '율곡: 사상의 기저'에서는 율곡 사상의 체계를 구성하는 핵심 개념을 15개 선정하여 제시하고, 2장 '유산: 어제의 세계'에서는 조선 유학의 역사적 전개 과정과 그 굴곡 속에서 파생된 트라우마를 기술했다. 3장 '경계: 사유의 풍경'은 인간 이이가 겪었던 존재론적 고민과 내면의 성찰, 공직자로서 마주했던 갈등의 지점을 파노라마처럼 펼쳐 보이며, 4장 '재건: 도학의 진흥'은 무너진 국가 기틀을 도학이라는 설계도를 통해 다시 세우려 했던 이이의 분투를 담았다.

5장 '혁신: 시대의 급무'에서는 쇠락해가는 국가 시스템을 정비하고 민생을 구제하기 위해 '국가라는 거대한 집'을 수리하고자 했던 '경장更張'의 구체적 청사진을 살폈다. 6장 '전환: 이학의 재구성'은 이理와 기氣에 관한 형이상학적 담론을 현실 세계의 작동 원리로 전환하여 경장과 심성 윤리를 뒷받침하는 실천 논리로 재구성한 이이의 이학 체계를 담았다. 7장 '성학: 수기 안민의 길'에서는 수기修己를 통해 안민安民을 실현하는 것이 성학聖學이 요체임을 밝히고, 마지막 8장 '전승: 이이의 뒤안길'에서는 이이 사후의 공식적인 평가와 더불어 율곡 사상의 재발견 사례들을 담아냈다.

이이는 당대 권력의 중심에 있었으나 스스로 경계인이 되기를 자처했다. 정통의 권위에 안주하기보다 비정통의 위험을 무릅쓰며 현장의 진실을 택했다. 그가 보여준 '율곡다움'의 정체는 지식의 양이 아니라 공감의 밀도에 있다. 그 공감은 서로 다른 존재들의 정동affect이 부딪히는 만남이었고, 거기서 파생된 감정과 윤리는 '사회적 삶-정치의 다공적 서사'로 결집되었다. 이렇게 생성되고 구조화되는 성속불이聖俗不二의 여정興情은 다시 이이의 사유와 실천으로 재귀한다. 그는 백성들의 마음이 모여 이룬 집단적 감정, 곧 여정이 하늘의 마음인 천심天心과 다르지 않음을 수행적으로 증명하고자 했다.

율곡 사상은 우리가 발 딛고 서 있는 '지금-여기'가 성스러움 그 자체임을 일깨운다. 그리하여 맥동하는 현장을 변혁하고 이전보다 나은 세상으로 전환할 책무가 당사자인 '너와 나' 우리에게 있음을 일깨운다. 이제 우리는 책상 위에서 내려와 이이가 서 있던 곳, 연대할 벗과 타자를 기다리며 서성였던 그 위태로운 현장으로 가고자 한다. 이 책을 덮을 때쯤, 독자들은 450여년 전의 병약하고 형해화된 사상가가 아니라, 오늘날 우리 공동체의 무너진 기틀을 함께 고민하는 든든한 동반자, 이이를 만나게 될 것이다.

생애

이이(1536~84)는 조선시대 명종과 선조 대에 활동했던 학자적 관료이자, 정치가이면서 교육자이기도 했다. 병조판서와 이조판서를 역임했다. 이이의 본관은 덕수德水이고, 자는 숙헌叔獻, 호는 율곡栗谷·의암義庵·석담石潭·우재愚齋이며, 시호는 문성文成이다. 강원도 강릉 북평촌에 있는 외할머니 용인이씨龍仁李氏 소유의 와가瓦家(오죽헌)에서 이원수李元秀와 신명화申命和의 딸인 평산신씨平山申氏(사임당) 사이에서 4남 3녀 중 셋째 아들로 출생했다. 유년기를 강릉 오죽헌과 강릉대도호부에 속한 대화大和의 평창강 인근에서 보냈고, 1541년(6세) 이후에 부모님을 따라 서울 수진방壽進坊(현 종로구 수송동 인근) 본댁으로 이주했다.

이이의 선조는 춘당공 이양李揚의 후손으로, 경기 개성開成(현 북한 개성직할시) 인근의 덕수현德水縣에 세거하다 파주목으로 옮겼다. 이이의 조부 이천李蕆은 남양홍씨 집안의 사위가 되어 서울에 거주했고, 이후 이이의 가계는 서울을 본거지로 삼았다. 파주 율곡(현 파주시 파평면 율곡리)에는 집안의 전답이 산재했고, 임진강을 조망할 수 있는 산 중턱에는 증조부 이의석李宜碩이 중건한 화석정花石亭이 소재했다. 화석정 근처에 증조부와 이십 대 초반에 작고한 조부 이천의 묘가 모셔져 있었다. 이이가 자신의 호를 '율곡'으로 삼게 된 것은 그가 출사한 이후 파주 율곡에 방치되어 있던 화석정을 수리하고, 그곳에 별서別墅(전원 거처)를 건립하면서부터다. 이이는 직계에 급제자가 없었으나 음서로나마 벼슬살이는 하였기에, 스스로 '세신世臣' 혹은 '세가世家'로 자처했다.

이이는 1564년(명종 19) 7월에 치러진 식년 사마시에서 생원시 장원을 차지하고 진사시에 입격한 데 이어, 8월에는 식년 문과에 장원으로 급제해 정6품 호조좌랑으로 관직에 나갔다. 이로써 이이는 '구도장원공九度壯元

公'이라는 전무후무한 기록을 세웠다. 이런 기록의 이면에는 상대적으로 취약했던 가계의 위세를 일으켜 세워야 한다는 책임감이 자리하고 있었다. 이후 이이는 출사와 사직을 반복하면서도 부교리, 부제학, 대사간, 대사헌을 거쳐 양관(홍문관·예문관) 대제학을 비롯해 호조·병조·이조판서 등 요직을 두루 거쳤다. 외직으로는 청주목사와 황해도 관찰사를 역임했다. 1584년 1월, 이조판서 재직 중 생을 마감하기까지 이이가 걸어온 구체적인 행적은 부록의 연보를 참조하기로 한다. 본문에서는 그의 전체 생애를 망라하는 대신, 삶의 중요한 전환점이 되었던 '성주星州 시절'과 이이 가계의 정체성이 투영된 '거처居處' 문제를 간략하게 살펴보겠다.

이이의 생애사에서 그간 간과되어온 대목 중 하나는 성주에서의 '처가살이' 기간이다. 1557년(명종 12) 4월 29일, 성주목사 노경린盧慶麟의 사위가 된 이이는 장인의 임기가 끝나는 1560년(명종 15) 7월까지 성주를 거점으로 삼아 서울을 왕래했다. 이 시기 그는 관아의 내아內衙에 머무는 '목사의 사위'라는 특별한 지위에서 장인을 보좌하는 한편, 지역 사족들과 광범위하게 교유하며 과거를 준비했다. 1558년 2월, 이이가 예안의 이황李滉(퇴계)을 찾은 것도, 이러한 영남 지역의 사회적 관계망 속에 이루어진 필연적인 '예방禮訪'이었다. 나아가 이이는 이 시기에 이황과 긴밀했던 단양의 은일지사隱逸之士 이지번李之蕃(성암省菴), 이지함李之菡(토정土亭) 형제와도 교유했다. 당시 단양군수는 이황이 아끼던 제자 황준량黃俊良(금계錦溪)이었는데, 그는 이이의 장인인 성주목사 노경린과도 절친한 사이였다.

이이가 성주에서 만났던 인물들의 면면은 매우 다양하고 화려하다. 당시 성주에 유배 중이던 이문건李文楗(묵재默齋)과 선산의 황기로黃耆老(고산孤山)를 만났으며, 성주 교관으로 재직하게 되는 오건吳健(덕계德溪)을 비롯하여 성주 출신의 김우옹金宇顒(동강東岡), 정구鄭逑(한강寒岡)와도 이 시기에 교분을 쌓았다. 또한 안동권씨 집안의 서자였던 성주 출신 권응인權應仁과도 격의 없이 교유했다. 특히 황기로는 이이의 동생 이위李瑋(후에 우瑀로 개명)를 사위로 삼아, 선산 고산孤山의 매학정梅鶴亭을 물려줄 만큼 각별한 사이가 되었다. 이러한 성주에서의 인연은 훗날 낙동강 강안 지역인 '성주-선산-상주' 일대에 율곡 학맥이 뿌리내릴 수 있었던 결정적인 토대가 되었다.

이이의 생애사에서 거처, 즉 그가 살았던 본집이 어디였는가는 매우 중요한 문제다. 이는 생전의 주된 활동 거점뿐만 아니라, 사후 종가宗家의 존속과도 직결되기 때문이다. 남북 분단 이전까지 이이의 종가는 황해도 해주 석담에 있었다. 이 같은 사실은 분단 이후 이이의 활동 거점을 파주나 강릉에 국한하여 파악하는 관점들에 시사하는 바가 적지 않다.

스스로를 '한양 사람(居京)'으로 여겼던 이이는 강릉에서 태어나 서울에서 성장했으며, 파주 율곡에 정착하려고 별서(전원 거처)를 마련하기도 했었다. 그러나 파주에서는 생계를 유지할 경제적 기반을 충분히 확보할 수 없어, 장인의 별세 이후 처가의 전장田莊이 있는 해주 석담 인근으로 이주를 모색했다. 그러던 1570년 8월, 큰형 이선李璿의 죽음과 선조와의 정치적 갈등이 겹치며 관직에서 물러날 것을 결심했고, 1571년 석담의 고산구곡을 답사한 이후 그곳으로 이주했다. 이후 파주 율곡의 별서 공간은 벼슬 생활을 위한 일시적 배후지로 기능이 제한되었다.

이이는 1576년(선조 9) 석담 고산구곡에 청계당淸溪堂을 마련했다. 이듬해인 1577년 1월에는 형제자매가 석담에서 함께 거주할 것을 결의했는데, 한글로 작성된 「동거계사同居戒辭」가 만들어진 것도 이때였다. 석담에서의 생활 또한 어려움이 많았으나, 그곳에는 살림집뿐만 아니라 제자들을 가르치기 위한 은병정사隱屏精舍도 건립되었다. 이후 이이가 관직에 복귀하면서 가족들이 서울에 셋집을 얻어 살기도 했으나, 이이의 실질적인 본댁은 해주 석담에 있었다. 그가 서거한 뒤 파주 자운산 가족 묘역에 안장되었음에도, 신주神主가 해주 본댁으로 옮겨진 것도 이러한 이유 때문이다.

여정과 안민의 율곡 사상

이 책의 제1장은 이이의 사유가 어떤 뿌리에서 시작되어 거대한 체계로 성장했는지를 보여주는 사상의 설계도라고 할 수 있다. 율곡 사상은 사우론에서 시작하여 수양(입지)을 통해 세계의 작동 원리(이기론)를 파악하고, 이를 바탕으로 무너져가는 국가를 다시 세우는 구체적인 방법론(경장), 그것이 도학으로 구체화되어 성학으로 나아간다. 이러한 율곡 사상의 출발점은 '누구나 성인이 될 수 있다'라는 자기 확신에서 출발한다. 입지의 선포는 고립된 수행이 아닌, 벗과 스승이 하나가 되는 수평적 연대로 확장한다. 이것은 후에 이이의 『학교모범』(1582) 제7조 「사사事師」, 제8조 「택우擇友」로 연결된다.

주목할 것은 청년 이이가 1554년 최립崔岦에게 보낸 편지를 통해, 당시 조선 학술계의 흐름이나 학문 경향에 대해 비판적 관점을 제기함으로써 스스로 도학에 전념할 계기 혹은 단초를 만들려고 했다는 것이다. 이에 더해 이이는 엄격한 권위를 지닌 스승이 아닌 동지, 동학, 벗으로 스승을 삼겠다는 태도를 보이고 있다. 이것은 역으로 이이가 당대에 스승으로 삼을 만한 사표가 없었다는 선언이기도 하다. 그래서 이 책 3장에서 등장하는 이이의 금강산 입산은 다른 해석의 여지를 만든다. 즉, 그가 단순히 종교적인 관심 때문만이 아니라 또 다른 스승을 찾아 입산한 것이라는 추론이 가능해진다. 이이에게 산수山水는 진락眞樂을 찾을 수 있는 진리처였기 때문이다. 그리고 이어지는 이이의 출산出山은 이전과는 다른 삶의 지향과 지표를 모색하는 과정으로 이어졌다. 그 점이 잘 드러나는 글이 이이의 성인을 기약하는 '스스로를 경계하는 글〔自警文〕'이다. 또한 이것은 자연에서 전수받은 일종의 도학 재건 계획서다. 이러한 이이의 일련의 행적은 그의 지적 독립 선언(1554) → 진리처 탐색(금강산) → 현실 개혁으로의 귀환(갱신)이라는 역동적 서사로 귀착된다.

또 하나 고려할 점은 이이의 사유에서 인륜人倫과 세신世臣이라는 핏줄에서 비롯한 존재의 삶이 시대적 소명으로 연결되는 과정을 보여준다는 것이다. 이이의 공적 헌신은 사적인 효제孝悌에서 시작된다. 어머니 신사임당의 행장을 기록한 「선비행장」과 가족의 화목을 강조한 「동거계사」는 그의 윤리 의식이 철저히 '현장'에 뿌리 내리고 있음을 보여준다. 4장과 5장에서 소개하는 무실務實과 경장更張은 시스템을 지탱하고 수행하는 현장의 동력이다. 율곡 사상의 정수는 현실의 문제를 외면하지 않는 '무실'에 있다. 「만언봉사」와 「의진시폐소」는 낡고 부패한 시스템을 그대로 둘 수 없다는 '현장형 지식인'의 절규에 가깝다.

안민安民과 화평和平은 피 끓는 지성이 지향하는 종착지를 제시한다. 이이가 설계한 모든 사유의 최종 목적지는 백성의 안정〔安民〕과 조정의 화합〔和平〕이다. 「간원진시사소」에서 보여주듯 그는 나라가 오직 백성에게 의지한다는 사실을 한순간도 잊지 않았다. 묘합妙合과 정학正學은 세계를 읽는 통섭의 문법을 의미한다. 이이는 우주의 원리인 이理와 현실의 역동성인 기氣를 분리하지 않는다. 「성호원에게 답하다」에서 제시된 '이기묘합理氣妙合'은 이이의 사유를 관통하는 가장 강력한 철학체계다. 이이에게 도학은 하늘에 떠 있는 별이 아니라, 진흙탕 같은 현실 속에서 백성의 눈물을 닦아내고 국가라는 집을 수리하는 '현장의 학문'이었다.

제2장은 이이가 새로운 조선을 설계하기 전, 자신이 발을 딛고 선 시대의 폐허를 목격하고 진단한 기록이다. 이이는 이 장에서 조선왕조 200년의 역사를 '중쇠기中衰期(쇠퇴해가는 시기)'로 규정하고, 왜 성인의 통치(고도古道)가 실현되지 못했는지를 분석하고 있다. 진유眞儒와 현군賢君의 조우는 기적의 만남이다. 이이는 국가 개조의 첫 단추를 '사람'에서 찾았다. 「동호문답東湖問答」의 서두에서 논한 '군신君臣의 만남'은 단순한 인연이 아니라, 올바른 통치 철학을 가진 국왕(현군)과 이를 실행할 실천적 지식인(진

유)이 결합하는 '정치적 사건'이다.

이이는 태조부터 명종까지의 역사를 훑으며 조선의 현주소를 진단한다. 강조하건대, 고도古道가 멈춘 200년의 역사에 대한 진단은 '중쇠기'다. 왜 조선에는 요순시대 같은 '고도'가 시행되지 못했는가? 이 질문에 대한 답이 「우리나라에 고도가 다시 시행되지 않은 것에 대해 논함」에 담겨 있다. 시세時勢에 대한 엄밀한 분석은 왕도정치의 구현 가능성을 탐문하는 조건이기도 하다. 이이는 '지금 이 시대에 왕도정치가 가능한가?'라는 회의론에 정면으로 맞선다. 「지금의 시세에 대해 논함」에서 그는 왕도정치가 먼 과거의 신화가 아니라, 현재의 '시세'를 정확히 읽고 대응한다면 충분히 구현 가능한 목표임을 역설한다.

유가사상의 배신이자 적폐의 상징인 '간신'은 국가 시스템을 좀먹는 암세포이자 나라의 살림을 절단하는 도적과 다르지 않다. 이이의 진단에 따르면 '어제의 세계'가 무너진 가장 큰 원인 중 하나는 국정을 농단한 인적 적폐 때문이었다. 현대의 언어로 바꾼다면, 그들은 '휴먼에러'인 셈이다. 16세기 조선에서 대표적인 적폐였던 두 인물이 윤원형尹元衡과 심통원沈通源이다. 이이는 이들을 향한 피 끓는 상소(「논윤원형소」「육조낭관 논심통원소」)에서 그가 마주한 악의 실체를 보여준다. 2장은 결국 회복되어야 할 무너진 삶의 터전을 어떻게 복구할 것인가에 대한 시스템 진단에 해당하며, 이이는 그 진단에 근거하여 설계도를 그리고 있다.

제3장은 인간 이이가 겪었던 존재론적 고민과 내면의 성찰, 그리고 공직자로서 마주한 치열한 갈등을 보여준다. 이이는 19세에 어머니를 여의고 금강산으로 들어갔던 방황의 시기부터, 조정의 최고직에 올라 탄핵의 폭풍을 맞이하는 순간까지 끊임없이 '경계' 위에 서 있었다. 속리俗離는 말 그대로 세속을 떠나는 것이다. 이이는 세속을 떠나며 그 길의 도상에서 나아가야 할 길[道]을 묻는다. 19세의 청년 이이는 어머니 신사임당의 죽음이라는 거대한 슬픔 앞에서 세속의 문을 나서는 그 첫 발걸음을 「출동문出東

「門」에서 시작하고, 길 위의 길을 찾아 금강산의 최고봉 비로봉에 오른다. 「등비로봉登毗盧峯」의 시에서 보듯 이이는 호방한 기상 뒤에 숨겨진 진리를 갈망했다.

입산이 흔들림과 방황의 시간이었다면, 출산은 새롭게 세운 입지를 실천하기 위한 모색과 성찰의 시간이다. 이이는 산을 내려온 1555년에 「자경문自警文」을 지으며 평생의 공부 방향을 설정한다. 그는 유교와 불교 사이의 사유적 긴장을 통과하며, 천지에 맡겨진 '나'라는 주재자가 누구인지를 끊임없이 자문한다. 이이는 훗날 출사한 이후 자신의 청년 시절 방황의 흔적과 상흔을 정직하게 토로한다. 자신의 과거를 숨기지 않았다는 점이 이이의 가장 위대한 면모 중 하나다. 33세에 부교리직을 사퇴하며 올린 「사부교리소辭副校理疏」에서 그는 젊은 시절 선불교에 종사했던 이력을 임금에게 직접 고백한다. 상처를 숨기지 않는 진정성이 율곡다움의 한 요소다.

이이에게 공직에 나아가는 것(出)과 물러나는 것(處)은 단순한 선택이 아닌, 지극한 도리의 문제였다. 「사교리잉진정소」에서는 외조모를 봉양해야 하는 '효孝'와 직무에 충실해야 하는 '충忠' 사이에서 고뇌하는 인간적인 면모를 보여준다. 생애 말년, 병조판서라는 중책을 맡은 이이는 치열한 붕당정치의 희생양이 되어 탄핵에 시달린다. 「피핵사병조판서소」와 이어진 상소들에서 그는 구걸하듯 관직을 지키려 하지 않는다. 탄핵의 폭풍 속에서 이이의 결연한 결기를 확인할 수 있다. 이는 이이의 삶이 끊임없는 '선택'과 '책임'의 연속이었음을 보여준다.

제4장은 이이가 무너진 조선의 국가 기틀을 어떻게 '도학'이라는 설계도를 통해 다시 세우려 했는지를 보여준다. 이이에게 도학은 관념 속에 머무는 이론이 아니라, 정의를 바로잡고(正名), 시스템을 수리하며(更張), 사람을 길러내고(敎學), 기초 공동체를 복원(人倫)하는 전방위적 국가 재창조 사업이었다. 국가 재건의 첫 단추는 '명분'과 '정의'를 바로잡는 것이다. 이이는 30세의 젊은 나이에 보우普雨를 논박하는 상소를 통해 부조리한 상

황에 정면으로 맞서고, 을사년(을사사화, 1545년)의 거짓된 공훈(僞勳)을 척결하려 했다. 이러한 간쟁은 정의를 바로 세우는 것이지만, 피해자를 구원하는 것이기도 했다. 그 과정은 온전히 시스템을 복구하면서 동시에 상처받은 백성들의 집단적 감정이 결집한 여정興情을 회복하는 것이기도 했다. 그것이 곧 이름을 바로 세우는 정명正名이고 공론公論의 수렴이다.

　무너지는 국가 시스템은 어떻게 회복 가능한가? 지금 현재는 어떤 상황인가? 경장은 바로 이러한 현실 진단에서부터 출발한다. 이이가 조선을 '중쇠기'로 진단한 점은 앞서 언급한 바 있다. 그 진단에 근거하여 그는 「경연일기」를 통해 임금에게 시대의 흐름을 읽을 것을 주문하고, 국가 경제 사령탑인 '경제사經濟司' 설치라는 파격적인 개혁안을 내놓는다. 붕괴 직전의 국가 시스템을 재설계하라는 이이의 간곡한 목소리는 그러나 위정자의 귀에 들리지 않았다. 그러하니 이이는 대신과 임금에게는 쓸데없이 문제를 야기하는 자, 거칠게 자기 주장을 내놓는 교격矯激한 자로 각인된다.

　그럼에도 이이는 도학자로서 자신이 수행해야 할 책무를 방기하지 않고 국가 시스템의 정비를 위한 인력의 양성과 향촌 공동체의 교화를 향약을 통해 실천한다. 이이는 「격몽요결」을 통해 "학문하지 않으면 사람이 될 수 없다"는 선언으로 서원 교육의 문을 열었고, 「해주향약」을 통해 마을 단위의 지치 규약을 확립했다. 재건된 사회가 지향해야 할 가치는 구체적인 인재를 통해 구현된다. 이이는 「김시습전」을 통해 방외인이었던 김시습의 절의를 '백세의 스승'으로 격상시켰고, 「도봉서원기문」을 통해 정암 조광조의 '위기지학爲己之學'(자신을 닦는 공부)을 후학들의 지표로 삼는다.

　그러나 재건의 토대는 무엇보다도 가족과 이웃에서 출발한다. 이이는 국가와 사회라는 거대 담론은 결국 가장 작은 단위인 '인간관계'에서 시작된다는 것을 잘 알고 있었다. 그는 「풍수계 서문」에서 조상의 묫자리를 함께 쓰고 있는 사람들과의 화목을, 「제백씨문祭伯氏文」에서는 먼저 떠난 형님에 대한 그리움과 남겨진 조카들을 책임지겠다는 다짐을 보여준다. 그것은 인륜人倫의 조건이자 화목和睦의 기초다. 인륜과 효제라는 보편 윤리는 이이에 이르러 부드럽고 포용적인 '여성주의적 특이성(singularity)'으로 발현된다. 이는 율곡 사상의 시원인 동시에, 완고하고 부조리한 구질서를 타파하려던 경장의 뿌리다.

제5장은 쇠락해가는 국가 시스템을 정비하고 민생을 구제하기 위해 이이가 펼쳤던 치열한 구국 의지와 실무적 대안의 결정체다. 이이는 '중쇠기', 즉 모든 법도가 무너져 당장 수리하지 않으면 언제 무너질지 모르는 '낡고 큰 집'인 조선을 근본적으로 개혁하는 '경장'을 필생의 과업으로 삼았다. 이이는 국가적 위기가 도래하던 시기에 관념적 도덕론에 머물던 지식인의 역할을 국가의 제도를 정비하고 혁신하는 시스템 설계자와 현장 행정가로 확장한다.

이이 경장론의 출발점은 역설적으로 '하늘'에 있다. 23세 때 별시 초시의 장원 급제 대책문이었던 「천도책天道策」에서 그는 자연의 질서(天道)와 인간의 정치(人道)가 긴밀히 연결되어 있다는 '천인교여天人交與'를 주장한다. 이이에게 재앙(災異)은 단순한 미신이나 공포의 대상이 아니라, 정치적 실책을 경고하는 하늘의 언어였다. 1569년의 「진미재오책차陳弭災五策箚」에서 이이는 재앙을 막는 비결은 제사가 아니라 '정치적 대책'에 있음을 분명히 한다. 이는 재난이라는 위기를 체제 혁신의 동력으로 삼으려는 인문주의적 통찰이자, 통치자에게 무한한 책임감을 부여하는 고도의 정치 수사였다. 재이라는 자연재해에서 비롯한 위기를 정치적 각성으로 전환하는 통찰이다.

이이의 경장을 상징하는 가장 강력한 메타포는 '낡고 큰 집'이다. 그는 조선을 '서까래가 썩고 기둥이 기울어 당장 수리하지 않으면 언제 무너질지 모르는 집'으로 진단한다. 여기서 도출된 개념이 바로 거문고의 줄을 팽팽하게 다시(更) 맨다(張)는 뜻의 '경장'이다. 이이는 「옥당진시폐소」(1569)와 「진시폐소」(1582) 등을 통해 끊임없이 변통과 경장을 요청한다. 그는 "경장하지 않으면 나라가 망할 것"이라는 최후 통첩적 언어를 사용하며, 명분보다는 실질에 힘쓰는 '무실'의 정치를 강조한다. 공안 개정(세제 개편), 관원 감축(행정 효율화), 민생 구제 등 그가 제시한 대안들은 현대의 국가 혁신 전략과 비교해도 손색이 없을 만큼 구체적이고 실무적이었다.

이와 같은 이이의 혁신은 조정의 담장을 넘어 변방의 국경까지 미쳤다. 그는 서생書生임에도 불구하고 평안도 지역을 직접 다니며 얻은 지형과 군사 정보를 바탕으로 실전적 전략을 수립하기도 했다. 「육조계」(1583)에서 그는 임시방편으로 위기만 모면하려는 조정의 무능을 꾸짖으며, 적이 닥치기 전에 양병養兵하고 국력을 길러야 한다는 '선제적 위기 관리론'을 폈다(이런 선제적 혜안은 김장생이 지은, 이이의 「행장行狀」 속 '미리 십만의 군사를 기른다[預養十萬兵]'라는 어구를 통해 후대에 전해지게 되었다). 특히 죽기 이틀 전, 병석에서 마지막 힘을 다해 구술한 「육조방략」(1584)은 그의 국방사상이 집약된 유작이다. 변방의 오랑캐를 대하는 유연한 외교술과 엄격한 군기 확립, 인재의 적재적소 임용을 강조한 이 텍스트는 이이가 단순한 학자가 아닌, 국가의 생존을 책임지려 했던 전략가였음을 증명한다.

모든 변통과 경장의 끝에서 이이가 마주한 벽은 '붕당朋黨'이라는 사림 내부의 갈등과 대립이었다. 그는 경장을 실행해야 할 동력이 정파적 갈등으로 소모되는 것을 경계했다. 「논붕당소」(1572)에서는 '누가 원로인가?'라는 근본적인 물음을 제기하며 공론의 생태계를 위태롭게 하는 가짜[虛偽] 정보와 당파적 프레임에 의한 여론 왜곡을 엄중히 경계했다. 이어 「사대사간겸진세척동서소」(1579)에서는 김효원과 심의겸 두 사람의 시비를 동시에 가리는 양시양비兩是兩非의 논리를 펼치며, 동인과 서인의 구별을 씻어내자는 대통합의 정치를 제안했다. 그의 '조제보합調劑保合' 정신은 단순히 기계적인 중립을 지키는 것이 아니라, 당파의 극단을 쳐내고 진정한 '공론'의 장으로 모으려는 정치적 고뇌였다. 내부적 통합 없이는 국가 개조도, 국방 안보도 사상누각에 불과하다는 것이 이이의 일관된 신념이었다.

제5장에 수록된 이이의 텍스트들은 450여년 전의 기록임에도 불구하고 오늘날 우리에게 여전히 강력한 울림을 던진다. 그는 하늘의 뜻을 살펴〔天道〕, 무너지는 국가 시스템을 수리하고〔更張〕, 외부의 위협으로부터 공동체를 지키며〔安保〕, 내부의 갈등을 치유하려〔統合〕 했다. 이이는 책상물림이 아니라 현장을 통해 문제를 진단하고 대책을 제기했던 시무의 대가였다. 현장형 지식인으로서 이이가 남긴 국가 개혁을 위한 조치들은 미완의 대책으로 남아, 8장에서 확인할 수 있는 것처럼 반계 유형원이나 성호 이익, 다산 정약용과 같은 후배들에게 재발견되었다.

결국 이이에게 경장이란 단순히 '새로운 제도'를 만드는 것이 아니라, "백성의 삶을 구석구석 살피는 지극한 정성〔至誠〕을 국가 시스템으로 구현하는 일"이었다. 비록 그의 경장론은 당시의 보수적인 벽에 부딪혀 온전히 실현되지 못했지만, 위기 앞에서 지식인이 견지해야 할 '무실'의 자세와 '현장성'은 시대를 초월한 혁신의 귀감이 되어 우리가 재발견해야 할 과제로 남아 있다.

제6장은 이이가 선대 학자들의 성취를 계승하는 동시에, 그 한계를 돌파하여 조선 이학의 새로운 이정표를 확립한 지적 창신의 기록이다. 이이는 추상에 빠져 있던 이理와 기氣의 논의를 현실 세계의 작동 원리로 끌어내려, 정교하고 실천적인 철학 체계로 재설계했다. 도학의 공부론에서 근본 주제로 논의되는 것은 『대학』인데, 추상적인 관념을 구축하는 것이 아니라 삶의 가장 적절한 '최적점'을 찾는 것, 그것이 학문임을 이이는 역설한다. 이이에게 학문(위학爲學)은 죽은 글자가 아니라 생생한 현실 속에서 '가장 적절한 지점'을 찾아내는 작업이다. 이는 곧 지선至善의 현장성이라고 할 만하다.

이런 관점에서 이이는 기대승과의 논쟁에서 '지선'이 행동뿐만 아니라 앎〔知〕의 단계에서도 존재해야 함을 역설한다. 그는 사물의 당연한 법칙이 '단지 가장 적절한 곳〔最恰好處〕'에 있다고 보았다. 이는 이이가 지향한 공부가 단순한 도덕적 선언에 그치는 것이 아니라, 복잡한 현실 문제 앞에서 가장 합리적이고 실효성 있는 해법을 도출해내는 '현장형 학술'임을 보여준다. 그 때문에 이이는 양명학陽明學과 같은 새로운 사조의 거센 도전 앞에서도 조선 도학의 정통성을 정학正學의 이름으로 수호할 수 있었다. 그는 이단을 단지 종교나 철학사상의 차이로만 보지 않고, 선비가 학문의 본질을 잃고 '장사꾼의 처지'로 전락하는 모든 행태도 이단이라고 규정한다.

명나라 사신 황홍헌黃洪憲에게 보여준 글에서는 조선의 이학이 이미 중국과 대등한 수준에 도달했음이 드러나는데, 명나라의 양명학적 흐름에 의해 흔들리지 않는 주체적인 사유의 경계를 분명하게 보여준다. 이이의 저작이 사신들에 의해 명나라에 알려지고, 1767년 홍대용洪大容에 의해 이이의 저술 『성학집요』가 청나라의 학자들에게 알려지는 것도 이런 학술적 역량에 기인한다. 이이 이기철학의 정수인 '이통기국理通氣局'은 세계의 구조를 설명하는 중요한 논의다. 보편적 원칙과 특수한 현실의 묘합이 우리가 살아가는 삶의 세계임을 간명하지만 심원하게 포착한 이 개념은 벗인 성혼과의 토론 과정에서 제출되었다.

이이는 성혼과 인심과 도심의 문제를 이항이 제기했던 이기호발의 논설과 함께 토론하던 중에 "원칙〔理〕은 어디에나 통하는 보편성을 지니지만, 그것이 담기는 그릇〔氣〕은 현실적인 국한을 가진다"라는 이통기국의 논점을 제출하게 된다. 이기 심성에 관한 논의는 현실과 별개의 사태를 설명하기 위한 것으로 보이겠지만, 이이와 성혼이 당시 조선사회의 현실적 곤경, 재해, 기강, 윤리 등 총체적인 난국에서 이러한 토론을 전개했다는 점을 주목해야 한다. 이것은 달리 말하면, 이이가 왜 동서 협화協和와 국가 시스템의 경장을 주장했는지를 설명해준다. 이理라는 보편적 원칙은 변하지 않지만, 이理와 기氣가 결합된 제도와 현실이 노후했다면 그 그릇을 수선하여 이理가 잘 유통되도록 해야 한다는 논리적 근거가 바로 여기서 도출된다.

이이가 성혼과의 이기 심성에 대한 토론에서 가장 주목했던 지점은 이황이 제기했던 '이기호발에 관한 논설'이다. 성혼은 이이의 견해를 지지하면서도 '이기호발에 관한 논설'에 대해서만큼은 이황의 견해에 찬동하고 있었기 때문이다. 이이는 이황의 '이도 발하고 기도 발한다'고 하는 이기호발에 대한 관점이 갖는 논리적 분절을 거부하고, 세계를 하나의 역동적인 흐름으로 통합하고자 했다. 그것이 "기는 발하고 이는 그 위에 올라탄다〔氣發理乘〕"라고 하는 기발이승에 관한 논설이다. 이것은 이와 기가 결코 떨어질 수 없다는 '이기불상리理氣不相離'를 재천명한 것이다. 이와 같은 논의는 마음의 작동 방식(인심과 도심)과 다르지 않다는 것이 이이의 주장이다. 이이는 인심과 도심이 별개의 근원에서 나오는 것이 아니라, 하나의 마음〔一心〕이 상황에 따라 다르게 나타나는 것임을 인심도심상호종시人心道心相互終始에 관한 논의로 제기했다.

이이는 앞선 선배 학자들의 이기와 심성에 대한 논의가 각기 장단점이 있다고 평하면서, 명나라의 나흠순, 조선의 이황, 서경덕에 대해 논한다. 이 과정에서 이이는 선배 학자들의 권위에 매몰되지 않는 비판적이고 주체적인 자득自得의 관점을 중시한다. 이이는 남의 말을 그대로 따르는 '의양依樣'보다 스스로 깨우쳐 얻는 '자득自得'의 가치를 높게 평가한다. 이는 이이가 단순한 주석가를 넘어 사유로 시대를 돌파한 '독창적 사상가'였음을 증명한다. 이이의 이학에 대한 이와 같은 이전과 다른 관점은 '관념적 이학'에 대한 논의를 '실천적 이학'으로 전환시켰다는 점에서 조선 이학의 전환을 추동했다고 평가할 만하다.

제7장은 이이의 사상이 응집된 '성학聖學'의 요체에 관한 것이다. 『성학집요』는 표면적으로 '임금의 학문〔人君之學〕'을 표방하고 있으나, 실상은 위로는 임금부터 아래로는 선비와 백성에 이르기까지 모든 주체적 인간에게 통용되는〔通乎上下〕 '보편적 리더십의 교과서'다. 이는 성인聖人의 도리

가 특권 계층의 전유물이 아니라, 사회 구성원 전체가 공유해야 할 '공적 윤리의 표준'임을 천명한 것이다. 성학은 군주와 신민이 함께 공유하면서 수평적 군신공치를 실현하는 기반이다. 이이 성학의 혁신성은 이 점에서도 발견된다. 『성학집요』 진차進箚는 '권력을 향한 직설적 진단'의 성격을 띠고 있다. 이이는 선조에게 "전하는 도량이 넓지 못하고, 이기려는 사사로운 마음이 있으며, 신하를 의심하는 병통이 있다"라고 정면으로 지적한다.

이이에 따르면, '기질'이 편착되어 있으면 아무리 좋은 '도리'도 제대로 구동될 수 없다. 이는 정치의 본질이 제도의 정비뿐만 아니라 그 제도를 운용하는 '주체의 도덕적 역량(기질의 변화)'에 달려 있다는 현대적 통찰을 제공한다. 이이는 수기修己라는 개인 윤리와 안민安民이라는 사회 정의가 별개의 것이 아니라 상호 유기적으로 통합되어 있다고 주장한다. 이이에게 수기(나를 닦음)는 개인의 해탈이 목적이 아니라, 안민(백성을 편안하게 함)을 위한 '공적 준비'와 다르지 않다. 반대로 안민은 수기의 정당성을 증명하는 '현실적 지표'다. '이학의 현실적 선택'이 '성학'이라는 이름으로 구체화되는 것이다. 즉, 성학은 '나를 바꾸어 세상을 치유하는 고도의 사회적 기술'인 셈이다.

제8장은 율곡 사상에 대한 후대의 기억과 평가 그리고 그 지평의 확장에 대한 것이다. 이이라는 존재가 조선 유학의 역사적 전개 과정에서 정쟁과 포폄에 의해 어떻게 '지워졌는지', 그리고 역설적으로 그 '지워진 목소리'가 어떻게 조선 후기 개혁사상과 동아시아의 보편적 가치로 재평가되었는지를 보여준다. '기록의 정치학'이라는 측면에서 이이의 죽음을 기록한 두 실록의 극명한 대비는 당대의 정치적 지형을 상징적으로 보여준다. 국왕의 자문이자 국가의 기둥이었던 대유大儒의 죽음에 대해 1616년(광해군 8) 11월 편찬이 완료된 『선조실록』은 단 한줄의 기사만을 남겼다. 이는 단순한 누락이 아니라, 집권세력(북인 등)에 의한 의도적인 '역사적 지우기'의 연장이다.

반면 1657년(효종 8) 개수가 완료된 『선조수정실록』은 이이의 충의와 학문적 실상을 적극적으로 복원했다. 이는 서인 세력이 이이의 사유를 단순한 당론을 넘어 조선사회의 도덕적 정통성을 뒷받침하는 보편적 가치로 확립하고자 했음을 보여준다. 율곡 사상은 후대 학자들에게 재발견되어 새로운 세상을 위한 진보적인 학술사상으로 재탄생한다. 조선 후기 실학의 거두인 성호 이익은 이이를 조선 건국 이래 '시무時務(시대적 과제)'에 가장 밝았던 인물로 꼽으며, 반계 유형원의 개혁안이 이이의 경장 논의와 맥을 같이한다고 평가한다. 이이는 '이학의 수호자'라는 틀을 벗어나, 실학자들에 의해 일종의 국가의 시스템과 혁신을 위한 설계자로 재소환되었다.

이이의 '경장론'은 폐기된 과거의 유산이 아니라, 유형원과 이익으로 이어지는 조선 후기 비판적 유학자들의 시대정신으로 재인용되었다. 이는 율곡 사상이 지닌 강한 현실 대응력이 후대 실용주의 학풍의 직접적인 자양분이 되었음을 의미한다. 그러한 논의의 핵심은 역시 시무의 연속성이다. 이이의 저술인 『성학집요』는 18세기 중엽에 홍대용에 의해 청나라 절강의 문인들에게 전달되었다. 이는 이이 학술의 국제적 위상을 가늠하게 해주는 예시로, 『성학집요』가 조선에서 생산된 텍스트에 머물지 않고 경계를 넘는 보편성을 담고 있는 우수한 학술서적임을 보여준다. 살아서는 끊임없는 정쟁과 의심에 시달렸고, 죽어서는 기록에서조차 삭제당할 뻔했던 이이는, 오히려 그가 남긴 '시스템의 사유'와 '현장의 진실' 덕분에 후대 실학자들에 의해 조선의 희망으로 부활했다. 나아가 그의 저술이 청나라 지식인들에게도 전승된 것은 이이의 '성학의 체계'가 시공간을 초월한 보편적 도구였음을 확인시켜준다.

이이

栗谷先生全書修正凡例

一先生集有詩集一卷文集九卷續集四卷外集
四卷蓋詩集與文集刊出在於　萬曆辛亥而
詩集則朴守菴枝華諸公所選文集則牛溪先
生所定而其分類編次多出於先生門人朴公
汝龍諸人之手詮次鮮法又多歎而不備故玄
石以是病之續集集外集鱗次而成焉一主文集
草本所錄寫凡九卷而且廣聚海陽臨瀛坡
山及當時親舊子孫家所藏片言一作而編入
之故或不無不分早晚博取不精之歎焉左菴
俱病於先後集以不能一番釐正爲恨云今適

『율곡전서(栗谷全書)』. 국립중앙박물관 소장.

1장
율곡
사상의 기저

사우師友: 나는 벗을 스승으로 삼겠다: 「최입지(최립)에게 주다」 갑인(1554)[1]

천하의 선비는 재주가 있는 자도 있고 재주가 없는 자도 있어서 문장은 그에 따라서 성하기도 하고 쇠퇴하기도 하며, 천하의 사람은 어진 자도 있고 어질지 못한 자도 있어서 도道는 그에 따라 통하고 막힘이 있습니다. 천하의 어질고 재주 있는 인재들이 때를 만나거나 만나지 못하느냐에 따라 시대가 막히거나 태평함이 있게 됩니다. 재주가 있고 재주가 없는 것과 어질고 어질지 못한 것은 사람에게 달렸고, 때를 만나고 만나지 못하는 것은 하늘에 달려 있습니다. 나는 마땅히 사람에게 있는 것을 힘쓸 뿐이니, 하늘에 달려 있는 것을 또 어찌 알겠습니까? 나와 벗하는 사람들은 누구인들 이런 말을 읊조리지 않겠습니까? 이제 우리 그대가 불세출의 재주를 타고났고, 또 '사문의 도〔斯道〕'에 뜻을 두었으니, 이는 참으로 고금을 통해서

1　「여최립지(與崔立之)」, 1554년(명종 9, 19세) 봄, 『율곡전서(栗谷全書)·습유(拾遺)』 권3; 『율곡전서』 권4 제하(題下) 주석 '갑인춘(甲寅春)'.

드문 일입니다.

대체로 재주란 도의 실상은 아니지만 재주가 없는 사람은 도를 배우기가 어렵고, 어짊이 도의 지극함은 아니지만 어질지 못한 이는 도를 행하기가 어렵습니다. 재주는 참으로 힘쓰지 않아도 저절로 통달하는 자가 있지만, 어짊은 힘쓰지 않고서 저절로 얻는 자는 없습니다. 우리 그대(足下)는 태어나서 아주 어렸을 때부터 문웅文雄(문예에 빼어난 인물)으로 온 나라(東方)에 알려졌으니, 재주가 저절로 통달함은 내가 본디부터 들었습니다만, 잘은 모르겠으나 어진 인품을 위해서도 힘을 쓰고 있습니까? 장차 어진 인품을 위해 힘쓰지 않아도 저절로 어질게 될는지, 이것은 내가 알 수 없는 일입니다.

나는 그대와 교분이 얕습니다. 얼마 사귀지 않았는데 문경지우刎頸之友[2]로 자처하고 속에 있는 말을 토로하여 피부와 체모를 벗겨버리듯 하는 것은 진실로 지기知己의 사이가 아니면 비웃지 않을 사람이 없습니다. 어찌 비웃기만 할 뿐이겠습니까? 장차 나를 미쳤거나 미혹되었다 할 것이니, 우리 그대는 나를 알아주겠습니까 알아주지 못하겠습니까? 옛말에 "명월주明月珠와 야광벽夜光璧도 길거리에서 사람에게 갑자기 던지면 사람들이 칼자루에 손을 대고 서로 흘겨보지 않을 자가 없다"[3]라고 했으니, 이는 무엇 때문이겠습니까? 뜬금없이 앞에 나타났기 때문입니다. 내가 한마디 말을 하고자 하는데, 역시 우리 그대는 칼자루에 손을 대고 흘겨보지 않을지 모르겠습니다. 비록 그렇다 하더라도 정情은 속에서 발동하여 밖으로 드러나니, 나의 이 말을 어찌 그만둘 수 있겠습니까?

나는 어릴 때부터 학문에 뜻을 두었으나, 학문하는 방법을 몰라 '노유

2　『사기(史記)』「염파인상여열전(廉頗藺相如列傳)」. 친구 간에 서로 죽기를 맹세하며 목숨을 내놓을 만한 사귐(刎頸之交)을 말한다.

3　『사기(史記)』「추양전(鄒陽傳)」. 추양(鄒陽)이 양승(羊勝) 등의 모함으로 옥에 갇혀 있을 때 양효왕(梁孝王)에게 올린 글이다. 여기서 명월주는 달처럼 빛나는 구슬을, 야광벽은 어둠 속에서 빛을 내는 옥을 가리킨다.

선생老儒先生(연로한 유학자 선생)'을 찾아가서 배움을 구하였습니다. 노유들이 권면하는 것은 '과거科擧에 관한 글 공부'에 불과하고, 구차하게 세상에 부합하는 것에 힘쓰도록 할 뿐이었습니다. 어려서 아는 것이 없어 그 과업을 좇아 세속의 일에 골몰하였고, 문장의 격식이나 익히기를 거의 5~6년 동안 하였습니다. '성리에 관한 학문(性理之學)'은 말한 적도 없었고, 게다가 과거 공부도 익숙하지 못했습니다. 그러다 마침 어머니가 돌아가시고[4] 상喪을 치르느라 책을 쥐지도 못하였습니다. 단지 옛사람들의 우스갯소리 같은 글을 가끔 보면서 시간을 보낼 뿐이었고, 글을 짓거나 글 쓰는 것은 전혀 하지 못한 채 3년을 보냈습니다.

그러던 어느 날 갑자기 발분하여 가슴속을 돌이켜보니, 텅 비어서 아무것도 없는 느낌이었습니다. 이에 가만히 탄식하며 말했습니다. "사람이 재주가 있고 재주가 없는 것은 배우고 배우지 않는 데 달려 있고, 사람이 어질고 어질지 못한 것은 행하고 행하지 않은 데 달려 있다. 내가 본래 자질이 거칠고 또 학문과 행실의 자질도 없는데, 지난날의 공부는 과거에 관한 것만 골몰했을 뿐이다. 과거 공부에만 골몰한 것이 어찌 학행에 부지런한 것과 같겠는가? 사람이 배우지 않는다면 모르거니와, 배운다면 마땅히 옛 성현들이 덕을 이룬 학문을 목표로 삼아야 한다. 어찌 땅에 선을 그어 더이상 나아가지 않고 물러서며[5] 마지막 한 삼태기의 흙을 남겨두고 그만두겠는가?[6]"

하지만 참으로 스승의 가르침 없이 저절로 통달하고 스스로 깨닫기는 어렵습니다. 비록 성인이라 할지라도 오히려 스승을 좇아 배우는데, 하물

---

4   이이의 어머니 신사임당은 1551년 5월 17일 새벽에 서울의 삼청동 우사(寓舍, 셋집)에서 운명했다.

5   『논어(論語)』「옹야(雍也)」. 공자와 제자 염구(冉求)의 대화에서 나온다. 공자는 염구가 '자포자기'한다는 의미로 말했다.

6   『논어』「자한(子罕)」. 공자의 말이다. 산을 쌓고 땅을 고르고 하는 모든 일은 자기 책임하에 하는 일이라는 것이다.

며 보통 사람이야 어떻겠습니까? 오늘날 세상에 스승으로서 가르칠 만한 사람이 누구입니까? 공자의 말씀을 외고 공자의 옷을 입고서도 모두 명예와 사적인 이익을 추구하며 당장 세상에 자랑하여 팔기를 구하니, 이런 부류는 내가 스승으로 삼을 바가 아닙니다. 그리고 높은 지위에 있는 분들 중에 도를 아는 사람이 있더라도 그들의 문턱이 너무 높아서 나와 같은 청년이 감히 나아갈 수가 없습니다. 혹 스스로 나아가면 반드시 명예를 구한다는 이름을 얻게 됩니다. 그러므로 높은 지위에 있는 '공경대인'도 내가 스승으로 삼을 바가 아닙니다.

스승으로서 가르침을 줄 만한 사람을 이미 얻을 수 없으니, 차라리 벗으로서 나를 도와줄 사람을 구하는 것이 낫지 않겠습니까? 이에 재주 있고 어진 이를 얻어 벗으로 삼고자 하는 것입니다. 내가 이런 뜻을 품은 지이미 오래되었습니다. 어머님 상을 마치고 서울에 왔을 때 비로소 사림士林 중에 최입지崔立之(최립崔岦)라는 인물이 있다는 말을 들었습니다. 그 사람됨은 총명하여 출중하고, 그의 학문은 원천이 원대하고 뿌리가 깊으며, 그 문장도 무척 화려하면서도 충실하다고 들었습니다. 나는 그에 대한 명성을 듣고는 그의 얼굴을 보고자 하였으나 가만히 스스로 생각해보았습니다. "선비가 서로 만나는 것이 여인이 남편을 따르는 것과 같아서, 보기를 원하는 마음이 있어도 스스로 찾아가는 예가 없으니, 다만 예를 잃어 군자에게 비웃음을 받을까 두렵다."

그리하여 뜻만 두고 드러내지 못한 지가 또한 많은 날이 되었는데, 뜻밖에도 그대가 김광전金光前을 통하여 우리 집을 찾아주어 여러 달 쌓인 회포를 한번 만나면서 풀었습니다. 그 다행함이 어떠하였겠습니까? 내가 처음에 우리 그대의 이름을 듣고는, 그대가 반드시 키도 크고 걸출한 사람일 것이라 생각했습니다. 그런데 만나보니 별다른 풍채가 없는 한 소년이었습니다. 또 의심했습니다. 옛사람은 "명성을 듣는 것이 얼굴을 보는 것만 못하다"라고 하였습니다. 옛날 호걸스러운 선비는 풍채가 공경할 만하지 않은 이가 없었는데, 모르겠지만 이 소년이 한 나라의 과중한 명망을 짊어질 수 있겠는가, 하여 마음속으로 매우 괴이하게 여겼습니다.

그 후에 그대가 지은 『차이소경次離騷經』과 서계書啓를 본 뒤에야 호걸스런 선비는 용모로 취할 수 없다는 것을 알았습니다. 그리고 사람을 가려 쓰는 데에도 겉모습에서 찾지 말고 내실內實에서 구해야 하며, 사람을 알아보는 데에도 외양보다는 본질을 살펴야 한다는 것을 깨달았습니다. 나의 이 말도 속에서 나온 것이요 겉에서 나온 것이 아니니, 그대는 또한 나의 겉모습을 버리고 나의 마음을 찾으십시오. 그대가 진실로 알고자 한다면 나는 내가 쌓아온 것을 다 털어놓으려 합니다. (…)

오늘날의 세상은 선비들의 학문이 옛날과 같지 않고 도학道學이 날로 쇠퇴하였습니다. 만약 재주 있으면서 어질기도 한 이가 나와서 이러한 상황을 바로잡아 모든 하천의 물길을 돌리어 큰 바다로 넣지 않는다면,[7] 우리 도가 의지하는 바는 끊어진 조각이나 해진 책에나 있을 뿐이니, 식견이 있는 사람이라면 마땅히 걱정하고 탄식할 일입니다. 요즘 세상 사람으로서 우리 그대와 재주를 겨룰 만한 자가 있을지 모르겠습니다. 그대의 재주는 온 나라를 통틀어 둘도 없다는 것을 모두 알고 있으니, 그대는 어진 덕성을 기르는 데 힘써야 하지 않겠습니까? 그대는 성인의 경전과 현인의 글에 통달하지 않은 것이 없고, 그 도를 닦는 방법도 말하지 않아도 다 알 것이니, 힘쓰고 힘쓰기를 바랍니다. 나는 그대를 따르고자 합니다.

도道는 강과 바다와 같아서 들어가면 들어갈수록 더욱 깊어지고, 또한 높고 높은 산악과 같아서 오르면 오를수록 더욱 높아지니, 우리 그대는 과연 깊고 높은 경지에 도달하겠습니까? 혹시 그렇지 못하더라도 큰 인물이 되지 못할 리 없으니, 학문이 성취된 연후에 그 어질고 유능한 인재로서의 책무를 다할 수 있기를 바랍니다. 어찌 이뿐이겠습니까? 이제 나랏일이 비

---

7 『고문진보(古文眞寶)』「진학해(進學解)」. 당(唐)나라의 한유(韓愈)는 성현의 학문인 유도(儒道)를 배워 도(道)를 깨쳐야 한다는 뜻으로 말했다.

록 태평하다고 하지만 그 속에 어찌 눈물을 흘리며 한숨지을 만한 일이 없겠습니까? 임금께서 어질고 재주 있는 인재를 기다린 지가 오래되었습니다. 만일 어질고 재주 있는 인재가 국사를 돕고 온 나라 사람이 흥기하여 태평성대의 즐거움에 이르지 못하면, 우리 임금께서 선비를 구하는 두터운 기대에 보답하기 어려울 것입니다. 우리 그대는 힘쓰기 바랍니다. 나는 그대를 따르겠습니다.

우리 그대 같은 사람은 비록 세상에 쓰이지 않으려 해도 세상에서 그대를 놓아두지 않을 것입니다. 그렇다면 때를 만나고 만나지 못함도 사람에 있는 것이지 하늘에 있는 것이 아닙니다. 내가 비록 재주는 없지만, 그대의 뒤를 따라 세상을 두루 돌아다니고 또한 후세 사람들로 하여금 최립과 이이가 있었음을 알게 하려고 합니다. 그렇게 되면 평생 해야 할 일은 다 끝마칠 수 있을 것입니다. 또 근일에 '같이 공부하기로 한 약속'은 다시 조속히 도모하기 바랍니다. 세월이 빠르게 지나니, 참으로 안타깝습니다. 살펴주기 바랍니다. 숙헌叔獻(이이) 배상.

도우道友: 성리의 학문을 강론하는 외우畏友: 「명나라 사신으로 가는 윤자고(윤근수)를 전송하는 서문」 병인(1566)[8]

선비들이 이르는 벗이 셋이 있으니, 한묵장翰墨場(붓과 먹을 가지고 노는 모임이나 활동)에서 서로 즐기는 것은 문우文友(글벗)이며, 진신縉紳(허리띠에 홀笏을 꽂은 벼슬아치) 사이에서 서로 인접하는 것은 환우宦友(벼슬벗)이며, 성리性理의 학문을 서로 강론하는 것은 도우道友(도의 벗)이다. 벗이란 이름은 같으나 벗을 삼는 이유는 다르다. 문우와 환우는 반드시 가까이 접촉하며 유대를 갖는 것으로 친함(親)을 삼고, 반드시 서로 덮어주고 높이면서 칭찬

---

8   「송윤자고근수고조천서(送尹子固根壽固朝天序)」, 1566년(명종 21, 31세) 여름, 『율곡전서·습유』 권3; 『율곡전서』 권8 제하 주석 '병인하(丙寅夏)'.

해줌으로써 덕행(德)으로 삼고, 반드시 동맹을 맺어 천지를 두고 맹세를 함으로써 믿음(信)을 삼으니, 이 세가지가 없다면 마음에 부족함이 있어 범연히 서로 만나고, 끝내는 길을 지나치는 나그네처럼 되고 만다.

그러나 도우는 그렇지 않아서 그 친함이 얼굴을 마주보는 데 있지 않고, 그 덕을 갖춘 행실이 서로 높이고 칭찬하는 데 있지 않고, 그 믿음이 허락하는 약속의 중대함에도 있지 않다. 바로 동지同志(뜻을 같이함)로써 친함(親)을 삼고, 책선責善(선을 권하고 잘못을 꾸짖음)으로써 덕행(德)을 삼고, 수도守道(도를 지킴)로써 믿음(信)을 삼는다. 뜻이 같으면 천년 전의 사람도 오히려 벗 삼을 수 있는데, 하물며 동시대를 살아감에 있어서랴? 선을 권하고 이끌면 성현의 경지도 함께 돌아갈 수 있는 것이라, 어찌 다른 은혜를 바라겠는가? 도를 지키면 혼탁한 세상의 파란도 능히 어지럽히지 못하는 것이라, 그 어찌 타고난 본성을 저버리겠는가? 이것으로써 그 끊임없이 서로 보는 것이 친함이 될 수 없음을 알고, 수다스럽게 칭찬하는 것이 덕행이 될 수 없음을 알고, 목숨을 건 맹약이 믿음이 될 수 없음을 안다.

내가 자고子固(윤근수)[9]와 서로 안 지가 여러 해가 되었다. 그 벗 삼는 이유는 세가지 가운데 꼭 하나를 차지하고 있다. 유독 괴이한 것은, 서로 만나는 기회는 매우 드물지만 만날 때는 서로 속마음을 털어놓고, 서로 권면하는 말도 세속에서 흔히 하는 말이 아니다. 만나고 난 뒤에는 반드시 흐뭇하게 소득이 있는 것 같으니, 그 사귐의 방법이 아마도 문文과 환宦에는 있지 않은 것 같다. 이제 장차 부사副使가 되어 명나라로 가면서 선물이 될 것을 나에게 구하니 내 어찌 감히 졸렬한 글이나마 써주지 않겠는가?

나는 듣건대, 연燕(북경)·조趙(하북성 인근)에는 옛날부터 마음에 사무쳐 불우함을 한탄했던 선비가 많다고 한다. 그러나 지금은 명나라가 문명의

---

9   윤근수(尹根壽, 1537~1616)의 본관은 해평(海平), 자(字)는 자고(子固), 호(號)는 월정(月汀)이다. 형인 윤두수(尹斗壽, 1533~1601, 자 자앙子仰, 호 오음梧陰)와 함께 학술과 문장이 뛰어났고, 이이와 긴밀하게 교유했다.

교화를 펴고 비로소 황제의 기반을 닦음으로써 그 예악이 흥하고 풍속과 교화가 성행함이 거의 백년이 되었으니, 필시 마음에 사무쳐 불우함을 한 탄했던 뜻이 잘 변화하여 도道에 이르렀을 것이다. 그러므로 자고의 행차는 기대에 어긋나는 일이 없을 것이다. 자고의 명철함은 충분히 그들 학문의 치우침과 바름을 분별할 것이니, 중국 선비들 중 현재賢才라도 그 누구인들 감히 자고를 깔보겠는가?

나는 학문도 진보하지 못하고 지향도 더욱 낮아져 자고의 기대를 저버리지나 않을까 두렵다. 아무쪼록 자고는 널리 둘러보고 소득을 안고 돌아와서, 나로 하여금 더욱 외우畏友(두려워하며 공경하는 벗)의 도움을 얻을 수 있게 되길 바라노라. 자고는 힘쓸지어다!

입지立志: 스스로 '성인-되기'를 기약하다:「격몽요결·입지장 제1」정축(1577)[10]

처음 배우는 사람은 먼저 모름지기 뜻을 세워야 한다. 반드시 성인이 되기를 스스로 기약하고, 털끝만큼이라도 스스로를 하찮게 여겨 물러나거나 회피하려는 생각을 가져서는 안 된다. 무릇 보통의 일반적인 사람과 성인聖人은 그 본성이 동일하다. 비록 기질이 맑은 것과 탁한 것, 순수한 것과 뒤섞인 것의 차이가 없을 수 없지만, 만일 참으로 알고 실천하여 예전의 습관에 젖었던 습성을 버리고 본래의 타고난 성품을 되찾게 되면, 털끝만큼을 보태지 않고서도 온갖 선善이 다 갖추어질 것이다. 이러하니 보통의 일반적인 사람도 어찌 성인이 되기를 스스로 기약하지 않을 수 있겠는가?

그러므로 맹자는 본성이 선하다고 하면서 반드시 요순을 일컬어 그것을 실증하면서, "사람은 모두 요순이 될 수 있다"라고 하였으니, 어찌 우리

---

10 「격몽요결(擊蒙要訣)·입지장제일(立志章第一)」, 1577년(선조 8, 42세) 12월, 『율곡전서』 권 27.

를 속이셨겠는가? 마땅히 항상 스스로 분발하여 이렇게 새겨야 한다. "사람의 본성은 본래 선하여 옛날이나 지금이나, 지혜로운 사람이나 어리석은 사람이나 다름이 없다. 그런데 성인은 어떤 이유로 홀로 성인이 되었고, 나는 곧 어떤 이유로 보통의 일반적인 사람이 되었을까? 이는 진실로 뜻을 세우지 않고 아는 것이 분명하지 않으며 행실이 독실하지 않기 때문이다. 뜻을 세우고, 아는 것을 분명히 하는 것, 행실을 독실하게 하는 것은 모두 다 나에게 달려 있다. 어찌 다른 데에서 구하겠는가?"

안연顔淵은 "순舜은 어떤 사람이며, 나는 어떤 사람인가? 하려고 하는 사람이라면 역시 이와 같이 된다"라고 하였다. 나 역시 마땅히 안연이 순임금과 같이 되기를 바랐던 것을 본받아야 할 것이다. 사람의 용모는 추한 모습을 아름답게 바꿀 수 없고, 힘은 약한 것을 강하게 바꿀 수 없으며, 키는 짧은 것을 길게 바꿀 수 없다. 이것은 이미 정해진 분수이니 고칠 수 없기 때문이다. 그러나 마음과 뜻은 어리석은 것을 지혜롭게 바꿀 수 있고, 못난 것을 어질게 바꿀 수 있다. 이것은 마음이 본래 허령虛靈(잡된 생각 없이 마음이 신령함)하여 타고난 것에 구애받지 않기 때문이다. 지혜로움보다 더 아름다운 것은 없고, 어짊보다 더 귀한 것은 없다.

어찌 힘들다 하여 어질고 지혜로워지려 하지 않고, 하늘이 부여해준 본래의 본성을 훼손하려 한단 말인가? 사람마다 이런 뜻을 간직하고 굳게 지켜 물러서지 않는다면, 거의 도道에 가까워질 것이다. 대체로 사람들은 스스로 뜻을 세웠다고 하면서도 바로 실질적인 노력[用功]은 하지 않고 머뭇거리며 기다린다. 명목상으로는 뜻을 세웠다고 하면서도 실질적으로는 배움을 향한 정성이 없기 때문이다. 진실로 내 뜻이 학문함에 있다면, 인仁을 행하는 것은 나에게서 말미암은 것이니, 하려고 하면 이를 수 있는 것인데, 어찌 남에게서 구하고, 어찌 뒷날로 미루는가?

뜻을 세우는 것이 귀한 이유는 곧 공부를 해나가면서도 미치지 못할까 두려워하고, 조금도 물러서지 않으려 생각하고 생각하기 때문이다. 만일 혹시라도 뜻이 정성스럽고 독실하지 못하여 머뭇거리며 세월만 보낸다면, 수명을 다하여 죽는 날까지도 어찌 성취가 있으리오?

인륜人倫: 나의 어머니는 홀로 계신 자친을 그리워했다: 「선비행장」 신해(1551)[11]

자당慈堂(작고한 어머니)의 휘諱(이름)는 모某로 진사 신공申公[12]의 둘째 딸이다. 어려서 유학의 경전에 통달했고 글을 잘 지었으며 글씨 또한 잘 썼다. 또한 바느질도 잘하고 수놓기까지 절묘하지 않은 것이 없었다. 게다가 천성이 온화하고 얌전하였으며 지조가 정결하였다. 거동이 조용하였으며 일을 처리하는 데 편안하고 차분하였다. 말수가 적고 행실을 신중하게 했으며 또 겸손하여 신공(신명화)이 사랑하고 아꼈다. 성품이 또 효성스러워 부모님께 병환이 있으면 낯빛은 반드시 슬픔에 잠겼다가 병이 나은 뒤에야 다시 처음으로 돌아갔다. 가군家君(이원수)[13]에게 이미 시집을 오게 되자 진사 신공이 가군에게 말했다. "내가 딸이 많은데 다른 딸들은 시집을 가도 서운하지 않더니 그대의 처만은 내 곁을 떠나보내고 싶지 않네."

신혼을 치른 지 얼마 지나지 않아 진사가 작고하였다.[14] 상을 마친 뒤에 신부의 예로써 시어머니 홍씨洪氏(남양홍씨)를 서울에서 뵈었는데, 몸가짐을 조심하고 말을 함부로 하지 않았다. 하루는 일가친척들이 모인 잔치 자리에서 여자 손님들이 모두 이야기하며 웃고 하는데 자당만 말없이 앉아

---

11 「선비행장(先妣行狀)」, 1551년(명종 6, 16세), 『율곡전서』 권18.

12 이이의 외조부인 진사 신명화(申命和, 1476~1522)다. 본관은 평산(平山), 자는 계흠(季欽)이다. 1516년 병자년 사마시(진사)에 입격했다.

13 이이의 부친 이원수(李元秀, 1501~61)의 본관은 덕수(德水), 자는 덕형(德亨)이다. 개명 전의 이름은 난수(蘭秀)다.

14 『율곡전서(栗谷全書)』 권18, 「외조고진사신공행장(外祖考進士申公行狀)」. 이이는 외조부 신명화의 행장을 썼다.

있었다. 그러자 홍씨가 자당을 가리키며 말했다. "새 며느리는 어찌 말이 없는가?" 그러자 자당은 무릎을 꿇고 말했다. "여자는 문밖을 나가본 적이 없어서 전혀 본 것이 없는데, 무슨 말씀을 하겠습니까?" 이 말에 자리에 있던 사람들이 모두 부끄러워했다고 한다.

그 뒤에 자당께서 임영臨瀛(강릉의 옛이름)으로 근친覲親(시집간 딸이 친정을 찾음)을 가셨는데 돌아오실 때에 자친慈親과 울면서 작별을 하고 대관령 중턱에 이르러 강릉 북평北坪 땅을 바라보았다. 백운白雲의 생각[15]을 견딜 수 없어 가마를 멈추게 하고, 한동안 쓸쓸히 눈물을 짓고 다음과 같이 시를 지었다.

머리 하얀 어머님을 임영에 두고	慈親鶴髮在臨瀛
장안을 향하여 홀로 가는 이 마음	身向長安獨去情
고개를 돌려 북촌北村 바라보노니	回首北村時一望
흰 구름 날아 내리는 저녁 산만 푸르네	白雲飛下暮山靑

서울에 와서 수진방壽進坊에서 살았다. 이때 시어머니 홍씨는 늙어【때는 신축년(1541)이다】가사를 돌보지 못하셨으므로 자당이 며느리 노릇을 다했다. 가군은 성품이 얽매임이 없고 호방하여 세간살이를 꾸리지 않았으므로 가정 형편이 매우 넉넉하지 못하였다. 자당이 절약하여 윗사람을 공양하고 아랫사람을 길렀는데, 모든 일을 맘대로 한 적이 없고 반드시 시어머니에게 여쭈어 말씀을 드렸다. 그리고 홍씨의 앞에서는 희첩姬妾(시중드는 여종)도 꾸짖는 일이 없었고, 말씀은 언제나 따뜻했으며 안색은 항상 온화했다. 가군께서 어쩌다가 실수를 하면 반드시 간언하고 자녀에게 잘못이 있으면 훈계하였다. 집안 사람들이나 하인들이 죄가 있으면 꾸짖으니,

---

15   『당서(唐書)』「적인걸전(狄仁傑傳)」. 당(唐)나라의 적인걸(狄仁傑)이 태행산(太行山)에 올라가 흰 구름(白雲)을 바라보며 어버이를 생각했다는 고사에서 나왔다.

노비들도 모두 자당을 존경하여 받들고 좋아했다.

자당은 평소에 항상 임영을 그리워하여 한밤중에 인기척이 조용해지면 반드시 눈물을 흘리며 울었고, 어떤 때는 새벽이 되도록 잠을 이루지 못하였다. 하루는 친척 어른인 심공沈公을 모시는 기녀가 찾아와 거문고를 뜯자, 자당께서는 거문고 소리를 듣고 눈물을 흘리며 말했다. "거문고 소리가 그리움이 있는 사람을 느끼게 하는구나." 방에 있던 사람들이 다 슬퍼하면서도 그 뜻을 몰랐다. 또 일찍이 어버이를 생각하는 시를 지었는데 다음과 같은 구절이 있었다.

밤마다 달을 보고 비노니　　　　　　　　夜夜祈向月
생전에 뵈올 수 있게 하소서　　　　　　　願得見生前

대체로 그 효심은 천성에서 나온 것이었다. 자당은 홍치弘治 갑자년 (1504) 10월 29일에 임영에서 태어나, 가정嘉靖 임오년(1522)에 가군에게 시집을 오셨으며, 갑신년(1524)에 서울로 오셨다. 그 뒤에 임영으로 근친을 가 계시기도 했고 봉평蓬坪에서 살기도 하다가, 신축년(1541)에 다시 서울로 돌아오셨다. 경술년(1550) 여름에 가군이 수운판관水運判官에 제수되었고, 신해년(1551) 봄에는 삼청동三淸洞 우사寓舍(셋집)로 이사를 했다. 이해에 가군이 조운漕運(곡식 운송)의 일로 관서關西(황해도와 평안도)에 가셨는데 아들 선璿과 이珥가 모시고 갔다. 이때 자당은 수점水店(조운을 보조하는 나루터 거점)으로 편지를 보내시면서 꼭 눈물을 흘리며 편지를 썼는데, 사람들은 그 이유를 몰랐다.

5월에 조운이 끝나자 가군은 배를 타고 서울로 향하였다. 당도하기 전에 자당께서 병환이 나서 겨우 2~3일이 지났을 때 자식들에게 말했다. "내가 살지 못하겠다." 밤이 되자 평소와 같이 편안히 주무시므로 자식들은 모두 병환이 나은 줄로 알았는데 17일(갑진일) 새벽에 갑자기 작고하셨다. 향년이 48세였다. 그날 가군께서 서강西江(서울 마포 인근 경강)에 이르렀는데【이 찌도 모시고 도착했다】 행장 속에 든 유기그릇이 모두 빨갛게 되었다. 사람들이 모두 괴이한 일이라고 했는데, 얼마 있다가 자당이 돌아가셨다는 기별을 들었다.

자당은 평소에 붓글씨와 그림이 뛰어났는데 7세 때에 안견安堅[16]의 그림을 모방하여 산수도山水圖를 그린 것이 아주 절묘했다. 또한 포도를 그렸는데 세상에 능히 견줄 만한 사람이 없었다. 자당의 그림을 모사模寫한 병풍이나 족자가 세상에 많이 전해지고 있다.

효제孝悌: 한집에 동거하는 자들은 한 몸이나 다름없다: 「동거계사」 정축(1577)[17]

형제는 애초에 부모님의 한 몸에서 나뉘었으니 한 몸이나 다름없다. 마땅히 서로 친애하여 조금이라도 서로를 구분 짓고 너와 나를 가르려는 마음이 없어야 한다. 옛사람 중에는 구세九世[18]가 한 집에서 함께 산 이도 있었다. 하물며 우리 형제는 일찍 부모님을 여의고 백형伯兄(이선)마저 진작 작고[19]하여 우리들만 남아 있다. 살아 있는 우리들은 힘써 서로 우애하여 재물을 공유로 해서 살아가고, 서로 헤어지지 않아야 한다. 만약 서로 헤어진다면 살아가는 즐거움이 없을 것이다. 그렇기 때문에 함께 살아갈 계책

16　안견(安堅, 생몰 미상)의 본관은 지곡(池谷), 자는 가도(可度)·득수(得守), 호는 현동자(玄洞子)·주경(朱耕)이다. 세종 대에 활동했다.

17　「동거계사(同居戒辭)」, 1577년(선조 8, 42세) 1월, 『율곡전서』 권16. 이 글은 원래 '언문'으로 작성되어 전승되다가 이이 사후에 송시열이 한역하여 『율곡문집』에 실렸다. 『송자대전(宋子大全)』 권132, 「율곡선생동거계사번등록(栗谷先生同居戒辭飜謄錄)」.

18　『구당서(舊唐書)』「효우열전(孝友列傳)」. 당(唐) 고종 때(665년) 장공예(張公藝)라는 인물은 9세대의 친족이 한집에서 함께 살았다고 하며, 그 고사(九世同居)가 전한다.

19　『율곡전서』 권18, 「백씨참봉공묘지명(伯氏參奉公墓誌銘)」. 이이의 맏형 이선(李璿, 1524~70)은 1570년 8월 정사일(22일)에 죽었다. 향년 47세.

을 세우는 것이다. 비록 살던 고향을 떠나온 처지라 하더라도 일가一家가 단란하게 모여서 화락和樂하게 세월을 보낸다면, 이것이 어찌 우연한 일이 겠는가? 이에 마음을 보존하고 행실을 닦는 방법을 간략하게 기록하니, 매월 초하루에 서로 모여 읽어나가며 모두 듣고 알게 하라.

효도는 모든 행실의 근원이다. 부모님이 이미 작고했으니, 다시 효도할 곳이 없다. 다만 제사 지내는 일 한가지가 남아 있을 뿐이다. 무릇 얻는 것이 있으면 반드시 먼저 간직했다가 제사에 쓸 제수로 삼고 망령되이 다른 데에 쓰지 말아야 한다. 또 제사를 지낼 때는 반드시 정성을 다하고 몸을 깨끗이 해서 조상의 넋이 흠향할 수 있기를 기약해야 한다. 어린 사람들이 부모나 혹 어른을 섬기는 데는 반드시 옛 성인의 가르침을 마음에 새겨서 효도를 극진히 해야 한다. 우리 홀로된 형수님[20]은 한 집안의 어른이요 제사를 주관하는 분이니, 그 아랫사람들은 특별히 공경을 다 하여 어머니처럼 대접해야 한다. 기쁜 일이나 노여워할 일이 있을 경우에도 치우친 마음을 가져서는 안 되며, 항상 화평한 얼굴과 온화한 말로 대해야 한다. 타이르거나 꾸짖을 일이 있을 때는 절대로 성내는 마음을 가져는 안 된다. 밖에서는 함부로 집안의 일을 비난하거나 험담하지 말며, 참소하는 말은 믿지 말아야 한다.

혹 가족 간에 이간질하는 말을 만드는 자가 있으면, 노복奴僕(남자 노비)일 경우는 매를 때려 경계하고, 첩妾일 경우에는 엄하게 주의를 주어야 한다. 그래도 고치지 않으면 내보내야 한다. 무릇 함께 사는 사람들은 사사로이 재산을 가져서는 안 된다. 부득이하여 사사로이 쓸 데가 있으면 집안을 주관하는 어른이 나누어주어야 한다. 각자가 더 많이 가지려는 마음을 품어서는 안 되며, 쓸 만큼만 가져가는 것으로 만족해야 한다. 오랫동안 함께할 계책을 도모하는 것이 옳다. 처첩妻妾 사이에서 첩은 지극히 공손해야

20　작고한 이이의 맏형 이선의 처인 선산곽씨(善山郭氏)다.

하고, 처는 첩을 차별 없이 사랑하고 아껴야 한다. 각자 성심으로 가장의 마음을 어기지 않는다면, 어찌 좋지 않은 일이 있겠는가? 무릇 집안의 여러 사람이 모여 앉아서 일을 할 때라도 어른이 지나가면 모름지기 즉시 일어서야 한다. 무릇 조심하여 항상 공손함과 온순함으로 원칙을 삼는 것이 옳다.

한 집안에서 숙부는 아버지를 섬기는 예로 대하고, 종형제는 친형제를 대하는 예로 하여 서로 친애하기를 마치 자기의 몸을 아끼듯 해야 한다. 무릇 서로 대할 때는 몸가짐은 반드시 공손하고 온순하게 하며, 말씨는 반드시 온화하고 기쁘게 하며, 낯빛은 반드시 따뜻하고 평온하게 해야 한다. 비록 비복婢僕(남녀 노비)이 잘못을 했더라도 큰소리로 망신 주거나 꾸짖지 말고, 반드시 부드러운 말로 타이르고 훈계해야 한다. 그래도 듣지 않을 때에는 집안 어른에게 알려 벌을 주어야 한다. 나이 어린 사람이 비록 사사로이 노비를 부리더라도 또한 가벼이 매질하지 말 것이며, 모름지기 집안 어른에게 말씀드려야 한다. 무릇 한 집안 사람들은 서로 화목하기를 힘써야 한다. 마음이 화평和平하면 집안에 좋은 일만 반드시 모일 것이고, 만약 서로 불화不和하고 어긋나면 불길한 기운이 생길 것이니, 어찌 두렵지 않겠는가?

우리들은 참으로 서로 모여 아버지는 자식을 사랑하고 자식은 어버이께 효도하며, 남편은 아내에게 모범이 되고 아내는 남편을 공경해야 한다. 형은 그 아우를 사랑하고 아우는 그 형에게 온순하며, 처는 첩을 사랑하고 첩은 처에게 공손해야 한다. 어린 사람은 정성스럽게 어른을 섬기고, 어른은 정성스럽게 어린 사람을 사랑해야 한다. 비록 부족한 점이 있더라도 모름지기 조용히 가르치고 훈계하며 서로 노여워하지 말아야 한다. 그리고 선행을 한 사람이 있으면 서로 다투어 그를 본받을 것이며, 혹 불평할 일이 있더라도 서로 참아야 한다. 주인은 비복을 자애롭게 대해야 하고, 비복은 주인을 공경하고 사랑해야 하며, 불평하는 말이나 불평하는 낯빛을 보여서는 안 된다. 집안에 항상 화평하고 선한 기운이 있다면, 어찌 화락和樂하지 않겠는가? 함께 살아가는 사람들은 모름지기 각각 이 뜻을 알아서, 각자 스스로 이에 힘써 노력해야 할 것이다.

세신世臣: 저는 처사가 아닙니다: 「송운장(송익필宋翼弼)에게 주다」
갑자(1564)[21]

일전에 만났을 때 제 처지가 편안해 보이지 않았다고 하셨는데, 참으로 보내온 편지에 말씀하신 것과 같습니다. 보내주신 뜻을 두세번 반복하여 생각해보니, 과연 깨우쳐주신 것과 같아서 탄복하였습니다. 다만 지금은 달리 방도가 없어 어떻게 해볼 수가 없습니다. 또한 저는 본래 세신世臣(대대로 벼슬살이를 하며 임금을 섬기는 신하)의 후예로, 맹자孟子에 비교할 바가 아닙니다.[22] 전적典籍[23]이란 관직은 다만 녹봉을 주기 위한 것일 뿐, 실질적으로 책임을 져야 하는 직책이 아닙니다. 그러니 이 자리를 사양하고 많은 식솔들이 굶주리게 하는 것은 아마도 도리에 맞는 처신이 아닌 듯합니다. 만약 조금이라도 다른 방도가 있었으면 저는 결단코 이 관직을 맡지 않았을 것입니다.

옛날 주자朱子가 사관祠官(제사를 지내는 관직)의 녹봉을 받고[24] 매번 뜻에 만족하지 않았지만 끝내 그만두지 못했던 것은 다른 방도가 없었기 때문

---

21 「여송운장익필(與宋雲長翼弼)」, 1564년(명종 19, 29세), 『율곡전서』 권11 제하 주석 '갑인(甲寅)'.

22 맹자(孟子)는 전국시대(戰國時代)에 천하를 주유하면서 제후들의 초빙에 응하여 직책과 녹을 받고 자문하다가 뜻이 맞지 않으면 자신의 직을 버리고 떠났다.

23 조선왕조의 관직으로 성균관에 속해 있는데, 품계는 정6품이고 정원은 13명이다.

24 주자(朱子)는 29세 때부터 20년간 사관의 직에 있었다. 사관은 송(宋)나라 특유의 관제(官制)인데, 궁관(宮觀, 도교道敎의 사원寺院) 또는 악묘(嶽廟, 오악五嶽의 사묘祠廟)를 관리하는 직이다. 이것은 현자(賢者)·공로자(功勞者)·노령자(老齡者) 등에 대한 은전(恩典)으로 녹(祿)만이 지급되고 실직(實職)은 없었다.

입니다. 지금 취임한 전적이라는 관직이 비록 사관祠官만은 못 하지만, 다만 녹봉을 주기 위한 것은 또한 거의 같습니다. 받지 않는 것이 진실로 옳겠지만, 받아도 또한 '의롭지 않은 음식을 먹는 것〔食不義之食〕'이라 할 수는 없을 것입니다. 이것으로써 이익을 삼아 부유해지기를 바란다고 한다면, 그것은 참으로 의롭지 못할 것입니다. 한집에 수십명의 식구가 아침저녁으로 먹을 양식이 바닥났으니, 다른 사람에게 구걸하는 것보다는 차라리 임금이 주시는 녹봉을 받는 것이 낫겠습니다.

비록 그러하지만 제가 만약 처사處士로 자처하며 조정에 선다면 하루라도 물러가려 할 것이니, 그러면 이 관직을 받을 수 없을 것입니다. 그 사이에는 또 저울질할 것이 있을 터이니, 어떻게 헤아려야 하겠습니까? 제가 감히 스스로 옳다는 것은 아닙니다.

여정輿情: 반역과 공훈 사이에서: 「옥당에서 을사위훈에 관해 논하다」경오(1570) [25]

생각건대, 반역이란 천하의 대악大惡으로서, 그런 짓을 한 사람은 반드시 처형되어야 하고 법률상으로도 용서할 수가 없는 것입니다. 모든 신하 노릇을 하고 있는 사람이라면 살아서는 마땅히 불공대천不共戴天(함께 같은 하늘 아래 살 수 없음)의 원수가 될 것이며, 죽어서도 마땅히 만세토록 함께 분개할 원한을 맺게 될 것입니다. 아! 진실로 난신적자亂臣賊子(나라를 어지럽히는 신하와 부모에게 불효하는 자식)의 무리가 아니라면, 그 누가 감히 털끝만큼이라도 반역한 신하를 비호해주려는 마음을 지니겠습니까? 다만 그 반역

---

25 「옥당논을사위훈차(玉堂論乙巳僞勳箚)」, 1570년(선조 3, 35세) 5월, 『율곡전서』 권4; 『율곡전서』 권33, 「연보상(年譜上)」 경오 4년【선생삼십오세先生三十五歲】4월. "與同僚力請削衛社僞勳. 時先生力主削勳之議. 一時名賢人臣亦或難之, 而先生獨抗議不撓. 玉堂四十餘箚, 蓋皆先生筆也, 竟得請乃已."

(을사사화)이란 이름은 거짓으로 꾸며낸 데서 나왔습니다. 사직社稷(나라)을 보위하였다는 호칭은 환난을 즐긴 데서 생겨나서, 충성스럽고 현명한 이들은 반역의 죄명을 받았고, 흉악하고 간악한 자들은 '사직을 보위하였다는 공훈[衛社功臣勳]'26을 받았습니다.

그래서 만백성은 감히 말은 못 하지만 감히 노여워하고 있으며, 원망하고 분개하는 기운이 하늘에 사무치고 땅에 사무쳐 있습니다. 지금 뭇사람의 분노가 쌓인 것이 마치 오래 막혀 있던 강물이 터놓지 않아도 스스로 무너지는 것과 같아서, 공론公論이 나라 사람들에게서 터져 나오고 있는 것은 막아낼 수가 없습니다. 그러니 곧 여정輿情(뭇사람들의 부당함에 대한 집단적인 분노와 저항 감정)에 따라서 국시國是를 안정시키는 것은 바로 오늘날에 해야 할 일입니다. 그러나 전하께서 스스로 어려워하며 보류하신 채 이에 이르게 된 것은, 진실로 전하께서는 간사하고 흉악한 자들의 정상을 아직도 밝게 비추어 살피지 못하여 오직 그 명분만을 따지고 그 사실은 따지지 않기 때문입니다. 신등臣等이 비록 이미 말씀드렸다고는 하나 아직도 다 자세히 말하지 못하였기에 지금 그 근원으로 거슬러 올라가 그것에 대하여 극언極言하려 합니다.

무실務實: 실공을 통한 실효의 성취: 「만언봉사」 갑술(1574)27

신臣이 엎드려 생각건대, 정치는 '때를 아는 것[知時]'이 중요하고, 일은 '실제에 힘쓰는 것[務實]'이 중요합니다. 정치를 하면서도 '때에 마땅함[時宜]'을 알지 못하고, 일에 임하여 '실제적인 노력[實功]'에 힘쓰지 않는다

---

26 위사공신훈(衛社功臣勳)을 말한다. 명종(明宗) 즉위년(1545)에 일어난 을사사화(乙巳士禍) 이후 논공행상(論功行賞)의 성격을 띠고 녹공(錄功)된 공신의 칭호다.

27 「만언봉사(萬言封事)」, 1574년(선조 7, 39세) 1월, 『율곡전서』 권5; 『율곡전서』 권33, 「연보상」 갑술 2년【선생삼십구세先生三十九歲】 정월. "陞右副承旨, 因災異應旨, 上萬言封事."

면, 비록 성스런 임금과 현명한 재상이 어울렸다고 하더라도 '다스림의 효과(治效)'는 이루어지지 않을 것입니다. 삼가 생각건대, 전하께서는 총명하고 영명하여 선비를 아끼고 백성을 사랑하시며, 안으로는 음악과 주색을 즐기지 않고, 밖으로는 말타기나 사냥을 취미로 하지 않으십니다. 옛 군왕들이 마음을 흐리게 하고 덕을 해치는 일이라고 여겼던 것은 모두 전하께서 좋아하시는 바가 아닙니다.

또한 전하께서는 경륜있고 성숙한 신하들에게 의지하고 인망이 있는 인재를 발탁하여 쓰시며, 널리 뛰어난 인재를 불러들이니 벼슬길이 점차로 맑아지고 있습니다. 곧은 말을 너그러이 받아들이니 공정한 의론이 성행하고, 조정과 민간에서 모두 흠모하며 '지극한 다스림(至治)'을 바라고 있습니다. 그러니 마땅히 기강을 바로잡아 엄숙하게 하고, 민생(民生)은 안락하게 생업에 종사해야 할 것입니다. 그러나 기강을 말하자면, 개인의 이익만을 좇고 공익은 업신여기는 것이 옛날과 다름이 없고, 법령과 명령이 시행되지 않는 것도 옛날과 같으며, 관리들이 직무를 태만히 하는 것도 옛날과 같습니다.

민생을 말하자면, 집 안에 비축된 재산이 없는 것이 옛날과 같고, 유랑하며 살 곳을 잃은 백성들도 옛날과 다름이 없으며, 방탕하고 사악하여 악한 짓을 일삼는 관리들도 옛날과 다름없습니다. 신은 일찍이 개탄하며 그 까닭을 깊이 살펴서 한번 전하께 말씀드리고자 하였으나 그 기회를 얻지 못하였습니다. 어제 엎드려 전하께서 하늘의 재앙으로 인하여 대신들에게 내린 교지를 보니, 전하께서도 역시 크게 의심하고 깊이 탄식하며 백성들을 구제할 방책을 듣고자 하시니, 지금이야말로 참으로 뜻있는 선비라면 말을 다해야 할 때입니다. 애석하게도 대신들은 지나치게 황송하고 당혹스러워 그들의 뜻을 다 올리지 못하고 있습니다.

대체로 재이(災異)(재앙과 변고)가 일어나는 것은 '하늘의 뜻(天意)'이 깊고 원대하여 진실로 헤아리기 어려운 것이나, 그것이 다만 임금을 '인애(仁愛)'

하는 뜻이기는 합니다. 옛일을 두루 살펴보건대, 명철하거나 올바른 임금으로 능동적으로 다스림을 할 수 있으면서도 정치를 간혹 제대로 하지 않으면, 하늘은 반드시 꾸짖음을 내려 경고하였습니다. 그러나 포악하고 다스림을 포기하여 하늘과 더불어 도리를 잊어버린 임금이라면 도리어 재이가 없습니다. 그러므로 재이가 보이지 않는 재변이야말로 천하에서 가장 큰 재앙인 것입니다.

지금 전하는 밝고 성스러운 위치에 계시어 능히 일을 하실 만한 때를 만났음에도, 기강이 이와 같고 민생이 이러하다는 것은, 하늘이 부여한 책무를 다하지 못하고 있는 것입니다. 설령 지금 상서로운 별이 매일 나타나고 경사스러운 구름이 날마다 일어난다고 해도 전하의 걱정과 두려움은 더욱 용납할 길이 없습니다. 여러 재변이 거듭 드러나고 하루도 아무 일 없이 지나지 않은 것은, 바로 하늘이 전하를 지극히 인애하기 때문입니다. 전하께서는 '삼가고 두려워하며, 덕을 닦고 반성하는 일'을 조금이라도 태만히 할 수 있겠습니까? 비록 그러나 '때에 마땅함(時宜)'을 알지 못하고, '실제적인 노력(實功)'에 힘쓰지 않는다면, 걱정과 두려움을 비록 절실하게 여기더라도 '다스림의 효과(治效)'는 끝내 나타나지 않을 것이니, 민생은 어찌 보전하며, 하늘의 노여움은 어찌 멎게 할 수 있겠습니까?

변통變通: 때에 맞게 변해야 소통한다: 「경연일기」 갑술(1574)[28]

1574년 2월, 선조 임금이 이이에게 물었다. "한漢나라 문제文帝는 어째서 가의賈誼를 등용하지 않은 것이오?"

이이가 대답하였다. "문제가 비록 현명하기는 했으나 뜻과 취향이 높지

---

28 「경연일기(經筵日記)」, 1574년(선조 7, 38세) 2월, 『율곡전서』 권29; 「경연일기」는 『율곡전서』에 수록된 것과는 별도로 『석담일기(石潭日記)』이라는 단행본으로 다양한 이본(異本)이 유통되었다.

못하여, 가의가 하는 말이 지나치게 크다고 여겨 의심하였기에 등용하지 않은 것입니다. 무릇 사람은 큰 뜻을 가진 연후에 큰일을 할 수 있습니다. 비유하자면, 주인은 몇 칸짜리 작은 집을 짓고자 하는데 목수〔工師〕는 큰 집을 지으려 한다면 어찌 주인이 그 말을 긍정적으로 듣겠습니까?"

이이가 이어서 말했다. "지금 재변災變(재이로 인한 변고)이 자주 일어나고 있습니다. 만일 '도가 없는 세상'이라 한다면, 총명한 임금이 위에 계시어 항상 잘 다스려볼 마음을 가질 것입니다. 만일 '도가 있는 세상'이라 한다면, 백성들의 삶이 궁핍해지고 나날이 더 심해지니, 이것은 그야말로 장차 잘 다스려질 수도 있고 어지러워질 수도 있는 기미입니다. 한갓 말로만 '두려워하면서 덕을 닦고 성찰한다〔恐懼修省〕'하고, 그 실제적인 것이 없어서는 안 될 것입니다. 근래에 주상 전하께서 내리신 교지는 매우 좋습니다만, 실효實效는 아직 보지 못하겠습니다."

임금이 물었다. "어떻게 하면 실효가 있겠소?"

이이가 말했다. "주상께서는 매번 변통變通을 어렵게 여기시니, 그래서 끝내 실효가 없는 것입니다. 만일 경장更張하지 않으면 나라를 다스릴 방법이 없습니다."

임금이 말했다. "만일 선왕〔祖宗〕들이 제정한 법규가 아니라면 경장하는 것이 어찌 어렵겠소?"

이이가 답하였다. "선왕들이 제정한 법규를 모두 다 고치겠다는 것이 아닙니다. 공안貢案 같은 경우, 이것은 연산군이 덧붙여 제정한 것이지 선왕들이 만든 법규가 아닙니다. 신이 경장하기를 좋아하는 것이 아니라 '백성들의 고통을 구제〔救民瘼〕'하려는 것입니다. 만일 지금의 정치를 바꾸고자 한다면 반드시 일을 할 만한 인재를 구해야 할 것이나, 만일 개혁하지 않는다면 현재賢才(어진 인재)를 구해서 무엇 하겠습니까?

근래에 전하께서는 노수신盧守愼을 우대하셨으나, 그가 병이 났다고 하면서 출사出仕하지 않고 있는데, 여기에도 역시 이유가 있을 것입니다. 노수신은 젊어서부터 명망이 있었고, 재상이 되기 전에 사람들은 모두 이렇게 말했습니다. '이 사람이 재상이 되면 태평성대를 이룰 수 있을 것이다.' 그러나 그가 재상에 올랐지만 별로 자신의 의견을 내세우지 못하였으니, 사람들은 그가 직분을 다하지 못한다고 비웃었습니다. 노수신은 자신의 의견을 내세우고 싶었겠지만 주상의 뜻이 변통하려고 하지 않아서, 벼슬길에 나아가고 물러나는 것[進退]이 극히 난감했을 것입니다. 그래서 부득이 물러가기를 청한 것입니다."

임금이 말했다. "이것은 가소로운 일이오. 내가 이 사람이 낸 의견을 듣지 않은 것이 별로 없었소."

이이가 대답했다. "이 사람이 경세제민經世濟民 할 재주가 있는지는 알 수 없지만, 조정과 민간을 진정시키기에는 충분합니다. 원하건대 전하께서는 그가 물러나 쉬는 것[退休]을 허락하지 마십시오."

임금이 말했다. "노수신은 비단 조정의 기강을 잡고 풍속을 안정시킬 수 있을 뿐만 아니라, 학식 또한 뛰어난 사람이오. 단지 그가 임금을 잘 만나지 못했구려."

이이가 대답했다. "어찌 그렇겠습니까? 다만 바라건대 그가 물러가는 것을 허락하지 마시고, 그의 말을 들어주십시오."

임금이 말했다. "내가 그의 뜻을 보니, 그 역시 '개혁하려는 사람[改紀者]'이오."

이이가 대답했다. "예로부터 성현들은 때에 따라 변통[隨時變通]하였습니다. 천체의 운행으로 말하자면, 세월이 오래되면 역수曆數[29]도 반드시 어긋나게 되니, 시대마다 각기 마땅한 사람이 나와 이를 개정하였습니다. 만일 때에 따라 개정하지 않으면 천체의 현상이 어긋나고, 계절이 그 차례를 잃어버리게 될 것입니다."

---

29 역수(曆數)는 천지 일월성신이 운행하는 도수(度數)를 지칭하여 달력의 산법을 의미한다. 왕이 천명을 받아 제위에 오르는 것을 비유하는 말로도 쓰였다.

경장更張: 오늘의 급무다: 「의진시폐소」경오(1570)[30]

생각건대, 백성은 먹는 데 의존하고 나라는 백성에 의존하는 것이어서, 먹을 것이 없으면 백성도 없고 백성이 없으면 나라도 없는 법이니, 이것은 필연의 이치입니다. 올해와 같은 큰 가뭄은 예전에 없던 것으로 소맥小麥과 대맥大麥은 이미 없어졌고 가을 곡식마저 싹이 또 말라버렸는데, 위로는 탁지度支[31]로부터 아래로는 상농上農에 이르기까지 저축이 다 고갈되어 있습니다. 애처로운 백성들은 사방으로 흩어져서 나무껍질을 벗겨 먹고 풀뿌리를 캐 먹으니, 산과 들은 헐벗어 발갛게 되었습니다. 힘센 자들은 들고 일어나 도적이 되고 약한 자들은 굶어 죽어 골짜기를 메울 지경에 이르렀으니, 전하의 나라는 백성이 없는 것에 진배없습니다.

신神이란 신은 모두 받들어서 제물을 다 바쳤으나 아무런 영험도 나타나지 않으니, 이는 하늘과 땅의 신령께서 제사를 흠향하지 않는 탓입니다. 교지教旨를 내리어 의견을 구하여 표현과 뜻이 간곡한데도 바른 말을 듣기 어려운 것은, 신하들과 백성들이 호응하지 않기 때문입니다. 아! 위로는 천신天神께서 제사를 받지 않으시고, 아래로는 신하들과 백성들이 호응하지 않아, 굶어 죽은 시체가 도로에 쌓였지만 구제할 양식이 없습니다. 그리고 변경의 소요가 남북에서 일어나고 있지만 수비할 만한 군사가 없습니다. 전하께서는 오늘날을 어떠한 시국으로 보고 계시는지요.

한漢나라 신하 동중서董仲舒가 말하기를 "국가가 장차 도를 잃을 패정敗政(그릇된 정치)이 있으면 하늘은 곧 먼저 재해를 내려 충고한다. 스스로 반성할 줄 모르면 다시 이변異變을 일으켜 그것을 경계하고 두려워하게 한

---

30 「의진시폐소(擬陳時弊疏)」, 1570년(선조 3, 35세) 5월, 『율곡전서』권4 제하 주석 '경오(庚午)'.

31 호조(戶曹)의 별칭이다. 재정, 조세, 화폐 등을 관장한 데서 나왔다.

다. 그래도 고치지 않는다면, 곧 패망에 이르게 된다. 이것으로써 하늘의 마음이 임금을 인자하게 사랑하시어 그의 혼란을 멈추도록 하려 함을 알 수 있다"라고 하였습니다. 전하께서 왕위에 올라 다스리기 시작한 지 4년인데, 비상한 재난과 놀랄 만한 괴변이 다 기록할 수 없을 정도였습니다. 하늘의 충고와 경계가 또한 지극하다 하겠습니다. 그런데도 정치는 옛 폐해를 답습하여 다스림의 효과가 드러나지 않는다면, 곧 패망에 이르게 되는 것을 머지않아 보게 될 것입니다.

예부터 혼란으로 망하는 나라는 반드시 임금은 지나치게 음탕하고 재상들과 신하들은 탐욕스럽고 사악하여, 그것이 무르익어 혼란이 이루어졌기 때문입니다. 임금이 명철하고 신하들은 근신하는데도 패망의 단서가 스스로 생겨나는 일은 없었습니다. 지금은 전하께서 왕위에 계심에 조금도 덕을 잃는 일이 없으셨고, 권세 있는 간신들도 자취를 감추어 조정이 맑고 엄숙해졌습니다. 그런데도 백성들은 살 곳을 잃고 나라의 형세는 위급해져서, 망해가는 혼탁한 왕조와 같이 패망의 길로 달려가고 있습니다. 신은 진실로 우매하여 그 이유를 알지 못하여 밤낮으로 골똘히 생각하다가 그 이유를 알아냈습니다. 그렇게 되는 잘못은 마땅히 경장更張을 해야 함에도 경장을 하지 않는 데 있습니다.

정자程子[32]가 말하였습니다. "나라를 다스리는 도리에는 근본을 따라 말할 수도 있고, 당면한 일을 따라 말할 수도 있다. 근본을 따라 말한다면, 오직 임금의 마음속 그릇됨을 바로잡는 것에서부터 시작하여, 마음의 그릇됨을 바로잡음으로써 조정을 바로잡고, 조정을 바로잡음으로써 모든 관리들을 바로잡게 되는 것이다. 만약 일을 따라 말한다면, 구제하지 않을 때는 그만이지만, 만약 반드시 구제해야 한다면 반드시 변혁이 있어야 합니다. 크게 변혁시키면 큰 이익이 되고, 작게 변혁시키면 작은 이익이 되는 것이

---

32   중국 북송 때 도학의 개척자인 정호(程顥, 1032~85), 정이(程頤, 1033~1107) 형제를 말한다.

다." 이 말은 진실로 오늘날의 급무急務를 지적하고 있습니다.

화평和平: 신臣이 마음에 항상 두고 있는 것: 「대사간을 사직하는 상소」 신사(1581)³³

엎드려 생각건대, 보잘것없는 소신小臣이 총명한 주상 전하를 만나서 깊고 후한 은혜를 받았습니다. 그 은혜가 하늘처럼 그지없어서 뼈가 가루가 되고 머리가 부서져도 다 갚을 수 없습니다. 그런데도 이전부터 물러나기를 구하여 밥 지을 겨를도 없이 서둘렀던 것은 무슨 까닭이겠습니까? 첫째는 재주가 임용에 적합하지 않기 때문이고, 둘째는 병으로 벼슬살이를 감당할 수 없기 때문이며, 셋째는 세상과 잘 어울리지 못하기 때문입니다. 관직을 떠나 시골에 있으면서 식사 한번 하는 잠깐 사이인들 어찌 감히 전하를 잊겠습니까?

지난해 겨울 전하의 부르심을 받았을 때(1581년 12월 5일) 마침 주상께서 편찮으셨으므로, 신이 하찮은 정이나마 뵙고 문안을 드리는 데 급하여 감히 사직하지 못하였습니다. 전하의 용안을 뵙게 되어서는 감동과 사모의 정이 더욱 깊어서 처지에 맞는지 헤아릴 겨를도 없이 중임을 맡았습니다. 생각건대, 정치의 득실은 '선비들의 공론[士論]'에 달려 있다고 여깁니다. 사류士類가 조화調和를 이루어 하나가 되고, 거기에서 탁한 세력을 물리치고 맑은 인재를 등용하며, 옳은 것은 옳게 여기고 그른 것은 그르게 여긴 뒤에야 조정이 안정되고 사업이 일어날 수 있습니다. 혹시라도 그렇지 않고 이편저편을 나누고 자기와 다른 이를 구별한다면, 취하고 버리는 바가 공정하지 못하고 인심이 복종하지 않게 됩니다. 그러면 장차 사심이 없는 공정한 논의[淸論]를 세우거나 국시國是를 정할 수 없을 것입니다.

---

33   「사대사간소(辭大司諫疏)」, 1581년(선조 14, 46세) 9월, 『율곡전서』 권5.

그러므로 신이 마음에 두고 있는 것은 '반드시 화평을 주장하는 것[必主和平]'이며, 말로 나타내는 것은 '반드시 편당이 없고자 하는 것[必欲無偏]'입니다. 이것으로써 조금이나마 보잘것없는 효과를 내려 한 것이, 곧 신이 평소 마음에 두었던 바입니다. 근년에 동서東西를 나누는 이름이 본래 민간의 근거 없는 말에서 나왔는데, 신은 일찍이 총명한 사람이 들으면 한번 웃고 말 것도 못 될 것이라 여겼더니, 지금까지도 오히려 조정의 우환거리가 될 줄은 생각하지 못하였습니다.

심의겸沈義謙(1535~87, 본관 청송靑松, 자 방숙方叔, 호 손암巽菴)은 곧 신의 아버지 외가 친척이고 김효원金孝元(1542~90, 본관 선산善山, 자 인백仁伯, 호 성암省庵)은 신과 동년同年(같은 해 동방급제)이고 동료입니다. 두 사람을 신이 모두 익히 잘 알고 있습니다. 애초에 서로 싫어하는 마음을 품거나 원한을 쌓아서 당을 지어 다툴 만한 지경에 이른 것이 아닙니다. 다만 심의겸은 외람되이 권력을 잡고 기세가 당당하였고, 김효원은 일을 처리하는 데 과감하여 꺼려야 하는 것을 피하지 않았습니다. 한마디 말이 서로 거슬리게 되자 헛소문이 돌아 점차 편안하지 못하게 된 것입니다. 대신이 건의하여 두 사람을 모두 외직으로 내보낸 것도 곧 사태를 진정시키자는 계책이었습니다. 이와 같이 하고 나서 갈등의 흔적을 깨끗이 씻어버리고 편벽된 논의가 나오지 않으면 실로 정계에 다행한 일일 것입니다. 그러나 이들 서로에 대한 말이 아직까지 종식되지 않았으니, 이는 신이 이해하지 못하는 바입니다.

대저, 이른바 '동東·서西'라는 것은, 얼음과 숯불처럼 또는 향기로운 풀과 냄새 나는 풀처럼 서로 용납될 수 없는 관계가 아닙니다. 선배와 후배가 서로 화합하지 못한 데 불과합니다. 다만 심의겸은 외척으로서 선배의 반열에 참여하여 사람들이 싫어하고 미워하였으므로, 이 당시의 '맑은 명망[淸望]'은 서인西人에게 돌아가지 않고 동인東人에게 있었을 뿐입니다. 비록 그러하나, 동인은 본래 '강직하고 깨끗한 인사[淸流]'가 많지만 그중에 어찌 시세에 영합하고 권력을 탐하는 사람이 없겠습니까? 서인은 비록 지적을 받고는 있지만, 그중에 어찌 재주와 학식이 훌륭하고 존경할 만한 사람이 없겠습니까? 서인의 기준으로 동인을 공격하는 것은 참으로 옳지 않거니와, 만약 한결같이 동인만 주장하고 서인을 배척하면, 이 또한 편벽된 의견일 뿐입니다. 결코 공론은 아닙니다.

몇 년 전에 김효원이 부령부사富寧府使로 임명되었는데, 그때 신이 감히 홀로 주상 전하께 말씀드려 내지內地(서울 인근)로 전임하기를 청했습니다. 그것은 김효원 한 사람을 위한 것이 아니라, 후배들의 마음을 안정시키려 했던 것이었습니다. 그리고 사류士類가 심의겸을 심각하게 공격하면서 나머지 다른 사람에게까지 파급되어 사당邪黨(간사한 무리)으로까지 지목하게 된 적이 있습니다. 그때 신이 감히 소장疏狀을 올려 구원하고 해명한 것은 심의겸 한 사람을 위한 것이 아니라, 선배들의 마음을 안정시키려 했던 것입니다. 그런데 오늘날까지 사림士林은 아직도 보합保合하지 못하고 시기와 의심의 마음이 끊어지지 않고 있습니다.

신이 한두명의 뜻을 같이하는 선비들과 함께 동서 붕당朋黨의 폐해를 바로잡아 구제할 수 있는 방법을 생각해보았습니다. 대부분 다음과 같이 말합니다. "심의겸이 아직 드러나게 배척당하지 않았고, 좋아하고 미워함이 분명하지 않아서, 사류들은 모두 선배들이 그를 감싸고 보호하려는 뜻이 있다고 의심하고 있습니다. 그래서 감히 '동료로서 함께 화합할 계책〔同寅之計〕'을 내지 못합니다. 지금 만약 심의겸을 분명히 벌하고 배척하여 끊어버린다면 동서를 깨끗이 씻어 제거〔蕩滌東西〕하고, 협화協和하여 하나로 만들 수 있습니다〔協和爲一〕."

신 또한 가만히 생각건대, 심의겸의 사람됨이 지금에 와서 더욱 사류士類들에게 미움을 받고 있으니, 결코 함께 '맑은 조정〔淸朝〕'에 있을 수 없습니다. 그러므로 감히 그의 파직을 논한 것은 다만 사론士論을 순조롭게 이루어나가고, 한 사람을 결단함으로써 '조화롭게 조절〔調劑〕'하고, 진정시키려는 계책일 뿐입니다. 신이 참으로 지극히 어리석으나 다른 마음은 없습니다. 구구하게 스스로 헤아리지 못하고 전후에 어리석은 견해를 올린 것은 오직 편견을 구제하고 '공정한 의론〔公議〕'을 신장하여 조정을 맑게 하고자 한 데 있을 뿐입니다.

안민安民: 나라는 백성에 의지한다: 「간원진시사소」 병인(1566)[34]

생각건대, 천하의 일은 발전하지 않으면 후퇴하고, 국가의 형세는 다스려지지 않으면 어지러워지는 법입니다. 발전하고 후퇴하는 것과 다스려지고 어지러워지는 것은 본래 그 운수가 있지만, 그 발전하고 후퇴하거나 다스려지고 어지러워지는 까닭은 실로 사람에게 달려 있습니다. 그러므로 나라의 임금은 마땅히 다스려지고 어지러워지는 빌미를 살펴서, 그 다스려지게 하는 요인은 힘써 장려하고, 어지러워지게 하는 요인은 제거함으로써 반드시 잘 다스려짐이 기약된 뒤에야 그만두어야 합니다. 작은 성취에 안심하거나 일반적인 규칙에 얽매여, 되는 대로 그 성패를 맡겨놓아서는 안 됩니다. 신등이 뵙건대, 전하께서는 등극하신 이래로 해 뜨기 전에 의복을 갖추시고 밤늦게 식사를 하시며 정력을 다하여 다스리기에 힘쓰셨습니다. 안으로는 음악과 여색女色의 즐김이 없고, 밖으로는 사냥을 좋아하시는 일이 없습니다. 옛 임금들의 마음을 홀려 정사를 그르치게 만들었던 것들을 전하의 생각에서 모조리 끊어냈습니다.

그러나 요즘 권세 있는 행신(幸臣(총애받는 간신)이 정사를 어지럽히어 나라의 형세가 위태로웠습니다. 다행히도 하늘이 전하의 마음을 깨우쳐 인도해주신 덕분에 여러 간신姦臣들을 쫓아내어, 온 나라 사람들이 목을 길게 빼고 눈을 씻으며 교화가 이루어짐을 갈망하게 되었습니다. 교화를 좀먹고 정치를 해치던 요인들이 차례로 개혁되어 없어져서 전하의 윤음綸音

---

34 「간원진시사소(諫院陳時事疏)」, 1566년(명종 21, 31세) 1월, 『율곡전서』 권3; 『율곡전서』 권33, 「연보상」 병인 45년【선생삼십일세先生三十一歲】5월. "與同僚上疏, 論時務三事."

(명령)이 내려질 때마다 사람들의 눈과 귀가 번쩍 뜨였습니다. 태평성대의 소망이 아침이 아니면 저녁에라도 이루어질 듯하였습니다. 이는 지극한 다스림의 기미라고 할 만한 상황입니다. 하지만 지금까지의 시정施政(펼쳐진 정책이나 정치)은 아직도 민심을 크게 위로하고 어루만지지는 못하였습니다. 기강은 아직도 바로 서지 못하고, 공정한 도리〔公道〕가 아직도 널리 행해지지 못하고 있습니다. 탐욕스런 풍조가 아직도 없어지지 않고 있습니다. 착한 것과 나쁜 것의 분별이 분명치 않아 벼슬길이 혼잡한 것도 이전과 같고, 소송 재판이 공평치 않아 권세 있고 교활한 자들의 뜻대로 되는 것도 옛날과 같습니다.

하늘의 마음〔天心〕도 기쁘지 않은 탓인지 재앙과 이변이 거듭 나타나고, 백성들의 힘은 다하였는데도 구호의 은택은 내려지지 않고 있습니다. 이는 진실로 여러 해 동안 쌓여온 고질병이 한가지 약만으로는 고쳐지기 어렵기 때문입니다. 큰 벼슬아치들은 어물어물 얼버무리는 데 습관이 되어 있고, 작은 벼슬아치들은 익살로 받아넘기는 데 습관이 되어 있습니다. 안으로 모든 관청은 안일한 타성에 젖어 있고, 밖으로 여러 고을에서는 가혹하게 백성을 수탈하는 것이 습관이 되어 있습니다. 오랜 습관에 얽매여 스스로 그것을 버리지 못하고 있습니다. 잘못을 용납하고 말하지 않는 것을 처세에 통달한 것으로 알고, 건의하고 말씀드리는 것을 도리어 일을 만드는 것으로 여깁니다. 관행화된 풍속을 따르는 자를 보고 중도中道를 얻었다 하고, 특별히 홀로 곧은 사람을 어리석고 괴이하다고 합니다.

이와 같은 기풍과 현상은 권세 있는 간신奸臣이 나라를 좀먹던 때와 별로 크게 달라진 것이 없습니다. 만일 그럭저럭 새는 것을 막고 터진 것을 기워간다면, 날로 다스려져 발전하는 모습은 보지 못하고, 마침내는 반드시 날로 어지러움이 더해갈 따름일 것입니다. 어찌 깊이 두렵게 생각해야 할 일이 아니겠습니까? 신등은 모두 변변치 못하면서 언관言官(간쟁)의 지위에서 죄를 기다리는 처지인지라, 천장을 우러러 남몰래 탄식하며 밤에도 잠을 이루지 못했습니다. 폐해를 개혁[革弊]할 근본을 깊이 생각한 끝에 귀머거리나 장님 같은 미약한 정성을 다 기울여 삼가 세가지 일을 전하께 바치는 바입니다. 첫째는 마음을 바르게 함[正心]으로써 다스림의 근본을 세우는 것[立治本]입니다. 둘째는 현명한 이를 등용함[用賢]으로써 조정을 맑게 하는 것[淸朝廷]입니다. 셋째는 백성을 편안히 해줌[安民]으로써 나라의 근본을 굳건히 하는 것[固邦本]입니다. (…)

이른바 백성을 편안히 해줌[安民]으로써, 나라의 근본을 굳건히 하시라는 것은, 임금은 나라에 의지하고 나라는 백성에 의지하는 것이기 때문입니다. 임금이 다스림의 근본을 세우는 까닭은 백성들에게 표준表準이 되자 함이요, 조정을 맑게 하려는 까닭은 백성들에게 어진 정치를 베풀고자 하기 때문입니다. 그래서 백성을 편안히 하는 것을 들었는데 거기에는 네가지 조목이 있습니다. 첫째는 폐단과 병폐를 조사, 처리하는 것입니다. 둘째는 일족一族을 너그러이 대하는 것입니다. 셋째는 외방(지방) 관원을 잘 뽑는 것입니다. 넷째는 옥사獄事와 송사訟事를 공평히 처리하는 것입니다.

묘합妙合: 이기는 하나이면서 둘이고, 둘이면서 하나이다: 「성호원에게 답하다」 임신(1572)[35]

며칠이 지났습니다. 그간에 근황[道況][36]은 어떠하십니까? 지난번에 말씀드렸던 심心·성性·정情에 관한 이론은 저로서는 상세하게 다 말했다고 봅니다. 그런데 보내 온 편지를 보니 또 의견이 부합되지 않는 것이 많아서 여러 번 반복하여 읽어보았습니다. 안타까운 마음을 금할 길이 없습니다. 우리 형(성혼成渾, 1535~98)께서 학문에 뜻을 둔 지도 20년이 되어 성현의 글

---

35 「답성호원(答成浩原)」, 1572년(선조 5, 37세) 3월 이후, 『율곡전서』 권10; 이 글은 『우계선생 문집(牛溪先生文集)』 권4에도 수록되었다.

36 도황(道況)은 도학을 공부하는 학자에게 안부를 비롯한 근황을 묻는 말이다.

을 읽지 않으신 것은 아닐 터인데, 아직도 심·성·정에 대한 '적실한 견해〔的實之見〕'가 없는 것은, 아마도 이理와 기氣 두 글자에 대해 투철하지 못한 점이 있어〔有所未透〕 그런 듯합니다. 이제 이理와 기로써 말씀드리니, 부디 물리치지 말기 바랍니다.

대체로 이理라는 것은 기의 주재主宰요, 기라는 것은 이理가 타는 것〔所乘〕입니다. 이理가 아니면 기가 뿌리박을 데가 없고〔氣無所根柢〕, 기가 아니면 이理가 의지할 데가 없습니다〔理無所依著〕. 이理와 기는 이미 이물二物(두 개의 독립된 존재)도 아니요, 또 일물一物(하나의 단일체)도 아닙니다. 이理와 기는 일물이 아니기 때문에 하나이면서 둘이요〔一而二〕, 이물二物이 아니기 때문에 둘이면서 하나입니다〔二而一〕. 이理와 기가 일물一物이 아니라는 것은 무엇을 이르는 것입니까? 이理와 기가 비록 서로 떠나려 해도 떠날 수 없으니, 묘합한 상태에서도〔妙合之中〕 이는 스스로 이요〔理自理〕, 기는 스스로 기이니〔氣自氣〕, 서로 뒤섞이지 않습니다〔不相挾雜〕. 그러므로 일물一物이 아닙니다.

이理와 기가 이물二物이 아니라는 것은 무엇을 이르는 것입니까? 비록 이理는 스스로 이理요, 기는 스스로 기라 하더라도 혼륜무간渾淪無間[37]하여 선후先後(시간적으로 앞서거나 뒤처짐)도 없고, 이합離合(공간적으로 떨어짐과 합쳐짐)도 없어, 그것이 이물二物이 됨을 볼 수 없습니다. 그러므로 이물二物이 아닙니다. 이 때문에 움직임과 고요함은 끝이 없고〔動靜無端〕, 음과 양은 시작이 없으며〔陰陽無始〕, 이理가 시작이 없으므로〔理無始〕 기도 역시 시작이 없는 것입니다〔氣亦無始〕.

정학正學: 나는 주자 이후에 태어나 성악설을 주장하지 않고, 순자가 될 수도 없다.「성호원에게 답하다」정묘(1567)[38]

---

37   섞여서 분리하여 간격을 둘 수 없는 상태를 말한다.

『대학』을 먼저 읽고 『중용』을 뒤에 읽는다는 설은 다만 그대[足下]의 말만 그러할 뿐 아니라 나의 생각도 역시 이것을 주장합니다. 다만 『중용』을 배우다가 이단異端에 떨어지기 때문에 『대학』을 세워서 이를 구제함을 이른 것은 아니니, 그대는 다시 이 말을 취하여 천천히 음미해보는 것이 어떻겠습니까? 선유先儒는 말하였습니다. "중中의 본체는 알기 어렵고, 선善의 단서는 확충하기 쉽다." 그러므로 『중용』에는 하학下學의 공부를 논하면서 반드시 '선을 택한다[擇善]'고 하였고, '중을 택한다[擇中]'라고 하지 않았으며, 반드시 '선을 밝힌다[明善]' 하고, '중을 밝힌다[明中]'고 하지 않았으니, 어찌 중中의 체가 알기 어렵다고 여긴 것이 아니겠습니까?

만약 『대학』과 『중용』이 각각 스스로 도를 밝히기만 하고 서로 관계됨이 없이 처음부터 앞뒤의 차례에 뜻이 있는 것이 아니라면, 정자程子와 주자朱子가 사람들에게 먼저 『대학』을 읽으라고 가르친 것은 공자·증자曾子·자사子思의 본래 뜻은 아닌 것입니다. 먼저 『대학』을 읽어 '격물치지'에 종사하지 않고, 『중용』을 앞질러 배워서 위로 천리天理를 통달하려 한다면, 나는 그런 사람이 성인의 도를 잘 배우게 되리라고 보증하지 못하겠습니다. 그대는 나를 거리낌 없이 말한다고 책망하여, 순경荀卿(순자)의 말을 인용하기까지 하였으니, 놀라워 어찌할 줄을 모르겠습니다.

비록 그러나 학문으로 말한다면, 나는 다행히 주자朱子의 뒤에 났으니, 반드시 성악설性惡說을 말하지는 않을 것이오. 재주[才]로 말한다면 나는 불행히도 재주가 부족하여, 비록 순경이 되고 싶어도 될 수가 없습니다. 그대는 내가 정학에서 타락하여 선을 행하지 못할까 걱정해주는 것은 좋으나, 내가 순경이 되리라고는 걱정하지 않아도 좋습니다. 도가 외롭다[道孤]³⁹는 말

---

38 「답성호원」, 1567년(명종 21, 31세) 5월 이후부터 1568년(선조 즉위년, 32세) 5월 이전 추정, 『율곡전서』 권9.

39 유도(儒道)를 연구하고 이를 실천하는 사람이 적다는 말이다.

은 진실로 보내 온 편지의 말과 같으니, 심히 유감스러운 일입니다. 그러나 나의 생각에는 벗으로서 학문을 강론하고 연마하여, 서로 모자람을 보태주는 도움이 없음을 한스럽게 여길 뿐이고, 감히 유도儒道를 담당한 사람으로 자처自處하는 것은 아닙니다. "스스로를 점검點檢하라"는 그대의 말은 마땅히 가슴속에 새겨 종신토록 잊지 않겠습니다.

도학道學: 성리에 관한 이학의 학술과 '삶–정치'의 도리: 「경연일기 1」 정묘(1567)[40]

우리나라에 이학理學의 전통이 없었는데, 전 왕조(고려)의 정몽주鄭夢周가 처음 발단을 열었으나 법도가 정밀치 못하였다. 우리 조선에 이르러 김 굉필金宏弼이 그 단서를 이어받았으나 아직 크게 드러나지 못하다가, 조광조趙光祖가 도道를 주창함에 미쳐서야 배우는 이들이 모두 함께 그를 높이 받들게 되었다. 지금 '성리에 관한 학문[性理之學]'이 있는 줄 알게 된 것은 조광조의 힘이다. 삼가 살피건대, 옛사람들은 학문이 이루어지기를 기다려서 도를 행하려 하였는데, 도를 행하는 요체는 임금의 마음을 바르게 하는 일보다 더 급한 것이 없다. 애석하게도 조문정趙文正(조광조의 시호)은 현철賢哲한 자질과 경세제민經世濟民의 재주를 지녔음에두 학문이 채 대성하기도 전에 갑작스럽게 중요한 관직에 올라 위로는 임금 마음의 잘못됨을 바로잡지 못하고, 아래로는 권력가들의 비방을 막지 못하였다.

이에 조광조가 겨우 충성을 다하려 하자, 참소하는 입이 벌써 열려 몸은 죽고 나라는 어지러워졌다. 이는 도리어 뒷사람들로 하여금 이 일을 징계로 삼아 감히 적극적으로 큰일을 해보지 못하게 만들었다. 하늘이 '이 도[斯道]'를 행해지지 못하도록 막으셨던가? 어찌하여 이 사람【조광조】을 낳

---

40   「경연일기 1」, 1567년(선조 즉위년, 32세) 10월, 『율곡전서』 권28.

기만 하고, 도를 온전히 성취시키지 않았던가? 문정文正(조광조)이 비록 '나아가고 물러남[進退]'의 '미묘한 조짐[幾微]'에는 밝지 못한 점이 있었으나, 배우는 이들이 이때에 이르러서야 이학理學이 높일 만하고 왕도정치王道政治가 귀하며 패도정치覇道政治가 천한 것을 알았으니, 그가 사도斯道에 끼친 공로는 결코 없어지지 않을 것이다. 뒷사람들이 태산泰山과 북두北斗처럼 우러러보고, 또한 위에서 내린 은총이 갈수록 더욱 융숭함은 실로 당연한 일이다.

이언적李彦迪은 학식이 넓고 문장에 능하였으며, 부모를 지극한 효성으로 섬겼고, '성리에 관한 글[性理之書]'을 즐겨 보아 손에서 책을 놓지 않았다. 몸가짐이 점잖고 위엄이 있었고, 입에서는 함부로 말이 나오지 않았으며, 많은 저술을 남기고 깊이 세밀한 경지에까지 나아갔으므로, 배우는 이들이 그를 도학道學으로 높이 받들어 존경하였다. 다만 경세제민의 큰 재질과 조정에 나아가 대의를 지키는 큰 절조節操가 없었다. 을사사화乙巳士禍 때에 이언적은 막후에서 주선하여 몰래 선비들을 구출하려 하였다. 그리하여 임금께 직언直言을 올려 구원하지 못하고 권간權奸(권세를 잡은 간신)들의 협박으로 추관推官(죄인을 신문하는 관직)이 되어 '선량한 사류[善類]'들을 신문하기까지 하며 공신功臣에 올랐다. 곽순郭珣이 신문 당할 때에 추관이 된 언적을 쳐다보고 한탄하여 말했다.

"우리가 복고復古(이언적의 자)의 손에 죽을 줄이야 어찌 알았으랴."

이언적이 뒤늦게 후회하여 차차 권간들에게 이의異議를 제기하다가, 마침내 죄를 얻어 공훈功勳을 삭탈 당하고 멀리 귀양 가서 죽었다.

삼가 살피건대, 도학道學이란 명목이 예전에는 없었다. 옛날 선비란 집에서는 효도하고 밖에서는 공손하며, 벼슬하면 도道로써 임금을 섬기고, 맞지 않으면 자신을 돌이켜 물러났다. 이와 같이 하는 자를 선善이라 하고, 그렇지 못한 자를 악惡이라 하였을 뿐, 도학이라는 특별한 명목을 세우지 않았다. 세상이 말세가 되고 도가 쇠퇴하여 성현의 전통이 전수되지 못하므로 악한 자는 말할 것도 없거니와 이른바 선하다는 자들도 한갓 효도, 우애, 충성, 신의만을 알고, '나아가고 물러나는 의리[進退之義]'와 '성정의 오묘한 이치[性情之蘊]'를 알지 못하여, 가끔 실행하여도 그 당연함을 밝히지 못하고, 익히더라도 그렇게 하는 까닭[所以然]을 알지 못한다. 이 때문에 이치를 연구하고 마음을 바르게 하며, 도道에 의해 나아가고 물러서는 것을 도학道學이라 지목하게 되었으니, 도학이란 명목을 세운 것은 말세末世의 부득이한 일이었다.

이 명목이 세워지자 간악한 자들이 지목 배척하여 도리어 세상에는 용납받지 못하게 되었으니, 실로 애달프다. 아! 도학이란 명목조차 이미 말세에 나온 것인데, 세속이 더욱 저하되어 '경서나 읽고 저술이나 하는 자[讀經著書]'를 도학으로 지목할 뿐이다. 그 '심성의 공부[心性工夫]'와 '출처의 대절[出處大節]'에는 미처 생각할 겨를도 없으니, 세도世道가 더욱 변했음을 알 수 있다. 조문정趙文正의 학문은 비록 미진하기는 했으나, 조정에서서 오로지 도를 행하는 일만을 힘썼다. 삼대三代(하·은·주)의 도가 아니면 결코 임금 앞에 말하지 않았으므로, 그가 도학이란 이름을 얻은 것은 진실로 당연한 일이다. 이문원李文元(이언적)으로 말하면, 다만 충효忠孝한 사람으로 옛 서적을 많이 읽고 저술을 잘하였을 뿐이다. 그 사생활을 보면 부정한 여색을 멀리하지 못했고, 조정에 나와서는 두를 행할 책무를 수행하지 못하였다. 을사사화 때에 직언直言으로 항거[抗節]하지 못하고 누차 추관推官이 되어 '허위로 꾸민 공훈[僞勳]' 기록에 참여[參錄]하게 되었다.

결국 이언적이 권간들에게 죄를 얻어 귀양을 가기는 했지만, 공신에 참록된 일은 역시 부끄러운 일이다. 어찌 그를 도학으로 추존할 수 있겠는가? 아! 비록 문원文元(이언적)이 도학이란 칭호는 감당할 수 없지만, 그의 밝고 어진 자질은 세상에 흔히 있는 것이 아닌데, 이 사람이 세상에 제대로 용납되지 못하였으니 어찌 애통하지 않은 일인가?

2장
유산
어제의 세계

조선 유학의 토양: 도학적 기반

*진유眞儒와 현군賢君: 왕도정치를 위한 모범적 군신관계: 「동호문답·
군신君臣이 서로 만나는 것의 어려움을 논함」 기사(1569)*[1]

손님 삼대三代 이후 다시 왕도정치를 행한 자가 없는 것은, 그 까닭이 무
엇입니까?

주인【안타까운 심정으로 탄식하며 말했다.】도학道學이 밝게 드러나지
못하고 행해지지 못한 때문입니다. 한나라 이후로는 왕위에 있는 자들이
도학이 무엇인지를 알지 못하고 오직 세속적인 지식과 권력으로 천하를
유지했습니다. 미봉책으로 시일만 넘기려 하였으므로, 적막하게도 수천년
동안 긴 밤이 되고 말았습니다. 정자程子가 말하기를, "주공周公이 작고하

---

1 「동호문답(東湖問答)·논군신상득지난(論君臣相得之難)」, 1569년(선조 2, 34세) 8월, 『율곡
전서』 권15.

자 백 세대가 지나도록 훌륭한 다스림이 없었다"²라고 하였으니, 참으로 그러합니다.

손님 한나라 이후로도 글을 읽은 선비가 없지 않았다는데, 이른바 도학이란 대체 어떤 학문입니까?

주인 고루합니다, 그대의 말이여! 무릇 도학이란 사물의 이치를 탐구하여〔格致, 격물치지〕본성의 선함을 밝히고, 뜻을 성실히 하여〔誠正, 성의정심〕몸을 닦는 것〔修身〕입니다. 그 학문이 몸에 익으면 하늘이 부여한 덕성〔天德〕이 되고, 정치에 베풀어지면 왕도정치王道政治가 되는 것입니다. 저 독서라는 것은 격물치치 중의 한가지 일에 불과할 뿐입니다. 글만 읽고 실천이 없다면 앵무새가 말 잘하는 것과 무엇이 다르겠습니까? 양梁나라 원제元帝는 만권의 책을 읽었지만 결국 위魏나라의 포로가 되었습니다. 이것을 도학이라고 할 수 있겠습니까?

손님 삼대 이후에 도학을 행한 임금이 전혀 없었다 하더라도, 어찌 도학을 하는 선비마저 없었겠습니까?

주인 어찌 그런 사람이 없기야 했겠소? 다만 윗사람들이 그들을 현실과 동떨어져 있다〔迂闊〕고 의심하여 관직을 주지 않았던 것입니다. 도학을 하는 선비를 진유眞儒라고 하는데, 맹자 이후로 '참된 선비(진유)'가 나지 않다가 천년이 지난 뒤에 비로소 주염계周濂溪 선생이 오묘한 진리를 발명하셨습니다. 이어 정자程子와 주자朱子가 그 학문을 계승하시니, 그런 뒤에 '이 도(斯道)'가 크게 세상에 밝아져 마치 '하늘 가운데 뜬 태양(中天)'과 같이 되었습니다. 다만 한스러운 것은 송나라 임금들이 도학을 알지 못하여 대현大賢들을 하급 관리에 버려두었고, 이 때문에 백성들이 그 혜택을 입지 못했다는 점입니다.

손님 한나라와 당나라 이후로도 총명한 임금이 없지 않았는데, 어찌 모

---

2   『이정전서(二程全書)』 권42, 「명도선생묘표(明道先生墓表)」, "周公沒, 聖人之道不行, 孟軻死, 聖人之學不傳. 道不行, 百世無善治, 學不傳, 千載無眞儒".

두 진유를 알아보지 못하였겠습니까? 다만 서로 때를 만나지 못했을 뿐입니다.

주인 후세의 군주 중에 누가 진유를 등용할 만한 분이었습니까? 나는 보지 못했습니다. 그대가 말해보시오.

손님 한 고조漢高祖(유방)는 어떠합니까?

주인 군자는 반드시 임금이 공경을 극진히 하고 예禮를 다한 후에야 나아가는 법입니다. 저 한 고조는 본래 거만하고 무례하여, 그가 부린 자들은 모두 공명이나 부귀에 뜻을 둔 자들이었습니다. 진유眞儒가 어찌 감히 한 고조가 평상에 걸터앉아 발을 씻으며 상대하는 모욕[3]을 달게 받으면서, 구차하게 한신韓信이나 영포英布의 무리와 나란히 하며 몸을 더럽히겠습니까?

손님 한 문제漢文帝는 어떻습니까?

주인 한 문제는 자포자기한 임금입니다. 스스로를 포기하고 내버린 임금입니다.

손님 크게 놀라며 말했다. 문제文帝는 천하의 현군賢君인데 그대가 '자포자기한 자'라고 하니 무슨 까닭입니까?

주인 삼대 이후로 천하의 문제만 한 현군賢君이 실로 드뭅니다. 다만 그 뜻과 지향하는 바(志趣) 낮아서, 선왕의 도(古道)는 결코 회복될 수 없다고 여겼습니다. 그러니 조용히 지내는 것만을 즐기고, 겨우 양민養民을 주장하였으니, 선왕의 도가 회복되지 못한 것은 문제로부터 시작된 것입니다. 문제 같은 분은 끝내 요堯·순舜의 도에 들어갈 수 없으니, 자포자기한 것이 아니고 무엇이겠습니까? 비록 진유를 만났더라도 결코 등용하지 못했을 것입니다.

손님 그렇다면 한 무제漢武帝는 어떻습니까?

3　『통감절요(通鑑節要)』권4. 고조는 의자에 걸터앉아 발을 씻으면서 왕포(王布)를 만났다.

주인 한 무제는 속으로 욕심이 많으면서 겉으로만 인의仁義를 표방했습니다. 그가 말한 인의란 모두가 헛된 겉치레〔虛文〕를 숭상하여 보기 좋게 꾸민 것이요, 성심으로 도를 믿는 자는 아니었습니다. 동중서 같은 현인이 있었는데도 오히려 등용하지 못했는데, 하물며 진유를 등용할 수 있었겠습니까?

손님 후한後漢의 광무제光武帝는 어떻습니까?

주인 광무제는 사람의 규모가 한 고조에 미치지 못했습니다. 자기가 하고 싶은 대로 일을 처리하고 정사를 삼공三公에게 전적으로 맡기지 않았으니, 그가 진유에게 일을 맡겨 이상적인 정치를 이루지 못할 것임을 알 수 있습니다.

손님 후한의 명제明帝는 어떻습니까?

주인 명제는 세밀하게 살피기를 좋아하여 임금으로서의 도량이 부족했습니다. 그가 벽옹辟雍(태학)에 나아가 노인들에게 절을 한 것⁴은 다만 겉치레에 불과했습니다. 어찌 이른바 진유를 알아보았겠습니까? 하물며 호교胡敎(불교)를 처음으로 숭상하여⁵ 만세에 무궁한 걱정거리를 열어놓았으니, 이것이 어찌 큰일을 할 수 있는 임금이겠습니까?

손님 당 태종唐太宗은 어떻습니까?

주인 태종은 제 아버지를 협박하여 군사를 일으키고 형을 죽여 왕위를 빼앗고 아우의 아내를 취하는 등 그 행위가 금수와 같았습니다. 그런 태종이 비록 진유를 등용하고자 했을지라도, 진유가 어찌 즐거이 그 태종의 신하가 되었겠습니까?

손님 송 태조宋太祖는 어떻습니까?

4　『통감절요』 권18. 명제(明帝)는 명제 2년 10월에 벽옹에 가서 양노례(養老禮)를 베풀었다. 양노례는 본래 나이 들고 학덕 있는 이를 높여 불러다가 술과 음식을 대접하고 예우하는 것을 말한다.

5　『통감절요』 권18. 명제는 불도를 숭상하여 사신을 천축에 보내어 중과 불경을 들여와 이를 전파했다.

주인 태조는 후주後周 세종의 총애를 받던 신하로서, 진교陳橋의 변란에 몰려 결국 왕위를 찬탈하는 반역의 신하가 되고 말았습니다. 진유라면 반드시 그를 돌아보지 않고 떠나버렸을 것입니다.

손님【깜짝 놀라면서 물었다.】참으로 그대 말대로라면 진유는 결국 세상에 받아들여질 수 없다는 것입니까?

주인 만약 진유가 소열昭烈(유비)을 만났다면 아마 조금은 그 뜻을 펼 수 있었을 것입니다. 소열이 공명孔明(제갈량)을 세번 찾아갔을 때, 공명은 신분이 미천하고 나이도 젊었으며, 소열은 지위도 높고 나이도 많았습니다. 소열이 공명에 대해서는 다만 이름만 들었을 뿐 깊이 알지도 못하는 처지였지만, 부지런하고 간곡하게 두번 세번 찾아갔으니, 어진 이를 좋아하는 정성이 아니고서야 그렇게 할 수 있었겠습니까? 만일 공명이 정말 진유였다면 소열이 반드시 공경하고 신임했을 것입니다. 나는 후세의 임금 중에 오직 소열만이 아마도 진유를 등용하여 쓸 수 있었을 것이라고 생각합니다.

대저 큰일을 할 수 있는 임금은 반드시 공경하고 믿는 신하가 있어서, 서로 친근하기를 부자와 같이하고, 서로 뜻이 맞기를 물고기와 물과 같이하며, 서로 화합하기를 궁상宮商의 음률과 같이하고,[6] 서로 부합하기를 계부契符(도장 찍은 문서)와 같이해야 합니다. 그런 뒤에야 그가 하는 말이 쓰이지 않음이 없고, 도가 행해지지 않음이 없으며, 일이 이루어지지 않음이 없는 것입니다. 요堯가 순舜에게, 순이 우禹와 고요皐陶에게, 탕湯이 이윤伊尹에게, 무정武丁(은殷 고종高宗)이 부열傳說에게, 문왕文王이 태공太公에게 대한 것이 바로 그러합니다. 그리고 그다음으로 소열이 제갈량에 대한 것입니다. 후세의 임금과 신하는 모두 여기에 미칠 수 없습니다.

손님 부견苻堅(전진의 세조)이 왕맹王猛(전진 때 승상)을 대한 것과 당 태종唐太宗이 위징魏徵(당 태종의 신하)을 대한 것도 서로 잘 만난 관계라 할 수 있는

---

6 오음(五音)의 궁음(宮音)과 상음(商音)을 합친 것이다. 악곡이나 시가의 음조가 잘 맞는다는 뜻이다.

데, 그대가 언급하지 않는 것은 무슨 까닭입니까?

주인 내가 말하는 '서로 잘 만났다'는 것은 '올바른 도리〔正道〕'로써 서로 믿고 의지하는 관계를 말합니다. 그런데 저 부견은 오랑캐의 우두머리로서 범상한 무리 중에 조금 나은 정도였고, 왕맹은 권모술수로 공을 세워한 세대도 못 가고 말았으니, 어찌 거론할 가치가 있겠습니까? 당 태종은 이름나기를 좋아하는 군주였고, 위징 또한 이름나기를 좋아한 신하였습니다. 비록 서로 뜻이 맞는 듯하여 한 세상을 가식假飾으로 다스리기는 했지만, 태종은 살아서는 위징을 죽이려는 마음을 그치지 못하였고, 위징은 죽은 뒤에 비석碑石이 넘어지는 치욕을 면하지 못하였습니다.[7] 이것이 어찌 충심으로 좋아하고 진실로 믿었던 관계라 하겠습니까?

치란治亂, 태조에서 명종까지, 치도에 대한 평가: 「동호문답·우리나라에 고도가 다시 시행되지 않은 것에 대해 논함」 기사(1569)[8]

손님 필요 없는 과거는 그만두고 당대의 일을 논하여주기 바랍니다.

주인 그렇게 하지요.

손님 지금 성상께서 왕위에 오르시고 여러 현인賢人들이 조정에 늘어서 있어 백성들은 혼연히 태평성대를 기대한 지가 이제 3년(선조 등극 이후)이 되었습니다. 그런데도 민생은 곤궁하고 풍속은 박하고 악하며, 기강은 부진하고 선비들의 행실은 바르지 못한 것이 조금도 변하지 않았습니다. 그래서 천심이 불안하여 홍수와 가뭄이 때가 없이 닥치고, 일식 월식도 나타나며, 별도 변괴變怪를 부리고 있으니 그 까닭은 무엇입니까?

---

7   『통감절요』권38. 위징이 죽은 뒤에 태종은 비문을 짓고 비석에 직접 글을 써서 그를 잊지 않다가 얼마 지나 그를 미워하여 이 비석을 넘어뜨렸다. 후에 태종은 요좌(遼左)에 가서 실패한 뒤 위징이 없었기 때문이라고 탄식하면서 그의 비석을 다시 세웠다.

8   「동호문답·논아조고도부복(論我朝古道不復)」, 1569년(선조 2, 34세) 8월, 『율곡전서』권15.

주인 【이마를 찌푸리고 한참 동안 있다가 말했다.】쉽게 말할 수 없습니다.

손님 그래도 한번 말을 해주십시오.

주인 내 그대를 위하여 근원을 거슬러 올라가 모조리 말하려 합니다. 우리 태조太祖는 왕씨王氏(고려 왕조)가 쇠한 뒤를 이어 신령스러운 무용武勇으로 새 왕조를 열었습니다. 계통을 이으신 임금 중에 세종世宗이 계셨으니, 세종의 성스러우심〔世宗之聖〕은 전조前朝에 없었던 바입니다. 나라를 안정시켜 비가 오고 맑은 것이 때에 맞게 이루어지게 하였고, 유학을 숭상〔崇儒〕하고 도를 중〔重道〕하게 여겼으며, 인재를 양육하고, 예악을 제정하여 후손에게 잘살 수 있는 길을 터놓았습니다. 우리나라의 정치〔吾東之治〕가 여기서 융성하였던 것입니다. 그것이 오늘에까지 뻗쳐와서 후세까지 남은 공덕이 끊이지 않고 있으니 우리나라 만년의 운運이 세종에게서 처음 그 기틀이 잡힌 것입니다. 오직 한스러운 것은 위에는 요堯·순舜 같은 임금이 계셨는데도 밑에 직稷·설契 같은 신하가 없었다는 것입니다. 저 허조許稠나 황희黃喜 같은 분은 모두 유속流俗 중에서 좀 빼어난 사람들일 뿐입니다. 단 한 사람도 선왕先王의 도를 밝혀서 성주聖主를 보좌한 분이 없었기에, 이 백성들은 겨우 살림이 넉넉해지고 인구가 많아지는 데에만 그쳤습니다. 세도世道는 결국 상商·주周에 비하여 부끄럽게 되었으니, 뜻있는 선비〔志士〕의 개탄이 여기에서 시작되는 것입니다.

문종文宗은 일찍 세상을 뜨시어 은택恩澤을 베푼 것이 끝을 보지 못하였습니다. 왕위가 성종成宗에게 전해지고 성종의 영특함과 슬기로운 자질은 역사 이래로 가장 뛰어나서 진실로 우리나라의 성스러운 임금〔我東之聖主〕이셨습니다. 그러나 국사를 맡은 대신들이 너무나 어리석고 무식하여, 경연經筵의 강론하는 자리에서 성정무심性情無心 같은 경솔한 말을 하기까지 하였으니 다시 무엇을 바랄 수 있었겠습니까? 그 당시 태평성대가 오래 계속되어 나라는 부유하고 백성은 넉넉하였습니다. 대소의 신료들은 국사를 생각하지 않고 방탕하게 놀이에 빠져 마음대로 하였고, 방자함을 즐기고 제재하는 것을 싫어하였습니다. 그리고 홀로 도드라지게 서는 것을 꺼리고 남들이 하는 대로 따라 하는 것을 좋아하였습니다. 그래서 큰일을 할 만한 임금을 만났으면서도 다스림과 교화의 융성함을 보지 못하고 그 흘러온 풍습과 남겨진 관습이 지금까지 폐단이 되고 있습니다. 뜻있는 선비의 개탄이 여기에서 다시 나온 것입니다.

중종中宗은 연산군燕山君의 잔악하고 포악했던 뒤를 이어 나라를 다스리려고 힘쓰며 자리에 편히 앉지 못하고 어진 이를 구하였습니다. 기묘己卯년(1519) 무렵에 조광조趙光祖 같은 분이 나와서 성리의 학문으로 임금의 각별한 사랑과 예우를 받았습니다. 임금 사랑하기를 어버이처럼 하고, 자기 몸을 잊고 나라를 위해 목숨을 바쳤습니다. 사방의 인재들을 불러 모으고, 임금의 총명함을 넓혀서 개연慨然히 세도世道를 만회하고 삼왕三王·오제五帝의 자취를 따르려는 굳은 뜻을 두었습니다. 이에 유림儒林이 솟구쳐 일어났고, 백성들 또한 간절한 마음으로 새로운 시대를 기대하였습니다. 태평성대를 이루는 공적과 큰 공을 세워서 높은 지위에 오르는 영광을 볼 수 있을 것으로 여겼습니다.

그러나 안타깝게도 조광조의 출세가 너무 빨랐고, 경세치용經世致用의 학문이 아직 크게 이루어지지 않았습니다. 함께 일을 했던 사람들 중에는 충성스럽고 어진 사람도 많았지만 명예를 좋아하는 자도 섞여 들어와 있었습니다. 논의는 너무 날카로웠고 일을 하는 것도 점진적이지 않아서 임금의 마음을 바로잡는 것을 근본으로 삼지 않고 한갓 형식을 갖추는 것을 앞세웠습니다. 간사한 무리들이 이를 갈며 덫을 놓아 틈을 엿보는 것을 알지 못하다가, 신무문神武門(경복궁의 북문)이 밤에 열리자 모든 현인賢人들이 한꺼번에 그물에 떨어져버렸습니다. 이 이후로 선비들의 사기가 꺾이고 상하여 나라의 맥동이 거의 끊어지게 되었습니다. 뜻있는 선비〔志士〕의 탄식이 여기에서 더욱 심해진 것입니다.

그러나 인심은 본래 착한 것이요, 공론은 없어지기 어려운 것입니다. 남곤남袞과 심정沈貞의 맹렬한 기세가 겨우 식자 선비들의 청론淸論이 기묘년간의 어진 이들을 다시 높이게 되었습니다.

중종 말년에는 학문하는 선비가 조정에 많이 모여들었습니다. 이때 인종仁宗은 동궁東宮(세자)에서 덕을 기르고 계셨는데, 아름다운 소문이 일찍부터 퍼져서 온 백성들이 우러러 받들어, 마치 가뭄에 구름을 기다리듯 하였습니다. 하루아침에 즉위하자 사방에서 호응하였고, 상喪 중에 미음만 먹고 얼굴이 새까맣게 말라버렸지만〔啜粥面黑〕[9] 명령을 내지 않아도 몸소 행한 교화가 이미 온 나라 안에 미치게 되었습니다.

여러 어진 이들이 밝은 임금을 우러러 믿고 모두가 삼대三代의 치화治化를 머지않아 회복할 수 있으리라고 여겼는데, 어찌 하늘이 무심하여 우리 임금을 빼앗아 갈 것이라 생각이나 했겠습니까? 간사하고 흉악한 자들이 시세를 이용하여 선량한 사람들을 베어 죽이고 반역이란 누명을 씌워 함정을 만들어놓으니, 사류士類들 중 조금이라도 지식이 있는 사람이면 능히 벗어나지 못하였습니다. 을사년 화액은 족히 나라를 망칠 만도 하였습니다. 그러나 국운이 그런대로 뻗쳐갈 수 있었던 것은 진실로 조종祖宗이 덕을 쌓은 덕택에 연유한 경사라 할 수 있습니다. 뜻있는 선비〔志士〕의 개탄은 이에 극한에 달하였습니다.

명종明宗은 영명하고 총명하며 일찍이 덕을 이루어 어려서도 실덕失德을 한 일이 없었습니다. 그러나 이기李芑와 윤원형尹元衡의 무리가 총명을 가리고, 어진 이를 해치며 나라를 그르쳤습니다. 충신은 입을 다물고 길 가는 사람들이 눈짓으로 뜻을 표하는 것이 거의 20년이 되었습니다.

다행히도 하늘이 임금의 마음을 이끌어주시어 시비를 분별하게 되어 원형이 죄를 얻고 사림士林이 흥기하게 되었습니다. 엄혹한 겨울이 지난 뒤에 봄볕이 다시 돌아오게 되는가 하였는데, 사직이 불행하여 선왕先王(명

---

9   부모가 돌아가 상제 노릇할 때 미음을 마시고 얼굴이 새까맣게 마르는 것을 말한다.

종)이 돌아가셨습니다. 백성은 아버지를 잃은 듯 슬퍼하고, 모든 신령들은 주인을 잃은 것과 같았습니다.

이제 우리 임금께서 삼가 선왕의 유훈을 받들어 익실翼室(별전)에서 거상居喪을 하시며, 맡겨주신 중대한 책무를 이어받았습니다. 신명과 사람의 기대에 부응하여, 성덕聖德은 날로 빛나고 임금의 직분에는 부족함이 없습니다. 이는 바로 뜻있는 선비가 일을 해볼 만한 때라고 하겠습니다. 지금 국가의 형세는 마치 사람이 기절했다가 겨우 소생을 하여 아직 모든 혈맥이 안정되지 않고 원기도 회복되지 못한 것과 같습니다. 서둘러 약을 써야만 살아날 가망이 있는데도, 혹자는 약을 쓰지 말고 가만히 놔두면 저절로 낫는다고 합니다. 또 혹자는 좋은 약을 써야겠는데 무슨 약을 써야 할지 모른다며 팔짱만 낀 채 둘러서서 보고만 있을 뿐, 아무런 계책도 내놓지 않고 있습니다.

큰 병을 앓고 난 뒤에 풍사風邪(일종의 바이러스 감염 증상)가 들기 쉬우니, 장차 구제할 수 없는 위태로운 증후가 생기면 기어코 죽고야 말 것입니다. 국가의 형세가 이와 같이 위태로우니 고위직 신하(肉食之臣)들은 마땅히 정신을 가다듬고[10] 구해낼 방도를 찾아야 하지 않겠습니까? 간사한 자를 물리치고 어진 이를 나아가게 하는 것이 좋다는 것은 오직 그 묵은 폐단(舊弊)을 없애고 새로운 은택을 펴서 '백성들의 삶(民生)'을 구하기 위한 것입니다. 지금은 그렇지 않아서, 남곤·김안로·이기·윤원형 등이 나라를 그르치고 남은 폐단이 다 씻기지 못하였고, 백성을 괴롭히던 가혹한 법들도 아직 개혁되지 않았습니다.

바야흐로 안일함만 추구하고 일을 싫어하여 무엇 하나 제대로 바로잡지 못한 채, 마치 소참蕭參(한 고조 때 승상)이 소하蕭何(한 고조 때 승상)의 뒤를 이어 교대한 것처럼[11] 행동하고 있습니다. 이는 온 나라를 망각 속에다 내던

---

10   '육식지신(肉食之臣)'은 높은 벼슬에 있는 사람을 말한다.

11   한나라의 모든 제도는 첫번째 재상이었던 소하가 기초를 닦았고, 조참은 그 후임으로 소하

겨두는 것과 같습니다. 군자와 소인의 차이가 한치도 되지 않으니, 백성들의 곤궁함과 하늘의 노여움이 어찌 이상하겠습니까?

시세時勢, 당면한 현실, 왕도정치는 실현은 가능한가?: 「동호문답·지금의 시세에 대해 논함」 기사(1569)[12]

손님 하은주 삼대의 치평治平을 과연 오늘날에 다시 구현할 수 있겠습니까?

주인 구현할 수 있습니다.

손님 【입을 크게 벌리고 웃으며 말했다.】어찌 말이 그렇게 지나치십니까? 왕도王道가 행해지지 않은 것은 한漢나라 때부터 이미 그러하였는데, 하물며 오늘날의 사람들은 한나라 사람들보다도 훨씬 떨어지는데 어떻게 그러하겠습니까? 우리나라는 기자箕子 이후로 다시는 선정善政이 없었으며, 지금의 풍속을 살펴보면 결코 전조前朝(고려)만도 못합니다. 그러니 만약 소강小康[13]이나 바란다면 혹시 가능하겠지만 왕도정치를 행하고자 한다면 한갓 처사處士의 큰소리만 되고 말 것입니다.

주인 【안타까운 모습으로 말했다.】애석하구나, 그대의 말씀이여! 사마駟馬도 그대의 혀〔舌〕를 따라잡을 수 없겠습니다. 그대의 말이 만약 행해진다면 앞으로 반드시 온 천하가 도깨비의 세상이 될 것입니다. 대저 왕도가 행해지지 못한 것은 오직 임금과 재상이 현명한 사람이 아니어서 그런 것뿐이지, 어찌 시대가 점점 내려왔다고 하여 회복하고 싶어도 안 되는 것이

의 정책을 유지했다.

12 「동호문답·논당금지시세(論當今之時勢)」, 1569년(선조 2, 34세) 8월, 『율곡전서』권15.

13 『예기(禮記)』「예운편(禮運篇)」. 대도(大道)가 행해지던 시대는 "천하가 공공의 것(天下爲公)"이어서, 사람들이 신의가 있고 화목할 수 있었다. 이를 "대동(大同)"이라 했다. 그러나 대도가 은미해져 "천하가 한 집안의 사유물(天下爲家)"이 되어버리고, 사람들은 각자 자기 자신과 개인의 이익만을 추구하게 된다. 이런 상태를 "소강(小康)"이라 했다.

겠습니까. 그 임금이 있고 그 재상이 있으면, 이는 회복할 수 있는 시기입니다. 정자程子는 말하기를, 본시 사람이 없는 것이지 어찌 때가 없는 것이겠는가 하셨습니다. 진실로 그 일을 하면 반드시 그 공功이 있는 법이니, 일을 하는데도 공이 없는 것은 고금을 통해 아직 보지 못했습니다.

그대가 '지금 세상의 풍속이 앞 왕조만 못하다'라고 하였는데, 이것은 절대 그렇지 않습니다. 전조의 풍속은 오랑캐의 습속을 벗어나지 못하였으나 우리 조정은 예禮로써 백성을 인도하여 자못 아름다운 풍속이 있으니, 장례를 치를 때에 『가례家禮』를 쓰고 여자가 한 지아비를 따르는 것 등이 그것입니다. 어찌 전조만 못하다고 할 수 있습니까? 지금 나라에서 일을 할 수 있는 형편이 두가지가 있고 하지 못할 형편이 역시 두가지가 있습니다. 무엇이 할 수 있는 형편인가 하면, 위에 성명聖明하신 임금이 계시니 첫번째 할 수 있다는 것이요, 아래에서 권력을 마음대로 휘두르는 간특한 자가 없으니 두번째 할 수 있다는 것입니다. 무엇이 하지 못할 형편인가 하면, 첫번째는 인심이 곤란한 상태에 놓여 있는 것이 오래되었다는 것이요, 두번째는 선비들이 기상이 너무나도 꺾여 있다는 것입니다.

손님 그 자세한 것을 들어보고 싶습니다.

주인 임금께서는 그 모습이 빼어나게 특출나고, 자질이 영특하고 굳세며 총명하십니다. 학문을 좋아하시고 공손하고 검소하며 선비를 사랑합니다. 양전兩殿(인종의 비인 인성왕후 박씨와 명종의 비인 인순왕후 심씨)에게 효성을 다하시고 '온갖 정사[萬機]'에 마음을 두시니, 이는 참으로 세상에 드문 성군의 자질입니다. '다스리는 도[治道]'가 서지 않은 점에 대한 걱정은, 오직 그러한 훌륭한 임금이 없어서 그럴 뿐입니다. 이처럼 밝은 임금이 계시니 어찌 다스려지지 않음을 걱정하겠습니까? 이것이 '할 수 있는' 첫번째 형편입니다. 옛날부터 임금께서 비록 나라를 다스리는 도리에 뜻을 두었다 하더라도 만일 권력을 쥔 신하가 제멋대로 정치를 하고 임금의 위엄을 겁박한다면, 아무리 해보려고 해도 어쩔 수가 없습니다.

지금 우리나라는 사병을 없앤 이후에 이른바 권신이란 자들이 모두 총애에 의지하여 위세를 부릴 뿐 감히 임금을 능멸하거나 기강을 범하지 못합니다. 비록 남곤 같은 간특奸慝(간사하고 사악함)과 김안로[14] 같은 사험邪險(사악하고 위험함)과 이기 같은 흉악凶惡(사납고 악독함)과 정순붕鄭順朋 같은 음흉陰譎(음흉하고 교활함)과 윤원형 같은 간독奸毒(간사하고 잔인함)과 이량[15] 같은 패망悖妄(패륜적이고 망령됨)으로도 불러내었다가 내쫓는 모든 일이 오직 임금의 명령에 달렸습니다. 하물며 지금은 간신의 무리들이 모두 조정에 없으니, 임금께서 만약 해보려고 한다면, 누가 감히 재앙을 일으킬 마음을 품고 임금을 현혹하겠습니까? 이것이 할 수 있는 두번째 형편입니다.

이른바 인심이 곤란한 상태에 놓인 것이 오래되었다고 한 것은 무엇을 말하는 것입니까? 대저 지금 보통 사람들의 심정은 조석으로 보는 물건에 대해서는 예사로 알아 이상하게 여기지 않습니다. 그런데 만약 혹 멀리 떨어진 곳의 괴상하고 이상한 물건을 보면, 반드시 뭇사람들은 놀라고 손가락질하며 비웃습니다. 왕도가 이 세상에 행해지지 않은 지가 이제 수천년이 되었습니다. 왕도라는 것을 알고 존숭하는 자가 몇이나 있겠습니까? 저 무지하고 몽매하여 견식도 없는 무리들은 유속流俗(관습)에만 젖어 있고, 옛날 습관에 마음 편해하고 있습니다.

그러니 하루아침에 왕도가 다시 세상에 행해지는 것을 보게 되면, 반드시 놀라고 괴상하게 여길 것입니다. 이는 마치 멀리 떨어진 곳의 괴상하고 이상한 물건을 보는 것과 다르지 않을 것입니다. 온 세상이 떠들썩하여 말

---

14 김안로(金安老, 1481~1537, 자 이숙頤叔, 호 희락당希樂堂). 1506년(중종 1)에 별시 문과에 급제했다. 1519년 기묘사화 때에 조광조 등과 귀양을 갔다가 해배되어 정계에 복귀했다. 효혜공주(孝惠公主)를 며느리로 맞은 뒤로 권력을 남용하다가 탄핵을 받고 유배되어 사사(賜死)되었다.

15 이량(李樑, 1520~71, 자 공거公擧). 명종의 비 인순왕후(仁順王后)의 외삼촌이다. 1552년 식년문과(式年文科)에 급제하여 외척 윤원형에 대한 견제 세력으로 중용되었다. 왕의 총애를 받고 전횡하다 삼사(三司)의 탄핵을 받아 1563년에 유배되었고, 강계(江界)로 이배(移配)된 후 그곳에서 죽었다.

도 못 하게 소란해질 것입니다. 그렇게 되면 임금의 마음이 견고하게 정해져 있다고 해도 반드시 보장할 수 없습니다. 그리고 어질고 능력 있는 인재들과 사대부들조차 작은 것에 밝고 큰 것에 어두워지고, 편안하고 고요한 것만 좋아하여 시끄럽게 고치기를 꺼리는 자들은 또한 장차 일어나서 유속流俗에 앞장설 것입니다. 그리고 보면 책임을 맡은 사람이 죄를 면하는 것만 해도 다행일 것이니, 어찌 능히 무엇인가 할 수 있겠습니까? 이것이 할 수 없는 첫번째 이유입니다.

이른바 선비들의 기상이 몹시 꺾여 있다는 것은 무엇을 말합니까? 개국 초기에는 인재 양성이 활발하여 전조(고려)보다 훨씬 나았습니다. 그런데 연산군 대에 와서 임사홍任士洪이 삐딱한 마음을 품고 사림을 해치기 시작했습니다. 기세가 여전히 남아 있었으나 기묘사화(1519)에 이르러 상처를 입었고, 겨우 명맥을 유지하다가 을사사화(1545)로 아주 끊어졌습니다. 이때부터는 선善을 행하는 자들은 서로를 경계하고, 악을 행하는 자들은 서로들 권장하게 되었습니다. 만약 어떤 선비가 두각을 조금만 다르게 드러내고, 논의가 조금만 바르면, 부형에게 꾸지람을 듣고 마을에서 배척을 당하였습니다.

오직 모호한 태도로 흐리멍텅하게 하여 부귀만을 탐내는 자라야 잘 먹고 편히 앉아 녹봉과 직위를 누릴 수 있었습니다. 조정에 대소의 신하들이 나라를 걱정하고 임금을 사랑하는 마음이 없는 것은 아니지만, 조심조심하면서 기묘년과 을사년의 전철을 밟을까 경계하였습니다. 감히 한마디라도 내어 바른 기운을 돕지 못하고, 다만 여우처럼 의심하고 쥐처럼 주저하여[16] 도리어 유속流俗을 조장할 뿐입니다. 이것이 할 수 없는 두번째 이유

---

16 호의(狐疑)는 의심 많은 사람을 뜻하고, 수서(首鼠)는 출입을 결단하지 못하고 망설인다는 뜻이다. 여우가 의심이 많아 얼어붙은 강물을 건널 때 얼음 밑에 물소리가 나지 않아야 건너간다는 것과 쥐가 의심이 많아 구멍에서 머리를 내놓고 바깥 동태를 살피는 것을 결합한 낱말이다.

입니다.

손님 할 수 없는 형편이 이미 이와 같다면 삼대의 치평治平을 회복하고 자 하는 것은 그 시기가 아닌 듯합니다. 그런데 그대는 회복할 수 있다고 하니, 무슨 까닭입니까?

주인 '다스려지고 혼란스러운 것'은 사람에게 달린 것이지 때에 매인 것 이 아닙니다. 때라는 것은 윗자리에 있는 사람이 만드는 것입니다. 우리 임 금께서 분연히 떨치고 일어나시어 선왕의 도를 회복하고자 하신다면, 인 심은 곤란한 상황에 빠져 있은 지 오래되었지만 건져낼 수 있을 것이요, 선 비들의 기운은 꺾여 있지만 다시 일으킬 수 있습니다. 어찌 때가 아니라고 할 수 있겠습니까?

조선 유학의 적폐: 간신과 국정농단

간신, 윤원형처럼 나라를 배신하여 만백성의 원망이자 국가의 화란 인 자: 「논윤원형소」 을축(1565)[17]

생각하건대, 임금은 종묘사직과 한 몸이 되고 만백성과 한마음이 되오 니, 종묘사직의 안정과 위태로움을 자신의 안정과 위태로움으로 여기며, 만백성의 근심과 즐거움을 자기의 근심과 즐거움으로 여겨야만 합니다. 그러하면 종묘와 사직은 안정되고 만백성은 기뻐하며 화락한 기운을 감응 하여 불러들이게 되어 국운은 길이 탄탄해질 것입니다. 만일 오직 자기 한 몸만을 생각하고 종묘와 사직의 안정과 위태로움은 생각하지 아니하며, 오직 자기 한마음만을 따르고 만백성들의 근심과 즐거움은 돌보지 않는다

---

17   「논윤원형소(論尹元衡疏)」, 1565년(명종 20, 30세) 8월, 『율곡전서』 권3.

면, 곧 종묘와 사직은 위태로워지고 만백성은 원망하게 됩니다.

그러면 화란禍亂이 일어나서 몸과 마음이 다 편안할 수 없게 될 것입니다. 이것은 필연의 이치이니 누가 일러주지 않고 깨우쳐주지 않아도 알 수 있는 일입니다. 아! 진실로 종묘사직의 위태로움을 편안히 여기고, 백성의 재난을 이롭게 여기며, 나라가 망하는 것을 즐겁게 여기지 않는다면, 어느 누가 그의 몸과 종묘사직을 다르게 보고 그의 마음과 만백성이 같지 않은 것으로 보게 되겠습니까? 신등이 엎드려 뵈옵건대 전하께서는 옥체玉體가 자주 불편하시니 이것은 참으로 종묘사직의 불행이요, 만백성이 깊이 걱정하는 일입니다.

권세 있는 간신이 멋대로 날뛰면서 나라의 명맥을 깎아 없애 종묘와 사직이 위태로워지려 하고, 만백성이 모두가 원망하고 있습니다. 이것이야말로 전하의 불행이요 전하의 마음에 깊이 근심스러워하고 있는 일입니다. 전하의 온몸은 바로 종묘사직의 주인이며, 전하의 한마음은 바로 만백성의 마음입니다. 종묘와 사직이 안정되면 곧 전하도 편안해지고 만백성도 기뻐하게 됩니다. 원형元衡의 죄는 머리털을 뽑아서도 셀 수가 없을 정도입니다. 전하께서는 시종 그를 두둔하여 기어이 그를 보전케 하려 하시고, 언제나 몸이 불편하시다는 것을 가지고 간언諫言을 막는 구실로 삼고 계십니다.

잘은 모르겠으나, 오늘날 전하의 팔다리〔股肱〕나 이목耳目 같은 측근의 신하와 조정에 가득한 모든 관리가 입을 모아 말씀드리는 것이 옳은 일입니까? 그른 일입니까? 공론公論을 펴고자 하는 것입니까? 개인의 원한을 갚으려 하는 것입니까? 나라를 살리고 백성을 구하려는 것입니까? 나라를 병들게 하고 백성들을 해하려는 것입니까? 만약 그들의 말이 옳지 않아 개인의 원한을 갚으려 하는 것이고 나라를 병들게 하며 백성을 해치려는 것이라면, 비록 옥체가 건강하시고 전혀 병환이 없다 하더라고 어찌 그러한 말을 받아들임으로써 그들의 마음대로 방자하게 놓아둘 수가 있겠습니까?

만약 그들의 말이 매우 옳고 공론을 펴려는 것이며 나라를 살리고 백성을 구하려는 것이라면 옥체가 불편하신 때인 경우는 더욱 마땅히 충언忠言을 받아들여 종묘와 사직을 편안케 하고 만백성을 순탄하게 하셔야만 할 것입니다. 하물며 도리어 불편하시다는 것으로써 핑계를 삼을 수가 있겠습니까? 나라가 다스려지고 어지러워지는 빌미는 일정하지 않으나 임금이 병환이 나셨을 때가 가장 두려운 시기입니다. 그러므로 옛날의 성왕聖王은 비록 병환이 극심한 때라 하더라도 오히려 안석에 기대앉아 명령을 내림으로써 종묘와 사직을 안정시키고 인심을 진정시켰던 것입니다.

만약 모두가 병환으로 핑계를 대면서, 공론을 거역하고 인심을 어기며 나라가 편안하고 위태로움은 돌보지 않는다면, 임금에게 병환이 나셨을 때가 바로 나라가 위태롭고 망해가는 때가 될 것입니다. 예부터 간언을 거절한 임금은 한둘이 아니었지만, 병환으로 핑계를 대셨다는 분은 들어보지를 못했습니다. 전하의 그러한 말씀은 반드시 만세에 미칠 화근이 되지 않는다고 할 수 없는 것이니, 신등은 전하를 생각하면 몹시 가슴이 아프고 안타깝습니다. 원형의 죄악은 밝게 드러나서 모든 사람이 눈으로 본 것과 같은데도 전하께서는 모두가 사실이 아닌 뜬소문이라 여기고 계십니다.

이것은 전하께서 그의 죄악을 밝게 살피지 못하시어 종묘사직이 위태로워지고 만백성이 모두 원망하고 있다는 것을 알지 못하고 계신다는 뜻입니다. 진실로 밝게 살펴서 종묘사직이 위태로워지고 만백성이 원망하고 있다는 것을 아신다면, 전하께서는 지금 스스로 엄중한 처단을 집행하시기에 겨를이 없으실 터입니다. 어찌 다른 사람이 보태는 말이 필요하겠습니까? 대신들은 나라의 원기元氣가 쇠퇴하였음을 간곡하게 말씀드렸는데, 이는 대신들이 전하를 속인 것이겠습니까? 전하를 가까이서 모시고 따르는[18] 신하들은 나라의 절박한 위기가 바로 눈앞에 있다고 연이어 상소하였

---

18 『시경(詩經)』「대아(大雅)」 증민편(烝民篇). 원문의 후설(喉舌)은 목구멍과 혀를 가리키며 왕의 근신(近臣)을 뜻한다. 왕명을 출납하는 신하라는 뜻이다.

는데, 이는 가까운 신하들이 전하를 속인 것이겠습니까?

전하의 눈과 귀가 되어주는 관리들은 원형의 26가지 죄목과 다른 옳지 못한 죄상과 감추어진 악행을 상세히 밝혀 대궐 앞에 엎드려 힘을 다해 말씀드렸는데, 이는 이목耳目 같은 관원들이 전하를 속인 것이겠습니까? 조정에 가득한 인사들 모두가 그의 죄를 바로잡고자 하여 간언하는 직책을 따지지 않고 다투어 궐문 앞에서 목 놓아 호소하니, 조정에 가득한 인사들이 전하를 속인 것이겠습니까? 온 나라 사람들이 여러 해 쌓인 원한을 하루아침에 모두 터뜨려 길거리에 모였습니다. 관청에 억울함을 호소하며 그 뜻이 전달되기를 바라니, 그 분노와 원한이 하늘에까지 사무쳤습니다. 이는 나라 사람들이 모두 전하를 속이려는 것이겠습니까?

전하의 측근에 있는 신하들을 비롯하여 조정의 모든 인사들과 온 나라 사람들에 이르기까지도 모두 못 믿겠습니까? 그렇다면 전하께서는 장차 무엇을 믿고서 여러 가지 정사를 처리하며, 어떻게 나라를 이끌어가겠습니까? 그렇지 않으면 사람들의 말은 비록 모두 믿는다 하더라도, 전하께서는 공로를 생각하시거나 외척外戚이라는 사사로운 관계로 인해 동정하고 계신 것입니까? 그래서 끝내 스스로 처벌하지 못하고 계신 것입니까? 종묘사직이란 전하께서 주관하는 것이요, 만백성이란 전하께서 하늘처럼 받들어야 합니다. 차라리 종묘사직의 위태로움을 보고 있을지언정 일개 공훈 있는 신하를 제거하지는 못하고, 차라리 백성의 마음을 잃을지언정 일개 외척外戚을 귀양 보내지는 못하시겠습니까? 만약 그렇다면 이는 곧 공훈 있는 일개 신하가 전하께서 주관하시는 종묘사직보다도 소중하고, 일개 외척이 전하께서 하늘처럼 받드는 만백성보다도 소중한 셈이 됩니다. 이것이 어찌 전하의 본심이겠습니까?

아! 원형이 현명한 사람을 질투하고 능력 있는 사람을 미워한 것은 이림보李林甫[19]와 같고, 재물을 탐하여 만족할 줄 모른 것은 원재元載[20]와 같습니다. 저택이 지나치게 화려하고 걸맞지 않게 꾸며진 것은 양기梁冀[21]와 같고, 궁중의 왕비나 후궁과 몰래 내통한 것은 한탁주韓侂冑[22]와 같습니다. 말은 꿀과 같으면서도 뱃속에 칼을 품고 있는 것은 이의부李義府[23]와 같고, 임금을 무시하고 윗사람을 핍박하는 것은 가사도賈似道[24]와 같습니다. 이러한 소인小人의 무리는 한 사람만으로도 모두가 백성을 도탄에 빠뜨리고 종묘사직을 위태롭게 하기에 충분합니다.

하물며 한 몸에 그 모든 사악함을 지닌 데다가 잔인하게 윤리까지 어지럽히는 흉악한 마음이 또한 여러 명의 간악한 자들도 미치지 못할 정도인 자의 경우에는 어떠하겠습니까? 이것은 신등만의 말이 아니라 바로 나라 사람 모두의 말입니다. 천지신명도 의당 그러한 말을 듣고 계실 것입니다. 아! 나라의 원기元氣인 공론公論은 끝내 막을 수가 없고, 물불과 같은 뭇사람의 분노(衆怒)는 끝내 멈출 수 없으며, 온 나라가 들끓어 안정될 길이 없습니다. 마땅히 전하께서는 불편하신 때에 또한 나라에 화란이 될 위기를 만났으니, 신등이 눈물을 훔치고 마음 아파하는 이유입니다. 더욱이 원형처럼 나라를 배신한 자에게 분노하고 격분하여 이를 갈고 있습니다.

바라건대, 전하께서는 마음을 평온하게 하고 생각을 살펴 조속히 공론

---

19 당의 종실(宗室)로 현종(玄宗) 때 병부상서(兵部尙書)를 거쳐 중서령(中書令)까지 겸한 권신(權臣)이다. 성격이 교활하고 간사하며 권모술수에 능했다. 안사의 난(安史之亂)이 일어나게 만든 인물이다.

20 당나라 대종(代宗) 때 벼슬이 중서시랑(中書侍郎)에 이르고 천하원수행군사마(天下元帥行軍司馬)까지 겸했다. 뇌물을 써서 충성되고 어진 사람들을 제거하여 자신의 이익을 탐했다. 후에 황제가 그의 간악함을 알고는 자진(自盡)하게 했다.

21 후한의 순제(順帝) 때 귀척(貴戚)으로 약삭빠르고 탐욕스러웠다. 후에 저잣거리에서 참형되었다.

22 송나라 한기(韓琦)의 증손으로, 영종(寧宗)을 옹립하여 세도를 부렸다. 주희(朱熹), 팽구년(彭龜年) 등이 그를 비판하자 위학(僞學)이란 죄목으로 올바른 사람들을 모두 내쫓고 국정을 농단했다. 소인배를 거느리고 멋대로 권세를 휘두르다가 참수를 당했다.

23 당나라 고종(高宗) 때에 이부상서(吏付尙書)를 지냈던 인물로, 공손하고 웃음 띤 얼굴로 부드러운 말을 했으나 속은 음험해서 사람들이 인묘(人猫)라 불렀다. 후에 귀양 가서 죽었다.

24 송나라 이종(理宗)의 비(妃)의 동생으로 벼슬이 태사평장군국사(太師平章軍國師)에 이르렀다. 국정을 자기 집에서 결재할 정도로 권세를 휘둘렀다. 후에 귀양을 가서 척살되었다.

을 따르시길 바랍니다. 종묘사직을 안정시키고 뭇사람들이 분노를 풀어주신다면 더 없이 다행이겠습니다.[25]

늙은 도적, 심통원은 원흉이다: 「육조낭관 논심통원소」 정묘(1567)[26]

생각건대, 통원(심통원沈通源, 1499~1572)의 죄악은 이미 극도에 달하여 그 정상情狀이 이미 드러나서 온 나라 사람들이 입을 모아 모두가 쫓아내는 것이 좋겠다고 말하고 있습니다. 보고 듣는 양사의 관리와 논하고 생각하는 홍문관의 관리들이 피를 토하며 아뢰어 갈수록 말이 격렬해지고 있습니다. 그런데도 전하께서는 들은 체도 아니하시고 도리어 더욱 그를 비호하고 계시니, 신등은 어리둥절하여 그 까닭을 알지 못하겠습니다. 아마 드린 말씀이 충분히 마음에 와닿지 않고, 그로 인한 피해가 나라에 절실하지 않다고 여겨 그러신 게 아니겠습니까? 만약 드린 말씀이 충분히 감동을 주고 해로움이 나라에 절실하다면, 전하께서는 선왕의 유지를 받들어 잘 다스려보려는 마음을 갖고 계시는데, 어찌 기꺼이 여정輿情(부당함에 대한 뭇사람들의 집단적인 저항적 감정)을 따르시어 여러 사람들의 심정을 상쾌하게 해주지 않으십니까?

지금끼지 말씀드렸던 시람들이 통원의 여러 가지 죄악을 들어서 상세하게 다 드러난 것 같기는 합니다만, 그 폐해가 나라에 절실하다는 점에 관해서는 아직도 제대로 말씀드리지 못한 것 같습니다. 그러니 전하께서는 과거의 허물을 깊이 다스릴 필요가 없고, 삼조三朝를 섬긴[27] 원로대신을 가벼이 내쳐서는 안 된다고 판단하시는 듯합니다. 신등은 그 폐해가 나라에 절

---

25 이이는 「경연일기 1」(1567년 11월)에 윤원형이 시골로 추방되었다가 강음(江陰)에서 자살했다고 적었다.

26 「육조낭관논심통원소(六曹郎官論沈通源疏)」, 1567년(선조 즉위, 32세) 9월, 『율곡전서』 권3.

27 심통원은 중종 때 출사하여 명종을 거쳐 선조에 이르는 삼대의 임금을 섬겼다.

실하다는 점을 말씀드리고자 합니다. 불행하게도 나라에는 간사하고 흉악한 무리가 연이어 나와서 그 폐해가 고질병처럼 깊어진 것이 이미 여러 해가 되었습니다. 나라의 기강은 날로 문란해지고 공도公道는 나날이 소멸되어가고 있습니다.

또한 선비들의 습성도 날로 저속해지고 풍속은 더욱 경박하고 악해지고 있습니다. 벼슬길도 혼탁해져서 탐욕스럽고 포악스러운 짓이 멋대로 성행해지고, 백성들의 삶은 고난 속에 빠져 도적들이 생겨나려는 상태입니다. 얼마 전 돌아가진 선왕(명종)께서 말년에 분연히 떨쳐 일어나 탄식하며 오랜 폐단을 개혁하려 하셨습니다. 늙은 간신들과 교활한 대신들을 차례로 제거하시니, 모두가 이에 호응하여 훌륭한 정치가 펼쳐지리라 기대했습니다. 그런데 하늘에서 참혹한 화禍를 내리시어 선왕께서 돌아가시니 백성들은 어버이를 잃고 사직은 의지할 곳이 없게 되었습니다.

다행히 전하께서 왕위를 계승하시어 다스림의 시작을 바르게 할 수 있게 되었으니, 선왕께서 개혁하지 못하셨던 폐단과 제거하지 못하셨던 사악함은 우리 전하께서 해결해야 할 과제나 다름이 없습니다. 전하께서는 하늘이 내려주신 소임을 생각하고 조상들이 세운 나라를 생각하시어, 선왕께서 왕실을 일으키셨던 대의를 저버리지 마시길 바랍니다. 큰 난신이 제거되지 않으면 큰 혼란이 반드시 일어날 것인데, 아직 제거하지 못한 난신이란 바로 통원을 이릅니다. 지금 전하는 어리신데 나라 형편은 어려움이 많고 인심은 위태롭고 불안정합니다.

비록 조정이 맑고 밝아서 조금도 부정함과 더러움이 없다고 하더라도 오히려 뜻밖의 걱정이 생기고, 소홀한 데서 재난이 일어나지 않을까 두려워하여야 할 것입니다. 그런데 통원은 바로 원흉이면서도 외람되게도 높은 반열에 끼어서 개가 으르렁거리듯 분노를 품고서 사림들을 물어뜯으려 하고 있습니다. 군자君子들은 믿을 곳이 없어서 충성을 다하지 못하게 되었고, 소인小人만이 틈을 엿볼 곳이 생겨 힘을 빌리고자 하고 있으니, 조정과 백성들이 두려움에 떨고 발을 모아 서 있듯이, 화근의 발생은 아침이 아니면 저녁에라도 일어날 형편입니다. 말이 여기에 이르니 오싹한 소름이 온몸에 끼쳐집니다.

전하께서는 지금이 어떠한 시기라 판단하시어 꼭 통원을 보호하여 공론을 거스르려 하십니까? 조정을 화평하게 하는 데 있어 가장 소중한 일은 훌륭한 사람을 훌륭하게 대접하고 악한 자를 미워하며, 흐린 것을 막고 맑은 것을 드러냄으로써 백성을 편안히 해주는 것입니다. 만일 해충 같은 자들을 용납하고 사갈蛇蝎 같은 자들을 보호하면서 조정의 화평을 바라는 사람은 예부터 지금에 이르기까지 있은 적이 없습니다. 설사 통원의 죄악이 부정한 재물을 탐했을 뿐이라 하더라도 이미 공론의 버림을 받고 있음이 이와 같습니다. 전하께서는 외척外戚이라는 이유로 공론을 억누르고 인심을 잃어서는 안 될 것입니다. 하물며 그의 죄악은 줄줄이 꿰어 있듯 많아서 용서할 수가 없는 실정이니, 어떻게 해야 하겠습니까?

이런 사람을 쫓아내지 않는다면 언론이 막혀서 온 관원들이 해이해지고 인심이 흉흉해져서 여러 소인들이 이런 틈을 이용하게 될 것입니다. 이렇게 되면 기강이 끝내 바로 설 수 없게 되고, 공도公道가 끝내 행해질 수 없게 됩니다. 선비들의 습성은 진작될 수가 없게 되고, 풍속은 바로잡힐 수가 없게 될 것입니다. 또한 탐욕스럽고 비루한 습성이 위에서 날로 성해지고 도탄에 빠진 백성들은 아래에서 원한을 쌓아, 나라 꼴이 어떻게 될는지 알 수 없습니다. 전하께서는 어찌하여 그처럼 삼조三朝에 걸친 한 늙은 도적에게 동정을 베풂으로써 차마 200년 종사宗社를 위망危亡의 지경에 빠뜨리겠다는 것입니까?

신등은 격분해서 자신도 모르는 사이에 깊은 한숨을 쉬게 되고 눈물을 흘리다가는 이어서 통곡하게 됩니다. 아! 김안로가 해독을 함부로 끼쳤다면 아첨하는 자를 받아들인 것은 통원입니다. 윤원형이 악행을 쌓았다면 거기에 들러붙은 자는 통원입니다. 이량이 화난禍難을 만들었다면 남몰래 그것을 주동한 자는 통원입니다. 삼흉三兇은 이미 그 죄값을 받았는데 늙은 도적[老賊]만은 어찌 홀로 죄를 면한다는 말씀입니까? 하늘의 그물[天網]은 광대하여 성근 듯하면서도 아무것도 빠뜨리지 않습니다.[28] 악을 제거하여 다스림을 구하실 그때가 바로 지금입니다. 보고 듣고 하는 양사와 의논하고 생각하는 홍문관 관원들은 선왕의 장례가 임박해 있어 전하께서 상중喪中의 애통 속에 계시다는 것을 알지 못하는 바가 아닙니다. 그럼에도 감히 이러한 말씀을 올리게 된 것은 진실로 종묘와 사직을 걱정하지 않을 수 없고 인심을 따르지 않을 수가 없기 때문입니다. 그 헤아림은 참으로 크고 넓으나 그 마음은 비통하기 그지 없습니다. 바라옵건대, 전하께서는 심사숙고하시어 '백성들의 응집된 분노[興憤]'가 시원하게 풀린다면, 더할 나위 없이 다행이겠습니다.[29]

---

28   『도덕경(道德經)』 73장, "天網恢恢, 疏而不失".

29   이이는 「경연일기 1」(1567년 9월)에 심통원을 '용렬하고 나약하며 염치나 양심도 없는 자'로 평가하면서 그가 시골로 추방되었음을 기록하고 있다.

3장
경계
사유의 풍경

속리 俗離

출문出門, 천리 밖 봄빛 산으로 나 떠나가리: 「동문을 나서다」 갑인
(1554)[1]

하늘과 땅은 누가 열었으며,

해와 달은 또 누가 갈고 씻었는가?

산하는 이미 얽혀 있고,

추위와 더위는 서로 번갈아든다.

우리네 사람은 만물에 처하여,

지식이 가장 으뜸가노라.

어찌 한곳에 매달린 조롱박 되어,

근심하며 한 처소에 매여 있으랴?

---

1 「출동문(出東門)」, 1554년(명종 9, 19세) 봄, 『율곡전서』 권1 제하 주석 '갑인춘'.

팔방과 구주 사이,

어디가 막혀 자유로이 놀지 못하랴?

봄빛 띤 산, 천리 밖으로

지팡이 짚고 나는 장차 떠나가리.

나를 따를 자 그 누구인가?

저녁나절 부질없이 서서 기다리네.

청년율곡 금강산 비로봉, 청천은 모자요, 벽해는 술잔일세: 「비로봉
에 오르다」 갑인(1554)[2]

지팡이 끌고서 산꼭대기에 오르니,

긴 바람 사방에서 불어오네.

푸른 하늘〔靑天〕은 머리 위의 모자요,

짙푸른 바다〔碧海〕는 손바닥의 술잔일세.

구곡 제4담 풍암, 진락과 신독의 경계: 「송애기」 신미(1571)[3]

내가 본래 풍암楓巖 하류에 경치 좋은 곳이 많다고 들었으나 아직 유람
하는 발길이 미치지 못하였다. 그러다가 신미년(1571) 6월 10일경 예닐곱
명의 벗과 더불어 시내를 따라 올라갔다. 숲으로 덮인 산줄기는 곧게 뻗지
않고 이리저리 퍼지고 완만하게 굽이치며 이어져〔旁流逶迤〕 혹은 솟고 혹
은 엎드린 것처럼 보였다. 높은 곳에는 반드시 푸른 언덕이 있어 병풍과 같

---

2   「등비로봉(登毗盧峯)」, 1554년(명종 9, 19세) 봄 이후, 『율곡전서·습유』권1; 이 시 외에도
     이이의 금강산 관련 시에는 「풍악기소견(楓嶽記所見)」(1554년, 19세) 등 여러 편이 있고,
     홍인우의 금강산 유산기에 대한 발문인 「홍치재인우유풍악록발(洪恥齋仁祐遊楓嶽錄跋)」
     (1576년, 41세)도 참고할 만하다.
3   「송애기(松崖記)」, 1571년(선조 4, 36세) 7월 이후, 『율곡전서』권13.

고 그 아래는 반드시 고인 물이 못을 이루었을 것으로 짐작되었다. 일행 중에는 이 물의 근원을 아는 이가 있어서 그 수효가 아홉임을 알았으니, 참으로 이른바 구곡九曲이었다.

우리는 걸어서 제4담潭에 이르렀다. 사람들이 경치가 가장 좋은 곳이라 하기에 모래 위에 자리를 펴고 푸른 언덕을 마주하여 앉았다. 물이 넓어 배를 띄울 만하였다. 언덕 밑에는 여러 돌이 서로 뒤섞여 있는데, 그중 바위 하나가 배와 같기에 이름을 '선암船岩'이라 하였다. 네다섯명이 앉을 만하니, 아마도 시골 늙은이의 낚시터이기도 하였으리라. 바위틈을 우러러보니, 제비집이 있었다. 우리는 제비가 머물 데를 알아서 머물 것을 기이하게 여겼다. 동행한 일행 중에 객客이 그곳의 이름을 청하기에 내가 '송애松崖'라 지었다. 언덕 위에 소나무가 있었기 때문이다.

언덕 왼편으로 옛 절터가 있는데 나무 그늘이 매우 우거져 바라다보면 아득하기만 하였다. 우리가 옷소매를 걷고서 올라 보니, 절은 없어진 지 오래되어 길을 찾을 수 없었다. 건장한 종을 시켜 풀을 베고 길을 인도하게 하였다. 바위의 언저리를 손으로 붙잡고 올라가려니 몹시 험준하였다. 작은 언덕 측면에 하나의 구멍이 있는데, 그 밑바닥을 볼 수 없었다. 다 올라가 보니, 높은 섬돌이 그대로 남아 있고, 석천石泉(돌 틈에서 솟는 샘물)이 아주 차가웠다. 아래에서부터 그 높이를 가늠해보니, 대략 6분의 4쯤 되는 지점이었다. 시야는 확 트였는데, 때마침 구름이 끼어 멀리까지 바라볼 수 없었다.

동행한 객이 저 멀리 구름 밖을 가리키며 말했다. "우이산牛耳山과 불족산佛足山 등이 저기에 나란히 늘어서 있습니다. 예전에 있던 절 이름은 갈공葛公이었습니다."

내가 말했다. "갈공은 의미가 맞지 않습니다. 여기에 초암草庵을 짓고, 이름을 가공架空이라 하는 것이 어떨까 합니다."

우리는 이리저리 배회하며 두루 돌아보다가 날이 저물어서야 돌아왔다.

아! 외물外物의 즐거워할 만한 것은 모두 참다운 즐거움이 아니다. 군자가 즐거워하는 바는 내면에 있는 것이지 외물에 있는 것이 아니다. 그런데 저기 솟은 봉우리와 흐르는 물은 다 나에게 관계가 없는 것인데, 옛 성현이 오히려 이를 즐거워한 것은 무슨 까닭인가? 대개 내외, 안팎을 나누어서 둘로 보는 것은 참다운 즐거움〔眞樂〕을 아는 것이 아니다. 반드시 내외를 하나로 하여 피차, 이것과 저것의 구분을 두지 않는 것이야말로 그 참다운 즐거움〔眞樂〕을 아는 것이리라.

천리天理는 본래 내외의 구분이 없는 것인데, 저 안이 있고 밖이 있다고 나누는 것은 반드시 인욕人欲이 그 사이에 개입하였기 때문이다. 진실로 인욕의 개입이 없다면 바로 호연한 마음을 지녀 자득自得할 터이니, 어디 간들 즐겁지 않겠는가? 옛적에 증석曾晳이 기수沂水에서 목욕하겠다고 하자 공부자가 감탄하며 깊이 허여許與하였는데, 이는 증석이 인욕이 다 없어진 경지를 보았던 것이니, 천리가 유행流行하는 오묘함이 그러한 때문이다. 만일 그렇지 않다면 노나라의 성城 남쪽에서 목욕하고 무단舞雩壇에서 시 읊는 것은 노나라 사람이 모두 하는 일인데, 어찌 공자가 일일이 다 허여했겠는가? 비록 그러하나 천리의 오묘함〔天理之妙〕은 배우는 사람이 쉽게 말할 수 있는 것이 아니다. 천리의 오묘함을 보고자 한다면, 마땅히 신독愼獨 공부로부터 시작해야 한다.

홀로 있을 때를 삼가면〔愼獨〕내 마음에 틈이 없고, 내 마음에 틈이 없으면 천리가 유행한다. 신독하지 않으면 내 마음에 틈이 생기고, 내 마음에 틈이 생기면 천리가 막히니, 우리 문하의 선비들은 이것에 힘써야 할 것이다.

유불儒佛

유풍악游楓嶽 시절, 조대措大, 입산 후 이이와 노승과의 산중 대화: 「풍악산에 있는 작은 암자 노승에게 주다·서문을 겸하다」 갑인(1554)[4]

내가 풍악산을 유람하며 하루는 혼자서 깊은 골짜기를 몇 리쯤 걸어 들어가다가 조그마한 암자 하나를 발견했다. 암자에는 한 노승이 가사를 걸친 채 단정히 앉아 있었고, 나를 보고서 일어나지도 않고 한마디 말도 없었다. 암자를 두루 살펴보았으나 다른 물건은 아무것도 없었고, 부엌은 밥을 짓지 않은 지 며칠 된 듯하였다.

내가 물었다. "여기에서 무엇을 하고 있습니까?"

승僧은 웃기만 하고 대답하지 않았다.

내가 또 물었다. "무엇을 먹고서 굶주림을 면하오?"

승은 소나무를 가리키면서 말했다. "저것이 나의 식량이라오."

내가 그의 변론을 시험하기 위해 물었다. "공자와 석가는 그 누가 성인이오?"

승이 말했다. "이보시오 젊은이(措大, 선비를 낮추어 부름), 이 늙은이를 기만하려 들지 마시오."

내가 다시 말했다. "부도浮屠(불교)는 오랑캐의 가르침이니 중국에선 시행할 수 없습니다."

승이 말했다. "순舜은 동이東夷 사람이고, 문왕文王은 서이西夷 사람[5]이고 보면, 이들 역시 오랑캐가 아니오?"

내가 말했다. "'불가의 묘한 경지(妙處)'는 우리 유가를 벗어나지 못하거늘 하필이면 유가를 버리고 불가를 구합니까?"

승이 말했다. "유가에도 '마음이 곧 부처다(卽心卽佛)'라는 말이 있지 않소?"

---

4   「풍악증소암노승(楓嶽贈小菴老僧)」 병서(幷序), 1554년(명종 9, 19세) 가을 추정.『율곡전서』권1.

5   『맹자(孟子)』「이루하(離婁下)」1장. 순(舜)임금은 제풍(諸馮)에서 태어나 부하(負夏)로 옮겼다가 명조(鳴條)에서 죽었다. 동이(東夷) 사람이다. 문왕(文王)은 기주(岐周)에서 태어나 필영(畢郢)에서 죽었다. 서이(西夷) 사람이다.

내가 대답했다. "맹자께서 성선性善을 말씀할 때마다 반드시 요순堯舜을 일컬었으니[6] 이것이 '마음이 곧 부처다(卽心卽佛)'라는 말과 무엇이 다르겠소만, 단 우리 유가의 본 것이 그 실리實理를 얻었을 뿐이오."

승은 긍정하지 않은 채 한참 있다가 말했다. "색色도 아니고 공空도 아니라는 말(非色非空)이 있는데, 어떻게 생각하오?"

내가 답했다. "이것 역시 앞의 경계일 뿐입니다."

승은 빙그레 웃었다.

내가 이에 말했다. "'솔개는 날아서 하늘에 닿고 물고기는 연못에서 뛴다'[7]라는 말이 있는데, 이것은 색이오, 공이오?"

승이 말했다. "색도 아니고 공도 아닌 것은 바로 진여眞如의 본체라오. 어찌 그깟 시구에 비교할 수 있겠소?"

내가 웃으면서 말했다. "이미 말의 표현이 있으면 그것이 곧 대상의 경계가 되거늘, 어찌 본체라 이르겠습니까? 만약 그러하다면 '유가의 묘한 경지(儒家妙處)'는 말로 전할 수 없지만, '불가의 도(佛氏之道)'는 문자 밖에 있는 것이 아니지요."

승은 깜짝 놀라 내 손을 잡으면서 말했다.

"그대(子)는 '세속의 선비(俗儒)'가 아니군요. 나를 위해 시를 지어서 솔개가 날고 물고기가 뛰는 그 글귀의 뜻을 해석해주시오."

내가 이에 절구絶句 한 수를 써서 주었더니, 승은 시를 보고 난 뒤 옷소매에 넣고는 벽을 향해 돌아앉았다. 나도 그 골짝을 나오며 감흥이 일었으나 그가 어떤 사람인지를 확실히 알 수 없었다. 사흘이 지난 뒤 다시 가보니 작은 암자는 그대로 있는데 승은 이미 떠나버렸다.

물고기 뛰고 솔개 나는 것 위아래가 한가지라,

---

6   『맹자』「등문공상(藤文公上)」, "孟子道性善, 言必稱堯舜".
7   『시경(詩經)』「대아(大雅)」한록편(旱麓篇), "鳶飛戾天, 魚躍于淵".

저것은 색도 아니고 공도 아니로다.

무심히 한번 웃고 신세를 돌아보니,

석양의 나무숲 속에 홀로 서 있네.

출산出山 후 객지에서 승려 지정과의 해후: 「산인 지정에게 주다」무오(1558)[8]

예전 자유롭게 떠돌던 시절 산수를 좋아해

정강이 털이 닳도록 먼 곳을 유람하였네.

대지팡이에 짚신, 단출한 행장이라,

책 상자 메고 동행한 이 지정뿐이었네.

함께 흰 구름 뚫고 풍악에 들어서니,

1만 2천 봉우리마다 눈이 서로 비치네.

기이한 경치 찾아 잠시도 쉬지 않았으니,

수석水石만을 좋아하는, 타고난 고질이었네.

때로는 푸른 바닷가에 나가,

거울 같은 거센 파도 웃으며 가리키기도 하였지.

관동 천릿길 두루 밟아 돌아다녔더니,

천기가 한 바퀴 돌아 북두칠성 자루가 봄철이었네.

나는 산속을 떠나 속세의 번뇌가 쌓였고,

대사는 안개와 노을 속에 누워 육근과 경계[9]를 맑게 하였네.

그 뒤 벌써 5년이 지나도록,

도인의 말씀과 기침 소리 들을 길 없었네.

---

8   「증산인지정(贈山人智正)」, 1558년(명종 9, 19세) 봄 추정,『율곡전서』권1.

9   불교에서 말하는 번뇌를 불러일으키는 안(眼)·이(耳)·비(鼻)·설(舌)·신(身)·의(意)의 육근(六根)과, 색(色)·성(聲)·향(香)·미(味)·촉(觸)·법(法)의 육경(六境)을 말한다.

남쪽 북쪽에 소식 모두 아득히 멀어,

부르튼 발로 찾아오니, 정이 더욱 깊어지네.

나는 마침 여가를 틈타 옛 절 찾아,

다만 책을 보며 아침저녁 보내던 참이었지.

발걸음 소리도 기쁜데 하물며 옛 친구이랴.

객지에 서로 만나니 이 또한 운명일세.

물병과 바루, 석장錫杖 들고 인연 따라 쉬면 그만,

선방禪房 창가에 마주하니 한없이 기뻐하였네.

붉은 누각 거니는 사이 해는 저물어 오고,

푸른 산에 눈 돌려 봄 경치 감상하였네.

꽃 찾아 물가 거닐며 서로 떨어질 줄 모르고,

이끼 낀 길과 암굴巖窟 문턱을 정처 없이 거닐었네.

때로는 옥 총채[10] 휘두르며 시비是非를 가리다가,

모순된 말 끝에 이러쿵저러쿵 논쟁도 벌였네.

가엾어라, 대사의 미혹된 뜻 그대로 남아,

큰길 버려두고 지름길만 찾아 헤매네.

법륜法輪이니 심인心印이니 본래 징험할 수 없거니,

삼계三界와 육도六道[11]를 그 누가 증명할 건가?

우리 유가儒家에 본래 참된 즐거움의 경지 있으니,

바깥 사물 끊지 않고도 능히 본성本性을 기른다네.

너무 높거나 먼 기이한 길, 다 중도中道가 아니니,

자신에 돌이켜 성실하면 성인에 이를 수 있다오.

---

10 선승(禪僧)들이 설법하거나 대화할 때 손에 들고 흔드는 옥으로 된 총채를 말한다.

11 불교에서 말하는 윤회의 세계를 말한다. 욕계(欲界)·색계(色界)·무색계(無色界)를 삼계라
  하며, 지옥(地獄)·아귀(餓鬼)·아수라(阿修羅)·축생(畜生)·인간(人間)·천상(天上)을 육도
  라 한다.

대사가 처음엔 이 말 듣고 의아해하다 얼음이 녹듯 깨달아,

차츰 취한 듯 꿈에서 깨어나네.

머리 숙여 『중용中庸』 읽기를 청하니,

묵가墨家의 이름 빌려 유가의 실천을 하고자 하네.[12]

두류산(지리산) 웅장한 기세, 지축 위에 서리어,

길은 남방의 먼 곳 가리키니 또한 그윽하고 멀구나.

대사는 그 천만 봉우리 마음껏 유람할 터,

곳곳마다 아름다운 경치 마음껏 읊으시오.

이별에 임해 다하지 못한 회포 이기지 못하거늘,

작별하는 글 어찌 간곡한 청 기다려서 하겠는가.

다만 붓을 놓은 지 오래되어,

시는 이루었으나 글솜씨가 무뎌서 모자라니 안타깝네.

자경自警과 자성自省

용공用功, 나의 필생 공부: 「자경문」 을묘(1555)[13]

무엇보다 먼저 마땅히 그 뜻을 크게 하여 '성인을 준칙으로 삼을 것〔聖人準則〕'이니, 털끝만치라도 성인에 미치지 못하면 내 한평생의 사업은 끝나지 못한 것이다. '마음이 정해진 자〔心定者〕'는 말수가 적으니, 마음을 정하는 것은 말을 적게 하는 데서부터 비롯된다. 필요한 때가 되어 말하면 말이

---

12   『창려선생집(昌黎先生集)』「송부도문창서(送浮屠文暢序)」. 사람 중에는 유가의 이름을 가
      지면서 묵가의 행동을 하는 자가 있고, 묵가의 이름을 가지고 유가의 행동을 하는 자도 있다
      는 말에서 나왔다.

13   「자경문(自警文)」, 1555년(명종 10, 20세), 『율곡전서』 권14.

간략해지지 않을 수 없다. 오래 방치해놓았던 마음을 하루아침에 거둔다고 하여, 그 힘을 얻기가 어찌 쉽겠는가? 마음은 곧 '살아 있는 것〔活物〕'이라, 마음의 집중력이 부족하면 요동하여 편안하기 어렵다. 만약 생각이 어지러워지고 흔들릴 때 의념이 작동하여 싫어하고 미워하게 되니, 이것을 끊어버리고자 하면 더욱 어지럽고 흔들리게 되는 것을 깨닫게 된다.

갑자기 일어났다가 홀연히 없어지는 것이 나를 말미암지 않는 듯할 것이다. 이때 설령 그 생각을 단절하려 해도, 다만 이러한 생각이 가슴속에 가로막혀 있으니, 이것 또한 '불필요한 마음〔妄念〕'일 뿐이다. 마땅히 어지럽고 흔들릴 때는 '마음을 한곳으로 모으고〔收斂〕'가만히 '주의 깊게 살펴보고서〔照管〕'그와 같이 오락가락하지 말아야 한다. 이렇게 용공用功(노력)이 오래되면 반드시 마음이 엉기어 정해질 때가 있을 것이다. 일을 처리할 때 한결같이 하는 것 또한 정심定心하는 공부이다. 항상 '경계하고 두려워하고〔戒懼〕''홀로 있을 때 삼가는〔謹獨〕' 마음을 보존하여, 생각하고 생각하여 게을리하지 않는다면 모든 '삿된 마음〔邪念〕'이 자연히 일어나지 않을 것이다. 만가지 악이 모두 근독하지 않은 데서 생긴다. 근독한 연후에라야 기수沂水에 목욕하고 읊조리며 돌아오는 의미를 알 수 있게 된다.

새벽에 일어나서는 아침에 할 일을 생각하고, 아침밥을 먹은 후에는 낮에 할 일을 생각하고, 취침할 때는 내일 할 일을 생각해야 한다. 일이 없으면 내려놓고, 일이 있으면 반드시 생각하여, 일을 조치할 때 의리에 맞는 도리를 얻어야 하니, 그렇게 한 뒤에 글을 읽어야 한다. 독서는 시비是非를 분별하여 일을 행하는 데 그 익힌 것을 적용하는 것이니, 만약 일을 살펴보지 않고 우두커니 앉아 독서만 한다면 아무 쓸모없는 학문이 된다. 재물과 명예에 대한 사사로운 욕심을 깨끗이 제거하더라도, 만약 일에 당면하였을 때 털끝만치라도 편한 것을 선택하려는 생각을 갖는다면, 이것이 또한 탐내는 마음이니, 더욱 성찰해야 한다.

무릇 일을 만남에, 만약 해야 할 일이면 성심誠心을 다해야 하고 싫어하거나 게을리하는 마음을 지녀서는 안 되며, 해서는 안 될 일이면 일체 끊어 시비가 가슴속에서 싸움이 벌어지게 해서는 안 된다. 항상 하나라도 옳지 않은 일을 행하거나, 죄 없는 사람을 한 사람이라도 죽이고서라면 천하를 얻는다 해도 하지 않는다는 의사를 가슴속에 지녀야 한다. 순리에 맞지 않는 부당한 일이 내게 닥쳐오면 스스로 반성해서 깊이 성찰하여 감화시키기로 기약해야 한다. 한 집안의 사람이 교화되지 못하는 것은 다만 성의誠意가 지극하지 못해서이다.

밤에 잠잘 때나 질병이 아니면 드러누워서도 안 되고 기대서도 안 된다. 비록 밤중이라도 졸음이 오지 않으면 눕지 말 것이나, 다만 억지로 얽매어 속박되어서는 안 된다. 낮에 졸음이 오면 마땅히 마음을 깨우쳐 맹렬히 반성할 것이니, 만약 졸리거든 일어나 두루 걸어 다니며 정신을 깨워야 한다. 용공用功은 늦춰서도 안 되고 조급히 하여서도 안 되며, 죽은 뒤에 그만둘 따름이다. 만약 공효功效를 급속하게 구하면 그것 또한 이욕의 마음이다. 만약 이와 같이 하지 않고 부모에게 물려받은 몸을 욕되게 하면 곧 사람의 자식이 아니다.

주재主宰, 천지에 맡겨진 나는 누구인가?: 「표숙 홍호를 작별하는 서문」 을묘(1555)[14]

만물 가운데 가장 큰 것은 천지이니, 천지는 과연 주재가 있는가? 가장 신령한 것은 우리 사람이니, 우리 사람은 과연 주재가 있는가? 사람이 스스로 주재하지 못하고 천지로써 주재하는 것이라면, '한 몸〔一身〕'이란 '내 것으로서 나의 한 몸'이 아니라 천지에 '맡겨진 몸〔委骸〕'이다. 천지가 스스로 주재하지 못하고 조화로써 주재한다면, 천지라는 것은 '천지의 천지'가

---

14   「별홍표숙호서(別洪表叔浩序)」, 1555년(명종 10, 20세), 『율곡전서』 권13.

아니라 조화에 맡겨진 기氣이다. 세상에서 스스로 그 몸을 가지고 있다고 여기는 자는 그 도道에서 멀리 떨어져 있는 것이다.

내〔珥〕가 세상에 태어나면서 얻은 형체와 부여받은 본성이 성현들과 어찌 다르겠는가? 이것은 조화의 이치가 사사로움이 없기에 그러한 것이다. 나는 태어나 터럭이 겨우 마를 정도의 어릴 때부터 책을 읽을 줄 알았다. 비록 조숙했다고 할 수 있으나 나태하여 학업에 전념하지 못했다. 10년이나 공부를 하였으나 끝내 이룬 것이 없었다. 그럭저럭 세월을 보내다가 어느덧 성동成童(15세)을 지났고, 어머님을 잃은 참혹한 불행이 몸에 닥쳤다. 이에 더하여 갈 곳을 잃고 헤매는 병이 생겨, 안으로 마음을 괴롭혔다. 미친 듯이 산중으로 달아나 뒤엎어지기도 하면서 제자리를 잃었다.

방황하느라 공리孔鯉의 뜰을 종종걸음으로 걷지도 못하고,[15] 황향黃香의 부채[16]를 잡지도 못한 채 불효한 지 한해가 되었다. 그러던 어느 날 아침에 스스로 잘못됨을 깨닫고 돌이켜 생각하니 뉘우침이 극에 달하여 슬픔이 몰려왔다. 스스로 책망하고 부끄러워 살아가는 것이 즐겁지 않고 마음은 안정되지 못한 채 몇 날이 지났다. 이에 탄식하며 말했다.

"나는 성인과 더불어 부여받은 본성도 같고 형체도 같다. 그런데 성인聖人은 한 시대에 수신修身하여 만세에 모범을 드리우셨는데, 나는 잘못되고 망령된 것이 이 지경에 이른 까닭은 무엇 때문인가? 내가 부여받은 본성에 별달리 잘못되거나 망령된 자질이 있어서 그런 것인가? 아니면 잡스러운 기운〔客氣〕이 나의 참된 본성을 해쳐서 그런 것인가? 그렇지도 않다면 조물주가 시켜서 그렇게 된 것인가? 모두 알 수가 없다."

---

15 『논어』「계씨편(季氏篇)」. 공리(孔鯉)는 공자의 아들이다. 자는 백어(伯魚)다. 집안 뜰에 공자가 홀로 서 계실 때 백어는 종종걸음으로 지나갔는데, 그때마다 공자는 그를 불러 시와 예를 배웠느냐고 물었다. 유교적인 가르침과 효행을 상징한다.

16 『후한서』「문원열전상(文苑列傳上)·황향(黃香)」. 황향은 후한의 강하(江夏) 출신으로 상서령(尙書令)을 지냈다. 효행으로 이름이 알려졌다. 어린 나이에 홀로 계신 아버지를 위해 여름에는 베개와 돗자리에 부채질하고, 겨울에는 몸으로 이불을 데웠다고 한다.

이윽고 다시 탄식하며 말했다.

"뭇사람들(衆人)은 성인과 본성이 같고, 성인과 다른 것은 기질이다. 본성은 일리一理로 동일하여 닦으면 모두 성인에 이르지만, 기질은 청탁이 나뉘어 방탕하면 혹 도리에 어긋나 미친 상태에 빠지기도 한다. 내가 지금에 이른 것은 기질이 그렇게 한 것이다. 또 듣건대 '(본성은) 보탤 수도 또 덜 수도 없고, 이룰 수도 또 훼손할 수도 없는 것'이라 하였다. 성인은 선에 지극하나 그 본성은 터럭만큼도 늘어나지 않고, 도리에 어긋난 미친 상태는 악에 지극하나 그 본성은 터럭만큼도 줄어들지 않는다. 천가지로 변하고 만가지로 바뀌어도 본성은 본래 그대로일 뿐이다.

내가 잘못한 것이 비록 크다 하더라도 만약 (본성은) 덜고 보탬이 불가하고, 이루고 훼손함이 불가하다면, (나의 본성은) 늘어나거나 줄어든 것이 없을 것이다. 내가 이전에 행했던 잘못은 마치 거울에 붙은 티끌과도 같고 물속의 진흙과도 같아서, 티끌이 닦여 없어지면 거울의 본체는 본래 맑아지고, 진흙이 다 가라앉으면 물의 본성은 원래대로 맑아진다. 내가 믿는 것은 여기에 있을 뿐이다. 비록 그러하나 '알록달록 화려하게 꾸민(萋斐)' 무늬가 '조개 무늬 비단(貝錦)'을 만드는 것처럼, 교묘한 말솜씨는 남을 모함하는 데 사용되는 허물이다. 서른 근이나 되는 쇳덩이도 작은 쇠붙이가 되는 것은, 뭇사람의 입방아가 그것을 녹이기 때문이다. 하지만 내가 허물을 뉘우치고 비록 본성을 회복한다 해도, 세상 사람들이 나를 비방하는 것은 어찌할 것인가?"

말을 마치고 다시 탄식하며 말했다.

"천지는 거대한 화로요, 조화는 뛰어난 대장장이다. 만물은 화로 속에 있는 쇳덩이와 같다. 뛰어난 대장장이가 쇳덩이를 주조하여 그릇을 만든다. 그릇의 모양을 모나고 둥글게 하거나, 길고 짧게 하는 것은 하고자 하는 (대장장이의) 뜻에 따른다. 비록 아무리 좋은 쇠라 해도 뛰어난 대장장이의 손에서 벗어날 수는 없다. 그런데 이제 만약 쇳덩이가 스스로 날뛰면서 말하기를 '나는 반드시 어떤 그릇이 되겠다'라고 한다면, 이것은 상서롭지 못한 쇠다. 이런 까닭에 (대장장이가) 이것을 훼손하여 저것을 만들고, 저 것을 훼손해서 이것을 만들어도, 쇳덩이는 그 사이에서 근심하거나 기뻐 하지 않는다. (쇳덩이는) 스스로 주재하지 못하기 때문이다.

이것으로 미루어본다면, 나를 주재하는 것은 조물주다. 나를 이루어준 다 한들 어찌 저것에 기뻐할 것이며, 나를 훼손한다 한들 어찌 저것을 원망 하겠는가? 세상 사람들의 비방이나 칭찬이, 또한 조화가 그렇게 시킨 것일 뿐이다. 다른 사람에게 맞은 자가 날아온 기와 조각에 화내지 않는 것은, 사람을 때린 것이 '기와 조각'의 죄가 아니기 때문이다. 다른 사람에게 찔 린 자가 '명검 막야'[17]를 원망하지 않는 것은, 사람을 찌른 것은 칼의 죄가 아니기 때문이다. 이런 까닭에 대장장이가 집게와 망치로 그릇을 부수기 도 하고 또한 집게와 망치로 그릇을 만들기도 한다. 그릇은 그것에 대해 기 뻐하거나 노여워하지 않는다. 부수고 만드는 것은 집게와 망치 두 사물이 그렇게 한 것이 아니기 때문이다.

세상 사람들이 자신의 한 몸〔一身〕도 오히려 스스로 주재할 수 없는데, 어느 겨를에 남을 비방하고 칭찬하겠는가? 천지와 같이 큰 것으로도 오히 려 주재가 있음을 면치 못하는데, 하물며 사람이나 사물이겠는가? 저것들 의 움직임과 고유함은 모두 '그렇게 시키는 것〔有使之者〕'이 있어서 그런 것이니, 그렇다면 사람들이 나를 비방하고 칭찬하는 것은 그들이 하는 짓 이 아니다. 집게나 망치가 그릇을 만들기도 하고 훼손하기도 하는 것과 다 를 것이 없다. 그리고 또 화로 속에 있는 쇳덩이는 대장장이의 마음을 알지 못한다. 마찬가지로 세상 사는 사람들은 조화의 마음을 알지 못한다.

그 이루어지는 것이 반드시 다른 것을 훼손하는 것이 아니라고 할 수는

---

17 『오월춘추(吳越春秋)』「합려내전(闔閭內傳)」. 춘추시대 오(吳)나라에 간장(干將)이라는 도
장(刀匠)과 그의 아내 막야가 오왕(吳王) 합려(闔閭)에게 두개의 보검을 만들어 올렸다. 간
장이 만든 양검(陽劍)은 '간장'이라 하고, 막야가 만든 음검(陰劍)은 '막야'라 이름했다.

없고, 그 훼손되는 것이 반드시 다른 것을 이루어지게 하는 것이 아니라고 할 수 없다. 화는 복에 의지하고 복은 화에 의지하는 것이니, 나는 장차 어떻게 해야겠는가? 하늘을 원망하지 않고 사람을 허물하지 않으며, 그것이 어떻게 할 수 없음을 알고, 스스로 닦으며 천명을 기다릴 뿐이다."

내[珥]가 이러한 말을 마음속에 간직한 채 드러내지 않은 지 오래되었다. 이때 마침 강릉에서 외할머니[王母, 용인이씨]를 모시고 있었는데,[18] 생원인 표숙表叔 홍호洪浩(이이의 셋째 이모부)께서 할머님을 뵈러 오셨다. (나는 홍표숙과) 서로 만나지 못한 지 8~9년이나 되어, 급히 뛰어나가 인사드렸다. 안부를 물을 겨를도 없이 홍표숙은 먼저 나의 잘못을 꾸짖으시고, 뒤이어 훈계하셨다. 내[珥]가 평소 마음속에 간직하고 있던 것을 모두 표숙이 말씀해주셨다.

아! 나를 알아주는 지기知己를 만난다는 것이 이렇게 절실한 것인지 알지 못했다. 『시경』에 "타인이 마음먹은 것을 내가 헤아려 안다"라고 하였으니,[19] 이런 경우를 두고 이른 말일 것이다. 무릇 도끼를 휘두르는 솜씨[運斤之手]를 가졌어도 참으로 영인郢人이 없었다면[20] 그 재능을 시험해보기 어려웠을 것이다. 내가 홍표숙을 뵙지 못했다면 이처럼 마음속에 있던 속엣말을 꺼낼 수 없었을 것이다. 서로 작별하며 마음에 품었던 생각을 차례로 저어드리는 바이다.

---

18 이이는 1555년 금강산에서 출산(出山)한 이후 상경했던 이듬해 1556년 봄까지 강릉 외할머니댁에 머물러 있었다.

19 『시경』 「소아(小雅)·소민지십(小旻之什)」, "他人有心, 予付度之".

20 『장자(莊子)』 「서무귀(徐無鬼)」. 영인(郢人)은 초나라 영(郢) 땅에 살던 사람이다. 도끼의 장인 장석(匠石)이 영인의 코끝에 바른 백토를 떼어내게 했다는 우화에서 나왔다. 영인이 장석의 솜씨를 신뢰했기에 그 재주를 펼쳐 보일 수 있었다.

고백告白

토로吐露, 청년 시절 선문禪門에 종사했던 일과 출사하게 된 전말을 임금께 아뢰다: 「부교리를 사퇴하는 상소」 무진(1568)[21]

지금 신은 조정에 나선 지 5년이 되었지만, 아무런 공로도 이룬 것이 없습니다. 여러 대부大夫들에게 칭찬받는 것도 없고, 나라 사람들에게 알려지지도 않았습니다. 성상께서는 신의 못남을 환히 살피실 길이 없으시다지만, 신으로서야 어찌 감히 입을 다문 채 낯간지럽게 천직을 달갑게 받아들여 밝은 시국을 저버릴 수 있겠습니까? 신은 본래 한양漢陽의 한 평민으로, 어린 나이에 도학道學을 추구하였으나 올바른 방도를 알지 못하고, 여러 학파의 학술을 두루 섭렵하며 안정된 바탕을 이루지 못했습니다. 운수가 불길한 탓으로 일찍 모친을 여의고(1551년) 헛되이 슬픔을 억누르려 한 나머지 마침내 불교에 빠져들게 되었습니다. 기름이 배어들고 물이 스며들 듯 갈수록 깊이 빠져들어 나중엔 본심마저 어두워졌습니다.

그러다 깊은 산중으로 달려 들어가(1554년) 불교에 종사〔從事禪門〕하기를 거의 일년 가까이나 하였습니다. 하늘의 도우심에 힘입어 하루아침에 깨닫고 나니, 그것들은 터무니없는 속임수요 거짓말로서 허점이 환히 보였습니다. 더럽혀진 오장육부를 씻어낼 길은 없고, 맥이 빠진 채 집으로 돌아와서는 부끄럽고 분하여 죽고 싶은 심정이었습니다. 옛날부터 불교의 해악에 빠진 사람치고 신처럼 심각했던 사람은 없었습니다. 이때 스스로 세상에 버림받은 사람이라 단정하고는 곧 세상일을 모두 끊고 적막한 곳에

---

21   「사부교리소(辭副校理疏)」, 1568년(선조 1, 33세) 겨울, 『율곡전서』 권3; 『율곡전서』 권33, 부록 1, 「연보상」, 무진 2년【선조소경대왕원년○선생삼십삼세宣祖昭敬大王元年○先生三十三歲】. "冬, 還朝, 拜弘文館副校理, 知製敎兼經筵侍讀官, 春秋館記注官, 賜暇讀書, 上疏辭, 不許".

숨어 살면서 밭을 갈고 글을 읽으며 여생을 보내려 하였습니다.

그런데 신의 부친은 저에게 약간의 글재주가 있음을 안타깝게 여겨서, 억지로 명성을 추구하도록 하였습니다. "부친이 생존해 계실 때에는 그 자식의 뜻을 본다"[22]라고 했으니, 신으로서는 어쩔 수가 없었습니다. 신 스스로 생각하기를 집은 가난하고 어버이는 늙으셨는데 봉양할 길이 없다 하고는, 부끄러움을 무릅쓰고 허물을 감춰둔 채 마침내 거인擧人(과거 응시자)이 되었습니다. 그러나 과업을 마치기 전에 신의 부친이 세상을 버리시니 (1561년) 출세하고 벼슬하려던 생각이 마음에서 갑자기 사라졌습니다.

그래도 집안이 가난하여 의지할 곳이 없음을 걱정하고 삶을 꾸려나가고자 하여 계속 과거에 응시하였는데(1564년, 문과 장원), 보잘것없는 신의 뜻은 오직 몇 말 몇 되의 녹봉이나 받아서 굶거나 헐벗은 일만 면하려는 것이었습니다. 그런데 훌륭한 벼슬자리가 갑자기 내려지고 엉뚱하게도 은총까지 입게 될 줄이야 어찌 알았겠습니까? 낭서郎署(중앙 관청)의 여러 관직을 거치며 높은 관청을 출입했고, 욕되게도 언관言官이 되어 고관들을 수행했으며, 이조吏曹에서 붓대를 잡기도 했습니다. 하지만 아무런 식견도 없이 용렬하고 무능한 주제에 나라의 곡식 창고[23]만을 갉아먹었습니다. 스스로 처음 먹었던 마음을 돌이켜볼 때 몸이 오싹해짐을 느꼈습니다. 그래서 매양 한번 불안한 마음을 토로하여 간곡히 청렴함이 요구되는 중요한 직책을 사양하려고 하였습니다.

그러나 우물쭈물하다 보니 오늘에 이르러서는 계급은 점점 높아지고 명예와 직위는 점점 두드러졌으며, 직책은 점점 무거워졌습니다. 이제는 신의 죽음으로도 성상께 보답할 수가 없게 되었습니다. 그런데 제가 또 무슨 낯으로 편안히 옥당玉堂[24]에 앉아 성상을 가까이 모시는 지위에서, 나랏일

---

22   『논어』「학이편(學而篇)」, "子曰 父在觀其志, 父沒觀其行".

23   나라의 창고로 조선시대에는 광흥창(廣興倉)이라 불렀다.

24   홍문관(弘文館)의 별칭이다. 홍문관은 궁중의 경서, 사적, 문서 등을 관리하고 왕을 자문

을 분별하고 생각하는 소임을 감당할 수가 있겠습니까? 지금 성상께서는 왕업王業을 계승하시어 여러 현명한 신하들이 이에 따르고 있으니, 선비들은 올바른 도를 행할 책임을 지게 되었고, 백성들은 지극한 다스림의 은택을 바라게 되었습니다.

비록 산림山林에 은거하던 사람이라 할지라도, 또한 의관을 갖추고 궁궐을 바라보며 맑은 교화에 아주 작은 도움이 될 수 있기를 바라고 있습니다. 하물며 신은 대대로 녹봉을 받아온 집안에서 자랐으니, 나라에서 받은 두터운 은혜는 뼈를 깎는 노력으로도 보답하기 어렵습니다. 어찌 노둔한 재질을 채찍질하여 작은 정성이나마 바쳐보고 싶지 않겠습니까? 그러나 생각해보면 미천한 신은 자질이 보잘것없고 학문은 미흡하며, 옛날의 단점도 고치지 못한 채 새로운 허물이 연이어 생겨나고 있습니다. 자신을 돌아보고 분수를 헤아려볼 때 미관말직도 부당한데 명예롭고 귀한 벼슬자리를 더럽히고 명예로운 직위를 욕되게 하니, 위로는 갓이 부끄럽고 아래로는 관복을 맨 검은 띠가 부끄럽습니다.

밤중에 이를 생각하노라면 두려움에 잠을 이루지 못하겠습니다. 아무리 생각해보아도 오직 벼슬에서 물러나 학문에만 전념함으로써 지난날의 과오를 조금이나마 가릴 수 있도록 간절히 청원하는 길이 있을 따름입니다. 만약 벼슬에 나아갈 줄만 알고 물러날 줄은 모르며, 영화로움만을 알고 욕됨은 알지 못한다면, 이는 곧 소인小人이 군자君子의 자리를 차지하여 도적을 불러들이는 것과 같은 당연한 이치입니다. 신의 한 몸이야 본래 아까울 것이 없지만, 조정의 작위가 어찌 되겠습니까? 간절히 바라오니 성상께서는 이 미천한 생각을 굽어살펴주시고 벼슬자리를 소중히 여겨주십시오.

신의 직위를 해제하여 시골로 물러나도록 명해주십시오. 신으로 하여금 분수에 따라 자신을 지키고 힘써 학문을 닦아 옛 단점을 바로잡을 수 있게

하는 관청으로, 사간원(司諫院), 사헌부(司憲府)와 함께 삼사(三司)라 일컬어졌다. 이이는 1568년 겨울에 부교리(副校理)를 제수받고 이 글을 올렸으나 받아들여지지 않았다.

해주시면, 더없는 다행이겠습니다.

효충孝忠

효행을 우선할 것인가? 직무를 우선할 것인가?: 「고리를 사퇴하면서 거듭 진정한 상소」 기사(1569)²⁵

전에 전하의 부르심을 받았을 때, 두렵고 불안한 데다 병까지 겹쳐 출발을 서두르지 못하였습니다. 이에 명을 기피하고 태만하게 한 죄는 어떤 말로도 회피할 길이 없습니다. 성상의 도량은 하늘처럼 넓으시어 오점을 용납하시고 병폐를 숨겨주시며, 초라한 신의 집에 칙서가 다시 내려졌습니다. 몸을 어루만지며 놀라고 감격스러워 정신이 달아날 지경이었습니다. 지금 조정에 올라온 것은 오직 은명恩命을 감사드리기 위한 것일 따름입니다. 경연經筵의 중책은 결코 감당할 수 있는 것이 못 되니, 한번 이미 지나친 일인데, 두번이야 될 법이나 한 일입니까?

그뿐만이 아니라 또한 신에게는 답답하고 절박한 사정이 있기에, 감히 우뢰와 같은 위엄을 무릅쓰고 숨김없이 모두 말씀 올리겠습니다. 신의 외조모는 신에게 한없이 은혜가 있어서 실은 친어머니나 같습니다. 노년에도 자식이 없어서 오직 신만을 의지하고 있습니다. 그러나 돌아가 조모님을 뵙는 일은 법전法典에도 실려 있지 않습니다. 만일 신이 서울에서 벼슬자리에 있게 된다면, 이것은 곧 외조모님과 영원히 이별하게 되는 것입니다. 외조모님은 나이가 이미 많으신 데다가 병환이 떠날 날이 없고, 누런

---

²⁵ 「사교리잉진정소(辭校理仍陳情疏)」, 1569년(선조 1, 34세) 8월 5일, 『율곡전서』 권3. 이이가 쓴 효충에 관한 글로는 『율곡전서·습유』 권3, 「온교절거론(溫嶠絕裾論)」(1550년, 15세)이 있다.

머리는 다 빠지고 검버섯이 등에 가득히 났습니다. 가는 숨만이 실처럼 끊이지 않고 있으니, 돌아가실 날도 아침이 아니면 저녁인 형편입니다.

부인의 성질이 편벽되어 신을 사랑하심이 너무 지나치니, 신이 만약 서울에 있게 된다면 신을 생각하느라 병환이 더해질 것입니다. 이번에 신이 전하의 부르심을 받고, 다시는 만나지 못하게 될까 두려워 옷자락을 부여잡고 흐느끼셔서, 슬퍼함이 곁의 사람들을 감동시켰습니다. 신은 운수가 불길해서 부모님을 일찍 여의었고 오직 한 분 외조모가 계시는데, 또 높은 고갯마루[大關嶺]를 사이에 두고 있으니, 신이 홀로 무슨 심사로 슬퍼하지 않을 수가 있겠습니까?

고향 편지를 받을 때마다 신도 모르게 놀라 가슴이 뛰고, 무고히 계신 것을 알고 나서야 가슴이 서서히 안정되며, 만약 병환이라도 나셨다는 소식이 들리면 마음이 곧 어지러워집니다. 이러한 상황 아래선 비록 나랏일을 처리하는 자리에서 지칠 때까지 힘을 다하려 한다고 하더라도 그 방도가 없습니다. 신이 사직을 하려는 것은 본래 능력을 헤아리고 분수를 생각한 탓이지만, 또한 외조모님께 부양할 사람이 없기 때문이기도 합니다. 옛날에 문왕文王은 정령政令을 발하고 어짐[仁]을 베풂에 있어서 반드시 홀아비와 과부와 의지할 곳 없는 고독한 사람들을 먼저 돌보았고, 특히 노인들을 부양하는 데 최선을 다했습니다. 그러하니 곧 늙은 과부로서 자식이 없는 사람은 문왕께서 가장 먼저 구휼하던 대상이었습니다.

신의 외조모님은 비록 궁벽한 마을의 부녀자이기는 하지만, 젊어서부터 학문을 알아 고금古今의 일에 어느 정도 통달해 계십니다. 그분의 정렬貞烈한 행실은 여러 가지 기록에도 실려 있고 중종대왕中宗大王께서는 정려旌閭를 명하셨으니, 단순히 무지한 부녀자로서 늙었는데도 죽지 않고 있는 평범한 노인에 비할 바가 아닙니다. 삼가 생각하건대, 성상께서는 사랑을 베푸실 때 친근한 이로부터 시작하시며, 가까운 이들을 후하게 대우하고 먼 곳 사람들까지도 등용하십니다. 효도의 이치에 의한 교화와 어진 정치를 오늘날의 급무로 삼고 계시니, 바로 신의 조모님 같은 이도 전하께서 먼저 구휼하실 대상입니다.

어찌 한 미천한 신하를 아끼신다는 이유로, 그로 하여금 효도를 다할 수 없게 하시겠습니까? 만약 소신의 학문이 활용하기에 족하고 재능이 세상을 다스리기에 족하여, 신이 있고 없는 것이 다스려지고 어지러워지는 데 관계가 있고, 신이 벼슬을 하고 안 하는 것이 나라의 성쇠와 관계가 된다면, 공의公義는 무겁고 사정私情은 가벼운 것이니 구구한 보잘것없는 개인의 사정은 돌보아주지 않아도 괜찮습니다. 지금 신이 능력이 없어 취할 것이 없음은 앞에서 말씀드린 바와 같습니다.

신은 국가에 있어서는 아홉마리 소의 한개 터럭 같은 존재이나 외조모님에게 있어서는 한 바가지의 천금千金이나 같은 존재입니다. 조정에 있어서는 맑고 밝은 다스림을 펴는 데 아무 소용도 없으나 향리鄕里에 있어서는 효도의 이치에 의한 교화를 펴는 데 도움이 될 것이니, 그 득실은 따져볼 것 없이 자명한 것입니다. 만약 국가에서 재목을 모아들이고 목공을 모을 때 크고 작은 것을 모두 버리지 않는다고 해도, 신과 같은 가시나무 종류까지도 혹시 정원을 관리하는 사람에게 버림을 받지 않을는지는 모르겠습니다. 하지만 또한 당연히 서서히 그 성장을 기다려야 하며, 거두어 쓰는 데 급급할 필요는 없는 것입니다.

외조모님의 나이가 지금 만 아흔이니, 비록 병환이 없으시다고 하더라도 세상에 계실 날이 얼마 되지 않을 것입니다. 하물며 오랜 동안 병환 중이어서 병석을 떠나지 못하고 있으니 어떠하겠습니까? 신은 나이 서른넷이니, 옛사람들이 강건히 벼슬하던 때[26]에 이르자면 아직도 6년이 남았습니다. 외조모님이 돌아가실 때까지 기다려 몸에 가까이하고, 관棺에 가까이하는 것들을 반드시 정성과 신의로 하게 한 후, 그런 다음에 조정으로 돌

---

26   『예기(禮記)』「곡예(曲禮)」, "四十曰 強而仕".

아와 헌신하여 여러 관리들의 대열에 끼게 된다 해도 늦지 않을 것입니다. 신은 본래 세가世家의 신하이니 어찌 산림에 숨어 사는 선비들이 자신을 깨끗이 하기 위해 영원히 떠나버리는 것과 같겠습니까?

또한 신은 대대로 서울에서 살아왔기 때문에 시골에는 옛날에 하던 생업生業도 없으니, 오직 벼슬을 하는 길 외에는 돌아갈 곳이 없습니다. 신의 몸은 비록 강릉에 가 있게 된다고 하더라도 집에는 수십명의 식구가 있어 그대로 서울에 살면서 입에 풀칠할 방도도 없는데, 신이 어찌 유별나고 지나친 짓을 하기 좋아해서 스스로 굶주리고 헐벗은 고생을 택하겠습니까? 이는 진실로 분수에 맞지 않는 직책을 함부로 욕되게 해서는 안 되고, 다 돌아가시게 된 어른을 차마 그대로 이별할 수 없기 때문입니다. 그렇기에 한 집안의 궁핍은 돌보고 생각할 겨를조차도 없는 것입니다.

생각건대, 성상께서는 천지의 부모이시니 신의 재능이 부족함을 살피시고, 신의 지극한 사정을 가엾이 여겨 신의 해직을 명하셔서 돌아가 노인을 봉양할 수 있게 하여주십시오. 그리하면 조정에서 선비를 대하는 도리와 소신이 스스로 처신하는 의리가 양쪽 모두 합당하게 될 것이니, 공사公私 간 매우 다행한 일이 될 것입니다.

출처진퇴出處進退

급하게 나왔다가 신속하게 물러난다면 사람의 도리를 다했다고 할 수 없다: 「정철(계함)에게 답하다」 무진(1568)[27]

간곡한 가르침을 깊이 받들어 두터운 뜻에 깊은 감사를 드립니다. 나는

---

27 「답정계함철(答鄭季涵澈)」, 1568년(선조 1, 33세) 2월, 『율곡전서』 권12.

물러날 계획을 이미 굳혔으니 오늘이라도 떠날 수 있습니다만, 집안의 대소사를 떨쳐버릴 수가 없어 날짜를 미루고 있습니다. 늦어도 5월쯤에는 마땅히 동쪽(강릉)으로 향할 것입니다. 이러한 계획은 이미 깊이 생각해둔 것이니, 만약 급하게 나왔다가 신속하게 물러난다면 사람의 도리를 다했다고 할 수 없을 것입니다. 시종侍從(홍문관이나 승정원 등의 관리)과 대간臺諫(사헌부와 사간원의 관리)의 직책은 모두 맡을 수 없지만, 대간의 경우는 더욱 중요하여 절대로 하루도 있을 수 없습니다. 서경署經(관리 등용을 위한 일종의 신원확인 절차) 한 후에 조정에서 임의로 나를 갑자기 5품品으로 빠르게 승진시켰는데, 이 처사가 과도하니 이를 혐의 삼아 물러날 것입니다. 만약 공론이라 하여 출사를 명한다면, 출근하는 다음 날로 즉시 병을 핑계로 사양할 계획입니다.

관관館官(홍문관의 벼슬)은 단지 경연에서 임금을 모시고 강론하는 일을 맡으므로 대간의 직책에 비하면 비교적 한가한 듯합니다. 만약 형편이 그만둘 수 없는 상황이라면 물러나기 전까지는 굳이 강하게 사양치 않을까 합니다. 물러나는 날에는 상소해서 학문이 보잘것없어 벼슬에 나갈 수 없다는 것과 조모祖母가 의지할 데 없어 정리情理상 마땅히 돌아가 봉양해야 한다는 뜻을 남김없이 말씀드려 꼭 윤허 받을 것을 계획하고 있습니다. 내가 만일 정성을 다한다면, 반드시 임금의 마음을 돌릴 수 있을 것입니다.

문을 닫아걸고 고상한 뜻을 구하는 은일隱逸 같은 것을 어찌 세월로써 기약할 수 있겠습니까? 만약 억지로 서둘러 이와 같이 한다면 너무 빨리 하려고 하다가 도리어 이루지 못하게 될 것입니다. 학문하는 자는 다만 눈앞의 일에 근거하여 마땅히 해야 할 바를 행할 따름이니, 후일의 일은 미리 알려고 해서도 안 되며 또한 미리 알 수도 없는 것입니다. 우리 집 하인들이 모두 흩어져 사람을 보내서 회답을 받아보고자 해도 할 수 없습니다. 형이 번거롭더라도 사람을 다시 보내서 답신을 주시면 어떻겠습니까? 삼가 다시 올립니다.

'산새'·'이단' 논란이 있던 이황을 위로하며 출사를 요청하다: 「퇴계 선생에게 올리다」 무진(1568)[28]

삼가 엎드려 여쭙습니다. 어떻게 지내고 계십니까? 아직 봄추위가 쌀쌀한데 건강이 순조롭지 못할까 염려됩니다. 외람되게 편지를 드려 매우 송구합니다. 일찍이 저를 뿌리치지 않으시고 너그럽게 대해주셔서 감히 이렇게 말씀을 드립니다. 지금은 전하께서 오로지 마음을 기울이시고, 사림들이 크게 바라는 상황이라, '동산東山의 일어남'[29](은거하던 선비가 벼슬길에 나가는 것)을 마침내 피할 수 없게 되었습니다. 모르긴 합니다만, 이 일을 어떻게 처리하시겠습니까? 저는 일찍이 주제넘게 짐작하기를, 합하閤下(존칭, 이황)께서는 겸양과 공손함이 너무 지나치셔서 '스스로 학문의 힘이 아직 지극하지 못하여 일을 해낼 수 없다'라고 여기시기 때문에, 깊이 들어앉아 나오시지 않는다고 여겼습니다.

이것은 바로 정자程子가 이른바 "능력과 분수를 헤아려 알려지기를 바라지 아니한다"라는 것과 같습니다. 다만 사림의 뜻은 합하께서 갑자기 나라를 경륜하여 예악을 만들기를 바라는 게 아닙니다. 지금 당장 나랏일은 하나도 믿을 만한 것이 없으니, 형세로 보면 큰일을 할 수 없을 것 같습니다. 그러나 다만 임금께서 한창 젊은 나이시고 자질이 아름다워 학문을 게을리 하지 않으시니, 만약 옆에서 잘 배양하고 보도하여 훌륭한 덕을 이루도록 돕는다면, 태평성대의 터전이 여기에 있지 않겠습니까?

합하께서는 경세제민의 재주에 대해서는 비록 스스로 부족하게 여기실지 모르나, 성현의 글을 깊이 음미하여 그 뜻을 밝히고 그 요점을 파악하여

---

28   「상퇴계선생(上退溪先生)」, 1568년(선조 1, 33세) 봄, 『율곡전서』 권9.
29   진(晉)나라 사안(謝安)이 회계(會稽)의 동산(東山)에 은거했다가 나라가 위기에 처하자 출사하여 국난을 극복한 '동산재기(東山再起)'의 고사성어에서 유래했다.

옛것을 익히고 새것을 아는 것 같은 일은 사방을 두루 돌아보아도 합하보다 나은 분이 없는 듯합니다. 또한 부정한 것은 한개라도 취하지 않고, 부정한 것은 한개도 감히 주지 않으며, 한 그릇의 밥을 마다하지 않으며, 만종萬鍾의 녹봉을 달갑게 여기지 않는 청렴함은 사방을 두루 돌아보아도 합하와 견줄 만한 사람이 없습니다. 아는 바가 이와 같고 행하는 바가 이와 같은데도 겸손하여 스스로 낮춤이 마치 어리석은 시골 사람과 같으니, 이것이 바로 임금께서 마음을 두시고 많은 선비가 크게 바라는 이유입니다.

백리해百里奚는 작위와 녹봉에 구애받지 않고 묵묵히 소를 먹이며 살찌웠고, 춘추시대 진秦나라의 목공穆公은 백리해의 비천함을 잊고 그를 정사에 참여하게 하였습니다. 합하께서 물러나 들어앉아 계시면 계실수록 세상 사람들이 바라는 것은 더욱 커져서, 그 형세는 마침내 이에 그치지 않을 것입니다. 만약 합하께서 경세제민을 소임이 아니라고 하신다면, 어찌 임금을 위해 경전의 올바른 뜻을 밝혀 학문의 길에 힘쓰도록 권면하여 임금께서 현자를 구하는 성의를 저버리지 않도록 하시지 않습니까? 국가의 명맥이 여기에 있지 않습니까?

수많은 백성이 물이 새는 배 위에 놓인 위급한 상황에서 그 생명이 한 사람에게 달려 있으며, 한 사람의 덕을 이루는 것은 합하께서 세상에 나오시는 데 달려 있으니, 애석합니다. 기회를 놓쳐서는 안 됩니다. 중국 삼국시대의 명의 화타華佗나 춘추시대의 뛰어난 의원 의완醫緩은 의원으로서 지극히 이름난 사람들입니다. 그러나 만약 반드시 이 두 사람을 기다려야 병을 치료할 수 있다면, 천하의 사람들은 병으로 죽지 않을 이가 드물 것입니다. 지금 만약 합하께서 병이 나서 약을 구하려고 하는데, 세상의 의원들이 모두 "나는 화타와 의완이 아니니, 끝내 약을 지어줄 수 없다"라고 한다면, 합하의 마음은 어떠하겠습니까? 합하의 일이 어찌 이것과 다름이 있겠습니까?

최근 상소문에서 언급된 '산새〔山禽〕 같다느니, 이단異端이라느니' 하는 말은 도대체 누구의 입에서 나온 것입니까? 말을 하는 사람은 반드시 그런 사실이 있는 것이 아니요, 그 말을 전하는 사람은 반드시 그것을 다 믿어서는 안 될 일입니다. 그런데도 상소문 가운데서 진술하기까지 하였으니, 어찌 미안한 마음이 들지 않겠습니까? 대개 배우는 이가 비록 성현에는 이르지 못했다 하더라도, 진퇴進退·출처出處는 마땅히 성현으로 스승을 삼아야 할 것입니다. 만약에 "나는 성현이 아니니, 성현의 하는 일을 본받을 수 없다"라고 하여, 나아가야 할 때에 나아가지 않고, 물러나야 할 때에 물러나지 않으면, 그를 어찌 성현을 배우는 이라고 말할 수 있겠습니까?

합하께서는 비록 스스로 자신을 헐뜯고 스스로 자신을 비하하더라도, 결국 성현의 가르침을 배우지 않았다고는 할 수 없습니다. 오늘날의 일을 도리로 헤아려보고, 옛 법도로 따져보며, 시세로 저울질하고, 합하의 처지를 참작해본다면 아마도 끝내 물러나 계실 수 없을 듯합니다. 이미 나아가야 할 때라고 여기신다면, 내게 오는 지위가 높든 낮든 개의치 말고 이것을 큰 혐의로 여겨 나아가지 않을 수 없을 것입니다. 가만히 보건대 임금의 뜻은 반드시 합하를 불러들이고자 하여 오지 않으면 그치지 않으실 듯합니다. 만약 근래 역사에 없던 특별한 예우를 베풀어 합하를 기필코 오시게 한다면, 겸손한 마음에 더욱 감당하지 못하여 더 큰 낭패를 겪게 될 것입니다.

엎드려 바라건대, 부디 서둘러 따뜻한 날을 이용하여 올라와주십시오. 그리하여 전하의 정성스러운 뜻에 부응하고, 국가의 뿌리를 튼튼히 하며, 사람들의 기대를 위로해주신다면 천만다행이겠습니다. 저는 생각이 경박하고 잡다한 버릇이 벼슬을 하면서 더욱 심해졌으니, 이런 식으로 계속하다가는 아마도 사람 구실을 제대로 못 할 듯합니다. 밤중에 조용히 생각하노라면 온몸에 소름이 오싹 끼칩니다. 합하의 훌륭하신 모습을 가까이 뵙고 저의 고질병을 침질하고 뜸질하듯 다스릴 수 있다면 크게 반성할 터인데, 길이 멀고 아득하여 그저 바람을 향해 자경自警할 뿐입니다.

인재를 택함은 목수가 나무를 사용하는 것과 같으니, 관직은 감당할 수 있는 능력에 맞게 임명해야 합니다: 「호조판서를 사직하는 상소」 신사(1581)[30]

신이 듣건대, 벼슬자리를 위해 인재를 택하는 것은 목수가 나무를 사용하는 것과 같다 합니다. 큰 재목은 대들보와 기둥이 되고, 작은 재목은 서까래와 인중방引中枋이 되어, 각각 쓰임새에 맞게 얻은 뒤에야 재목을 모아 집을 지으면 공적이 허물어지지 않는 법입니다. 지금 신은 다만 허술하고 어리석은 병든 사람에 불과합니다. 제 능력을 헤아려보니 개천이나 골짜기에 버려지는 것이 마땅할 정도입니다. 재능으로 말하면 털끝만 한 장점도 없고, 공적으로 논하면 한푼어치의 노고도 없는데도, 전하께서 하늘처럼 덮어주고 바다처럼 포용하시어, 하찮은 인재도 버리지 않으셨습니다. 견마犬馬와 같은 하찮은 정성을 불쌍히 여겨 고문의 반열(홍문관 직책)에 있게 해주셨으니, 이미 분수에 넘치는 일이라 마음이 떨려 감당하지 못할까 두려웠습니다. 그런데 뜻밖에도 지금 과분한 은택이 잘못 내려져 호조판서에 발탁하시니, 이는 실로 평소 꿈에도 생각하지 못하던 바입니다. 놀랍고 황송하고 답답하여 몸 둘 바를 모르겠습니다.

생각건대, 지금은 나라의 창고가 바다이 나고 백성들의 살림살이도 여지없이 소모된 상황입니다. 이런 때에 무거운 세금을 거두자니 나라의 근본인 백성이 먼저 쓰러질 것이고, 국가의 세수를 줄이자니 필요한 경비를 감당할 수가 없습니다. 합철盍徹(주周나라의 부세법인 철법徹法으로 세를 징수하는 것) 같은 옛날 주나라 세금 제도 등의 계책은 지금 당장의 재정 수요를 충당할 수 없고, 재물을 다스리고 관리하는 이재理財의 방도 역시 이익만 추구하는 습관을 기르지 않기가 어렵습니다. 이러한 때에 위로는 나라의 운

---

30 「사호조판서소(辭戶曹判書疏)」, 1581년(선조 14, 46세) 10월, 『율곡전서』 권7.

영에 필요한 재정을 넉넉하게 하고, 아래로는 백성들의 일정한 생업을 보장하여 재화가 충족되어 백성을 편안하게 하는 책임은 호조에 달려 있습니다. 따라서 재능과 지혜가 충분하여 일을 집행할 수 있고, 어질고 포용하는 마음으로 백성을 구제할 수 있는 이가 아니면 결코 이 중임을 담당할 수 없습니다.

지금 신이 만약 편안히 앉아서 백성들의 고통을 말한다면, 천번 생각하는 중에 혹 한가지 좋은 방책을 얻을 수는 있을 것입니다. 그러나 나라의 재정과 회계를 출납하고 계산하는 실무에 이르러서는 아득하여 살필 수가 없고, 정신과 근력 또한 실로 미치지 못하는 바입니다. 이와 같은데도 신에게 굳이 중임을 맡겨서 마치 모기에게 산을 지우듯이 책임을 지운다면, 일신의 죄는 비록 걱정할 것이 없다고 하더라도 나랏일이 낭패되는 것은 어찌하겠습니까? 또 신은 항시 시골에 머물러 있었고 조정에 나와 벼슬한 날은 적었습니다. 그런데도 특별히 정승이나 판서 같은 높은 반열에 승진시키시고, 겨우 몇 달 만에 또 정경正卿(조선시대 때 정2품 이상의 벼슬)의 고위직에 올려주셨습니다. 관작이 너무 과분하고 지위와 명예가 너무 쉽게 주어진 듯합니다. 이러하니 사람들의 비난이 있지 않을 수 없고, 반드시 귀신의 꾸짖음이 있을 것입니다.

복이 지나치면 재앙이 생기는 것은 필연적인 이치입니다. 신이 지극히 어리석으나 또한 자신을 아낄 줄 아는데, 어찌 감히 능력도 안 되는데 덮어놓고 소임을 맡아 조정에 수치를 끼치고, 스스로 도피하기 어려운 재앙을 자초하겠습니까? 더구나, 신이 항상 병을 지니고 있다는 것은 여러 사람들이 잘 아는 바입니다. 봄부터 가을까지 잦은 병가로 쉬는 날이 반이나 됩니다. 가령 신이 학문으로는 통유通儒(모든 일에 두루 통달한 유학자)이고, 재능은 재화를 늘일 수 있다손 치더라도, 이런 고질병을 지니고서는 이미 매우 바쁘고 중요한 호조판서의 관직을 감당할 수 없습니다. 하물며 신은 재능이 없고 병만 있는 자가 아니겠습니까? 이것은 실로 전하께서 벼슬을 위하여 인재를 택하시는 본래의 뜻이 아닐 것입니다.

옛사람이 말하기를 "신하를 알아보는 데는 임금만 한 이가 없다"라고 했습니다. 바라건대, 전하께서는 어리석은 신하가 의례적으로 사양하는 것이 아님을 굽어살펴주십시오. 부디 명을 개정하여 감당할 만한 사람을 가려 벼슬자리를 제수하시어 지위와 명예를 중하게 하소서. 하찮은 신의 지극한 소원입니다.

곤경困境

병조판서 탄핵, 결단을 내려 신의 죄를 다스리시고, 조정의 기강을 진작시키십시오: 「탄핵받아 병조판서를 사직하는 상소」계미(1583)[31]

삼가 생각건대, 변변치 못한 신臣은 자신의 능력을 파악하는 데는 그래도 밝아서, 주병主兵(병조판서)의 직책을 함부로 맡으면 일을 망칠 것이 예상되기에 진심으로 호소한 적이 한두번이 아니었건만, 작은 정성이 전하의 마음을 움직이지 못하여 사퇴를 허락하는 명령이 끝내 내려지지 않고, 모기에게 산을 지라고[32] 책임을 지우시며 그 성패는 따지지 않으셨습니다. 때마침 변방의 변란을 만나 그에 대한 대응책이 소홀하였으니, 탄핵 소장은 아직 나오지 않으나 공론이 벌써 비등하고 있습니다. 신은 비록 혼매하나 자신을 헤아리는 데는 역시 익숙하므로 전번 어전에서 적합한 인재를 뽑으시라고 미리 청하였는데, 주상께서는 굽어살피지 않고 전처럼 맞지 않는 직책을 맡기시었습니다.

---

31 「피핵사병조판서소(被劾辭兵曹判書疏)」, 1583년(선조 16, 48세) 6월 7일, 『율곡전서』권8.

32 힘이 약한 자에게 무거운 짐을 지우는 일을 비유한 말. 『장자(莊子)』응제왕편(應帝王篇) 등에 보인다.

거듭된 허물이 이미 누적되자 공론이 이에 격발하고 사헌부와 사간원 양사兩司는 합동으로 소장을 올려 '죄주어야 한다'라고 주장하였습니다. 비록 이 일에 연루된 동료도 있기는 하지만 논란의 우두머리는 바로 신입니다. 비록 현저하게 말하는 자는 없지만, 신이 자신의 죄를 감히 숨길 수 있겠습니까? 전하의 은혜가 비록 지극히 중하지만 어찌 사적인 보호가 용납될 수 있겠습니까? 신은 본래 병약한 몸인데 애써 약한 몸을 지탱하며 직무를 보아왔더니 오랫동안 누적된 병증으로 인해 현기증이 발작하여 일을 망칩니다. 부르심을 받고 달려가지 못하며 저지른 죄가 더욱 무거운데도 도리어 따뜻한 위문을 주시고 의원을 보내어 약을 하사하기까지 하셨으니, 우러러 생각건대 그 은혜는 하늘처럼 넓고 커서 분골쇄신해도 보답하기 어렵습니다. 단지 감격의 울음만 더해질 뿐입니다.

아! '권한을 마음대로 휘두르고' '성상에게 거만을 부리고' '임금의 명령을 폐기'하는 이 세가지 혐의는 그중 한가지만 범해도 그 죄는 죽임을 당할 죄로 용서받지 못합니다. 이런 일은 역사책에서 보고서도 오히려 개탄을 금할 수 없었는데 오늘날 신이 직접 이 세가지를 다 범할 줄이야 어찌 생각이나 했겠습니까? 죄를 논란論難한 것이 파직 정도에 그친 것만도 참으로 후하게 보아준 것입니다. 신이 비록 지극히 어리석고 경솔하나 군신의 의리는 약간 있습니다. 그러나 계책이 미숙하고 부족한 탓으로 인해 이처럼 큰 죄에 빠졌습니다. 법대로 죄에 대해 처벌받는 것은 신이 참으로 마땅하게 여기는 바입니다. 요행히 면죄되기를 바란다는 것은 신의 본의가 아닙니다.

죄가 있는 사람을 다스리지 않는다면 나라 꼴이 어떻게 되겠습니까? 공론이 일어나서 날마다 엄한 처벌이 내려지기를 기다렸는데 사사로운 은혜로 힘껏 보호하여 끝내 윤허하지 않으시니, 신은 참으로 기대에 어긋나 죽으려 해도 죽을 수가 없습니다. 간절히 바라건대, 결단을 내려 신의 죄를 다스리시고, 조정의 기강을 진작시켜 대중들의 마음을 흡족하게 하시면 더욱더 다행이겠습니다.

정경 대신이 되어 죄를 지었다는 혐의로 탄핵을 받고도 그대로 견디고 있다면, 그것은 조정의 커다란 수치입니다: 「여섯번째 상소를 올린 후 죄를 청하는 계」 계미(1583)[33]

볼품없는 소신小臣은 죄지은 바가 이미 막중한데, 또 병까지 심하여 자리에 누워 이리저리 몸을 뒤척이게 되니, 하루하루 보내기가 한해 보내는 것과 같습니다. 삼가 돌이켜보니, 전하께서 하신 말씀이 귀에 맴돌아서 감격하여 눈물이 쏟아집니다. 비록 신의 병은 낫지 않았으나 감히 집에 물러가 있을 수가 없어 병든 몸을 이끌고 대궐에 나왔습니다. 어리석은 충정을 남김없이 말씀 올리니, 부디 살펴주시기 바랍니다. 소신이 듣기로는 본래 선비란 조정에 나아감과 물러남이 구차스럽지 않아, 그 나아감은 예禮로써 하고 물러남은 의義로써 하였습니다. 이 때문에 일찍이 죄를 짓고 부끄러움을 감당하면서 벼슬살이에 미련을 갖는 사람이 없었다고 합니다.

지금 소신은 지극히 어리석고 고루하여 감히 선비라고 칭할 수는 없으나, 평소 자처한 바는 선비의 도리를 다하고자 했습니다. 선비로서 부끄러움이 없다면 어찌 참된 선비가 될 수 있겠사옵니까? 지금 대간이 이미 '권력을 제멋대로 휘두르고' '성상에게 교만을 부린 것'으로 신의 죄목을 삼았는데, 이것은 한가지 죄입니다. 대신들이 신을 위하여 변명해주고, 관직에 나오도록 자주 재촉하면서 오히려 탄핵하는 상소가 지나치다고는 하지 않으니, 신이 죄를 지었음이 이에 이르러 더욱 명백해졌습니다.

대간이 단순히 신의 흠결만 지적하였다 해도, 비록 지위가 높은 대신일지라도 마땅히 허심탄회하게 받아들이고 감히 서로 다투지 않아야 합니

---

33   「육소후청죄계(六疏後請罪啓)」, 1583년(선조 16, 48세) 6월, 『율곡전서』 권8.

다. 하물며 지금은 '임금을 무시했다는 죄'를 적용하였습니다. 이런 상황에서 신이 아무런 거리낌도 없이 태연하게 출사한다면, 이는 참으로 신하된 의리가 아닐 것입니다. 신이 비록 지극히 미련하나 국법이 엄중하고 공론이 무서운 것인 줄을 모르고 죄 없는 사람처럼 처신할 수 있겠습니까? 전하께서 내리신 글〔諭旨〕은 지극히 간절하고, 나랏일은 날로 어려워지고 있습니다. 소신이 만약 조금이라도 참고 견딜 수 있는 처지라면, 어찌 감히 이 정도까지 고집을 부려 위로는 전하의 뜻을 거스르고 아래로는 여러 사람의 마음을 상하게 하겠습니까?

전하께서는 홀로 소신이 죄가 없다고 인정하여 사실을 밝히지 않으시고, 매번 공론을 뭇사람이 떠드는 소리나 훼방하는 말로 간주하고 있습니다. 이런 상황을 신은 참으로 감당할 수 없으며, 대간인들 이런 말을 듣고 어찌 마음이 편안하겠사옵니까? 대간이 정계停啓[34]한 것은 오랫동안 전하의 윤허를 얻지 못해서입니다. 또한 소신이 전혀 부끄러움을 모르는 자가 아니기에, 마땅히 스스로 거취를 결정할 것이라 여겨 잠시 덮어둔 것입니다. 신의 죄가 가벼워 용서한 것이 아닙니다. 그런데 만약 신이 스스로 거취를 결정하지 않고 전하께서 너그럽게 대해주시는 것만 믿고 태연히 벼슬을 지킨다면, 소신이 앞서 올린 여러 차례의 상소는 다만 전하의 총애를 굳히려는 계책에 불과한 것이 됩니다.

이는 예禮가 없고 의義가 없음이 심합니다. 먼저 지조를 잃게 된다면, 어떻게 성상을 섬길 수 있겠습니까? 더구나 대간들은 이미 신을, '권력을 제멋대로 휘두르고, 임금에게 교만을 부렸다는 죄'로 지목하였습니다. 신이 비록 전하의 명을 받들어 출사하더라도 대간들은 어찌 임금을 무시한 사람이 정경正卿(정2품 이상) 대신의 자리에 그대로 있는 것을 묵인하겠습니까? 평범한 백성이라도 죄가 있는지 없는지 마땅히 분별하여, 온 백성들이

---

[34] 조선시대에 사헌부나 사간원 등 언론을 담당하던 기관이 임금에게 특정 사안에 대해 계속해서 논하고 아뢰던 일을 중단하는 것을 뜻한다. 특정인의 이름을 지우는 것이다.

명백하게 알 수 있게 한 뒤에 사면할 것은 사면하고, 처벌할 것은 처벌해야 유감이 없을 것입니다. 신이 여러 사람에게 버림받은 처지에 높은 관직에 그대로 있는 것은 염치에 관계되는 일입니다.

소신의 죄가 참인지 거짓인지 밝혀지지 않은 채, 죄인의 혐의를 진 얼굴로 신이 어찌 깨끗한 조정에 뻔뻔스레 머물 수 있겠습니까? 소신이 나라의 정경 대신이 되어 죄를 지었다는 혐의로 탄핵을 받고도 그대로 견디고 있다면, 그것은 조정의 커다란 수치입니다. 이것이 어찌 작은 일이겠사옵니까? 하물며 지금은 교화가 이루어지지 않아 윤리와 기강이 무너지고, 임금을 버리고 어버이를 잊은 채 오로지 이욕利欲만을 추구하는 때가 아니겠습니까? 지금 신이 전하를 무시한 죄를 지었다고 탄핵당했는데 그대로 주병장관主兵長官(병조판서)에 있으면서 장병들을 호령한다면, 사방에서 이 소식을 듣는다면, 앞으로 반드시 권력을 제멋대로 휘두르고 임금에게 교만하게 구는 것을 사소한 허물로 여길 것입니다. 이러한 사태는 풍속을 무너뜨릴 염려가 있을 뿐 아니라, 그 폐단을 키워서도 안 될 것입니다.

삼가 바라건대, 전하께서는 의리를 밝게 살피시고 여러 사람의 마음을 안정시키십시오. 소신의 죄를 가지고 측근들에게 묻고, 대신들에게도 물어서 그들로 하여금 죄의 경중을 헤아리게 하십시오. 만약 그들이 용서할 만하다고 판정한다면, 신은 비록 거북스러우나 감히 힘써 따르지 않겠습니까? 그러나 만약 죄를 범했다고 판정이 내려질 때는 비록 유배형이나 극형極刑(사형)을 내려도, 소신은 기꺼이 달게 받겠습니다. 지금 소신이 드리는 말씀은 실로 제가 감히 말할 바가 아니며, 또한 마땅히 말할 것이 아닌 줄 알고 있습니다.

그러하오나 신은 이대로 관직에 머물러 있을 의사가 없음에도, 전하의 간절한 당부가 귀신도 감동하게 할 만하기에 소신은 어찌해야 할지 모르겠습니다. 하루 종일 울고 밤새도록 방황하며 몸 둘 곳을 찾지 못해 염치없이 감히 다시 말씀드리게 되었습니다. 심정이 너무 절박하고 위축되어 말이 제대로 나오지 않습니다. 무슨 말을 더 드려야 할지 모르겠습니다. 그저 엎드려 죄에 대한 처벌이 내려지기만을 기다리겠습니다.

4장
재건
도학의 진흥

간쟁諫諍, 공론公論, 여정輿情

신은 간언하는 책임을 맡고 있지 않지만 감히 만번의 죽음을 무릅쓰고 온 나라가 다 함께 분노하는[同憤] 보우에 대해 말씀드리지 않을 수 없습니다. 「요망스러운 중 보우를 논박하는 상소」 을축(1565)[1]

생각건대, 벼슬자리에는 각각 맡은 직책이 있으나, 충정으로 마음이 격해지면 직책에만 매여 있을 수 없습니다. 간언에는 반드시 마땅한 그 시기가 있으나, 나라에 해가 닥치면 때만 기다리는 데에 얽매일 수는 없습니다. 지금 신은 언관의 직책을 맡고 있지 않아서 간언할 수 있는 처지도 아닙니다. 또한 전하께서 지금 복상服喪(문정왕후의 상) 중에 계시니 간언을 할 만한 때도 아닙니다. 그러나 장사치 같은 사람들이 오히려 길거리에서 의논하고 있는 것을 보면, 본래 직책에 구애받지 않고 충정을 다하는 자가 있는

1 　「논요승보우소(論妖僧普雨疏)」, 1565년(명종 20, 30세) 여름~가을, 『율곡전서』 권3; 『율곡전서』 권33, 「연보상」【선생삼십세先生三十歲】, "八月, 上疏論妖僧普雨, 又疏論尹元衡".

법입니다. 또 모든 관리가 재상의 말을 따르는 것이 아니라면, 일에는 본래 때를 기다리지 않고 극언해야 하는 것도 있는 법입니다. 그러므로 어리석은 신은 감히 만번의 죽음을 무릅쓰고 한가지 생각한 바를 말씀드리고자 합니다. 바라건대 전하께서는 밝게 살펴주십시오.

지금 보우普雨의 일은 온 나라가 함께 분노하여 그를 찢어 죽이고자 하고 있습니다. 이 때문에 성균관 유생들은 항의 상소를 올리고, 사간원과 사헌부 양사에서는 번갈아가며 글을 올리고 있습니다. 옥당玉堂(홍문관)에서도 차자箚子를 올리는 것이 여러 날 동안 끊이지 않고 있습니다. 그런데도 전하께서는 이러한 사정을 못 들은 체하시니, 온 나라 신하들과 백성들은 놀라고 실망하지 않는 자가 없습니다. 말하기를 "전하께서는 온 나라의 공론은 믿지 않으시고, 한 요망한 중만을 비호하신다"라고 합니다. 신은 엎드려 통탄합니다. 전하의 밝고 성스러운 덕망이 보우로 말미암아 이런 오명을 받게 되었습니다.

대개 "보우는 대역죄를 지었는데도 전하께서 그 원수를 풀어준 잘못이 있다"라고 하는 말은 본래 과격한 주장이어서, 신도 감히 다 믿지는 않습니다. 그러나 전하께서 보우를 죄 없는 사람이라 하신 데 대해, 신은 괴이하게 여기며 탄식하는 바입니다. 또한 감히 믿고 승복할 수도 없습니다. 그런 전교가 내려지니 아이들까지도 모두 속으로 웃습니다. 임금의 말씀은 지극히 무거운 것이어서, 마땅히 이러해서는 안 될 것이라고 사람들은 남몰래 염려하고 있습니다. 궁궐 안의 은밀한 일은 비록 뜬소문이라고 둘러댈 수 있다 하더라도, 하늘이 낸 물건을 함부로 없애고 남녀를 속이고 현혹하여, 참람하게도 임금의 수레(乘輿)를 만들고 지존至尊을 욕되게 한 것은, 만백성들의 눈으로 본 일입니다. 이것까지 모두 뜬소문이라 할 수 있겠습니까?

눈썹은 지극히 가까이 있어도 보이지 않는 것이니, 궁중의 일을 나라 사람들은 다 알지만 전하께서는 알지 못하는 경우가, 어찌 없겠습니까? 뭇사람들의 노여움을 그치게 할 수 없고 백성들의 입은 막을 수가 없는 것인데도, 전하께서 굳이 이렇게까지 거부하는 까닭은 무엇입니까? 또 전하께서는 참으로 보우가 털끝만 한 죄도 없다고 여기시는 것입니까? 보우가 제 뜻대로 행한 지 이미 여러 해가 되었습니다. 죄와 복을 멋대로 베풀어 임금을 속였으며, 궁 안의 재정을 고갈시켜 백성들에게 환난을 끼쳤습니다. 교만하고 뽐내며 스스로 성인聖人인 체하여 자신을 높여 사치스럽고 참람한 일을 일삼아왔습니다. 이 가운데 단 한가지만 있어도 용서받을 수 없는 죄인데, 전하께서는 오히려 무죄라고 하시는 것은 어째서입니까?

전하께서는 총명하고 강단이 있으셔서 벼슬을 삭탈하고 귀양 보내는 일에 권세 있는 자나 총애받는 자들이라 해도 일찍이 조금도 용서가 없으셨습니다. 그런데 한 요망한 중을 처벌하는 일에 있어서는 유달리 어렵게 여기시며 보류하고 계시니, 신은 참으로 우매한 탓인지 그 까닭을 알지 못하겠습니다. 어찌 나라 사람들이 모두 죽여 마땅하다고 하는데도 죄 없는 자일 수가 있겠습니까? 그러나 신이 크게 걱정하는 것은 이 때문만은 아닙니다. 옥당玉堂은 전하의 심복心服이고, 대간臺諫은 전하의 이목耳目입니다. 태학太學의 유생들은 비록 공자를 모두 본받지는 못했더라도 그중에 뜻을 지닌 자는 또한 모두가 공자의 무리입니다.

전하께서 이미 어진 인재를 가려 뽑아 골라 심복과 이목이 되는 자리에 앉혀놓았으니, 그들이 그 직책에 맞는다고 여기신다면 마땅히 그들의 의견을 채용하셔야 할 것입니다. 그러나 그들이 그 직책에 적합하지 않다고 여기신다면, 마땅히 그들을 물러나게 해야 합니다. 임용하고서도 믿지 않고, 의심하면서도 내치지 않는 것은 진실로 온당하지 않은 처사입니다. 지금 옥당과 양사, 태학의 유생들이 입을 모으고 말을 합쳐 한 중을 처벌해달라고 요청하였는데도, 전하는 끝내 마음을 돌리지 못했습니다. 비록 "전하께서는 심복과 이목의 관원들, 공자를 본받고자 하는 무리들을 대우하는 것이 한 중보다 못하다"라고 말하더라도, 또한 망언이 아닐 것입니다.

어찌 이처럼 관리의 임용은 중하게 하시면서 대우는 박하게 하십니까? 설령 보우가 털끝만치의 죄도 없고, 억울한 누명을 쓰고 있다 하더라도 천하와 후세 사람들이 장차 전하를 어떤 임금으로 보겠습니까? 하물며 지금 보우의 죄는 죽어 마땅하여 간언하는 사람들의 말이 그릇된 것이 아닌 데야 더 말할 나위가 있겠습니까? 이 이후로 아마 나라 사람들은 모두 "전하께서 보우를 대우하는 것이 갈수록 더해서 달라진 것이 없다"라고 할 것입니다. 그리고 중들은 모두 "전하께서는 우리의 도道를 숭상하시니, 간언하고 비판한다고 해서 사이가 벌어지거나 소원해질 리가 없다"라고 할 것입니다. 이로 말미암아 이단異端의 무리들은 뜻을 펴고 선비들의 기개는 더욱 꺾일 것입니다.

조정에 있는 신하들은 모두 "간언 따르기를 물 흐르듯 하시던 전하의 훌륭함이 한 중에 의하여 가로막혔다"라고 할 것입니다. 또한 재야 인사들은 모두 "전하의 목소리와 안색은 천리 밖의 사람들까지도 물리친다"라고 할 것입니다. 이로 말미암아 모든 관리들은 해이해지고, 간쟁하는 길은 더욱 막히게 될 것입니다. 선비들의 의기가 꺾이고, 간쟁하는 길이 막혀버리면, 곧은 선비들은 눈치를 살피며 멀리 물러나 숨어 살게 되고 간사한 자들만이 틈을 보아 다투어 나오게 될 것입니다. 이것으로 인해 조정의 기강은 날로 문란해지고, 나라의 명맥은 더욱 손상될 것입니다. (⋯)

신은 본래 지극히 어리석고 매우 고루한 자질이나 외람되이 관국빈왕觀國賓王하는 대열(벼슬자리)에 끼게 되었습니다. 다행히도 전하께서 버리지 않고 장원(上第)으로 뽑아주셨으니, 깊고 중한 성은聖恩에 대하여 갚을 길을 알지 못하겠습니다. 이 때문에 나라를 병들게 하는 조짐을 눈으로 보고는 마음에 충정이 간절하여 감히 침묵을 지키지 못하고 이미 분별없는 소견을 아뢰었습니다. 바라건대 직책을 넘은 죄를 벌하여주시기를 청합니다.

을사위훈 삭제: 무고한 이들의 원한을 풀어주고 거짓된 공훈을 모두 박탈하지 않는다면 백성의 분노를 달래거나 조정의 기강을 바로잡을 길은 영영 없을 것입니다. 「옥당〔弘文館〕에서 을사년 위훈을 논함, 제1차」경오(1570)[2]

중종 말년[3]에 인종께서 동궁東宮에 계실 때 윤원형 형제와 윤임尹任 사이에 틈이 생기어 품은 원한이 날로 깊어졌습니다. 이에 대·소윤大小尹이라는 말이 있었으니, 식자들은 이미 이것이 재난의 씨앗이 될 줄로 짐작했습니다. 윤원형과 이기李芑의 무리는 남몰래 모의하고 비밀리에 계획하며 모든 극단적인 방법을 동원하여 오직 원한을 갚을 술책만을 생각하였을 뿐, 종묘와 사직의 흥망은 거들떠보지도 않았습니다. 인종께서 즉위하시자 윤원형의 무리는 곧 흉칙한 유언비어를 날조하여 문정왕후를 속이고 명종을 놀라게 하여 흔들었으며, 항상 큰 재앙이 닥칠 것이라고 말하였습니다.

이때 문정왕후께서는 내전에 깊이 거처하시고, 명종께서는 아직 어린 나이에 계셨으니 바깥 일을 어찌 잘 아실 수 있었겠습니까? 그러므로 사악한 말에 현혹되지 않을 수 없었으니, 윤임이 반역을 도모한다는 설이 이로부터 비롯된 것입니다. 인종께서 병환이 위중해지자 정중히 왕위를 물려주셨습니다. 이에 명종께서 적통 아우로서 위대한 왕통을 계승하시니, 이는 하늘의 뜻이자 백성의 염원이었습니다. 명분이 바르고 이치에도 합당하여 마치 중천에 뜬 밝은 해를 모두가 우러러보는 것과 같았으니, 누가 감히 이의를 제기하겠습니까? 그러나 윤원형과 이기 일당은 사사로운 원한

---

2   「옥당논을사위훈차제일(玉堂論乙巳僞勳箚第一)」, 1570년(선조 3, 35세) 5월 27일, 『율곡전서』권4; 『율곡전서』권28, 「경연일기(經筵日記)」, "隆慶四年庚午○今上三年, 五月○甲午(27日), 弘文館始擧削勳之議, 臺諫避嫌, 後還就職, 自是三司及學朝, 皆請削勳".

3   이 상소의 첫머리는 "생각건대, 반역이란 천하의 대악(大惡)으로서, 그런 짓을 한 사람은 반드시 처형되어야 하고 법률상으로도 용서할 수가 없는 것입니다"라고 시작된다. 이 내용은 이 책 1장의 '여정, 반역과 공훈 사이에서' 항목에 기술되어 있다.

을 품고 간악한 음모를 꾸몄습니다. 그들은 어진 선비들을 몰살하고자 근거 없는 낭설을 퍼뜨려 궁궐을 뒤흔들고 조정을 위협하였습니다.

윤임은 이미 처지가 위태로워 어찌할 도리가 없는 상태였습니다. 유관과 유인숙 또한 이기와 서로 원한 관계였기에 한데 묶여 가혹한 처벌을 받았으나, 그때까지만 해도 감히 역모의 죄명까지 씌우지는 못했습니다. 그러나 음흉하기 짝이 없는 정순붕이 자신의 이익을 위해 거짓 상소를 올려 감히 밝은 하늘 아래에서 임금을 속였고, 이 흉악한 음모가 실행되면서 결국 참혹한 사화가 일어나고 말았습니다. 대개 윤임이라는 인물은 성품이 거칠고 비천하여 보잘것없는 자이기에, 궁궐에서 모신 죄를 물어 처형한다 해도 아까울 것은 없습니다. 그러나 그가 실제로 반역을 꾀한 흔적은 어디에도 없으니, 씌워진 죄명이 실제와 맞지 않습니다. 하물며 유관은 나랏일에 온 마음을 다했고, 유인숙은 선善을 숭상하며 선비들을 아꼈으니, 이들의 충심에 어찌 털끝만큼의 의심이라도 품을 수 있겠습니까?

세 사람이 이미 죽어 더 이상 추궁하거나 심문할 수 없게 되자, 임백령은 윤임의 사위 이덕응이 경박하고 겁이 많아 위세로 억누를 수 있다는 점을 이용했습니다. 그는 온갖 감언이설과 협박을 동원해 목숨만은 살려주겠다고 약속했습니다. 어리석고 망령된 이덕응은 구차하게 살아남으려 앞뒤가 맞지 않는 말을 멋대로 내뱉었습니다. 그러자 간신들은 그 말 중에서 조금이라도 불충한 대목을 억지로 끌어모아 반역죄로 다스리기로 결정했습니다. 결국 한 사람의 허무맹랑한 자백만으로 그토록 큰 옥사가 벌어진 것입니다.

만약 세 사람의 죄가 정말로 반역이었다면, 마땅히 국문하고 심문하여 실제 죄상을 명확히 밝힌 뒤 법에 따라 처벌했어야 합니다. 그랬다면 그 누가 그 처벌을 부당하다고 말했겠습니까? 그러나 이번 일은 전혀 달랐습니다. 처음에는 파직이나 전보 조치를 내리더니, 다음에는 먼 곳으로 귀양을 보냈고, 종당에는 사약을 내리거나 목을 베어 효수하고 삼족까지 멸했습니다. 이 모든 과정에서 실체적 진실은 따지지 않았고 자백도 받지 않았습니다. 예로부터 반역자를 잡아 처벌하는 과정이 이토록 우회적이고 불분명한 예는 들어본 적이 없습니다.

계림군 이류李瑠가 심문을 받을 때는 혹독한 고문이 극도에 달해 차마 눈 뜨고 볼 수 없을 만큼 참혹했습니다. 이류는 고통을 이기지 못해 빨리 죽기만을 바라며 거짓 자백이라도 하려 했으나, 마땅한 말을 찾지 못했습니다. 결국 심문하던 관리가 일러주는 대로 말한 뒤에야 겨우 진술을 받아낼 수 있었습니다. 봉성군 이완의 죽음은 김명윤의 간악한 모함에서 비롯되었고, 양재역 벽서의 화는 정언각의 독살스러운 손길에서 시작되었습니다. 충주 옥사 또한 형제간의 내분에서 시작된 것을 원흉들이 교묘하게 법망으로 얽어 넣은 결과입니다. 이처럼 어지럽게 거짓 고변을 일삼는 자들이 그 수를 헤아릴 수 없을 정도였습니다.

이는 간신들이 임금을 속이고 진실을 은폐하며, 충직하고 현명한 이들을 억지로 죄인으로 몰아넣었기 때문입니다. 이로 인한 원한과 분노가 하늘에 사무쳐 온 나라 백성 중 이를 모르는 이가 없게 되었습니다. 원흉들은 자신들의 간악한 실체가 드러날까 두려운 나머지 잔인한 숙청으로 백성들을 굴복시키려 했습니다. 또한 공로와 이익에 눈이 먼 무리가 그들에게 아부하며 터무니없는 음모를 꾸며냈습니다. 이 때문에 거짓 고변이 끊이지 않았고, 결국 나라를 짊어질 훌륭한 인재들은 씨가 마르고 말았습니다. 만약 그들이 정말로 반역을 꾀한 신하들이었다면, 처형된 뒤에 모든 사람이 그들을 함께 미워했을 것이며 민심 또한 진정되었을 것입니다. 그런데 어찌하여 올바른 여론은 날이 갈수록 거세지고 사람들은 처벌에 승복하지 않았습니까?

결국 대대적인 처형과 살육을 자행하고 선비들을 무참히 죽이고 나서야, 수많은 사람의 입을 강제로 틀어막아 겨우 침묵하게 만들 수 있었던 것 아닙니까? 무릇 명종 대왕께서는 성품이 공손하고 검소하셨으며 선비를 아끼시는 등 덕망이 높으셨습니다. 그럼에도 20여년의 재위 동안 하늘의 뜻이 평안치 못하여 재변이 끊이지 않았습니다. 극심한 가뭄과 장마, 전염병이 창궐했고 일식과 월식, 괴이한 별자리의 움직임이 자주 나타났습니다. 때아닌 강풍과 우박이 몰아치고 겨울에 꽃이 피거나 산봉우리가 무너지는 일도 허다했습니다. 무지개와 안개, 지진 같은 변괴와 기이한 초목·곤충의 출현이 역사책에 쉴 새 없이 기록되었습니다. 전하의 시대에 이르러서는 이러한 변괴가 더욱 심해져 평온한 날이 거의 없을 정도입니다. 이것은 누가 그렇게 만든 것이겠습니까? 어찌 풀리지 않은 큰 원한이 나라의 화평한 기운을 해치고 재앙을 불러들여 이토록 극단적인 상황에 이른 것이 아니겠습니까?

명종 말년에 이르러 하늘이 임금의 마음을 움직여 스스로 경계하며 깨닫게 하셨고, 이에 따라 억울한 원한을 풀어줄 실마리가 서서히 마련되었습니다. 그러나 명종께서 갑자기 승하하시는 바람에 그 거룩한 뜻을 끝내 이루지 못하셨습니다. 이후 대비께서 수렴청정을 하실 때도 선왕의 유지를 잘 받드니, 백성들은 모두 목을 길게 빼고 기다리며 다시금 밝은 해가 세상을 비추듯 정의가 실현되기를 바랐습니다. 하지만 내리려던 은혜가 도중에 멈추고 말았으니, 이 역시 시운이 맞지 않았기 때문일 뿐입니다. 지금 온 나라 백성들은 한목소리로 충직하고 어진 이들의 억울함을 씻어주고, 간사하고 흉악한 무리를 엄단해야 한다고 외치고 있습니다. 이야말로 무고를 가려내고 간신들을 처벌할 수 있는 일생일대의 기회가 아니겠습니까?

명종께서 말년에 깨달으신 뜻은 해와 별처럼 명백하며, 문정왕후께서 수렴청정하며 원한을 풀고자 베푸신 은혜는 봄날의 햇살처럼 따뜻했습니다. 지금 전하께서 하실 일은 오직 선왕의 뜻을 계승하고 대비의 마음을 받들어 그 일을 완수하는 것뿐입니다. 도대체 무엇이 불분명하여 결단을 내리지 못하고 지금까지 지체하고 계신 것입니까? 아, 조정의 노련하고 덕망 높은 재상들 가운데 그 누가 선왕의 수족 같은 신하가 아니었겠습니까? 밤낮으로 국정에 전념하는 어진 관리들 중 그 누가 선왕의 충직한 신하가 아니었겠습니까? 선왕께서는 인자함이 깊고 은혜가 두터워 신하와 백성 모두가 부모처럼 믿고 따랐습니다. 갑작스러운 승하에 통곡하며 슬퍼한 것이 엊그제 같고 묘역의 풀잎에 맺힌 눈물 자국이 채 마르기도 전입니다.

만약 을사사화로 목숨을 잃은 이들에게 단 한점의 의심스러운 행적이라도 있었다면, 어찌 이 시점에 이토록 간절하게 그들의 원한을 풀어주려 애쓰겠습니까? 신하 된 자로서 영원히 잊지 못할 선왕을 등지고, 반역자의 썩은 뼈를 옹호하려 든다는 것이 세상 이치에 맞는 일이겠습니까? 만약 전하께서 끝내 이들의 명예를 회복시켜주지 않으신다면, 이는 을사사화의 희생자들을 여전히 반역자로 간주하시는 셈입니다. 그들이 정말 반역자라면, 그들의 무죄를 주장하는 오늘날의 모든 신료 또한 반역에 가담했다는 오명을 쓰게 될 것이며, 온 나라 백성 중 역적이 아닌 자가 없게 될 것입니다. 이 어찌 가슴 아프고 괴로운 일이 아니겠습니까? 저희가 깊은 한숨과 눈물을 참지 못하고 연이어 통곡하는 까닭이 바로 여기에 있습니다.

지금 공론은 꽉 막히고 인심은 끓는 물처럼 흉흉하여 도무지 안정을 찾지 못하고 있습니다. 작금의 형세로 보건대, 무고한 이들의 원한을 풀어주고 거짓된 공훈을 모두 박탈하지 않는다면 백성의 분노를 달래거나 조정의 기강을 바로잡을 길은 영영 없을 것입니다. 이대로 시비가 분명히 가려지지 않고 화복이 갈피를 잡지 못한 채 이어진다면, 국가의 존망 또한 예측할 수 없게 될 것입니다. 아, 간사하고 흉악한 무리가 사림을 위협하며 수시로 재앙을 일으켜온 지 이미 오래되었습니다. 사정이 이렇다 보니 거짓된 공훈을 깎아야 한다는 말은 누구도 감히 입 밖으로 내지 못했습니다. 이는 오랫동안 쌓인 공포에 짓눌려 모두가 넋을 잃고 겁에 질려 있었기 때문이 아니겠습니까? 대신들은 벼르기만 할 뿐 끝내 말을 꺼내지 못했고, 사헌부와 사간원은 문제를 제기하긴 했으나 그 진상을 명백히 밝히지는 못했습니다. 저희 또한 외람되이 논의하고 숙고하는 직책을 맡고서도 그간 우물쭈물하며 제 역할을 다하지 못하다가 이제야 비로소 아뢰게 되었으니 저희의 죄가 실로 큽니다.

바라건대 전하께서는 깊이 숙고하시어 결단을 내려주십시오. 먼저 진실을 제때 고하지 못한 신하들의 죄를 꾸짖으신 뒤, 명예 회복을 승인한다는 교지를 내려 널리 선포해주십시오. 을사사화 이후 억울하게 화를 당한 이들의 관직을 회복시키고 몰수된 재산을 돌려주시는 한편, 간사하고 흉악한 무리의 관작은 박탈하고 가짜 공훈을 깎아 내어 종묘사직에 고함으로써 나라의 기틀을 새롭게 하십시오. 위로는 선왕께서 이루지 못한 뜻을 계승하고, 아래로는 제현들의 사무친 원한을 씻어주십시오. 그리하여 온 나라 백성이 '반역의 무리'라는 오명에서 벗어나게 하신다면, 이는 국가와 백성 모두에게 더할 나위 없는 다행함이 될 것입니다.

을사위훈 삭제: 정치를 함에 있어 명분을 바로잡지 못한다면, 아무리 훌륭한 법과 아름다운 명령도 지극한 다스림이 아닙니다: 「옥당[弘文館]에서 을사년 위훈을 논함, 제41차」 경오(1570)[4]

생각건대 임금이 다스림에 있어 가장 시급한 일은 사물의 이치를 명확히 밝히는 것입니다. 이치가 제대로 밝혀지면 옳고 그름과 좋고 싫음이 제자리를 찾아, 마치 등불이 어둠을 비추고 저울이 무게를 다는 것처럼 공정해질 것입니다. 반면 이치가 불분명하면 그릇된 것을 옳다 하고 옳은 것을 그르다 하며, 좋아함과 미워함이 선악의 기준을 잃게 됩니다. 결국 위태로움과 재난을 대수롭지 않게 여기고, 망조가 드는 길을 즐거워하는 지경에 이르고 말 것입니다. 이치를 밝힌 뒤에는 그에 따른 결단을 내리는 것이 무

---

4   「옥당논을사위훈차제사십일(玉堂論乙巳僞勳箚第四十一)」, 1570년(선조 3, 35세) 7월 추정, 『율곡전서』 권4.

엇보다 중요합니다. 만약 무엇이 옳은지 알면서도 이를 받들지 않고, 무엇이 그른지 알면서도 이를 멀리하지 않는다면 이치를 밝히는 일은 아무런 의미가 없습니다. 지금 을사년의 일은 전적으로 간악한 자들의 흉계에서 비롯되었으나, 도리어 선왕의 오점으로 남고 말았습니다. (…)

지금 전하께서는 친인척들이 법규를 어기며 함부로 호소해도 시비도 가리지 않은 채 그 청을 들어주고 계시며, 궁궐 노비들이 규정에 어긋나는 요구를 해도 그들의 직분을 선뜻 회복시켜주고 계십니다. 그러나 정작 종묘 사직의 앞날이 걸린 중대한 사안에 대해서는 시기를 늦추며 민심을 거스르고 계십니다. 이는 전하께서 국가의 안위보다 사사로운 친척이나 노비들을 더 아끼시는 꼴이 되고 말았으니, 이 어찌 참담하고 애석한 일이 아니겠습니까? 아, 전대의 오점을 씻어내지 못한다면, 비록 절기마다 정성껏 제사를 지내고 몸가짐을 엄격히 다스린들 그것을 진정한 효도라 할 수 있겠습니까? 정치를 함에 있어 명분을 바로잡지 못한다면, 아무리 훌륭한 법과 아름다운 명령을 매일 내린다 하더라도 그것은 모두 지극한 다스림이 아닌 것입니다.

바라건대, 전하께서는 사물의 근원을 탐구하여 이치를 명확히 밝히시고, 그 지혜를 바탕으로 과감한 결단을 내리십시오. 그리하여 옳고 그름과 좋고 싫음의 기준이 모두 올바른 도리에 부합하게 하신다면 더할 나위 없는 다행이겠습니다.

경연經筵

시대정신, 시대마다 각각 그 숭상하는 바가 따로 있으니, 인군은 마땅히 일대가 숭상하는 것이 어떤 것인가를 관찰하여 숭상하는 것이 바르지 못하면 그 폐단을 바로잡아야 합니다: 「경연일기」 기사(1569)[5]

1569년 8월 정사일(16일).

이이가 경연에서 『맹자』를 진강進講하면서 본문에 임하여 아뢰었다. "시대마다 각각 그 숭상하는 바가 따로 있습니다. 전국시대에 숭상한 것은 부국강병과 싸워 이기고 쳐서 뺏는 것이었으며, '서한西漢의 순후淳厚'와 '동한東漢의 절의節義'와 '서진西晉의 청담淸淡'이 모두 한 시대에 숭상하던 바였으므로 인군人君은 마땅히 한 시대가 숭상하는 것이 어떤 것인가를 관찰하여 숭상하는 것이 바르지 못하면 그 폐단을 바로잡아야 합니다. 지금은 권간權奸들이 억압하던 뒤라 사습士習이 시들고 해이하여 단지 녹이나 먹고 제 몸이나 살찌울 뿐, 임금에게 충성하고 나랏일을 걱정하는 마음은 조금도 없습니다. 비록 한두 사람 뜻을 가진 이가 있다 하더라도 다 유속流俗에 구속되어 감히 기운을 내어 국세國勢를 진작시키지 못하고 있습니다.

세속의 숭상이 이와 같으니, 전하께서 보람 있는 일을 하실 뜻을 크게 분발하여 사기士氣를 진작시키십시오. 그래야만 세도世道가 가히 변할 것입니다. 옛날 맹자는 필부匹夫의 힘으로 단지 말로써 사람을 가르쳐 능히 사설邪說을 없애고 정로正路를 열어 우임금과 같은 공을 이룩했는데, 더구나 인군은 세상을 다스릴 책임을 맡았습니다. 능히 사도斯道로서 백성을 가르치면 비단 후세에 교훈을 드리우게 될 뿐 아니라 당대에 교화를 일으킬 수 있으니, 그 공이 어찌 맹자 정도뿐이겠습니까? 지금 인심의 침체됨이 홍수의 재앙과 양주楊朱·묵적墨翟의 해보다 더욱 심하니, 다만 전하께서 마음에 깨달으신 바를 실천하고 세상에 교화를 펴 군사君師로서의 책임을 다하시길 바랄 뿐입니다."

진강이 끝난 뒤에 이이가 다시 나아가 아뢰었다. "인군이 세상을 다스리려 하지 않는다면 모르지만 다스리고자 한다면 반드시 먼저 학문에 힘써

야 할 것입니다. 이른바 학문이란 경연에 부지런히 거동하여 옛날 전적을 많이 읽는 것만이 아니라 반드시 격물치지格物致知와 성의정심誠意正心의 공부를 게을리하지 않아 그 실효가 있은 뒤에라야 학문이라 할 수 있는 것입니다. 필부가 집에 들어앉아 있으면 비록 학문의 공력이 있더라도 그 실효가 세상에 드러나지 아니하지만, 임금은 그렇지 않습니다. 마음과 뜻에 함축된 것이 밖으로 드러나 정사政事가 되기 때문에 그 실효를 쉬 볼 수 있는 것입니다. 지금 민생이 곤란하고 풍속이 박하며, 기강은 땅에 떨어지고 사습土習이 바르지 못합니다. 전하께서 즉위하신 지 수 년이 되었으나 치국의 실효를 아직 보지 못하고 있으니, 아마 전하의 격물치지와 성의정심의 공력이 지극하지 못하신가 합니다.

바라건대, 전하께서 일하실 뜻을 크게 분발하여 도학道學에 마음을 두고 선정善政을 강구하여 신하들과 백성들로 하여금 임금께서 장차 삼대三代의 도道를 일으키리라는 것을 분명히 알게 하십시오. 그 뒤에 모든 신하가 선악을 관찰하여 나랏일에 충실하고 임금을 사랑하는 이들을 가리어 함께 일하고, 변변치 못하여 아무 뜻이 없고 먹을 것이나 구하는 자들이 염치없이 높은 자리에 있지 못하게 하십시오. 행동거지가 적절하고 사람과 직위가 부합되면 경세제민할 선비가 반드시 나타나 세상에 쓰여 나랏일이 잘 되어나갈 것입니다. 전하께서 진실로 치세治世에 성심을 두신다면, 비록 범상한 사람의 말이라도 성스러운 덕에 유익함이 있을 것이요, 만일 전하께서 그럭저럭 지내시며 형식만 갖추기를 일삼는다면, 비록 공자·맹자가 늘 좌우에 있어 날마다 도리를 말하더라도 무슨 소용이 있겠습니까?"

영의정 이준경李浚慶이 나아가 말하였다. "조정에서는 체통을 지키는 것이 옳은데, 일전에 승지承旨가 면대를 청한 것은 근래의 규칙이 아니라 체통에 손상될까 염려됩니다. 가령 면대해야 할 일이 있었다 하더라도 대간과 옥당이 있는데 어찌 승지가 면대를 청할 필요가 있습니까?"

이이가 말하였다. "이 말은 옳지 않습니다. 단지 그 말하는 내용 여하에 따라 달려 있을 뿐입니다. 만일 말이 옳다면 체통에 무슨 방해가 되겠습니까? 승지 역시 경연에 참여하는 관직이므로 면대를 청하여 말씀드리는 것도 그 직책입니다. 준경의 말은 너무 고집스런 것입니다. 지금 선정이 시행되지 않고 온갖 법도가 해이해져 있으니, 만일 분연히 진작振作하여 일대一代의 법도를 새롭게 하지 않고 단지 상례常例에 얽매여 전체만 지킨다면, 어떻게 적폐積弊를 제거하고 훌륭한 일을 할 수 있겠습니까? 대신이 임금을 도道에 인도하지 못하고 오로지 근래의 규례만을 지키려 하고 있으니, 이는 아랫사람들이 바라는 바가 아닙니다."

상은 신하들의 말에 일체 답하지 않았다.

지금은 중쇠기, 신에게 폐정 개혁을 위한 망령된 계책이 있으니, 청하건대 대신에게 상의토록 하시어 경제사를 설치하십시오: 「경연일기」 3 신사(1581)[6]

1581년 10월. 병오일丙午日(16일)에 주상이 천재天災로 인하여 공경公卿에게 두루 물었는데, 입시한 이는 영상 박순朴淳, 병조판서 유전柳㙉, 형조판서 강섬姜暹, 한성부윤 임열任說, 좌찬성 심수경沈守慶, 우찬성 이문형李文馨, 공조판서 황임黃琳, 예조판서 이양원李陽元, 이조판서 정지연鄭芝衍, 호조판서 이이李珥, 도승지 이우직李友直, 대사헌 구봉령具鳳齡, 부제학 유성룡柳成龍이었다. 신하들이 좌정하자 주상은 좌우를 돌아보면서 말하였다. "천변天變이 비상하니 어떻게 대처해야 하겠는가?"

좌우에서 차례대로 품은 바를 진술하였는데, 다 좀스러워서 취할 것이 없었고, 오직 이이와 유성룡의 아뢴 것이 정치하는 대체大體를 말하였다.

이이가 말하였다. "하늘의 도리는 깊고 멀어서 진실로 헤아리기 어려우

---

6   「경연일기 3」, 1581년(선조 14, 46세) 10월 16일, 『율곡전서』 권28.

나 다만 옛 역사를 살펴보면, 치란治亂의 형세가 이미 결정되어버리면 별다른 재이災異가 없습니다. 재이는 반드시 다스림[治]과 난세[亂]가 오려 할 즈음에 일어나기 때문에, 비록 어진 임금이라도 역시 재이를 피하지 못하는 것입니다. 만약 재이로 인하여 마음을 가다듬고 조심하여 반성한다면 재변은 도리어 상서로움으로 변하는 것이니, 대개 하늘의 마음[天心]이 임금을 사랑하여[仁愛] 임금이 깨우치고 반성하여 치세治世(태평성대)를 일으키게 하고자 한 것입니다.

만일 재이에 대처할 때 진실로 하지 않으면 나라는 이로 인해 어지러워지고 망하는 것이니, 이는 역사서에서 자주 볼 수 있습니다. 예로부터 나라를 세운 지가 오래되면 점점 법제法制의 폐단이 생기고 인심이 해이해지기 마련입니다. 반드시 어진 임금이 일어나서 타락한 것을 말끔히 씻어내고 그 정치를 고쳐야만 국세가 떨쳐 국운이 새로워지는 것입니다. 그렇지 않으면 퇴락하여 구제할 수 없는 지경까지 이르게 되니, 그 형상은 흔히 볼 수 있습니다. 우리나라는 건국한 지 거의 2백년이라, 이는 중쇠中衰의 시기입니다. 권간權奸들이 정치를 어지럽히는 화를 많이 겪었고, 오늘날에 이르러서는 노인이 기력이 다 떨어져 다시 떨치지 못하는 것과 같습니다. (…)

전하께서는 재변을 당하실 때마다 반드시 정신을 가다듬어 상례(관례)만 따르려는 생각에 얽매이지 마십시오. 공로가 조상들을 빛내고 업적이 후손들에게 전해질 것을 생각하신다면 심히 다행이겠습니다. 폐단을 개혁하는 한가지에 있어서는, 대개 경연관이 아뢴 바는 처음부터 심사숙고하여 건의한 것이 아니고 우연히 진달한 것입니다. 비록 채택되거나 시행되더라도 실효가 없어서 주상께서는 더욱 정치를 함께 해나갈 사람이 없다고 생각하실 것입니다. 이것은 참으로 그러합니다만, 신에게 망령된 계책이 있습니다. 청하건대 대신에게 상의토록 하시어 '경제사經濟司'를 설치하십시오.

경제사는 대신이 총괄하게 하고 사류士類 중 시무時務에 밝고 국사에 뜻을 둔 이를 뽑아 구성하십시오. 모든 건의하는 말이 있으면 경제사에 내려 보내 시행 여부를 상의해서 폐정弊政을 개혁하게 하면 재앙을 내리는 하늘의 마음을 돌릴 수 있을 것입니다. 지금 비록 공자나 맹자 같은 성인이 좌우에 있다 하더라도 실제로 시행하는 바 없으면 무슨 보탬이 되겠습니까? 경제사의 설치가 지금 당장에는 생소한 느낌이나, 이렇게 하지 않으면 국사를 해볼 수가 없어서 점점 나락으로 떨어질 것입니다."

주상이 말하였다. "경제사를 설치한다면 뒤에 반드시 훗날 폐단이 생길 것이다. 우리나라에서 모든 정사를 육조六曹가 분장한 것은 뜻이 있는 것이다."

대사헌 구봉령이 나와서 유생들이 글은 읽지 않고 빈말만 숭상하는 폐단을 아뢰자, 이이가 덧붙여 아뢰었다. "유생의 폐단은 유생에게 책임을 물어야 할 것이지 위에 아뢸 일은 아닙니다. 다만 주상께서 벌써 이 폐단을 알고 계시니 마땅히 교화할 방책을 생각하시어 그 사표師表에 합당한 사람을 가려 위임하는 것이 옳습니다. 지금 교화를 밝히시려면 반드시 선현을 높이 기리고 장려하여 후학들이 모범으로 해야 할 것인데, 주상께서는 매양 이 일을 어렵게 여기십니다. 근일 어진 이를 모두 다 문묘에 배향〔祀典〕할 수 없겠으나, 조광조趙光祖는 도학을 널리 밝힌 공이 있고〔倡明〕, 이황李滉은 학문의 이치理致에 침잠하여 성취하였으니, 이 두분은 문묘에 종사從祀한다면, 많은 선비가 선善을 향하는 마음을 일으키기에 충분할 것입니다."

주상이 말하였다. "그 일은 할 수 없다."

신하들이 말씀을 마치고 나자, 임금은 박순朴淳에게 이렇게 말했다. "여러 신하가 한 말 가운데 어떤 것이 시행할 만한가?"

박순이 차례로 변별하여 설명한 후에 대답하였다. "경제사의 일은 구체적인 조건을 갖추어 아뢰지 않았기 때문에 주상께서 어렵다고 하셨으니, 마땅히 이이를 다시 불러 물어보십시오."

이이가 앞으로 나아가 아뢰었다. "소신이 갑작스럽게 그 말씀을 올리느라 상세히 설명을 다 하지 못했습니다. 지금 쌓인 폐단이 심각하여 임금의 은택이 아래로 흐르지 못하고 있습니다. 반드시 시무時務에 뜻을 둔 사람을 얻어 한자리에 모이게 해서 서로 방책을 강구하게 하여 시폐時弊를 개혁함이 옳을 것입니다. 폐단만 다 개혁되면 경제사는 다시 해산해도 될 것이니, 상설常設하여 오래 두자는 것이 아닙니다."

주상이 말하였다. "내 생각으로는 그것이 현실과는 맞지 않는다고 여겨지거니와, 또 누구에게 맡기자는 말인가? 지난날 설치했던 정공도감正供都監 또한 폐단이 있었으니, 이것이라고 어찌 폐단이 없다고 보증하겠는가?"

박순이 아뢰었다. "각 관청의 관원이 각각 그 부서에서 사무와 물자를 관리하게 한다면 폐단이 없을 것입니다."

이이가 아뢰었다. "송나라 때 정명도程明道가 존현당尊賢黨의 설치를 청하였던 사례가 있으니, 옛사람 또한 이런 논의가 있었습니다."

구언求言

전하께서는 이것이 번거로운 글이라 싫어하지 마시고, 비위에 거슬린다고 하여 노여워 마시며, 밝게 살펴주십시오: 「만언봉사」 갑술(1574)[7]

임금님께선 다음과 같이 말씀하셨습니다. "하늘이란 것은 이理와 기氣일 따름이다. 이理에는 현저한 것과 은미한 것의 구별이 없고, 기氣에는 유통流通하는 원리가 있는 것이어서, 사람의 일에 올바로 된 것과 그릇된 것

---

[7] 「만언봉사(萬言封事)」, 1574년(선조 7, 39세) 1월, 『율곡전서』 권5. 「만언봉사」는 한자로 12,300여자에 달하는 장문의 상소다. 여기서는 상소의 앞부분만 실었다.

이 있으면 재앙과 상서祥瑞가 각각 그 종류를 따라 상응相應하게 되는 것이다. 그러므로 국가가 장차 흥성하려면 반드시 상서로운 일이 있어서 그것을 알려주고, 국가가 장차 망하려면 반드시 요사스런 일이 있어서 그것을 고하여준다. 아래에서 정치를 잘못하면 위에서 꾸지람이 나타나게 되는 것이다. 대체로 선한 자에게는 복을 주고 악한 자에게는 화를 내리는 것은 천도天道의 원칙인데, 모두가 임금을 인애仁愛하고 국가를 안녕케 해주려는 때문인 것이다.

하느님께서 돌보아주시는 뜻 또한 지극하다고 할 것이다. 하늘의 밝은 명을 받아 임금이 그 자리에 있게 된 것이라면, 어찌 공경히 부지런하고 두려운 듯이 힘씀으로써 하느님의 인애해주시는 마음에 보답하지 않을 수가 있겠는가? 나는 덕이 적고 우매하여 대도大道에 어두워, 왕족으로 숨어 살면서 한평생을 그렇게 마치려 하였으나, 불행히도 외람되이 선왕先王의 유탁遺託을 받들게 되고 신하들과 백성들의 추대에 못 이기게 되었다. 본시부터 부귀한 사람의 걱정은 빈천한 사람의 안락함만 못한 것이고, 말세末世의 다스리기 어려움은 바다를 건너뛰는 것처럼 쉽지 않은 일임을 잘 알고 있었기 때문에, 임금의 자리를 사양하려고는 하였지만 그렇게 될 수 있는 일이겠는가?

불민不敏한 자질을 가지고 어렵고 큰 기업基業을 지키게 되니, 짊어진 짐이 너무 무겁거니와 하는 일도 모두 어긋나게 되었다. 이에 나는 하늘과 백성에게 죄를 짓게 될지도 모르겠다 하여, 조심조심 두려운 듯 마치 깊은 물가에 서거나 얇은 얼음판을 밟고 지나가듯, 걱정하며 애써오기 7년 동안 감히 안락하게 지내려고 생각도 못 했다. 그러나 한치의 효과도 나타내지 못하고 여러 가지 괴변만이 잇달아 일어나고 있다. 요사스런 별이 1년이 지나도록 없어지지 않고, 샛별이 대낮에 반짝이기도 하며, 때아닌 우뢰가 일어나고 지진도 여러 번 일어나고 있다. 이것은 덕을 닦기에 힘쓰지 않았던 때문이니, 어찌 마음에 부끄러움이 없겠는가?

무너져 내릴 듯한 뜻이 더욱 깊어 멸망의 재액이나 면하기를 바라고 있는데, 하늘은 노여우심으로 더욱 꾸짖으시어 변괴가 드러남이 더욱 심해졌다. 바로 전달에는 서울에서 흰 무지개(白虹)가 해를 꿰뚫어 요사스런 기운이 햇빛을 압박하였다. 해란 모든 양기陽氣의 조종祖宗이며 임금의 표징인데 바로 간사한 기운에 침범을 당하였으니, 마음의 놀랍고도 아픔이 용납될 길이 없을 것만 같다. 옛날에 태무太戊(상商나라 7대 임금) 임금께서 덕을 닦자 요상한 뽕나무가 스스로 없어졌고, 송宋나라 경공景公은 선한 말을 하여 화성火星(병란의 징조)을 제자리로 물러나게 하였다고 한다. 사람들의 훌륭한 의론을 널리 받아들이면 재난을 돌리어 상서로운 일로 만들 수 있을 듯하다. (…)

그리하여 여러 의견을 듣고자 하는 교지教旨를 여러 번 내렸으나 소장疏章이 올라왔다는 말이 들리지 않고 있다. 이 어찌 나의 말에 거짓이 있고 의견을 듣고자 하는 성의가 드러나지 않는다고 여기어 우물쭈물하고 두려워하며 의심하기 때문에 그렇게 되는 것이 아니겠는가? 그러므로 수교手教를 내리어 의견 듣기 바라기를 목마른 자가 물 구하듯 하고 있으니, 이제 그대들 대소大小 신하들은 위로는 조정의 대관들로부터 아래로는 초야草野의 인사들에 이르기까지 마음과 성의를 다하여 모두 말하고 숨기지 말아달라. 말이 비록 옳지 않다 하더라도 또한 죄를 주지 않을 것이다. 그대들 조정 각료들은 나의 지극한 속마음을 체득하여 안팎으로 포고함으로써 모두가 이를 알아듣도록 하여달라."

(…) 신은 이제 한가지 터득한 속마음을 다 털어놓음으로써, 먼저 오랜 고질이 된 폐해에 대하여 진술하고, 다음엔 이를 구제할 방책을 아뢰겠습니다.[8] 바라건대, 전하께서는 마음을 너그러이 하시고 기분을 평이하게 지

니시어, 이것이 번거로운 글이라 싫어하지 마시고, 이것이 비위에 거슬린다고 하여 노여워 마시며, 밝게 살펴주십시오.

이른바 때에 알맞게 한다는 것은 때에 따라 변통變通을 하고 법을 마련하여 백성을 구제하는 것을 말합니다. 정자程子께서 『역易』을 논하여 말하기를, "때를 알고 형세를 아는 것이 『역』을 배우는 큰 방도이다"라고 하였고, "때에 따라 변역變易하는 것이 바로 영원불변의 도道이다"라고 하였습니다. 대개 법이란 때에 따라 제정하는 것이니, 때가 바뀌면 법도 같지 않게 되는 것입니다. 전에 순舜임금이 요堯임금을 계승하였는데 마땅히 같지 않은 것이 없어야만 할 것인데도 9주州를 쪼개어 12주로 만들었고, 우禹임금이 순임금을 계승하였으니 마땅히 같지 않은 것이 없어야만 할 것인데도 12주를 개혁하여 9주로 만들었습니다. 이것은 어찌 성인들이 변혁變革을 일으키기를 좋아했기 때문이겠습니까?

다만 때에 따라 그러하였을 따름입니다. 그러므로 정자께서 말하기를 "요·순·우는 연이어 왕위를 계승하였기 때문에 그들의 문채文彩와 기상氣象 역시 자연히 조금씩 달랐던 것이다"라고 하였습니다. (…) 삼대 이후로는 폐단을 구제하였던 일도 본시 드물기도 하였거니와 또한 그 올바른 방도를 다하지도 못하였습니다. 대체로 때를 따라 변혁시킬 수 있는 것은 법령과 제도이며, 고금을 통하여 변혁해서는 안 되는 것은 왕도王道요, 인정仁政이며, 삼강三綱이며, 오상五常입니다. 후세에는 도리와 방법에 밝지 못하여, 변혁해서는 안 될 것을 때에 따라 개혁하고, 변혁해도 괜찮은 것은 때에 따라 굳게 지켰습니다. 이것이 잘 다스려지던 날은 언제나 적었고 어지러운 나날들이 언제나 많았던 까닭입니다.

또한 우리 조선으로 말씀드릴 것 같으면, 기자 팔조箕子八條(팔조법금)에 대하여는 문헌상 고증할 수가 없으며, 삼국三國이 정립鼎立 대치하여 어지러웠을 적에는 정교政敎에 관하여 알려진 것이 없고, 전 왕조 5백년은 비바람 치고 깜깜한 날씨 같은 시대였습니다. 우리 왕조에 이르러 태조께서 국운國運을 여셨고, 세종께서는 조종의 이루어놓으신 공적을 지키시며 처음으로『경제육전經濟六典』을 사용하셨으며, 성종 조에 이르러『대전大典』을 간행하셨고, 그 뒤로도 때때로 입법立法을 하여『속록續錄』이라 불렀습니다.

대체로 성군聖君께서 성군을 계승하셨으니 의당히 같지 않은 것이 없어야만 할 것인데도 혹은『경제육전』을 사용하기도 하고 혹은『대전』을 사용하기로 하였고 거기에 더 보태어『속록』이 나왔던 것은, 다만 때로 말미암아 그렇게 하였을 따름입니다. 그러한 시대에 있어서는 올바른 생각을 건의하여 새 제도를 만들어도 사람들이 괴이하게 여기지 아니하였고, 법령의 시행에 지체됨이 없어 백성들은 편히 쉬면서 살아갈 수가 있었습니다. 연산군은 정치를 어지럽게 하고 씀씀이가 사치스럽고 번거로워 조종祖宗의 공법貢法을 변혁시키어 나날이 백성을 짜서 임금에게 보탬이 되게 하는 것을 일삼았습니다. (…)

시험 삼아 오늘날의 정치에 대하여 말씀드릴 것 같으면, 공법貢法(조세제도)은 연산군 때에 백성을 학대하던 법을 그대로 지키고 있고, 관리의 임용은 권세 있는 간신들이 청탁을 앞세우던 습성을 그대로 따르고 있습니다. 문예文藝를 중시하고 덕행德行을 경시하여 덕행이 높은 이는 끝내 굽히어 작은 벼슬에 머물게 됩니다. 문벌(가문)을 중히 여기고 어진 인재를 가벼이 여기어 집안이 빈한한 자들은 그의 능력을 펴보지도 못합니다. 승지承旨가 들어가 임금님께 아뢰지 못하기 때문에 가까운 신하들은 소원해지고 환관宦官과 친근해지고, 시종侍從이 조정에 참여하지 못하기 때문에 유신儒臣은 가벼이 여겨지게 되고 속론俗論이 중시됩니다. 한 관직에 오래 있지 않고도 거듭 승진하여 출세하는 것을 영예로 여기고 있고, 직무를 분별하지 않고 오로지 일은 말단 관리에게 맡기는 것을 능사로 삼고 있습니다.

나쁜 습성과 그릇된 규칙은 낱낱이 아뢰기 어려운 정도인데, 그것들은 기묘사화 때 시작된 것이 아니면 반드시 을사사화 때 이루어진 것들입니다. 그러나 지금의 논자論者들은 조종의 법도인 것처럼 여기어 감히 개혁하자는 이론을 펴지 못하고 있는데, 이들이야말로 이른바 때에 알맞게 하는 것을 알지 못하는 자들입니다. 대체로 비록 성왕聖王이 법을 만들었다 하더라도 만약 현명한 자손이 없어 알맞는 변통變通을 하지 못한다면 마침내는 반드시 폐단이 생길 것입니다. 그러므로 주공周公은 위대한 성인聖人이지만 노魯나라를 다스렸으되 뒷날 쇠퇴해갈 형세를 떨치게 해놓을 수는 없었고, 태공太公은 위대한 현인이지만 제齊나라를 다스렸으되 뒷날 왕위를 찬탈하게 될 싹을 막아놓을 수는 없었던 것입니다.

만약 제나라와 노나라에 현명한 자손들이 나와 조종의 남긴 뜻을 잘 따르며 법에만 구애받지 않았던들 어찌 쇠란衰亂해지는 환난을 당하게 되었겠습니까? 우리나라 조종들께서도 입법을 하시던 당초에는 물론 극히 빈틈없었던 것이나, 200년이 지나는 동안 때로 바뀌고 일도 변화하여 폐단이 없지 않게 되었으니 잘 변통해야만 할 것입니다. 하물며 후일에 제정된 그릇된 법규야 마땅히 불을 끄고 물에 빠진 사람을 구해주듯 서둘러 개혁해야만 하지 않겠습니까? 전傳에 이르기를 "궁窮하면 변하게 되고, 변하게 되면 통通해진다"[9]고 하였으니, 바라옵건대 전하께서 유념하시어 변통하는 근거에 대하여 생각하여주십시오.

이른바 실질적인 공功이란 것은 일을 하는 데에 성의가 있고 헛된 말을 하지 않는다는 뜻입니다. 자사子思께서 말씀하시기를 "정성되지 않으면 사물事物도 없다"고 하였고, 맹자께서는 "지극한 정성에는 움직여지지 않는 것이 없다"[10]고 하였습니다. 진실로 실질적인 공功이 있다면 어찌 실질적인 효과가 없을 수 있겠습니까? 오늘날의 다스림이 효과를 얻지 못하고 있는 것은 실질적인 공이 없기 때문인데, 걱정해야 할 일이 일곱가지가 있습니다. 첫째로 걱정해야 할 것은 위아래 사람들이 서로 믿는 실상이 없다

---

9   『역경(易經)』「계사하(繫辭下)」.
10   『맹자』「이루상(離婁上)」.

는 것이요, 둘째로 걱정해야 할 것은 신하들이 일을 책임지려는 실상이 없다는 것이요, 셋째로 걱정해야 할 것은 경연이 아무 것도 성취하는 실상이 없다는 것이요, 넷째로 걱정해야 할 것은 현명한 사람을 초치招致하여 거두어 쓰는 실상이 없다는 것이요, 다섯째로 걱정해야 할 것은 재변을 당하여도 하늘의 뜻에 대응하는 실상이 없다는 것이요, 여섯째로 걱정해야 할 것은 여러 가지 정책에 백성을 구제하는 실상이 없다는 것이요, 일곱째로 걱정해야 할 것은 인심이 선善을 지향하는 실상이 없다는 것입니다.

향약鄕約

처음 입약할 때 서원에 모여서 예를 올리고, 모든 향약에 참여하는 사람은 한달 걸러 한번씩 서원에서 향약을 강론한다: 「해주향약」 정축 (1577)[11]

입약 범례立約凡例

1. 처음 향약을 설정할 때 약문을 동지에게 두루 보이고 그 조심操心 검신檢身·천선遷善·개과改過를 위하여 약계約契에 참여하기를 원하는 사람 약간명을 가려 서원에 모아놓고 약법約法을 의논하여 정한 다음 도약정都約正, 부약정副約正 및 직월直月(향약 일을 맡아보던 직책으로 오늘날의 간사幹事와 같음), 사화司貨를 선출한다.

1. 뭇사람들은 나이와 덕망, 그리고 학술이 있는 한 사람을 추대하여 도약정으로 삼고 학문과 덕행이 있는 사람 두명을 부약정으로 추대한다. 또

---

11   「해주향약(海州鄕約)」, 1577년(선조 10, 42세), 『율곡전서』 권16; 이외에도 이이의 향약 관련 저술에는 「파주향약서(坡州鄕約序)」(1560년, 25세), 「서원향약(西原鄕約)」(1570년, 35세) 등이 있다.

약중에서 돌아가며 직월, 사화를 맡는데, 직월은 반드시 노복이 있어 사령使令이 가능한 사람으로 삼고 사화는 반드시 서원 유생으로 삼는다. 도정·부정은 사고 없이는 갈지 않는다. 직월은 매 회합마다 번갈아서 갈며, 사화는 1년에 한번씩 간다.

1. 세가지의 장부를 두어 무릇 입약入約을 원하는 자를 하나의 장부에 적고, 덕업이 볼만한 자를 또 하나의 장부에 적고, 바로잡을 과실이 있는 자를 또 하나의 장부에 적어 직월이 관장하였다가 매번 모임에 약정에게 알려서 각각 그 차례를 매긴다.

1. 처음 입약할 때 서원에 모여서【예를 행하는 의식은 뒤에 보인다】선성先聖·선사先師의 지방紙榜을 설치하고 분향焚香 재배를 하고 나서 직월이 맹세를 고하는 글을 가지고【이 글은 미리 엮어서 동약인에게 두루 보인다】도약정의 왼쪽에 꿇어앉고 도약정 및 자리에 있는 자가 모두 꿇어앉으며 직월이 고문告文을 다 읽으면 약정【도약정은 말을 줄여 약정이라 일컫는데, 뒤에는 모두 이렇게 쓴다】및 자리에 있는 자가 모두 재배를 한다. 이를테면 추후로 약約에 참여하는 자일지라도 역시 회합 때에 선성·선사에게 예를 마치고 나서 초입자初入者는 양 계단 사이의 서쪽에 꿇어앉고 직월은 또 고문을 지니고【글은 역시 미리 엮는다】그 왼쪽에 꿇어앉아 읽는다.【약정 이하 및 자리에 앉아 있는 자는 꿇어앉지 않는다】읽기를 마치면 초입자는 재배를 한다.【그 밖의 자리에 앉는 자는 절하지 않는다】

1. 무릇 뒤를 따라 입약을 원하는 자에게는 반드시 미리 약문을 보여 몇 달 동안 헤아려보아 스스로의 판단에 반드시 처음부터 끝까지 힘써 행할 수 있다고 판단한 뒤에야 가입을 청하게 한다. 가입을 청하는 자는 반드시 단자單子를 갖추어 참여하기를 원하는 뜻을 개전하여 회합 시에 사람을 시켜 약정에게 올리며 약정은 뭇사람들에게 물어보아서 허락할 만하다고 한 뒤에야 답장을 띄워 다음 회합에 참여하도록 한다. 만약 서로 알되, 익히 알지 못하는 사람이거나 먼저 조심操心 검신檢身을 하지 않는 자가 입약을

원한다면 반드시 약문을 등사해 익히 읽어서 그 뜻을 해득하여 약문에 보인 대로 1, 2년 동안 몸을 다스려서 선을 행하고 허물을 고친 것을 여러 사람이 분명히 알 때까지 기다린 뒤에야 신청하게 한다.

1. 동약한 사람은 한달 건너 초하룻날마다 한번씩 모이니 곧 1월, 3월, 5월, 7월, 9월, 11월의 초하룻날이다. 초하룻날에 유고하면 기일을 미리 정하되 초순을 넘기지 않는 것이 좋다. 만약 약원이 먼 곳에 살면 한해에 한두번씩 모이고 만약 기타 경조慶弔의 모임이라면 임시로 날을 잡는다.

1. 무릇 집회할 때 병이 있어 참석하지 못한다면 반드시 사유를 갖추어 단자를 만들어 그날 이른 아침에 자제로 하여금【자제가 없으면 똑똑한 종을 시킨다】직월에게 올리게 하여 제위에게 돌려 보인다. 여기서 만약 고의적인 핑계로 빠진 것이 분명하면 약정에게 보고하여 규약을 범한 죄로 논하고, 만약 먼 곳에 사는 자라면 꼭 단자를 올리지 않아도 된다.

1. 무릇 선악의 장부는 모두 약約에 참여한 뒤부터 기록하고, 참약하기 전에는 비록 잘못이 있었더라도 모두 말소를 허락하고 다시 논하지 않으며, 반드시 예전의 일을 문제 삼지 않기로 한 뒤에야 비로소 장부에 기록한다. 악적惡籍은 허물을 고친 것을 분명히 안 뒤에야 집회 때에 모두 의논하여 지워버리고 선적善籍은 비록 허물이 있더라도 지우지 않으며, 반드시 부모에게 불효不孝하거나, 형제간에 우애하지 않거나 음간淫姦으로 금령禁令을 범하거나 장오臟汚(옳지 않게 재물을 취함)로 몸을 욕되게 하는 등 크게 윤리에 어긋나는 행위가 있은 뒤에야 선적에서 지우고 약에서 쫓아낸다.

1. 직월이 만약 동약에서 선악의 행위를 들으면, 세밀히 물어서 그 사실을 알아내어 자기 나름대로 장부에 기록해두었다가 모이는 날 뭇사람에게 보고한다. 만약 직월이 알고서 보고하지 않으면 약정·부정이 그 까닭을 힐책하고 약을 범한 죄로 논하며, 약원이 허물을 범하여 지워지지 않은 것이 세번이 되도록 끝내 고치지 않으면 여러 사람이 의논하여 약에서 쫓아내되, 약에서 축출된 자가 마음으로 뉘우치고 고치면 다시 들어오도록 허락

을 한다.【처음에 들어오는 예와 같다】

1. 처음 입약入約할 때 약에 참여한 사람은 각각 면포縣布 마포麻布 한필씩과 쌀 한말씩을 내어 사화에게 위탁하여 서원에 간직해두고, 근간謹幹(부지런)한 재직齋直을 선발하여 그 출납을 관장했다가 뒷날 경조 구휼救恤의 자원을 삼게 한다. 또한 매년 11월 회합 때에 동약은 각각 쌀 한말씩을 내어 사화司貨에게 맡기면 사화는 이를 감수하여 간직해두고 용도를 이어나가는데, 만약 쓰고 남으면 민간에게 꾸어주되 그 이식利息을 10분의 2를 받아서 마치 사창社倉의 법과 같이하고, 만약 쓰고 부족하면 도약과 모두 상의하여 적절하게 출자를 더하여 보충한다. 베〔布〕인 경우는 거두어들인 것을 이식을 놓지 말고 용도가 다하려 하면 또 각각 1필疋씩을 내어서 용도에 충당하는데, 만약 쌀의 저축이 점점 많아지면 베로 바꾸어서 저축할 수도 있으나, 만약 해가 오래되어 저축이 점점 여유 있게 되면, 물자를 거둘 일이 있을 때 동약에게 거두어들이지 아니하고 사화가 소장한 것으로 쓸 수도 있다. 추후로 약에 들어온 자도 처음에 세운 약예約例에 의거하여 쌀과 베를 내게 한다.

1. 무릇 경사스런 일에 기증할 일이 있으면 예의 크고 적음에 따라 예물의 다소를 정하는데, 많으면 면포 5필, 쌀 10말을 하고, 그다음은 면포 3필, 쌀 5말로 하며, 적으면 면포 1필, 쌀 3말로 한다. 이를테면 급제와 같은 경우가 대례大禮이고 진사 생원이 그다음이며, 그 밖에는 아들의 관례, 처음하는 벼슬, 승진하는 따위가 소례小禮이다. 만약 혼례인 경우에는 면포 3필, 쌀 5말로써 돕는다.

1. 무릇 상사에는 부의가 있고 일을 돕는 것이 있는데, 물건으로 부조할 때에는 만약 약원의 상喪이라면 초상에는 사화가 약정에게 고하며 마포 3필을 보내고 동약은 각각 쌀 5되 빈 가마니 3닢을 내어 치상治喪을 돕는다. 또한 제물을 보낼 때에는 사화가 소장한 면포 5필, 쌀 10말과 부장賻狀을 갖추어 함께 전한다. 장사를 지낼 때에는 각각 장노壯奴(건장한 종) 1명을

보내되 사흘 동안 먹을 식량을 싸가지고 가서 일을 돕게 한다. 만약 동약의 부모의 상이라면 초상에 마포 2필을 보내고 동약은 각각 쌀 3되, 빈 가마니 3닢씩을 내며 다음으로 면포 3필과 쌀 5말을 부조한다. 장례에 임해서는 각각 장노 1명을 보내되, 이틀 먹을 식량을 싸가지고 가서 일을 돕게 한다. 만약 처자의 상이라면【아들이 10세 미만이면 조문은 하되 부의는 하지 않는다】초상에는 마포麻布 1필을 보내고 동약은 각각 쌀 1되, 빈가마니 1닢씩을 내며, 다음으로 면포 1필, 쌀 3말을 부조한다. 장사를 지낼 때에는 각각 장노 1명을 보내되, 하루 먹을 양식을 싸가지고 가서 일을 돕게 한다.

1. 대개 실화失火로 그 집을 태운 경우에는 동약이 같이 의논하여 이엉 각각 세 사람씩, 재목은 각각 두개씩을 모으고 또 장정 한명씩을 보내는데, 3일 동안 먹을 식량을 싸가지고 가서 집 짓는 일을 돕게 한다. (…)

이 회문에는 비록 어른이라 하더라도 모두 서명한다. 만약 물품을 거두어야 하거나 그 수량이 정해지지 않은 것이라면 직월이 반드시 부정과 함께 약정의 집에 나아가 의론하여 그 수를 정한 뒤에 회문을 내야 한다. 약정 또한 스스로 정하기가 곤란하면 집회 때에 뭇사람에게 물어서 의논을 결정하되, 만약 일이 급한 것이라면 직월로 하여금 약중約中의 어른 다섯 명에게 품의한 다음 잘 참작하여 의론을 정하게 한다. 만약 일을 감독하려면 직원은 일하는 곳을 떠나지 아니하고 그 태만을 점검하되 나오지 않는 자는 장부에 기록한다. 무릇 공역을 도울 때도 역시 회문을 내되, 위의 예와 같이 하여 한때에 일을 돕게 할 것이며, 먼저 나오고 나중에 나오게 해서는 안 된다. 이 같은 일을 직월이 법대로 수행하지 못하면 부정이 바로잡고 부정이 바로잡지 못하면 또한 규약을 범한 것으로써 논죄해야 한다.

사람이 이 세상에 나서 학문에 의존하지 않고서는 올바른 사람이 될 수 없다: 「격몽요결·서문」 정축(1577) [12]

사람이 이 세상에 나서 학문에 의존하지 않고서는 올바른 사람이 될 수 없다. 이른바 학문이란 것은 역시 이상하거나 별다른 것이 아니다. 다만 아비가 되어서는 자애롭고, 자식이 되어서는 효도하고, 신하가 되어서는 충성하고, 부부간에는 분별이 있고, 형제간에는 우애롭고, 젊은이는 어른을 공경하고, 친구 간에는 신의를 두는 것으로 일용의 모든 일에 있어 그 일에 따라 각기 마땅하게 할 뿐이요, 현묘한 것에 마음을 두거나 기이한 것을 노리는 것이 아니다. 다만 학문하지 않은 사람은 마음이 막히고 식견이 좁게 마련이다. 그러므로 모름지기 글을 읽고 이치를 궁구하여 마땅히 향할 길을 밝힌 연후에야 조예가 올바르고 실천에 중도를 얻게 된다.

요즘 사람들은 학문이 일상생활에 있는 줄은 모르고 망령되이 높고 멀어 행하기 어려운 것으로 생각하는 까닭에 특별한 사람에게 미루고 자기는 자포자기한다. 이 어찌 불쌍한 일이 아니겠는가. 내가 해산海山(해주)의 남쪽에 거처를 정하자 한두 학도가 추종하여 학문을 청해 왔다. 내가 스승이 될 수 없는 것이 부끄러웠으나 또한 초학初學이 향방을 모를 뿐 아니라, 굳은 뜻이 없이 그저 아무렇게나 이것저것 배우면 피차에 도움이 없고 도리어 남의 조롱만 사게 될까 염려되었다. 이에 간략하게 한 책을 써서 대략 마음을 세우는 것, 몸가짐을 단속하는 일, 부모를 봉양하는 법, 남을 접대하는 방법을 서술하고 이를 『격몽요결』이라 이름해서 학도들로 하여금 이것을 보아 마음을 씻고 뜻을 세워 즉시 공부에 착수하게 하고, 나 역시 오

---

12 「격몽요결서(擊蒙要訣序)」, 1577년(선조 8, 42세) 12월, 『율곡전서』 권13.

랫동안 구습에 얽매어 괴로워하던 차에 이것으로 스스로 경계하고 반성하고자 하노라.

정축(1577) 늦겨울(12월) 덕수德水 이이 씀.

왕명제진, 습속을 일소하고 기풍을 변화시키기 위하여 선비를 가려 뽑고 가르치는 방법에 관한 실행 규약을 만들었다:『학교모범』임오 (1582)[13]

하늘이 뭇 백성을 내시니, 사물이 있으면 법칙도 있다.[14] 천부의 거룩한 덕을 타고나지 않은 이가 없지만, 사도師道가 끊어지고, 교화가 밝지 못한 까닭에 진작되지 못하였다. 그래서 선비들의 습속이 야박해지고 양심이 마비되었다. 다만 명예만을 숭상하고 실행에는 힘쓰지 않아 위로는 조정에 인재가 부족하여 벼슬에 빈자리가 많으며, 아래로는 풍속이 날로 퇴폐하고 윤리가 무너져 없어지고 있다. 생각이 여기에 이르니 참으로 한심한 노릇이다. 이에 지난날의 물든 습속을 일소하고 선비의 기풍을 크게 변화시켜보려고, '선비를 가려 뽑고 가르치는 방법'을 다하여서 성현의 가르침을 본받아『학교모범』을 짓는다. 여러 선비로 하여금 몸을 가다듬고 일을 처리해나가는 규범을 삼게 하는 바이다. 총 16조목으로 제자는 진실로 마땅히 지켜 행해야 하고, 스승은 이것으로써 먼저 제 몸을 바로잡아, 이끄는 도리를 다해야 한다.[15]

(1) 뜻을 세움이다〔一曰立志〕. 배우는 자는 먼저 뜻을 세워야 하고 도道를

---

13   『학교모범(學校模範)』, 1582년(선조 15, 47세) 4월,『율곡전서』권15;『국조보감(國朝寶鑑)』 권27,「선조조(宣祖朝)」4, "壬午十五年夏四月, 人提學李珥進學校模範".

14   『시경』「대아(大雅)·증민(烝民)」, "天生烝民, 有物有則".

15   여기에 적은 16개 조목은 실제 내용에서 첫머리만 간추린 것이다.

행하는 것으로 자신의 임무를 삼아야 한다.

(2) 몸을 단속함이다〔二曰檢身〕. 배우는 자가 한번 성인이 되겠다는 뜻을 세우고 나서는, 반드시 구습을 씻어버리고 오로지 배움을 향하여 몸가짐과 행동을 다잡아야 한다.

(3) 독서이다〔三曰讀書〕. 배우는 자가 선비의 행실로 몸가짐을 단속하고 나서는 반드시 독서와 강학講學으로 의리를 밝혀야 한다.

(4) 말을 삼감〔愼言〕이다〔四曰愼言〕. 배우는 자가 선비의 행실을 닦으려 하면 반드시 언어〔추기樞機〕를 삼가야 한다.

(5) 본마음을 간직함이다〔五曰存心〕. 배우는 자가 몸을 닦으려면 반드시 안으로 마음을 바로잡아, 외물外物에 유혹받지 않아야만 한다.

(6) 어버이를 섬김이다〔六曰事親〕. 선비의 온갖 행실 중에 효도하고 어른께 공경스럽게 순종하는 것을 근본으로 삼으니, 3천가지 죄목 중에 불효가 가장 큼을 말한다.

(7) 스승을 섬김이다〔七曰事師〕. 배우는 자가 성심으로 도에 뜻을 두었으면 반드시 먼저 스승을 섬기는 도리를 융숭히 하여야 한다.

(8) 벗을 가려서 사귐이다〔八曰擇友〕. 도를 이어받고 의혹을 푸는 것은 스승에게 있더라도, 서로 갈고 닦아 인仁을 돕는 것은 실로 벗에게 힘입어야 한다.

(9) 가정생활이다〔九曰居家〕. 배우는 자가 몸과 마음을 닦고 나서는 가정생활에서 윤리를 다해야 한다.

(10) 사람을 응접함이다〔十曰接人〕. 배우는 자가 가정을 바르게 한 뒤에 남을 대할 때도 한결같이 예로써 지켜야 한다.

(11) 과거에 응시함이다〔十一曰應擧〕. 과거는 비록 뜻있는 선비가 조급히 서두를 것은 아니나, 또한 근세에는 그것이 벼슬길에 나아가는 통규通規가 되었다.

(12) 의를 지킴이다〔十二曰守義〕. 배우는 자는 의義와 이利를 밝게 분별하

는 것보다 더 시급한 일이 없다.

(13) 충직한 기절을 숭상함이다(十三曰尚忠). 충후忠厚와 기절氣節은 서로 안팎이 되는 것이다.

(14) 공경을 돈독히 함이다(十四曰篤敬). 배우는 자가 덕에 나아가고 학업을 닦는 것은 오직 공경을 돈독히 하는 데 달렸다.

(15) 학교에 거처함이다(十五曰居學). 배우는 자가 학궁學宮에 머물 때에는 모든 행동거지를 일체 학령學令에 따라야 한다.

(16) 글 읽는 방법이다(十六曰讀法). 매월 초하루와 보름에는 여러 유생이 학당에 함께 모여 문묘文廟에 배알하고, 읍례揖禮를 마친 뒤 좌정하여 【스승이 있으면 북쪽에 앉고 여러 유생은 삼면에 앉는다】 장의掌議【유고 시에는 유사有司(실무 담당자) 또는 글 잘 읽는 자가 대신한다】가 소리 높여 「백록동규白鹿洞規」와 『학교모범學校模範』을 한번씩 읽는다. (…)

위의 16조목은 스승과 제자, 벗들 사이에 서로 권면하고 경계하여 힘써 명심하여야 한다. 유생 중에 본마음을 잘 간직하고 몸을 잘 단속하여 모범을 준수하며, 학문이 성취되어 뛰어나게 칭찬할 만한 자가 있을 것 같으면, 회의 때 모두에게 물어서 승낙을 얻은 뒤 선적善籍(선행한 행실을 적은 장부)에 기록한다. 그중에 더욱 남달리 뛰어난 자가 있으면 그 실상을 갖추어 사장師長에게 단자單子를 올려 권장의 뜻을 보인다.

반면 만일 유생 중에 학규를 준수하지 않은 채 학업에 뜻이 없고 독실치 못하여 놀기만 하며 세월을 보내는 자, 몸가짐을 삼가지 않고 놓아버린 본마음을 되찾지 못한 자, 행동이 장중하지 않고 언어가 진실하지 않은 자, 부모에게 효성을 다하지 않고 형제간에 우애가 없으며 가정의 법도가 난잡하여 질서가 없는 자, 스승을 존경하지 않으며 나이 많고 덕이 있는 사람을 업신여기고 예법을 경멸하는 자, 본처를 소박하고 음란한 창기娼妓에 빠져 사랑하는 자, 부질없이 권세가 있는 사람을 찾아가는 것을 좋아하고 염치를 돌아보지 않는 자, 함부로 사람답지 않은 자들을 사귀어 하류배에게 굽실대는 자, 술을 즐겨 방탕한 생활을 하고 주사에 빠지기를 낙으로 삼는 자, 소송하기를 좋아하여 그만둘 만한 일도 그만두지 않는 자, 재물의 이익을 좇아 남의 원망을 생각하지 않는 자, 어질고 재능 있는 이를 시기하고 선량한 이를 헐뜯는 자, 친척과 화목하지 않고 이웃과 불화하는 자, 제사에 근엄하지 않고 신명神明에게 태만한 자【일가의 제사뿐 아니라 학궁의 제사에 핑계 대고 참가하지 않는 것도 신명에게 태만한 것이다】, 혼인과 장례 때 돕지 않고 환난을 구제하지 않는 자, 지방에 있어서는 세금〔租賦〕 납부에 성의를 다하지 않고 고을 수령을 헐뜯는 자 등등의 잘못은 벗들이 보고 듣는 대로 서로 바로잡아주어야 한다.

그러나 고치지 않을 때는 장의掌議에게 고하여 유사有司가 모임에서 드러내어 꾸짖는다. 만약 그래도 고치지 않은 채 굳이 변명하고 복종하지 않으면, 작은 허물이면 출좌黜座(자리에서 내쫓음)를 하고, 큰 허물이면 사장에게 고하여 출재黜齋를 한 다음【출재란 학궁에 올 수 없게 하는 것이며 허물을 고친 뒤에는 다시 오게 한다】, 악적惡籍(악한 행실을 적은 장부)에 기록한다.【출재된 자만 악적에 기입한다】 출재된 뒤에 마음을 바꾸고 허물을 고쳐서 뚜렷이 선을 지향하는 자취가 있으면 다시 재에 들어오는 것을 허가하고【다시 입재할 때는 모두 모인 자리에서 대면하여 꾸짖는다】, 악적에 적은 이름을 지운다.

만일 끝내 허물을 뉘우치지 않고 나쁜 버릇만 더욱 키워 자기를 꾸짖는 이를 도리어 원망하면, 사장에게 고하여 그 이름을 명부에서 삭제〔削籍〕하고, 이어 서울과 지방의 학당에 통고한다.【제적된 자가 만일 자신을 원망하고 꾸짖어 선을 지향하는 자취가 뚜렷이 나타나 3년을 지난 뒤 그것이 더욱 도탑다면 다시 입재를 허용한다】 무릇 잘못을 기록할 때는 반드시 법규를 세운 뒤에 기록하며, 만약 법규를 세우기 전의 잘못이라면 소급하여 논하지 않고 그가 스스로 고칠 길을 열어준다. 여전히 고치지 않으면 그런 뒤에야 처벌을 논한다.

학교사목學校事目 서문

교화하는 법은 스승을 가리는 것보다 앞설 것이 없다. 그런데 근래에는 훈도訓導의 임명에 그 자격을 가리지 않고 한갓 청탁만 따르므로 스승의 자리가 도리어 가난한 선비의 입에 풀칠하는 밑천이 되고 말았다. 그래서 훈도라는 이름이 천하게 여겨져 서로 비웃고 나무라기까지 한다. 스승이 이미 자격자가 아니고 보면, 선비의 기풍이 날로 쇠퇴해질 것은 이치와 형세상 필연적이므로 괴이쩍어할 것이 없다. 오늘날 비록 옛 규례를 바꾸어 사장을 선택하더라도 사람들이 믿지 않아서 부임하기를 좋아하지 않는다면, 좋은 법규와 훌륭한 뜻도 결국 형식에 그치고 말 것이다. 또 학교에 적을 둔 선비들이 모두 학문에 뜻이 없고 군역을 피할 것만 꾀한다면, 비록 훌륭한 스승을 얻더라도 가르칠 만한 사람이 없을 것이다. 만일 잘못된 전철前轍을 크게 바꿔서 이목耳目을 새롭게 하지 않는다면 성취되기를 바랄 수 없다. 그러므로 스승을 가려 선비를 양성하는 규정을 삼가 기록한다.【이하는 사목을 적은 것임】

서원書院, 학규學規

재齋에는 사족과 서류를 막론하고, 학문에 뜻이 있는 사람은 모두 들어올 수 있고, 향중에서 배우기를 원하는 자는 우선 양정재에 있게 한다. 「은병정사의 학규」 무인(1578) [16]

(1) '재에 들어오는 규칙'은 사족士族과 서류庶類를 막론하고, 학문에 뜻

이 있는 사람은 모두 들어오는 것을 허락하되, 재중齋中에 먼저 들어온 사람들이 의논해서 들어와도 된다고 한 뒤라야 들어올 수 있다. 만일 이전에 도리에 어긋나고 흉악한 행동을 했던 사람이 들어오기를 원한다면, 그로 하여금 먼저 스스로 잘못을 고치고 조심하게 해야 한다. 그 행동하는 것을 자세히 보아서 행위가 개선되었음을 확실히 안 뒤에야 들어오는 것을 허락한다. 평소에 내력을 모르는 사람이 들어오기를 원하면, 그로 하여금 우선 가까운 마을【혹은 양정재養正齋】이나 산사山寺에 왕래하면서 배우고 묻게 한다. 그렇게 그 뜻과 취지, 행실을 살펴보아 취할 만하다고 판단된 후에 들어오는 것을 허락한다.

(1) 재중에 나이가 많고 지식이 있는 한 사람을 추대하여 당장堂長으로 삼는다. 또한 같은 또래 가운데서 학식이 우수한 한 사람을 추대하여 장의掌議로 삼고, 또 두 사람을 가려 유사有司로 삼으며, 또 차례로 두 사람을 가려 직월直月(월별 당번)로 삼는다. 당장과 장의와 유사는 까닭이 없으면 교체하지 말고, 직월은 매달 서로 교체한다. 무릇 재중에서 의논은 장의가 주도하여 당장께 물어본 뒤에 정하고【당장이 까닭이 있어 다른 데 있으면, 그때는 모임에 참석한 사람 중 나이가 가장 많은 사람이 대리한다】무릇 재중의 물건 출납과 재직齋直(관리인), 사환 관리, 집기 비품의 유무에 관한 일은 유사가 주관하고【유사가 아니면 마음대로 재직을 불러서 단속하고 벌을 줄 수 없다】모든 물건은 장부에 기재해야 하며, 직책을 교체할 때는 새로 맡는 사람에게 장부를 넘겨준다. 무릇 스승과 제자, 벗들이 강론한 말은 모두 직월이 맡아 기록하여, 후일에 참고 자료로 삼는다.

(1) 매월 초하루와 보름에는 스승과 제자가 모두 관복官服을 갖추고【벼슬이 있으면 사모紗帽, 단령團領, 품대品帶를 갖추고, 유생은 두건頭巾, 단령團領, 조대條帶를 착용한다】문묘文廟에 나아간다. 문묘의 중문을 열고 사당

---

16 「병정사학규(隱屛精舍學規)」, 1578년(선조 11년, 43세), 『율곡전서』 권15; 『율곡전서』 권34, 「연보하」, 무인 6년【선생사십삼세先生四十三歲】조(條), "作隱屛精舍".

158

의 신위〔廟貌〕 드러낸 후 재배, 분향焚香하고【스승이 만일 부재하면, 재중에서 연장자가 분향한다】또 재배한다.【참배 시 서는 차례〔位次〕는 스승이 앞줄에 서고, 제자가 뒷줄에 서되, 서쪽을 상위로 한다】

(1) 매일 5경更(새벽 3시~5시)에 일어나 침구를 정돈한다. 나이가 적은 사람은 빗자루를 들고 방 안을 쓸며, 재직을 시켜 뜰을 쓸게 한다. 그리고 모두 세수하고 머리 빗고 의관을 바로 한 뒤에 글을 읽는다.

(1) 아침이 되면 모두 평상복을 갖추고【갓〔笠子〕에 직령直領(깃이 곧은 포)이나 관건冠巾에 직령直領 같은 종류이며, 다만 짧은 겹옷이나 반소매 직령은 안 입는다】묘정廟庭(문묘의 뜰)으로 가서 중문을 열지 않고 재배만 한다.【스승이 만일 재에 계시면 또한 평상복으로 문묘에 배알한다】그리고 스승이 강당에 계시면 스승 앞에 나아가 배례를 올린다.【스승은 일어서지 않고 자리에서 몸을 구부려 답례만 한다】동쪽과 서쪽으로 갈라서서 서로 마주 보며 읍례揖禮(공수하고 허리 숙여 인사)를 올린다.【스승이 없으면 문묘에 배례한 뒤 사당 문을 나와 뜰에서 동쪽과 서쪽으로 갈라서서 서로 바라보며 읍례를 한다】무릇 글을 읽을 때는 반드시 팔짱을 끼고 단정히 꿇어앉아 마음과 뜻을 오직 한곳에 모아야 한다〔專心致志〕. 글의 의미와 취지를 깊이 연구하는 데 힘쓰고, 서로 돌아보며 잡담하지 말아야 한다.

(1) 무릇 책상, 책, 붓, 벼루 같은 물건은 모두 제자리에 정돈해두고, 행여나 어지럽게 여기저기 흩어두지 말아야 한다.

(1) 무릇 식사 시에는 어른과 젊은이가 나이 순서로 앉는다. 음식을 가려 먹지 말며, 늘 배부르기를 바라는 마음을 가져서는 안 된다.

(1) 무릇 거처는 반드시 편안한 자리를 어른에게 양보하고, 행여나 스스로 편안한 곳을 가려서 차지하지 말아야 한다. 열살 이상의 연장자가 드나들 때, 연소자는 반드시 일어선다.

(1) 무릇 걸음걸이는 반드시 점잖고 안존하게 해야 한다. 천천히 어른의 뒤를 따라가 질서를 지키며, 행여나 어지러운 걸음으로 질서를 흩트리지

말아야 한다.

(1) 무릇 말은 반드시 믿음직스럽고 무게 있게 해야 한다. 문자와 예법에 맞는 말이 아니면 말하지 말아야 한다. 공자가 괴력난신怪力亂神을 말하지 않은 것을 법으로 삼고, 송나라의 학자인 범씨范氏(이름은 충沖)의 칠계七戒[17]를 마음에 간직하고 눈여겨본다.【칠계는 벽에 써 붙여둔다】

(1) 성현의 글이나 성리의 설이 아니면 재중에서 읽을 수 없다.【역사책은 읽어도 좋다】만약 과거 공부를 하려고 하는 사람은 반드시 다른 곳에 가서 익혀야 한다.

(1) 평상시에도 항상 의복과 의관을 단정히 갖추고, 팔짱을 끼고 꿇어앉아 마치 어른을 대하듯이 해야 한다. 편안하다고 속옷 바람으로 있어서는 안 되며, 너무 화려하여 사치스러운 옷을 입어서도 안 된다.

(1) 식후에 혹 냇가에 가서 거닐더라도 또한 사물을 관찰하여 이치를 탐구하고 서로 의리를 강론해야 한다. 장난이나 잡담을 해서는 안 된다.

(1) 벗 사이에는 서로 화목하고 공경하기를 힘써야 하고, 서로 과실을 바로잡아주고, 착한 일을 하도록 권면해야 한다. 귀함이나 현명함, 부유함이나 부형의 권세, 지식이 많은 것을 자부하고 같은 또래에게 교만을 부려서는 안 된다. 또한 같은 또래들을 기롱하고 능멸하며 서로 희롱해서도 안 된다.

(1) 글씨를 쓸 때는 반드시 또박또박 반듯하게 쓸 것이며, 휘갈겨 쓰지 말아야 한다. 또한 벽이나 창문에다 낙서해서도 안 된다.

(1) 몸가짐은 항상 구용九容[18]에 맞게 해야 한다. 한쪽 발로 기우뚱하게

---

17 『소학(小學)』 외편(外篇)「광경신(廣敬身)」. (1) 조정의 이해관계나 변경의 보고, 관직 임명 등에 관해 말하지 말라. (2) 지방관의 장단점이나 득실을 말하지 말라. (3) 다른 사람의 과실이나 악행을 말하지 말라. (4) 벼슬길에 나아가 시류를 좇거나 세력에 빌붙는 것을 말하지 말라. (5) 재물과 이익의 많고 적음을 말하지 말라. (6) 음란하고 희롱하며 여색을 평론하는 말을 하지 말라. (7) 물건을 구하거나 찾음에 술과 음식을 요구하는 말을 하지 말라.

18 『율곡전서』 권27,「격몽요결」지신장(持身章). 아홉가지 바른 몸가짐이다.

서거나, 기대어 자세를 흐트러뜨리거나 킬킬대고 웃거나, 말을 함부로 해서는 안 되며, 처음부터 끝까지 이를 게을리해서는 안 된다.

(1) 날이 어두워진 뒤에는 등불을 밝혀 글을 읽고, 밤이 깊은 뒤에야 잠자리에 든다.

(1) 새벽에 일어나서 밤에 잠자리에 들 때까지 하루 동안에 반드시 하는 일과가 있어서 마음을 잠시도 게을리하지 말아야 한다. 혹 글을 읽고, 혹은 정좌靜坐하여 본래의 마음을 간직하며, 의리를 강론하기도 하고, 혹 익힌 바에 대해 질문도 하며, 좀 더 자세히 가르쳐달라고 여쭙기도 하는 등 학문에 관한 일이 아님이 없어야 한다. 만약 여기에 어긋남이 있다면 곧 배우는 자가 아니다.

(1) 이따금 집에 돌아가더라도 절대로 재중에서 하던 습관을 잊지 말아야 한다. 어버이를 섬길 때나 사람을 접대할 때나 몸단속을 할 때나, 일을 처리할 때나 본마음을 간직하기에 천리天理를 따르고 인욕人欲을 제거하기에 힘써야 한다. 행여 재에 들어와서는 삼가고 재를 나가서는 방탕하다면, 이는 두 마음을 품은 것이니 용납할 수 없다.

(1) 직월은 선악을 기록하는 장부를 맡아 기록하여야 한다. 학생들이 재에 있을 때와 집에 있을 때의 모든 행동을 자세히 살펴서, 만일 언행이 도리에 맞는 자와 학규를 위반한 자가 있으면 모두 기록한다. 매월 초하루에 스승〔師長〕에게 올려【무릇 학규를 위반한 자는 직월이 당장과 장의에게 알려서 함께 고치도록 꾸짖고, 만일 고치지 않으면 곧 스승에게 고하고, 고치면 그 기록을 지워버리고 스승에게 고하지 않는다】선행을 한 자는 권장을 하고 악행을 한 자는 벌을 주어 가르친다. 끝내 가르침을 받지 않으면 재에서 축출한다〔黜齋〕.

(1) 학생들은 비록 정기 강회 때가 아니더라도 매월 모름지기 한번씩 정사精舍에 모여야 한다.【매달 초하루에 반드시 모여야 하고, 초하루에 까닭이 있으면 날짜를 늦추되 3~4일을 넘기지 않아야 한다. 유사는 모임 기일

에 앞서 회문回文(공문)을 내어 두루 알려야 한다】모임에서는 의리를 강론하고, 또 직월을 개선改善(새로 선출)한다.

(1) 향중鄕中에서 배우기를 원하는 자는 모두 우선 양정재에 있게 한다.

풍속교화, 절의節義

왕명제진, 김시습이 절의를 내세우고 윤리를 세워 지향한 뜻을 끝까지 밀고 나간 점을 따져보면, 백세의 스승이라 하더라도 과언이 아닐 것입니다. 「김시습전」임오(1582)[19]

김시습의 자는 열경悅卿이고 관은 강릉이다. 신라 알지왕閼智王의 후손에 주원周元이라는 왕자가 있어 강릉을 식읍食邑(공신에게 하사한 고을)으로 하였는데, 자손들이 그대로 눌러살며 관향貫鄕(시조가 난 곳)으로 삼았다. 그 후에 연淵이 있고 태현台鉉이 있었는데 모두 고려의 시중侍中이 되었다. 태현의 후손 구주久住는 벼슬이 안주목사安州牧使에 그쳤는데, 겸간謙侃을 낳았으니, 그의 벼슬은 오위부장五衛部將에 그쳤다. 겸간이 일성日省을 낳으니, 음보蔭補(조상의 음덕으로 벼슬을 얻는 것)로 충순위忠順衛가 되었다. 일성이 선사장씨仙槎張氏에게 장가들어 선덕 10년宣德十年(세종 17, 1435) 시습을 한사漢師(서울)에서 낳았다. 특이한 기질을 타고나 생후 겨우 여덟달에 스스로 글을 알아보았다.

최치운崔致雲이 보고서 기이하게 여기어 이름을 시습이라고 지었다. 말은 더디었으나 정신은 영민하여 문장을 대하면 입으로는 잘 읽지 못하지

---

19 「김시습전(金時習傳)」봉교제진(奉敎製進), 1582년(선조 15, 47세) 7월 15일, 『율곡전서』권 14; 『매월당집(梅月堂集)』, "萬曆十年七月十五日, 資憲大夫, 吏曹判書, 兼弘文館大提學, 藝文館大提學, 知經筵, 成均館事, 同知春秋館事, 五衛都摠府都摠管臣李珥, 奉敎製進".

만 뜻은 모두 알았다. 3세에 시를 지을 줄 알았고 5세에는 『중용中庸』과
『대학大學』에 통달하니 사람들은 신동이라 불렀다. 명공名公 허조許稠(세종
때 문신, 좌의정) 등이 많이 보러 갔다. 장헌대왕莊憲大王(세종대왕의 시호)께서
들으시고 승정원으로 불러들여 시로써 시험하니 과연 빨리 지으면서도 아
름다웠다. 하교下敎하여 이르시기를 "내가 친히 보고 싶으나 세속의 이목
을 놀라게 할까 두렵다. 마땅히 그 집에서 면려勉勵하게 하며 드러내지 말
고 교양을 할 것이며 학문이 이루어지기를 기다려 장차 크게 쓰리라" 하시
고 비단을 하사하시어 집에 돌아가게 하였다. 이에 명성이 온 나라에 떨쳐
오세五歲라고 호칭하고 이름을 부르지 않았다.

　시습이 이미 임금의 장려를 받은 뒤로 더욱 원대한 안목으로 학업을 힘
썼다. 그런데 경태景泰(명 태종의 연호, 1450~67)의 연간에 영릉英陵(세종대왕)·
현릉顯陵(문종대왕)이 연이어 돌아가시고, 노산魯山(단종)은 3년 되는 해에
왕위를 내려놓았다. 이때 시습의 나이는 21세로 마침 삼각산三角山에서 글
을 읽고 있었는데, 서울에서 온 사람이 있었다. 시습은 곧바로 문을 닫아걸
고 사흘 동안 밖으로 나오지 않았다. 이에 크게 통곡하고 서적을 몽땅 불살
라버렸다. 광증을 일으켜 변소에 빠졌다가 달아나 자취를 감추고, 이후 불
문佛門에 의탁해 승명僧名을 설잠雪岑이라 하였다. 여러 번 호를 바꾸어 청
한자淸寒子·동봉東峯·벽산청은碧山淸隱·췌세옹贅世翁·매월당梅月堂이라 하
였다.

　그는 용모가 추하고 키가 작았다. 뛰어나게 호걸스럽고 재질이 영특했
으나 성품이 대범하고 솔직하여 거동에 위의威儀가 없었고, 지나치게 강직
하여 남의 허물을 용납하지 않았다. 시대를 슬퍼하고 세속을 분개한 나머
지 심기心氣가 답답하고 평화롭지 못했다. 그리하여 스스로 세상을 따라
어울려 살 수 없다고 생각하여 드디어 육신에 구애받지 않고 세속 밖을 노
닐었다. 온 나라의 산천은 발자취가 미치지 않은 곳이 거의 없었고 좋은 곳
을 만나면 머물러 살았으며, 옛 도읍지에 올라 바라볼 때면 반드시 발을 동

동 구르며 슬피 노래하였는데, 여러 날이 지나도 그치지 않았다.

총명하고 이해력이 남달리 뛰어나서 사서四書와 육경六經은 어렸을 때 스승에게서 배웠고 제자백가諸子百家의 글은 누가 가르쳐주길 기다리지 않고 섭렵하여 읽지 않은 것이 없었다. 한번 외운 것은 끝내 잊지 않았으니, 평소에는 독서하지 않고 또한 서책을 싸 들고 다니지도 않았지만 고금의 서적을 빠짐없이 관통하였다. 사람들이 물으면 조금의 망설임도 없이 즉시 응대하였다. 그러나 마음에 돌무더기가 뭉쳐 있는 듯 답답했고, 의분과 개탄으로 가득했지만, 스스로 시원하게 풀어볼 도리가 없었다. 그래서 세상의 풍·월·운·우風月雲雨, 산림·천석山林泉石, 궁실·의식宮室衣食, 화과·조수花果鳥獸와 인사人事의 시비·득실是非得失, 부귀·빈천, 사생·질병, 희·노·애·락喜怒哀樂이며, 나아가 성명이기性命理氣·음양유현陰陽幽顯에 이르기까지 형체가 있든 없든 말로 표현할 수 있는 것이면 모두 글로 써냈다.

그렇기에 그의 문장은 물이 솟구치고 바람이 부는 듯하며 산이 감추고 바다가 머금은 듯 신神이 메기고 귀신이 받는 듯 특출한 표현이 거듭거듭 나와 사람으로 하여금 실마리를 잡을 수 없게 하였다. 성률聲律과 격조格調에 대하여 그다지 마음을 쓰지 않았지만 그중에서 빼어난 것은 사치思致(생각의 운치韻致)가 높고 멀어 일상의 생각에서 뛰어났으므로 문장이나 자질구레하게 다듬어 수식하는 자로서는 따라갈 수 없는 터였다. 도리道理에 대해서는 비록 완미하여, 탐색하고 존양存養(존심양성)하는 공부가 적었지만 탁월한 재능과 지혜로써 이해하여 횡담橫談·수론竪論하는 것이 대부분 유가儒家의 본지를 잃지 않았다. 선가禪道와 도가道家에 대해서도 또한 대의를 알았고 깊이 그 병통의 근원을 탐구하였다.

그는 선어禪語(선문禪門의 말) 짓기를 좋아하여 현모하고 은미한 뜻을 끌어내어 밝히되, 날카롭고 환해서 막히는 데가 없었다. 비록 이름난 고승으로 선학에 조예가 깊은 이라도 그의 기세를 감히 당해내지 못했다. 그의 타고난 자질이 얼마나 빼어났는지는 이것을 가지고도 짐작할 수 있다. 스스로 생각하기를, 일찍부터 명성이 높았는데 하루아침에 세상을 피하여 마음으로는 유교를 숭상하면서 겉으로는 불교를 따르니, 동시대 사람들에게 괴이하게 보일 수밖에 없다고 여겼다. 그래서 일부러 미친 척하며, 이성을 잃은 사람처럼 행동하여 진실을 감추었다. (…)

신이 삼가 생각건대, 사람은 천지의 기운을 받고 태어나지만 기질의 맑고 탁함, 두텁고 박함이 달라 생지生知(나면서부터 아는 사람)와 학지學知(배워서 아는 사람)의 구별이 있으니, 이것은 의리義理를 가지고 말한 것입니다. 그런데 시습 같은 사람은 문文에 대해서는 이미 나면서부터 터득했으니, 이는 문장에도 생지가 있다고 할 만합니다. 그러나 거짓으로 미친 척하며 세상을 피해 숨어 살려 했던 은미한 뜻은 가상하나, 그렇다고 해서 굳이 유교 윤리를 버리고 방탕하게 스스로 마음 내키는 대로 살았던 이유는 무엇이었겠습니까? 설령 빛을 감추고 그림자마저 숨기어 후세 사람들로 하여금 김시습이 있었다는 것을 알지 못하게 했다 한들, 대체 무엇이 그리 답답했겠습니까?

그 인품을 헤아려보면, 재주가 타고난 그릇을 넘쳐 스스로 감당하지 못했던 듯합니다. 어찌 맑고 가벼운 기운은 풍족한데 두텁고 무거운 기운은 부족했던 사람이 아니었겠습니까? 그럼에도 그가 절의를 내세우고 윤리를 세워 지향했던 뜻을 끝까지 밀고 나간 점을 따져보면, 일월과 더불어 광채를 다툴 만합니다. 그러므로 그 기풍氣風을 접하면 나약한 사람도 감동하여 일어서게 될 것이니, 비록 백세의 스승이라 하더라도 과언이 아닐 것입니다. 참으로 애석한 일입니다. 시습의 영특한 자질을 가지고 학문과 실천을 더욱 갈고닦아 힘썼더라면 그가 이룩했을 바를 어찌 헤아릴 수 있겠습니까? 아, 그는 바른말과 준엄한 논의로 마땅히 기피해야 할 것도 거리낌 없이 건드리고, 공公·경卿 같은 귀한 이들까지 꾸짖는 데에 조금도 서슴지 않았습니다. 그런데도 그 당시에 그의 허물을 들어 나무라는 말을 듣지 못했습니다. 우리 선왕의 성대하신 덕과 재상들의 넓은 도량은, 말세에 선비로 하여금 말조심하게 만드는 것에 견주어볼 때, 그 득실이 과연 어떠하겠습니까? 아, 참으로 거룩합니다.

도학의 사표師表

정암 조광조, 선생이 평소에 사람들에게 가르침을 준 것은 다만 '위기지학'을 힘쓰는 데 있었을 뿐이니, 서원에 기거하는 후학들은 진실로 한결같이 거경·궁리·역행을 쉬지 않고 공부하는 과정으로 삼아야 한다: 「도봉서원기문」 기묘(1579)**[20]**

서원을 세우는 것은 본래 학업을 닦는 일〔藏修〕과 아울러 선현의 덕을 높이고 그 공로에 보답하기 위함이다. 그러므로 반드시 그 고장의 향선생鄕先生 중에서 후학의 모범이 될 만한 이를 찾아 사우祠宇를 세운다. 이는 공경하고 사모하는 마음을 다하여 많은 선비가 현인 되기를 희망〔希賢〕하는 뜻을 일으키게 하려는 것이다. 정암靜菴 선생 조문정공趙文正公(조광조)은 본관이 한산漢山(한양)이다. 한산은 본래 양주楊州 지역이었으나 지금은 도성으로 편입되었다. 양주 읍성 남쪽으로 30리 되는 곳에 도봉산이 있고, 거기에 영국동寧國洞이 있다. 옛날에는 그곳에 영국사寧國寺가 있었으나 지금은 없어지고 이름만 그대로 전해진다.

선생이 젊은 시절에 이 영국동의 천석泉石(자연풍광)을 무척 좋아하여 왕래하며 휴식하였다. 조정에 있을 때도 공무가 끝나는 틈을 타 이곳을 찾아 노닐었으므로, 지금에도 시골 노인 중에는 이러한 옛말을 하는 자가 있다.

20　「도봉서원기(道峯書院記)」, 1579년(선조 12년, 44세), 『율곡전서』 권13; 『정암선생문집(靜菴先生文集)·부록(附錄)』 권4, 「도봉서원기」, "是年暮春既望, 後學德水李珥, 記".

명나라 만력萬曆 계유년(1573) 겨울에 목사牧使 남언경南彦經이 이곳 영국동을 찾아보고 감회에 젖어 선생의 유적을 회상하였다. 그리하여 시골 선비들을 찾아 공경하고 사모할 사우祠宇(사당) 건립을 의논하였고, 여러 사람의 뜻이 일치되었다. 곧바로 옛 절터에 사우를 건립하고, 이어서 서원書院을 짓기 시작하니, 향인들이 분발하고 일꾼들〔工人〕이 노력하여 이듬해 여름에 사우와 서원이 완공되었다.

사우는 북쪽에 위치하였고, 서원의 동재東齋와 서재西齋를 보조 건물로 삼았다. 서원은 남쪽에 위치하였는데, 가운데에 강당을 설치하고 그 양쪽에는 두개의 협실夾室을 배치하였다. 앞쪽에 있는 행랑〔前廊〕은 시내를 내려다보게끔 하고, 행랑 옆에는 문을 내었다. 이는 모두 지형에 따른 것이다. 그러나 목수의 공사〔役事〕만 대강 완공되었을 뿐이었고, 나머지 모든 일은 갖추어지지 않았는데, 남목사南牧使(남언경)는 병으로 인하여 벼슬을 그만두었다. 후임으로 온 목사 이제민李齊閔과 또 그 뒤를 이은 이정엄李廷馣이 사업을 잘 계승하고 수행하였다. 선비에게 급여할 녹미祿米와 서적을 보관할 서실과 제물을 차릴 주방 등이 차례로 조성되었다. 6년째 되는 기묘년(1579) 봄에 비로소 모든 일손을 떼게 되었다.

낙성식에 앞서 서원의 유생 안창安昶이 많은 선비의 소청을 받아 나에게 기문을 청하여 왔다. 이珥가 가만히 생각건대, 지금 문형文衡(대제학)을 지낸 대가들이 한두명이 아닌 터에 어찌 바닷가에 사는 마르고 병든 늙은이의 붓을 빌려 유림의 성대한 행사를 기록하려는 것인가? 혹 이珥가 선생이 끼친 은택을 입어 이 학문의 하찮은 부분〔糟粕〕이라도 대강 체득했다고 잘못 생각한 것이 아닐까? 이珥는 너무 부끄러워 감히 감당하지 못할 일이라 여겼다.

다만 영국의 골짜기는 암석이 깨끗하고 물이 맑아 한 구역의 뛰어난 경치를 이루었다. 여기에 현인의 사우와 유교의 서원이 한꺼번에 새로 갖추어져 많은 유생이 모여든 지 몇 해가 되었는데도, 한번도 가서 보지 못하였다. 유감스럽게도 몸에 병이 있어 직접 찾아갈 수 없었으나, 다만 이름만이라도 그 사이에 끼이게 된 것을 지극한 영광으로 여기기 때문에, 외람되고 망령됨을 잊고 한마디 말을 덧붙이려 한다. 우리나라가 본래 문헌文獻의 나라로 일컬어지고 있기는 하나, 고려 이전에는 소위 학문이 아름다운 말〔美辭〕을 꾸미고 화려한 구절〔麗句〕을 좇는 데 그쳤을 뿐, 성리性理에 관한 담론은 전혀 들을 수 없었다.

그러다 고려 말엽에 와서 정포은鄭圃隱(정몽주)이 비로소 리학理學의 시조로 일컬어지게 되었다. 하지만 그의 언론과 학문적 취지〔風旨〕는 상세히 알 수 없었고, 후인들은 다만 그가 한 몸으로 5백년 동안 퇴폐하고 무너진 강상綱常(삼강오륜)을 떠받쳤다는 사실만 알고 있을 뿐이다. 우리 본국(조선)에 들어와서는 학문과 문장을 주관하는 규성奎星에 인재가 모여들 듯이 학운이 크게 일어났으나, '자기를 닦는 학문〔爲己之學〕'으로 세상에 이름난 인물은 역시 배출되지 않았다. 오직 우리 정암(조광조) 선생만이 한훤당寒暄堂(김굉필) 문경공文敬公에게서 학문의 단서를 얻어 독실한 행의가 더욱 힘차고 스스로 체득한 것이 한층 깊었다.

정암 선생은 몸가짐에 있어 반드시 성인이 되고자 하였고, 조정에 서서는 반드시 도를 행하고자 하였다. 정성스럽게 힘쓴 바는 임금의 마음〔君心〕을 바로잡고, 왕정王政을 개혁하며, 도의의 길을 열고 사리사욕의 근원을 막는 것을 급선무로 삼았다. 이러한 개혁을 시작한 지 얼마 되지 않아 선비의 기풍이 크게 달라졌다. 그러나 하늘이 조선을 돕지 않아 음흉하고 간특한 모략이 비록 당시에 조작되기는 하였지만, 그 남겨진 학풍과 여운이 5세대가 채 지나기도 전에 양광陽光(밝은 빛)이 되어 오늘에 와서 발하기 시작하였다.

후세의 선비 된 자들이, 어버이를 저버릴 수 없고 임금을 뒷전으로 미룰 수 없는 것, 의리는 버릴 수 없고 이욕은 취할 수 없는 것, 제사에는 경건을 생각하고 상사喪事(초상)에는 슬퍼할 줄 아는 것, 이런 것은 모두 우리 선생의 가르침 때문이다. 진실로 그 공적을 논하고 그 은덕에 보답하려면 어찌 끝이 있겠는가? 그 사실을 분명히 간파하고 이 아름다운 학문을 시작한 것은 매우 높이 살 만한 일이다. 이퇴는 이것으로 인하여 가만히 느끼는 바가 있다. 선생이 평소에 사람들에게 가르침을 준 것은 다만 '자기를 닦는 학문〔爲己之學〕'을 힘쓰는 데 있었을 뿐이다. 시詩와 문文을 익혀 벼슬자리를 구하는 일에는 그저 대범하고 무심하였다.

이 서원에 기거하는 후학들은 진실로 세속의 풍습을 일체 제거하고 한결같이 거경居敬·궁리窮理·역행力行 하는 것을 쉬지 않고 공부하는〔深造〕 과정〔功程〕으로 삼아야 한다. 그리하여 서로 보고 느끼고〔觀感〕, 서로 선행을 권면하며〔責善〕, 이치에 편안히 머물러 학문의 깊이를 더하는〔居安資深〕 경지로 나아간다면, 이는 선생의 은혜에 보답하는 길이 될 것이다. 이러하다면 또한 선생을 모신 사당의 뜰〔廟庭〕에 나가 참배〔瞻拜〕하는 데 부끄러움이 없을 것이다. 이와 같이 한다면, 선생의 도가 비록 이전에는 막혔으나 후대에 와서 실현되는 셈이니, 어찌 우리 사문斯文의 큰 다행이 아니겠는가?

만약 입지立志(뜻을 세움)가 독실하지 못하고 구습舊習에 젖어 시문이나 짓고 글씨〔筆墨〕나 희롱하며 과시科試(과거 시험) 합격만을 바란다면, 또한 주리면 먹고 배부르면 놀며 얼마 안 되는 짧은 시간이라도 아끼지 않는다면, 이는 선생을 저버리는 바가 클 것이다. 무슨 면목으로 사당 문 안으로 떳떳하게 들어갈 수 있겠는가? 이와 같이 된다면 선생의 도는 이미 옛날에 궁색해졌고, 또 지금에 와서도 폐기되는 셈이니, 어찌 애통스럽지 않겠는가? 아! 후생은 이를 명심해야 한다.

서원의 학규는 모든 학생이 부제학副提學 초당草堂 허공엽許公曄(허엽)에게 품의하여 정하였다. 이 서원의 설립과 운영에 사문斯文의 선후배가 다 함께 비용을 도왔는데, 허공(허엽)이 실로 이에 앞장섰고, 그 밖에 우참찬右參贊 백공인걸白公仁傑(백인걸)과 이조참판吏曹參判 박공소립朴公素立(박소립)

의 공로 또한 다른 사람들보다 각별하였다.

이륜彝倫, 인륜人倫

사람의 도리, 우리들은 선인들의 유택을 한 산자락에 같이 의탁한 사이니 화목하게 지내야 한다: 「풍수계에 대한 서문」 계해(1563)[21]

사람이 이 세상에서 사는 것은 마치 이슬이 풀잎 끝에 맺혀 있는 것과 같다. 죽어서 몸을 산천에 의탁하고 나서야 비로소 세월이 영원해지는 것이다. 옛사람이 "산다는 것은 잠시 머무는 것이요, 죽는 것은 본래의 집으로 돌아가는 것이다〔生寄死歸〕"라고 한 말은, 결코 틀린 말이 아니다. 그렇다면 우리가 지금 살고 있는 집은 잠시 묵어가는 여관이요, 죽어서 묻힐 유택이야말로 진정한 거처라고 할 것이다. 같은 마을에 살아도 오히려 서로 친목을 도모하는데, 하물며 한 산자락에 같이 의탁한 사이이겠는가? 우리들이 한 나라에 같이 살고, 한 고을에 같이 있는 것만으로도 진실로 다행한 일인데, 거기다 선인先人들의 유택마저 한 산자락에 모시게 되었으니, 이는 다행 중의 다행이라 하겠다.

이와 같은데도 서로 친목하지 않는다면, 어디에서 정을 나누겠는가? 이것이 풍수계가 만들어진 까닭이다. 아! "나무는 고요하고자 하나 바람은 그치지 않고, 자식은 봉양하고자 하나 어버이는 기다리시지 않는다"라고 하였다. 비와 이슬이 적시고 서리와 눈이 내리어 봄, 여름에는 초목이 무성해지고 가을, 겨울에는 산언덕이 황량해진다. 봄가을에 산소를 살피고 제사 지낼 때 만물이 생성하는 것을 보면 선인들께서 살아오신 듯하여 깜짝 놀

---

21   「풍수계서(風樹契序)」, 1563년(명종 18년, 28세), 『율곡전서』 권13.

라 만나고, 만물이 쇠락해가는 것을 보면 처량한 감상에 잠기게 된다. 우리 선인들이 지팡이 짚고 신발을 끌면서 지하에서 서로 좇아 왕래하실 모습을 상상해본다. 자손들이 어버이를 사모하는 정성을 가지고서, 어찌 정신을 한곳에 집중하고 마음을 모아 단 한번이라도 그 모습을 접견하려는 것이 없겠는가?

하지만 지하에 계신 선인을 다시 접견할 길이 없다면, 이렇게 어버이를 영원히 사모하는 그 마음을 옮기어, 지금 세상에 살아 있는 자손들과 더불어 서로 믿고 서로 화목할 방도를 찾는 것이 인정상 어쩔 수 없는 일인 것이다. 아! 지하에서 선인들이 상종할 때 서로 알아볼지 아닐지는 지금 알 수 없으나, 이 세상에 살아 있는 우리들은 더욱 서로가 소홀하거나 잊어서는 안 될 것이다. 우리 계원은 이를 위해 힘써야 한다.

사람의 도리, 집 지을 터가 정해지는 대로 형님의 가족을 이끌고 서쪽(해주 석담)으로 돌아가 남겨진 조카들을 잘 가르쳐 집안의 명성을 떨어뜨리지 않겠습니다: 「백씨에게 제사드리는 글」 경오(1570)[22]

아! 슬프기 그지없습니다. 형님께서 이제 저를 버리고 어디로 가니까? 아끼고 사랑해야 할 혈육들이 여기에 있는데, 저 어둡고 아득한 세상으로 떠난다는 말입니까? 아버님과 어머님도 모두 이 세상에 계시지 않으니, 형님께서는 지하로 돌아가 부모님을 모시고자 하는 것입니까? 아니면 형님께서 세상을 등지고 싶으신 것이 아닌데, 타고난 수명이 다하여 하늘이 조금도 더 연기해주시지 않기 때문입니까? 그렇지 않다면, 어찌 이다지도 형제간의 우애를 지극히 낮추어 이렇듯 가볍게 내팽개칠 수가 있겠습니까?

아! 애통합니다. 우리 형님의 타고나신 기질은 온화하고 유순하시어, 행

---

22   「제백씨문(祭伯氏文)」, 1570년(선조 3년, 35세), 『율곡전서』 권14.

동할 때는 외물과 거슬림이 없으셨고, 홀로 조용히 계실 때는 침잠하여 자신을 지키셨습니다. 일찍이 문예를 익혀 벼슬을 하고자 하였으나 애석하게도 약간의 뜻을 이루었을 뿐 크게 뜻을 펴지 못하였습니다. 만년에야 비로소 낮은 관직에 오르셨지만, 부귀영화나 헛된 명예를 좇아 그릇된 일을 하지 않으셨습니다.

아! 비통합니다. 제가 세상에 흉악한 액운을 타고나서 일찍이 부모님을 여의는 아픔 겪었습니다. 다행히 형제〔荊花〕[23]들만은 별 탈이 없었기에 새로 집을 짓고 한곳에 모여 살기로 기약했었습니다. 안타깝게도 가진 것이 없어 지금껏 뜻은 지니고 있으나 성취하지 못했습니다. 그런데 갑자기 형님께서 병마가 찾아들어, 날로 신음하며 몸이 쇠약해지고 야위어갔습니다. 처음에는 흔한 병치레〔二竪〕[24]로 그러려니 생각했었는데, 끝내는 기력이 쇠진하여 구제할 수 없게 되었습니다. 이에 하늘에 매인 부귀를 잃으셨거니와 또한 수명조차도 누리지 못하셨습니다.

아! 슬픕니다. 저 푸른 하늘이여, 어찌하여 우리 집안에 이토록 가혹한 화를 내리십니까? 불쌍한 형수님〔寡妻〕은 어린아이를 안고 천리 먼 곳에서 영구를 부여잡고 통곡합니다. 형님의 넋은 선영先塋에 의지하여 계신데 혼은 남쪽(충청도 대덕)을 향해 근심하고 계실 것입니다. 비록 서울에서 영연〔几筵〕을 모시고 제물을 올리고〔饋奠〕 싶은 마음은 간절하지만, 제 거처가 아직 정해지지 않았고, 형수님의 통곡 소리를 차마 못 보겠습니다. 이에 잔을 올려 작별을 고하려 하니 정신이 아득해져 넋이 나간 듯합니다.

형님, 집 지을 터가 정해지는 대로 형님의 가족을 이끌고 서쪽(해주 석담)으로 돌아가겠습니다. 남겨진 조카들을 잘 가르쳐 성취시켜, 맹세코 집안

---

23   『속제해기(續齊諧記)』, "紫荊樹" "樹本同株". 형화(荊花)는 옛 설화 속 전진(田眞)의 형제애를 상징한다.

24   『춘추좌씨(春秋左氏)』, 성공 십년조(成公 十年條), "公夢疾為二竪子". 고황지질(膏肓之疾, 치료할 수 없는 중병)의 고사에서 유래했다.

의 명성을 떨어뜨리지 않겠습니다. 그러니 형님이시어, 부디 눈을 편안히 감으시고 외로운 처자식 걱정은 조금이나마 놓으십시오. 이제 형님께서 말씀하셔도 제가 알아듣지 못합니다. 아우가 말씀드린들 형님이 어찌 알아듣겠습니까? 아! 인생 백년은 다하게 될 테니, 이 슬픔이 영원하지 않으리라 믿습니다. 아! 슬프고 또 슬픕니다.

5장
혁신
시대의 급무

재이災異, 책문策文

천도, 인도, 천인교여, 어떻게 하면 천도가 그 순서를 잃지 않고 만물이 잘 자라나게 되고, 그러한 도리는 어디에서 말미암은 것인지 경전과 역사에 근거하여 대답하라: 「천도책」 무오(1558)[1]

【묻는다】천도天道는 알기도 어렵고 말하기도 어렵다. 해와 달이 하늘에 걸려 낮과 밤으로 운행하는데 더디고 빠름이 있는 것은 누가 그렇게 시키는 것인가? 혹 해와 달이 한꺼번에 나와서 일식과 월식이 있는 것은 어째서인가? 다섯 행성[五星, 위성, 수화목금토]은 하늘에서 오른쪽으로 운행하는데 씨줄[緯]이 되고 중성衆星(경성, 28숙宿)은 하늘에 붙어 움직이지 않는데

---

[1] 「천도책(天道策)」, 1558년(명종 13, 23세) 윤7월, 『율곡전서』 권14. 「천도책」의 저작 시기에 대해서는 다른 견해가 상존한다. 『율곡전서』 권33, 「연보상」, 무오 37년【선생이십삼세(先生二十三歲)】, "冬, 魁別試解, 所對天道策"; 『송천선생유집(松川先生遺集)』 권3, 「책제(策題)」, "甲子, 先生爲老試官, 擢栗谷李公對冠榜".

날줄〔經〕이 된다. 이 씨줄과 날줄의 관계를 상세히 말할 수 있는가? 상서로운 별〔景星, 덕성德星〕은 어떤 때에 나타나며, 요망한 혜성〔慧孛, 요성妖星〕은 또한 어떤 시대에 보이는가? 어떤 이는 만물의 정기가 올라가서 여러 별〔列星〕이 된다고 하니, 이 말은 무엇에 근거한 것인가?

바람이 일어나는 것은 어디에서 시작하여 어디로 들어가는 것인가? 혹은 나뭇가지가 울지 않을 정도로 불기도 하고, 혹은 나무가 부러지고 지붕이 날아갈 정도로 불기도 하여 비를 부르는 부드러운 바람〔少女風〕이 되기도 하고, 태풍〔颶母風〕이 되기도 하는 것은 어째서인가? 구름은 어디에서 일어나며, 흩어져 오색이 되는 것은 어떤 감응인가? 혹 연기 같으면서도 연기가 아니고, 매우 아름답게 피어오르는 것은 어째서인가? 안개는 무슨 기운이 발한 것이며, 붉은색이 되기도 하고 푸른색이 되기도 하는 것은 무슨 징조인가? 혹 누런 안개〔黃霧〕가 끼어 사방이 보이지 않고, 혹 짙은 안개〔大霧〕가 끼어 낮에도 어두운 것은 또한 어째서인가?

천둥과 번개와 벼락은 누가 주관하는 것인가? 그 섬광이 번득이고 소리가 두려운 것은 어째서인가? 혹 사람을 때리고 혹 물건을 때리는 것은 무슨 이치인가? 서리로써 풀을 죽이고 이슬로써 만물을 윤택하게 하는데, 왜 서리가 되고 이슬이 되는지 그 까닭을 들을 수 있겠는가? 남월南越(광동·광서 지방)은 따뜻한 곳인데도 6월에 서리가 내려 변괴가 혹심하였으니, 그 당시의 일을 상세하게 말할 수 있겠는가? 비는 구름으로부터 내리는 것인데, 짙은 구름이 끼고도 비가 내리지 않는 것은 어째서인가? 신농神農 때는 비를 바라면 비가 왔고, 태평한 세상에는 열흘에 한번씩 1년에 36번의 비가 온다 하니 천도天道 또한 선한 사람에게만 사사로이 후하게 대하는 것인가? 혹 군사를 일으키니 비가 내리고, 혹은 옥사를 판결하자 비가 내린 것은 어째서인가?

초목의 꽃은 다섯 잎이 대부분인데, 눈꽃〔雪花〕만이 유독 육각형인 것은 어째서인가? 눈 속에 누워 있거나〔臥雪〕 눈을 맞으며 서 있었던 일〔立雪〕,

눈 올 때 손님을 맞고〔迎賓〕, 친구를 방문〔訪友〕했던 옛일들을 또한 자세히 말할 수 있겠는가? 우박〔雹〕은 서리도 아니고 눈도 아니니 무슨 기운이 모인 것인가? 그 크기가 혹은 말 머리만 하고 혹은 계란만 하여 사람이나 새나 짐승을 죽인 것은 어떤 시대에 있었던 일인가? 천지가 만물〔萬象〕에 대하여 각각 별도의 기가 있어서 그렇게 되는 것인가? 아니면 일기一氣가 유행하여 흩어져서 만가지 형상〔萬殊〕이 되는 것인가? 혹 하늘의 정상적인 운행〔常道〕과 어긋나는 것은 천기가 어그러져서인가? 인사가 잘못되어서인가?

어떻게 하면 일식·월식이 없고 별들이 궤도를 잃지 않으며, 천둥이 쳐도 벼락이 생기지 않고, 서리가 여름에 내리지 않으며, 눈과 우박이 재앙이 되지 않고, 심한 바람과 장마〔淫雨〕가 없이 각각 그 순서를 따라 마침내 천지가 제자리에 바로 서고 만물이 잘 자라나게 될까? 그러한 도리는 어디에서 말미암은 것인가? 그대들은 널리 경전과 역사에 통달하였으니 반드시 이것을 말할 수 있을 것이다. 각자 마음을 다하여 대답하라.

【책문에 답하다】하늘〔上天〕의 일은 소리도 없고 냄새도 없어〔無聲無臭〕 그 이理는 지극히 은미하나 형상〔象〕은 지극히 현저하니, 이 논의를 아는 사람이라야 더불어 천도를 논할 수 있습니다. 이제 시관〔執事〕께서 지극히 은미하고도 현저한 도로써 책문을 내어 문목問目을 삼아 격물궁리格物窮理의 설을 듣고자 하니, 이는 진실로 학문이 천도와 인도를 끝까지 연구한 사람이 아니라면 어찌 이를 논의하는 데 참여하겠습니까? 그러나 저는 평소 선각자들에게서 들은 것을 가지고 밝으신 물음에 만분의 일이나마 대답할까 합니다.

생각건대 천지 만물의 조화〔萬化〕는 하나의 음양陰陽일 뿐입니다. 이와 기가 움직이면 양이 되고, 고요하면 음이 되니, 한번 움직이고 한번 고요한 것은 기이고, 움직이고 고요하게 만드는 것은 이理입니다. 천지의 사이에 형상을 가진 모든 것은 더러는 오행의 정기가 모여서 된 것도 있고, 천지의 어그러진 기(乖氣)를 받은 것도 있고, 음양의 서로 부딪치는 데서 생긴 것도 있고, 음양 두 기운이 발산하는 데서 생긴 것도 있습니다. 그러므로 일(해)·월(달)·성신(별)이 하늘에 걸려 있는 것이나, 비·눈·서리·이슬이 땅에 내리는 것이나, 바람과 구름이 일어나는 것이나, 천둥과 번개가 치는 것이 모두 기가 아닌 것이 없습니다.

그리고 이것들이 하늘에 걸리고 땅에 내리며, 바람과 구름이 일어나고 우뢰와 번개가 치는 까닭은 이理가 아닌 것이 없습니다. 음양 이기二氣가 진실로 잘 조화되면 저 하늘에 걸려 있는 해와 달이 궤도(躔度)를 잃지 않고 땅에 내리는 비나 눈이 반드시 제철에 맞으며 바람·구름·천둥·번개가 모두 화기 속에 있게 되는 것이니, 이는 이理의 정상입니다. 만일 두 기운이 조화되지 않으면 해와 달의 운행이 그 궤도를 잃고 발휘함이 제철을 잃으며, 바람·구름·천둥·번개가 모두 어그러진 기에서 나오는 것이니, 이는 이理의 변괴입니다. 그러나 사람의 마음은 천지의 마음이니, 사람의 마음이 바르면 천지의 마음도 바르고, 사람의 기가 순하면 천지의 기도 순해집니다. 그러니 이理의 정상과 변괴를 어찌 한결같이 천도의 탓으로만 돌려서야 되겠습니까? 저는 이로 인하여 다음과 같이 아룁니다.

혼돈(鴻濛)이 처음 열린(開闢) 이래로 해와 달이 서로 번갈아 우주를 밝혔는데, 해는 태양太陽의 정기이고 달은 태음太陰의 정기입니다. 양의 정기는 빨리 운행하기 때문에 하루에 하늘을 한바퀴 돌고, 음의 정기는 더디게 운행하기 때문에 하룻밤 사이에 하늘을 한바퀴 돌지 못합니다. 양이 빠르고 음이 더딘 것은 기운이지만, 음이 더디고 양의 빠른 소이는 이理입니다. 저는 누가 그것을 빠르고 더디게 하는지는 모르겠으나 자연히 그러한 것에 불과할 뿐입니다. 해는 임금의 상이요 달은 신하의 상이니, 운행하는 길이 같고 만나는 도수가 같습니다. 달이 해를 가리면 일식이 되고 해가 달을 가리면 월식이 됩니다.

해와 달이 같은 궤도에서 만나되 달의 기운이 미약하면 일식의 변고가 생기지 않지만, 해가 미약하면 음기가 성하고 양기가 미약하여 아랫사람이 윗사람을 능멸하고 윗사람은 점점 쇠퇴하게 되니, 이는 신하가 임금을 거역하는 상입니다. 하물며 두개의 해가 함께 나오고 두개의 달이 함께 나타나서 비상한 변괴야 말해 무엇하겠습니까? 이는 모두 어그러진 기가 그렇게 하는 것이 아님이 없습니다. 제가 일찍이 이러한 사실을 옛 전적에서 찾아보니, 재앙과 이변〔災異〕은 덕이 닦여진 치세에서는 찾아볼 수 없었고, 일식과 월식의 변괴는 모두 말세의 어지러운 정치〔亂政〕 때 생겼으니, 여기에서 천도와 인도가 서로 통하는 관계〔天人交與之際〕를 알 수 있습니다.

지금 저 하늘이 푸른 것〔蒼蒼〕은 기가 쌓인 것일 뿐, 본래 빛깔이 아니니, 만약 별들이 찬란하게 기강을 잡지 않았다면 하늘의 기틀〔天機〕은 아마도 구명할 수 없을 것입니다. 저 밝고 반짝이는 별들이 각기 운행하는 길이 있는 것은 어째서입니까? 모두 원기元氣의 운행이 아님이 없습니다. 뭇 별〔衆聖〕은 천도를 따라 운행하고 제 스스로 움직이지 못하기 때문에 날줄〔經〕이라 하고, 다섯 행성〔五星〕은 때에 따라 각각 나타나고 하늘의 운행을 그대로 따르지 않기 때문에 씨줄〔緯〕이라고 합니다. 하나는 일정한 자리가 있고, 하나는 일정한 궤도가 없으나, 대체로 말하면 하늘이 날줄이 되고 오성이 씨줄이 됩니다. 하지만 그 자세함을 말하고자 한다면, 종이 한장으로 다 할 수 있는 바가 아닙니다.

상서로운 별도 항상 나타나는 것이 아니고 변괴의 별도 항상 출현하는 것이 아닙니다. 그러므로 상서로운 별〔景星〕은 반드시 태평성대〔昭代〕에 나타났고 요망한 혜성〔妖彗〕은 반드시 쇠퇴하는 세상〔衰世〕에 나타났습니다. 순임금 시대가 문명하였으므로 경성이 나타났고, 춘추시대는 혼란하였으므로 혜성〔彗孛〕이 생겨났습니다. 순임금 같은 세대가 한 시대만이 아니고 춘추시대처럼 어지러운 시대도 한 시대뿐이 아니었으니, 어찌 일일이 들어 차례로 진술하겠습니까? (…)

우박은 사나운 기〔戾氣〕에서 나오는 것인데, 음이 양을 위협하기 때문에 우박이 내려 물건을 해칩니다. 지난 옛날을 상고해보면 크게는 말 머리만 하고 작게는 계란만 하여 사람과 짐승을 살상한 것이 더러는 무력을 함부로 쓰던 세상에 나타나기도 하였고 더러는 화의 기초를 만드는 임금을 경계하기도 하였습니다. 그 우박이 역대의 경계 대상이 되었다는 것을 자세히 진술하지 않아도 이것을 미루어 알 수 있습니다.

아! 일기一氣가 운행運行하고 변화하여 흩어져 만가지 형상〔萬殊〕이 되는 것이니, 나누어서 말하면 천지 만상이 각기 하나의 기운이지만 합하여 말하면 천지 만상이 동일한 기입니다. 오행의 정기正氣가 모인 것이 일·월·성·신이 되고 천지의 여기戾氣를 받은 것이 흐림·흙비·안개·우박이 됩니다. 천둥·번개·벼락은 음양의 두 기운이 서로 격돌하는 데서 나오고 바람·구름·비·이슬은 두 기운이 서로 합하는 데서 나오는 것이니, 그 구분은 비록 다르나 그 이理는 같습니다.

집사(경칭, 질문을 하신 분)께서 글 끝에 또, '천지가 제자리에 위치하고, 만물이 육성되는 것이 어떤 이유인가?'라고 물으시니, 저는 이 말씀에 깊이 감동되는 바가 있습니다. 제가 듣건대, 인군이 자기의 마음을 바르게 하여 조정을 바로잡고, 조정을 바로 하여 사방을 바로잡고, 사방이 바르면 천지의 기운도 바르게 된다고 하였으며, 또 들건대 마음이 화평하며 형체도 화평하고 형체가 화평하면 기운도 화평하며 기운이 화평하면 천지의 화평이 호응한다'라고 하였으니, 천지의 기운이 이미 바르다면 어찌 일식·월식이 있으며, 어찌 성별들이 궤도를 잃겠습니까? 천지의 기운이 이미 화평하면 천둥·번개·벼락이 어찌 그 위엄을 부리며, 바람·구름·서리·눈이 어찌 그 제때를 잃으며, 빛이 나지 않고 음침하거나 흙비가 내리는 사나운 기〔戾氣〕가 어찌 재앙을 만들겠습니까?

하늘은 비와 햇볕과 따사로움과 추위와 바람으로써 만물을 생성하고, 어진 임금은 엄숙과 다스림과 슬기와 계획과 성스러움으로써 위로 천도天

道에 호응하는 것입니다. 하늘이 때맞춰 비를 내리는 것은 바로 임금의 엄숙과 같고, 때때로 햇볕을 쪼여주는 것은 임금의 다스림과 같고, 때때로 따사롭게 하는 것은 임금의 슬기의 효험이고, 때때로 추워지는 것은 계획의 효험이고, 때때로 바람이 부는 것은 성스러움의 효험입니다. 이것으로써 관찰하건대, 천지가 제자리에 위치하고 만물이 육성되는 것이, 어찌 임금 한 사람의 덕을 닦음(修德)에 달린 것이 아니겠습니까?

자사가 말하기를, '오직 천하의 지극한 정(至誠)이라야만 만물을 화육(化育)할 수 있다'라고 하였습니다. 또 '양양洋洋하여 만물을 발육하고 높고 큰 덕이 하늘 끝까지 닿았다'라고 하였으며, 정자가 말하기를, '천덕天德과 왕도王道는 그 요체가 근독謹獨(신독)에 있을 뿐이다'라 하였습니다. 아! 이제 우리 동방의 동식물이 모두 임금의 덕화가 넘치는 속에서 춤추게 되는 것이 어찌 성군(聖主)의 근독에 달려 있지 않겠습니까? 바라건대 집사께서는 천학하고 비루한 제 글을 임금께 아뢰어주신다면, 빈천한 서생이 가난한 집(篳門圭竇)에서 여한을 남기지 않을 것입니다. 삼가 대책을 올립니다.

재변, 재앙

지금 비상한 재난과 참혹한 변괴가 계속해서 나타나고 있는데, 대신들은 어떤 대책을 세워놓았고 성상께서는 어떤 계책을 써서 재난을 중지시키려 하십니까?: 「재앙을 막는 다섯가지 방책을 진술한 차자」 기사(1569)[2]

---

2   「진미재오책차(陳弭災五策箚)」, 1569년(선조 2, 34세) 10월, 『율곡전서』 권3.

지금 비상한 재난과 참혹한 변괴가 계속해서 나타나고 있는 것을 보건대, 하느님께서는 전하를 사랑하시어 반드시 놀라고 두려워하여 떨치고 분발하도록 하려는 뜻이 또한 지극한 것입니다. 훌륭한 계책을 묻고 찾아서 피폐한 정치를 경장하는 것은 바로 이때입니다. 모르긴 합니다만, 대신들은 어떤 대책을 세워놓았으며 성상께서는 어떤 계책을 써서 재난을 중지시킬 방도를 다하려 하십니까? 또한 신의 사사로운 걱정과 지나친 생각인지는 모르겠으나, 재난 중에는 사람들의 계책이 좋지 않은 것보다 더 큰 것이 없으며, 하늘의 변괴는 그다음 차례입니다. 하늘의 변괴로서 해괴하고 경악스러운 것들은 이미 나라 사람들에게 밝게 드러나 성상의 마음을 떨리고 놀라게 했습니다. 신은 삼가 사람들의 계책으로서 좋지 않은 것들을 열거하여 말씀드리려 합니다.

　사람들의 마음은 고질병에 빠져서 인의仁義가 황폐해지고, 선비들의 습성은 나아가 벼슬하는 데만 힘쓰게 되어 염치廉恥가 깨끗이 사라졌습니다. 그리하여 조정에 있어서는 사람을 쓰고 버리는 것이 합당함을 잃고, 좋고 나쁜 것이 공정하지 않게 되었습니다. 간사한 것과 바른 것을 분별하기에 힘쓰지 않고 다만 남의 허물을 얘기하지 않는 것으로써 자기 몸을 보전하는 계책으로 삼고 있습니다. 다스림의 도를 떨쳐 일으키기에 힘쓰지 않고, 전례의 규칙을 준수하는 것으로써 나라를 다스리는 중요한 방도로 여기고 있습니다. 정의감을 가지고 건의를 하는 사람은 경박하고 일을 좋아하는 것으로 지목하고, 옛날을 흠모하여 현재를 개탄하는 사람은 시무時務를 모르는 자로 배척합니다.

　오직 앞뒤 눈치만 살피고, 처음부터 끝까지 두려워하면서 구차하게 벼슬자리만을 보전할 줄 알 따름입니다. 수많은 백성이 도탄에 빠져 있다는 것에 대해서는 까마득히 잊고 있습니다. 조정의 신하들을 둘러보건대, 그 누가 감히 전하를 위하여 치란治亂의 책임을 지고서 정성과 재능을 다하고 있습니까? 비유하면 마치 용양龍驤(진晉나라 무제武帝 때의 장군인 왕준王濬의 호)

의 배처럼 훌륭하고 큰 배가 강물 한가운데 떠 있는데 한 사람도 그 배를 조종하는 책임을 지지 않는 것과 같습니다. 풍랑이 갑자기 닥쳤을 때 뒤집혀 가라앉는 환란을 면할 수가 있겠습니까?

아! 여러 신하가 나라 걱정은 않고 단지 자기들 지위만을 굳히는 것이 비록 나라에는 도움이 안 되지만, 그들은 제각기 자기 집안을 위한 계책은 제대로 세운 셈입니다. 종묘사직이 편안하고 위태로운 것은 바로 전하의 집안일입니다. 전하만이 홀로 자기 집안을 위한 계책을 모색하지 않을 수 있겠습니까? 조야朝野에서는 지금 요순과 하은주 삼왕三王 같은 다스림을 전하에게 소망하고 있습니다. 어찌하여 그다지도 인습에만 안주하며 이 모양이 되었습니까? 전하께서는 자질이 훌륭하지 않은 것도 아니며, 욕심이 적지 않은 것도 아니며, 통치의 대권大權을 모두 장악하지 못한 것도 아니니, 전하께서 잘 다스리지 않는 것은 '하지 않는 것'이지 '할 수 없는 것'이 아닙니다.

어찌하여 인의와 왕도를 부질없는 말로 돌리고, 피폐한 정치의 고질화된 습성을 이미 마련된 법률이라 핑계하며, 아직도 큰 뜻을 분발하여 여망輿望을 위로하지 않습니까? 소신은 벽력같은 노여움도 꺼리지 않고 감히 어리석은 충성을 다하여 삼가 재난을 없애는 계책을 가지고 우러러보며 밝은 살피심을 번거롭게 하는 바입니다.

첫째, 도학道學이 행해지지 않고 훌륭한 다스림이 펴지지 않은 지 지금 이미 수천년이나 되었으나, 본래 하루아침에 갑자기 변혁시킬 수 있는 일은 아닙니다. 그러나 팔을 끼고 빤히 바라보기만 하면서 경장을 꾀하지 않는다면, 끝내 변혁시킬 수 있는 시기는 오지 않을 것입니다. 바라건대 전하께서는 성심聖心을 굳게 정하시어 선왕의 도를 반드시 실행하겠다고 작정하시고, 몸소 인의를 행하심으로써 표준이 되도록 하십시오. 호령을 내리고 법령을 펴심에 한결같이 옛 제도를 따르며, 시작을 올바로 하는 큰 예절에 있어서는 도를 다할 것을 추구하기에 힘쓰십시오. 또한 영의정, 좌의정,

우의정 등 삼공三公에게 명하여 자주 의정부에 나가 앉아 육조六曹의 관리들과 회동케 하십시오.

무릇 경연에서 아뢴 것이나 상소문〔章疏〕에서 논의된 것 중 폐해를 경장하고 백성을 구하는 일과 관계되는 것은 모두 정부에 하달하도록 하십시오. 그리고 조정의 관리와 선비나 백성으로 하여금 만약 좋은 소견이 있다면 모두 정부에 투서하게 하여, 정부는 해당 부서와 이를 상의해서 오늘 한 가지 폐해를 경장하고 내일 또 한가지 폐해를 경장하도록 하십시오. 요컨대 지극한 정성으로 백성들을 구제하는 것으로써 임무를 삼으시고, 쌓여온 폐해를 모두 경장하는 것을 목표로 삼으십시오. 이것이 재난을 없애는 계책으로, 첫째 조목입니다.

둘째, 언로言路가 열리고 막힘은 나라의 흥망에 관계되는 것인데, 전하께서 간언을 따르시는 것이 점차 처음만 못 해가고 있습니다. 가까운 신하들의 시무時務에 대한 상소문은 지나치다고 책망하고, 감찰을 맡은 신하들이 악을 탄핵하는 상소는 뜬소문이라며 그들을 배척합니다. 그러니 사기士氣는 떨쳐지지 않고, 공론公論은 억눌려 있습니다. 이렇게 하면서 사방에 의견을 구한다고 한들, 사방의 선비 중 그 누가 전하를 위하여 의견을 다 아뢸 사람이 있겠습니까? 바라건대, 전하께서는 하늘과 땅 같은 도량을 넓히고 해와 달 같은 총명함을 밝히어, 선善을 받아들임에 정성으로 하여 자신은 버리고 남을 좇으십시오. 여러 관리들에게 묻고 의논하여 그에 대해 응답함을 메아리처럼 빠르게 하십시오. 조정에 있는 선비들로 하여금 그 정성을 다하여 품고 있는 것이 있으면 반드시 토로하도록 하십시오. 그러고 나면 사방의 훌륭한 계책들이 곧 조정으로 모여들게 될 것입니다. 이것이 재난을 없애는 계책으로, 둘째 조목입니다.

셋째, 풍속과 관습이 천박해져서 오직 권세에 붙을 줄만 알고 권세가 없으면 상대가 비웃거나 욕하거나 거들떠보지 않습니다. 근래에 일종의 의론이 한때 성행하였는데 '국구國舅(임금의 장인)께서 나오시면 시비是非가 곧 결정된다'라는 것이었습니다. 아! 당당히 성상께서 지금 친히 모든 정사를 돌보고 계시고, 연로하고 덕망 있는 신하들이 아직도 남아 있습니다. 옛 법도도 그대로 있습니다. 권세를 좇고 아첨하는 무리는 국구에게 정사를 맡기고자 하니, 어찌 인심의 야박하고 악랄한 것이 이 지경에 이르렀단 말입니까? 예전부터 명철하고 정의로운 임금이라면 어찌 일찍이 외척(后族)에게 정치를 맡기어 편안한 다스림을 보전한 일이 있었습니까?

스스로 성상께서 만약 인척들을 좌우에 등용할 뜻이 있다면, 곧 눈치를 보며 아부하는 자들이 벌떼처럼 일어나고 개미 떼 같이 달라붙게 될 것이니, 비록 전하의 명철함으로도 제어할 수가 없을 것입니다. 또한 나라에서 왕비나 세자빈을 맞이할 때는 반드시 대대로 벼슬한 세가(世家)를 택하게 될 것이며, 세가에는 가족이 번성하여 현명한 사람과 그렇지 못한 사람들이 뒤섞여 있을 것이니, 만약 법으로 엄격히 다스리지 않는다면 멋대로 권세를 부리는 폐해가 형세로 보아 반드시 닥치게 될 것입니다. 바라건대, 전하께서는 어질고 현명한 이를 믿고 임용하며 뛰어난 인재들을 널리 구하여 나랏일을 함께 보도록 하십시오. 단, 외척들에게는 일체 권력 있는 지위를 내려주지 마십시오. 상과 벌은 관계 부서에 맡기며 탄핵은 공론에 맡겨 털끝만큼도 사사로움에 매이거나 끌리는 일이 없도록 하십시오. 이것이 재난을 없애는 계책으로, 셋째 조목입니다.

넷째, 서쪽(평안도)과 북쪽(함경도) 두 지방은 텅 비어 있는 것이나 다름이 없어서 만약 어떤 사태가 발생할 경우, 대비할 수 있는 방도가 없습니다. 두 지방 중에서도 북쪽이 더욱 심하여 지킬 만한 백성이 없고 먹을 양식이 없는데, 좋은 방책은 오직 거기에 적절한 인재를 얻는 것입니다. 바라건대, 전하께서는 대신들과 의논하여 만약 변방의 장수가 적임자가 아니라면 속히 바꾸어 임명하고, 이미 적절한 사람이 있다면 따로 교서를 내리어 변화에 대응할 계책을 물으십시오. 그리고 편의에 따라 적절히 일을 처리할 수 있도록 허가하여, 조정에서 먼 곳의 일을 일일이 통제하지 말고 그가 계획대로 할 수 있도록 하십시오. 그리하여 조정의 정치는 한결같이 백성을 보호하는 내치內治를 위주로 하게 되면 아마도 하루아침에 흙무더기 무너지듯 망하는 환난이 없게 될 것입니다. 이것이 재난을 없애는 계책으로, 넷째 조목입니다.

다섯째, 을사사화 때 간신들은 사람을 무참히 죽이고 가짜 공훈功勳에 올라, 귀신이나 사람이 다 같이 분개한 지 20여 년이나 되었습니다. 그런데도 아직 공론이 나오지 않았던 것은 전하께서 전에 상중[服喪]에 계셨기 때문입니다. 지금 성상은 정치를 혁신하여 여러 가지 거짓됨을 바로잡고 계시니, 곧 간신들의 소굴을 소탕하여 국가의 원기元氣를 유지하고 보호해야 할 것이 아니겠습니까? 바라건대, 전하께서는 이미 잘못 정해진 정책에 따르는 일이 없도록 하시고, 구습을 좇아야 한다는 오류를 범하는 일이 없도록 하십시오. 결단을 내리고 위엄을 보여 거짓 공로를 모두 깎아내시고 간사한 무리를 추가로 벌하여, 이것을 종묘와 사직에 알리고 온 나라와 더불어 혁신하십시오. 이것이 재난을 없애는 계책으로, 다섯째 조목입니다.

하늘의 뜻은 그윽하고 원대하여 비록 다 헤아릴 수는 없다고 하더라도 변화를 내리어 위세를 보이니, 반드시 거기에 대한 반응이 있어야만 합니다. 호응이 빠르면 그 환난이 그래도 가벼워질 것이나, 호응이 더딘 것은 두려워할 만한 일입니다. 이른바 두려워하며 덕을 닦고 반성한다는 것은 말로만 하는 것이 아니라 실질적인 공적功績을 통해서 해야 합니다. 어찌 옛 습성을 지키며 하던 대로 따르면서, 크게 처리하고 분별함이 없을 수가 있겠습니까? 한漢나라의 신하 유도劉陶(후한 영제 때 인물)가 상소에 말하기를 "천재天災는 살갗과 피부에 아픔이 느껴지지 않고 지진과 일식·월식은 바로 성상의 몸에 손상을 끼치는 게 아닙니다. 그래서 해와 달과 별의 이변을 무시하고 하느님의 노여움을 가벼이 여기게 되는 것입니다"[3]라고 하였

---

3   『후한서』「유도전(劉陶傳)」상소진사(上疏陳事).

습니다.

이것은 진실로 오늘날의 좋은 약〔藥石〕이 되는 말입니다. 소신은 말씀을 아룀에 있어서 스스로 버릇이 없고 참람되었다는 것을 압니다. 사태가 급박하여 말씀을 편안히 하지 못하고 마음이 아파서 소리를 낮추지 못하는 것입니다. 바라건대, 성상의 명철하심으로 살펴주십시오.

무실務實, 변통變通, 경장更張

혁폐법, 구민생, 지금 국가의 형세는 마치 큰 집이 무너질 날만을 손꼽아 기다리는 꼴이어서 모든 법도가 무너지고 나라의 근본이 피폐해졌으니, 아홉가지 폐단을 개혁함으로써 민생을 구제해야 합니다: 「옥당에서 시폐를 진술한 상소」 기사(1569)[4]

신이 지금 국가의 형세를 살펴보건대, 비유하자면 마치 만칸의 큰 집을 지은 지 여러 해 지나도록 손질하지 않은 상태와 같습니다. 큰 집이 옆으로 기울어지고, 위에서는 비가 새며, 대들보와 서까래는 좀먹고 썩어가고 있으며, 단청은 다 벗겨졌는데 임시로 기둥을 받치고 동여매어 구차하게 하루하루 넘기고 있는 것과 같습니다. 만약 분연히 떨치고 일어나 여러 가지 재목을 모으고 장인〔工人〕들을 모아 집을 뜯어고쳐 새롭게 하지 않는다면, 대들보가 부러지고 집이 무너질 날만을 손꼽아 기다리는 꼴이 될 것입니다.

삼가 생각건대, 전하께서는 성명하신 자질로 위급한 시기에 당면하여, 정성을 다해 다스림을 추구하며 나랏일에 마음을 쏟으신 지 이제 3년이나

---

4   「옥당진시폐소(玉堂陳時弊疏)」, 1569년(선조 2, 34세) 9월, 『율곡전서』 권3: 『율곡전서』 권33, 「연보상」, 기사 3년【선생삼십사세先生三十四歲】, "九月⋯與同僚上疏, 論時務九事".

되었습니다. 그러나 하늘의 마음은 기뻐하지 않고 백성들의 힘은 다하였는데, 장마와 가뭄이 때 없이 닥치고 농사에는 병충해가 잦습니다. 일식과 월식, 별들의 괴상한 징조가 나타나고, 천둥과 번개도 절도를 잃었으며, 벌레들이 날아 하늘을 뒤덮는 등 이상한 변괴가 일시에 일어나고 있습니다. 재난이란 저절로 생겨나는 것이 아닙니다. 재앙〔災孽〕이란 사람으로 말미암아 일어나는 것이니, 거기에 잘 대응하면 전화위복이 되고 잘못 대응하면 온갖 재앙이 내리게 되는 것입니다. 전하께서는 어찌 척연惕然히 놀라며 경계하지 않을 수 있겠습니까?

『주역』「태괘泰卦」의 「구이九二」에는 "거친 것을 포용하고, 황하를 걸어서 건너는 용기를 쓴다〔包荒, 用馮河〕"라고 하였습니다. 정자는 이것을 풀이하여 『역전易傳』에서 "사람들의 감정이 안일하고 방종하면 곧 정치가 느슨해지고 법도가 해이해져 모든 일에 절도가 없어진다. 반드시 거칠고 더러운 것을 포용하는 도량을 지니고 있어야 그 정사가 관대하고 여유가 있으면서도 빈틈이 없게 되며, 사리에 따라 폐단을 개혁하므로〔弊革事理〕 사람들이 편안해지는 것이니, 그 까닭은 '거친 것을 포용함'에 있는 것이다. 예부터 태평한 세상도 반드시 점점 쇠퇴하였는데, 이는 대체로 안일한 습성에 젖어 인습만 따르기 때문이니, 스스로 결단력〔剛斷〕이 있는 임금과 영특한 신하가 아니라면 우뚝하게 솟아 분발함으로써 그 폐해를 개혁하지 못하는 것이다. 그러므로 '황하를 걸어서 건너는 용기를 쓴다'라고 한 것이다"라고 하였습니다.

비록 태평성대라 하더라도 안일한 습관에 젖으면 쇠퇴하고 마는데, 하물며 우리나라는 권세 있는 간신들이 정치를 어지럽혀 고질병〔痼疾〕이 된 지 20여 년이나 되었습니다. 모든 법도가 무너지고 나라의 근본이 피폐해졌으니, 지금 만약 인습만 따르고 고식적姑息的으로 세월만 보낸다면 나랏일은 날로 어긋나 장차 손쓸 수 없게 될 것입니다. 반드시 '거친 것을 포용하는 도량'으로 여러 훌륭한 인재를 받아들이고, '황하를 걸어서 건너는

용기'로 구습을 씻어낸〔洗滌舊習〕연후에야 온갖 폐단을 개혁하고〔百弊可革〕
공적을 빛낼 수 있을 것입니다.

지금 전하께서는 3년상〔服喪〕을 막 마치고 여러 신하들을 맞아 나랏일을
꾀하시니, 이 역시 정치의 새로운 시작입니다. 마땅히 덕을 새롭게 하여 하
늘의 큰 명령〔大命〕에 보답해야 할 것입니다. 하늘과 사람이 감응하는 기틀
과 올바름과 사악함이 소멸하고 자라나는 기틀, 그리고 세상의 올바른 도
가 오르내리는 기틀이 모두 오늘에 달려 있습니다. 하늘이 인애로운 마음
으로 재변을 내려 성상을 경계하고 두렵게 함으로써 정치의 도를 떨쳐 일
으켜 위대한 업적을 이룩하게 하려는 것인지 어찌 알겠습니까? 신등은 모
두 미거未舉한 사람들로, 경연에 대죄待罪(처벌을 기다림)하고 있습니다. 위
로는 하늘의 이변을 보고 아래로는 사람의 일을 살펴, 깊은 근심으로 침식
조차 편치 않기에, 이에 심혈을 기울여 감히 보잘것없는 성의나마 다하고
자 합니다.

가령 성상의 뜻을 안정시킴으로써 실효를 추구하고, 도학을 숭상함으로
써 인심을 바로잡고, 기미幾微를 잘 살핌으로써 사람을 보호하고, 대례大
禮를 신중히 함으로써 배필을 소중히 하고, 기강紀綱을 떨침으로써 조정을
정숙하게 하고, 절검節儉을 숭상함으로써 나라의 경제를 여유있게 하고,
언로를 넓힘으로써 여러 계책을 모으고, 현명한 인재를 거두어들임으로써
하늘의 직책을 함께 수행하고, 폐단이 있는 법을 개혁함으로써 민생을 구
제하는 것 등 아홉가지는 모두가 전하께서 마땅히 힘써야 할 일로서, 하나
라도 빠뜨려서는 안 될 것들입니다.

오늘날 폐해를 구제하는 계책은 오직 종래의 관습을 변혁하고, 백
성을 살려내며, 억울한 원한을 씻어주는 것입니다. 「의진시폐소」 경오
(1570)[5]

오늘날의 폐해를 구제할 방책은 수백가지라 하나 모두 시행하기 어렵습니다. 오직 종래의 관습을 변혁하여 재물을 늘리고, 백성을 살려내며, 억울한 이들의 원한을 씻어줌으로써 백성들의 마음을 위로하고 기쁘게 해주는 길이 있을 따름입니다. (…) 아, 소인배들이 나라를 그르치고 정치를 어지럽혀도, 그 간사한 꾀(奸計)는 한때나 통할 뿐이지 뒷날까지도 밝은 눈을 속일 수는 없습니다. 을사년의 흉악한 무리는 이미 죽었음에도 그 잔재가 여전히 사람들의 입을 막고 있어, 우리 전하로 하여금 그들의 간악한 실상을 꿰뚫어보지 못하게 가로막고 있습니다. 신은 참으로 통탄하고 있습니다. 신과 사람들의 분노는 세월이 갈수록 더욱 깊어지고 있습니다. 하늘에 계신 역대 임금님들과 천지신명이 이 모든 것을 밝게 지켜보고 계시며, 반드시 진노하시어 전하의 손을 빌려 바로잡으려 하실 것입니다.

근래에 백인걸(白仁傑)이 이 일의 단서를 약간 들추어냈으나 그 뒤를 잇는 자가 없습니다. 조정은 침묵하는 것이 습성이 되어 바른말을 하는 기풍이 없어졌음을 알 수 있습니다. 기유년의 옥사는 실로 을사사화에서 비롯된 것입니다. 나이 어린 철없는 아이(이홍윤)가 그의 아버지가 억울하게 죄를 뒤집어쓴 것에 분개하여 원망하는 말을 좀 내뱉었을 뿐인데, 결국 형이 동생을 고발하는 참혹한 천륜의 변괴로 이어지고 말았습니다. 이때가 마침 간사하고 흉악한 무리가 권세를 잡고 위세를 떨치려던 시기였기에, 이를 빌미로 마침내 큰 옥사가 이루어져 무고한 사람들이 수없이 죽었습니다. (…)

바라건대 전하께서는 억울하게 죽은 제현들에게 은총을 베푸시고, 사화

---

5 「의진시폐소(擬陳時弊疏)」, 1570년(선조 3, 35세) 5월, 『율곡전서』 권4 제하 주석 '경오'; 『남계문집(南溪文集)』 권85, 「율곡이선생연보상(栗谷李先生年譜上)」, 사년경오(四年庚午)【선생삼십오세先生三十五歲】, "五月, 擬上封事陳時弊, 不果, 時旱災益甚, 上又下敎求言, 先生乃上疏凡六條".

를 꾸민 간신들에게는 노여움을 보여주십시오. 특명을 내려 모든 억울함을 씻어주시고, 그들의 관직〔職牒〕을 다시 주시며 몰수했던 재산도 돌려주십시오. 반대로 그 당시 권세를 휘둘렀던 간사하고 흉악한 무리의 관작을 모두 박탈하고 거짓된 '위사공신'이란 공훈을 삭제하십시오. 또한 이 사실을 종묘사직에 고하고 온 나라와 함께 새롭게 혁신하도록 하십시오. 이렇게 하신다면 위로는 조상님들의 영혼을 위로하고, 아래로는 조야에 오랫동안 쌓였던 분노를 풀어주어 민심이 기뻐하고 하늘의 뜻도 역시 되돌아올 것입니다.

옛날 송나라 신종神宗은 정협鄭俠(왕안석의 신법에 반대한 인물)이 바친 유민도流民圖를 보고 신법新法의 폐단을 깨달아 즉시 폐지하도록 명했습니다. 그러자 백성들은 모두 손뼉을 치고 춤을 추며 기뻐했고, 오랫동안 계속되던 가뭄이 그치며 비가 내렸다고 합니다. 오늘날에도 그와 같은 감응이 있을지 어찌 알겠습니까? 소신은 어려서 부모님을 여읜〔喪患〕 뒤 큰 충격을 받아 몸과 마음이 쇠약해졌습니다. 지금에 와서는 그 증세가 더욱 심해져 정신이 흐릿하고 비장과 위장이 더욱 상하여 가슴이 꽉 막힌 듯합니다. 본래 능력이 부족한 데다가 병마저 겹쳐 있으니, 임금을 보좌하는 막중한 직책을 수행하기에 부족입니다. 국가의 끝없는 은혜에 보답할 길이 없어 밤낮으로 탄식하며 슬퍼할 뿐입니다.

진실로 나라를 이롭게 하고 백성을 편안하게 할 수만 있다면, 신은 결코제 한 몸을 아끼지 않겠습니다. 문득 가슴속에 품은 요지를 이렇듯 진술하여 국정에 조금이나마 도움이 되기를 바랍니다. 바라건대 전하께서는 사람을 보고서 그 말을 폐기하지 마십시오. 조정(묘당)에 물어보신 뒤에 이를 시행해보십시오. 만약 몇 년 안에 나라가 풍요해지지 않고 백성들의 삶이 나아지지 않으며, 하늘〔天心〕이 기뻐하지 않아 곡식이 잘 자라지 않게 된다면, 그때는 신을 임금을 속인 죄〔誣妄罪〕로 다스려주십시오. 그리하여 분수도 모르고 정사를 논하는 자들에게 경계가 되게 해주십시오.

어리석은 신이 경장을 주장하는 말씀을 올릴 때마다 전하께서 매우 듣기 싫어하시는데, 그 까닭이 무엇이겠습니까?: 「전교에 응하여 시정을 논한 상소」 무인(1578)[6]

오늘날 이른바 옛법을 지키자고 외치는 자들은 조종이 남긴 법도에 대해서는 빈 껍데기뿐인 명분만 내세울 뿐 실속이 없고, 근래에 생긴 폐단 있는 법령에 대해서는 그저 전례를 따르는 데만 급급해 고칠 줄을 모릅니다. 정치가 흥성하지 못하고 백성이 곤경에 처한 까닭이 바로 여기에 있습니다. 전하께서 진실로 뜻있는 정치를 펴고자 하신다면, 비록 조종의 옛 법도라 할지라도 잘 헤아려 시대에 맞게 변통하셔야 합니다. 하물며 권간權奸들이 만든 '백성을 병들게 하는 법'이야 개혁하기를 마치 화재를 진압하고 물에 빠진 사람을 구하듯 절박하게 하셔야 마땅합니다. 무엇 때문에 굳이 이를 고수하며 나라를 위태로운 멸망의 길로 몰아넣으십니까?

지금의 논자들은 흔히 "법대로만 하면 큰 탈은 없으나, 법을 고치는 일은 당대의 천재적인 재사才士가 아니면 불가능하다"라고 말합니다. 그럴싸해 보이지만 실상은 그렇지 않습니다. '법을 따르는 정치'란 그 법이 다스림에 유용할 때나 하는 말입니다. 지금처럼 백성을 쥐어짜는 악법을 지키면서 태평성대를 바라는 것은, 연목구어緣木求魚보다도 어리석은 짓입니다. 또한 연산군 시절 정해진 공안貢案 같은 것은 임사홍 무리가 만들어 놓은 적폐에 불과합니다. 그런 자들이 만든 법을 고치는 데 어찌 대단한 천재가 필요하겠습니까?

만약 오늘날 그릇된 전철을 바로잡지 않는다면, 비록 성군이 위에서 노심초사하고 현명한 재상이 아래에서 온 힘을 다한다 해도 백성의 고통은

---

6   「응지론사소(應旨論事疏)」, 1578년(선조 11, 43세) 6월, 『율곡전서』 권6.

끝내 구제하지 못할 것이며 나라는 망하고 말 것입니다. 비유하자면, 조상이 물려준 큰 집을 지키는 후손이 수십년간 수리 한번 하지 않아 기둥이 썩고 기와가 깨져 금방이라도 무너질 형세가 되었다고 칩시다. 이때 팔짱만 끼고 앉아 구경하는 자를 '조상을 잘 받드는 자'라 하고, 썩은 재목을 갈고 기와를 바꾸는 사람을 '집을 망치는 자'라고 할 수 있겠습니까? 옛사람이 말하기를, "남의 말을 들을 때는 반드시 그 말이 사실인지 검증해야 한다. 그러면 사람들은 감히 함부로 말하지 못하게 될 것이다"라고 하였습니다.

어리석은 신이 경장更張을 주장하는 말씀을 올릴 때마다 전하께서 매우 듣기 싫어하시는데, 청하건대 그에 관한 실제 일로써 증명하고 시험해보시기를 바랍니다. 전하께서 관례를 따르고 옛 방식만을 고수해오신 지 지금 10년이 넘었습니다. 만약 그 다스림의 도리가 옳았다면 마땅히 공적이 이루어지고 제도가 안정되어 위아래가 모두 편안해야 합니다. 그러나 시간이 흐를수록 온갖 폐단만 더욱 생겨나고 정사는 날로 문란해지며 기강은 무너지고 있습니다. 백성의 삶은 날로 고통스러워지고 풍속은 퇴폐해져 온 나라가 마치 둑이 터진 강물처럼 되어 감히 막을 수 없게 되었으니, 그 까닭이 무엇이겠습니까? 전하께서도 역시 이러한 현실을 알고 계실 터인데, 어찌하여 이를 돌이켜 생각해보지 않으십니까? (…)

지난해 겨울, 전하께서는 원흉들의 은밀한 술책을 밝게 통찰하셨습니다. 인성왕후의 숭고한 뜻을 받들어 을사사화 당시의 가짜 공훈을 삭탈削奪하도록 명하셨고, 국시國是를 바로잡아 원흉들의 뿌리와 지엽까지 모두 잘라내셨습니다. 이것은 성상의 결단으로 이루어진 일로, 신하들의 생각을 훨씬 뛰어넘는 위업이었습니다. 덕분에 30년에 걸친 신령과 백성들의 통분痛憤을 하루아침에 조금의 여한도 남김없이 깨끗이 풀어주셨습니다. 온 나라 사람들이 서로 경하하며 장애가 있는 이들조차 손뼉을 치며 기뻐하였으니, 이처럼 명분을 바로잡은 조치로 말미암아 다시금 올바른 다스림에 대한 희망이 생겨났습니다. 이것도 역시 올바로 다스릴 수 있는 기회입니다.

전하께서는 이미 두번이나 그러한 기회를 잃으셨는데, 지금 어찌 차마 세번이나 또 잃을 수야 있겠습니까? 아, 전하께서 자신을 수양하고 백성을 다스리는 성군이 되지 못하는 것은 하지 않는 것이지 못하는 것이 아닙니다. (…) 바라옵건대, 전하께서는 신하의 사람됨만 보고 그의 진언을 외면하는 일이 없도록 해주십시오. 또한 제가 듣기로 학교는 풍속 교화(風化)의 근본이라 하였습니다. 지금 학교가 황폐해진 지 이미 오래되었으니 교화가 어디서 시작될 수 있겠습니까? 성균관은 학문을 일으키기에 역부족이고 지방의 향교는 더욱 처참한 실정입니다. 근래 곳곳에 서원을 세워 학문에 뜻을 둔 선비들을 양성하는 데 적지 않은 도움이 되고 있으나, 스승〔師長〕을 제대로 모시지 못해 유생들이 방자하게 행동하며 배움의 성과를 거두지 못하고 있습니다.

국가에서 서원을 세운 본뜻이 결코 이와 같지는 않았을 것입니다. 일각에서는 서원의 폐단을 비난하며 폐지하자는 주장도 나오나, 이는 분노에서 비롯된 극단적인 의견일 뿐 올바른 논의는 아닙니다. 신이 간절히 바라는 바는, 큰 고을의 서원에 중국의 제도를 본떠 동주(洞主)나 산장(山長) 같은 인원을 두는 것입니다. 동몽교수(童蒙敎授)의 예에 따라 약간의 봉급을 지급하되, 학문과 행실이 뛰어나 사표(師表)가 될 만한 이나 은퇴한 관료를 엄선하여 직책을 맡기십시오. 이들이 유생들을 인도하고 통솔한다면 교육의 효과가 분명히 나타날 것이며, 훗날 국가가 필요한 인재를 얻는 소중한 기반이 될 것입니다.

신처럼 부족한 사람은 중앙이나 지방 어디에서도 쓸모가 없겠으나, 오랫동안 학문에 정진해왔기에 미천한 소견이나마 지니고 있습니다. 만약 저를 해주서원(海州書院)의 산장으로 임명해주시어 아이들을 가르치고 학업의 기초를 잡아주도록 허락하신다면, 그리고 더 이상 부르지 마시고 제 분수대로 편안히 지내게 해주신다면 전하의 조정에는 버려지는 인재가 없을 것이요, 신 또한 헛되이 녹봉만 축내지 않게 될 것입니다. 이는 곧 『주례周禮』에서 향대부鄕大夫가 백성을 가르치던 옛 법도를 잇는 길입니다. 전하께서 이를 대신들과 상의하여 제도로 정착시키신다면 국가의 교화를 위해서도 큰 도움이 될 것입니다. 이미 임금님의 높으신 질문을 받았기에 미천한 소견이나마 숨김없이 아뢰었습니다. 충정을 쏟아내다 보니 말의 분수를 넘었습니다. 부디 전하께서는 너른 마음으로 살피어 용납하여주시옵소서.

지금 백성을 살리는 것이 오늘날의 가장 급선무입니다: 「사간원에서 폐법의 변통을 청하는 차자」 신사(1581)[7]

아! 신등이 살펴보건대, 지금 하늘의 진노가 이미 극에 달하였고 백성의 생업은 바닥이 났습니다. 재해가 겹치고 기근이 거듭 닥쳐 굶어 죽은 자가 길에 가득하며, 공사의 재정이 고갈되어 종묘와 사직이 마치 바람 앞의 등불처럼 위태롭습니다. 만약 변방의 근심이 밖에서 일어나고 못된 백성이 안에서 순종하지 않는다면, 방어할 군사도 없고 먹일 양식도 없으니 기와가 깨지고 흙이 무너지는〔土崩瓦解〕 참담한 형세가 당장 닥칠 것입니다.

지금 만약 어찌할 수 없다고 체념하여 앉아서 망하기를 기다린다면 진실로 도모할 방법이 없겠습니다. 그러나 죽음 속에서 삶을 구하고 반드시 시세를 바로잡아 백성을 구제하며 천명天命을 이어가려 한다면, 크게 일을 해야 할 때는 진실로 오늘날만 한 때가 없습니다. 신등의 변변찮은 말이 혹시라도 하늘을 감동하게 할 희망이 있을지 모르겠습니다. 아! 참으로 평온할 때 미리 끝없는 걱정을 하여 대비하였다면 국가의 형세가 어찌 오늘날처럼 위태로운 지경에 이르렀겠습니까? 오늘날 어려움을 구제하는 것은

---

7 「사간원걸변통폐법차(司諫院乞變通弊法箚)」, 1581년(선조 14, 46세) 5월, 『율곡전서』 권7.

비유하자면 7년 묵은 병에 3년 묵은 쑥을 구하는 격이라 형세를 갑자기 마련하기는 어렵습니다. 비록 그렇다 하더라도 지금부터라도 준비한다면 훗날에 쓸 수 있을 것이니, 아무 방책 없이 병을 키우는 것보다 낫지 않겠습니까?

신등은 생각건대, 백성은 생업의 근본을 잃어버리고 나라는 의지할 곳이 없으니, 재물을 늘리고 백성을 살리는 것이 오늘날 가장 급선무입니다. 이 두가지 방책은 이익만을 좇아 축적을 추구해서도 안 되며, 옛것에 얽매여 폐단을 고수해서도 안 됩니다. 신등이 이에 대한 방책을 올리니 굽어살펴주십시오. 우리나라는 토지세〔賦稅〕는 가볍게 하고 특산물 공납〔貢物〕은 무겁게 부과하여, 토지세는 수확량의 30분의 1 수준에 가깝습니다. 그런데 근래에는 해마다 흉년이 들어 재해를 입은 곳이 절반이 넘고, 게다가 아전들은 수령을 속이며 수령은 명예를 얻고자 하여 세금 징수를 더욱 가볍게 하니, 이는 맥貊(중국 북방 나라 이름, 20분 1 부세)나라의 방식보다 더 심합니다. 역대 선왕들이 다스리던 때〔祖宗朝〕와 비교하면 세입이 3분의 1에도 미치지 못합니다.

그러나 경비의 지출은 일체 옛 규례를 따르고 있습니다. 수입을 헤아리지 못하여 한해의 수입으로 지출을 감당할 수 없습니다. 그 때문에 해마다 옛날 저장된 것을 가져다 써서 조종께서 비축해둔 것이 날로 줄어들고, 2백년 동안 축적해온 국고가 한해도 버티지 못하게 되었으니 참으로 애통한 일입니다. 지금 이를 경계하여 세금을 더 부과하자니 백성의 재물을 이미 다 착취하여 더 거둘 것이 없으므로, 반드시 먼저 백성의 오랜 고통을 풀어주고 민심을 위로한 뒤에야 세금을 징수하는 것이 마땅하겠습니다.

공안貢案(공물 장부)의 결정은 민호民戶의 빈부나 토지의 많고 적음, 물산의 유무를 헤아리지 않고 다만 군읍 등급의 높낮음으로 경중을 삼고 있습니다. 게다가 그 지방의 토산물이 아닌 것을 배정하기 때문에, 방납防納하는 무리에게 대가를 치르는 것을 면치 못합니다. 이들이 중간에서 농간을 부리고〔勾蹱〕 가로막아〔阻遏〕 10배의 이익을 취하므로, 이익은 아전들에게 돌아가고 나라와 백성은 모두 궁핍해졌습니다. 진실로 공안을 개정하여 민호와 토지 결수結數로 공물의 양을 정하되, 반드시 그 지방의 토산물로 바치게 한다면 백성의 힘이 절반만 펴지더라도 거꾸로 매달린 고통을 풀어주는 것과 같을 것입니다. 따라서 적절함을 참작하여 세금을 거두고, 수입을 헤아려 지출을 계획함으로써 늘 남은 저축이 있게 한다면 국가 재정은 점차 넉넉해지고 백성의 노고 또한 덜어질 것입니다.

또한 생각건대, 백성의 삶이 편안하고 그렇지 않음은 수령에게 달려 있고, 수령의 근태는 감사(관찰사)에게 달려 있습니다. 우리나라는 땅이 좁아 사방이 1천 수백리에 불과한데 주읍州邑을 쪼개어 그 수가 3백이 넘으며, 더러는 읍은 있어도 백성이 없는 곳도 있습니다. 관리가 이미 많아져서 그 자질을 정밀하게 가리기 어려우며, 백성이 적은 고을은 부역의 고통이 더욱 심합니다. 주군州郡을 통폐합하여 관원의 수를 줄이는 계책은 성상의 뜻에서 나왔으므로 마땅히 시급히 봉행해야 합니다. 그런데 감사는 임기가 1년에 불과하여, 세속만 적당히 따르는 사람은 구차하게 날만 보내고, 직무를 다하려는 사람은 미처 시행을 보지 못합니다. 그래서 분주하게 자주 교체됨에 역로驛路만 번거로우며, 위아래가 서로 결속되지 못하여 위급할 때 영이 서지 않으니 이는 작은 일이 아닙니다.

경상도를 예로 들자면 군읍이 너무 많아서 감사 한 사람의 힘으로 두루 살필 수 없습니다. 이제 만약 경상도를 좌·우도로 나누고, 각 도의 큰 고을에 감영을 설치하여 감사가 그 고을을 겸임하게 하되, 가족을 데리고 가서 다스리게 하여 오랫동안 임무를 맡겨 성과를 내도록 해야 합니다. 조정 신하 중에 목민牧民과 통솔의 재능이 있어 장차 재상감으로 기대되는 자〔公輔〕를 특별히 가려 제수한다면, 상벌이 공명하여 고을들이 다투어 힘쓰고 행정이 완숙해져 백성들이 그 혜택을 입을 것이니, 이는 결코 빈말이 아닙니다. 재물을 늘리고 백성을 살리는 계책은 일일이 들기 어려우나, 지금 시행하기 쉬운 것은 대략 이와 같습니다. (…)

전하께서 만약 국사를 진흥하여 위망의 형세를 구제하려 하신다면, 반드시 특출한 인재를 등용해야 합니다. 관직에 맞는 사람을 가리고 준재俊才를 초빙하여 그들이 모두 진출하게 한 뒤에야 국가의 일이 거의 될 만할 것입니다. 그러나 어진 이와 간사한 이를 분별하는 것은 임금의 마음이 밝고 어두움에 달려 있습니다. 예로부터 아무리 무도한 임금이라도 어찌 스스로 망하기를 바랐겠습니까? 다만 마음〔心術〕이 밝지 못하여 사람을 알아보지 못했기 때문입니다. 크게 간사한 자〔大姦〕는 충성스러운 듯하고, 크게 교활한 자〔大佞〕는 지혜로운 듯하며, 바른 도를 지켜 아첨하지 않는 자는 과격〔矯激〕해 보이고, 나아가기는 어렵게 여기고 물러나기를 쉽게 여기는 자는 대가를 요구하는 듯 보입니다.

뜻에 순종하는 자는 임금을 사랑하는 것 같고, 세속에 따르는 자는 순후한 것 같으며, 마음을 합해 힘을 다하는 자들은 붕당을 만드는 것 같고, 악을 미워하고 잘못을 배척하는 자는 자기와 뜻이 다른 자를 배척하는 것 같습니다. 그러므로 군자를 소인이라 하고 소인을 군자라 하여 인사가 잘못되고 인심이 복종하지 않아, 정치는 어지러워지고 백성은 흩어지게 되는 것입니다. 임금으로서 참으로 인재를 얻어 정치를 하려 한다면 반드시 먼저 마음을 밝혀 사람을 평가하는 기준을 바르게 해야 합니다. 그리고 마음의 밝음은 학문에 달려 있습니다. 이것이 옛날 명덕明德을 천하에 밝히려는 이는 반드시 격물格物·치지致知, 성의誠意·정심正心으로부터 시작한 까닭입니다. (…)

신등의 소견을 이미 대강 아뢰었으나, 또 한가지 드릴 말씀이 있습니다. 신등이 듣건대 화기和氣는 상서로움을 부르고 괴기乖氣(어그러진 기운)는 재앙을 부른다고 합니다. 이는 비록 늙은 선비의 평범한 말이지만, 고금을 통해 보아도 실로 이 이치에서 벗어나지 않습니다. 지금 이 말을 가지고 시국을 살펴보면 기운이 어그러져 화목하지 않은 것이 아니겠습니까? 아! 선비로서 임금을 사랑하고 나라를 걱정하는 이는 성군을 만나 요순시대의 정치를 회복하고자 하면서도, 구태에 젖어 그럭저럭 태만해져 정치는 이루어지지 않고 시대는 태평해지지 않으므로 모두 답답하고 근심스런 마음을 품고 있습니다.

세속의 무리로서 지위가 높은 이는 맑은 여론[淸議]에 용납되지 못하고 매양 지탄받으므로, 비록 부귀를 누려도 영광이 없어 모두 분하고 두려운 마음을 품어 평화롭지 못합니다. 조정 신하들 사이에서도 견해가 같지 않아 의논이 갈라져 통일되지 않으며, 게다가 동인東人이니 서인西人이니 하는 말이 없어지지 않아 서로 터놓고 협동하지 못하고 시기함을 면치 못하는 실정입니다. 아래로 백성들에 이르러서는 기아와 곤궁으로 노약자는 구렁텅이에 죽어 넘어지고 장정들은 사방으로 흩어져, 시름하고 원망하는 기운이 하늘에 사무치고 있습니다. 위로 조정에서 아래로 민간에 이르기까지 조금도 즐거운 마음이 없으니, 화기和氣가 어디에서 나오겠습니까? 천지의 조화로운 기운이 손상되어 수재水災와 한재旱災를 초래하는 것은 필연적인 이치입니다.

전하께서 온 나라에 군림하여 백성의 부모가 되셨으니, 이를 보고서도 구제하여 바로잡지 않으시면 되겠습니까? 이는 전하께서 한번 방향을 바꾸시는 데 달려 있을 뿐입니다. 전하께서 진실로 사류士類들을 발탁하여 어질고 능한 이를 임용하되, 지나친 이는 억누르고 모자란 이는 이끌어주어 그들과 함께 난국을 구제하고 태평성대를 이루어나가야 할 것입니다. 그리고 세속의 사대부라 하더라도 또한 죄악이 있어 버려야 할 자들이 아니라, 다만 연공서열에 따라 올라가 재능이 관직에 맞지 않을 뿐입니다. 전하께서 또한 너그러운 도리로 대우하여 작록爵祿을 보전하도록 하고, 그 사이에 재능이 있는 이는 능력에 따라 임용해야 합니다.

또 조정 신하들이 서로 화합하지 못하는 것도 쌓인 원한이 있어서가 아니라, 다만 식견이 높지 못하고 의혹이 풀리지 않아서 그럴 뿐입니다. 마땅히 동인이니 서인이니 하는 것을 씻어버려 터럭만 한 흔적도 없도록 하고, 오직 그 사람의 재능과 기량만 살펴보아서 임용해야 합니다. 이와 같이 하여 세월이 오래가면 저절로 화평해질 것입니다. 조정이 화평해지고 어질고 유능한 이가 일을 맡으면 정치는 행해지고 백성은 편안해져서 사방이 기뻐하고 천지의 화기和氣가 응할 것입니다. 바라옵건대 전하께서는 유념하여 과감히 살피십시오.

신등이 언로를 맡은 관직에 있으면서 이처럼 근신하고 반성해야 할 시기를 당하여, 재능은 없고 계책은 부족해 구제할 방법을 알 수 없으므로 잠자리에 들어도 편치 않고 음식을 먹어도 달지 않습니다. 하찮은 충성심에 책임을 감당할 길이 없어 지극히 떨리고 두려움을 견딜 수 없습니다.

신이 늘 경연에서 개혁해야 할 것으로 아뢴 것은 공안 개정, 관원 감축, 감사 구임, 이 세가지가 핵심인데, 경장하지 않으면 나라가 망할 것이니 가만히 앉아 망하기를 기다리는 것이 어찌 경장하는 것만 같겠습니까?: 「시폐를 진술한 상소」 임오(1582)[8]

지금 나라의 위태로움은 명백하여 '중간의 지혜'라도 민망히 여겨 탄식할 것인데, 전하께서는 '최상의 지혜'를 지니시고도, 위로는 하늘과 조상〔祖宗〕이 맡기신 책임에 보답하지 않으시고, 아래로는 신민의 간절한 갈망에 답할 치안의 방책을 끝내 마련하지 않으시니 어찌 된 일입니까? 전하께서 어린아이도 아는 나라의 위기를 어찌 모르실 리 있겠습니까? 이미 알고 계신다면, 무엇을 믿고 정사를 하면서 나라를 보전할 계책은 세우지 않으십니까? 아, 위태롭습니다. 신은 죽음을 무릅쓰고 나라가 위태로운 실상을 말씀드리겠습니다. 세속은 인습因襲에 젖어 있고, 공적功績은 식지食志(벼슬

---

8   「진시폐소(陳時弊疏)」, 1582년(선조 15, 47세) 9월, 『율곡전서』 권7.

욕심)에서 무너지며, 정사政事는 근거 없는 논의(浮議)에 어지러워지고, 백성은 쌓인 폐단에 곤궁해지고 있으니, 이 네가지가 큰 항목입니다. (…)

옛날부터 선대의 가업을 계승한 군주가 나라를 잘 지키는 방법에는 두가지가 있습니다. 치세治世를 계승하면 그 법만 따라서 다스리고 난세를 계승하면 그 폐단을 개혁하여 다스립니다. 그 일은 다르나 그 방도는 같습니다. 그러므로 진서산眞西山(진덕수)이 말하기를, "마땅히 따라 지켜야 할 경우에 따라서 지키는 것은 본디 계술繼述이지만, 마땅히 변통해야 할 경우에 변통하는 것도 역시 계술이다" 하였으니, 이것은 참으로 바꾸지 못할 정론定論입니다. 지금 전하께서는 누적된 폐단(積弊)의 시대를 물려받으셨으므로 마땅히 경장의 대책(更張之策)을 강구하셔야 합니다.

그러나 개정하는 것을 지나치게 어렵게 여기시어 변통에 관한 조언을 전혀 받아들이지 않으십니다. 비유하자면, 낡은 집의 재목이 썩어 금방이라도 쓰러질 듯한데도 서까래 하나 갈지 않고 기둥 하나 고치지 않은 채, 집이 무너지기만을 앉아서 기다리는 것과 같습니다. 이것은 무슨 일입니까? 비록 조상이 세운 법이라 할지라도 시간이 흐르고 사정이 변하면 그대로 행하기 어려운 것이 생기기 마련입니다. 그리하여 건국 초기에『경제육전』을 썼고, 세조께서는『경국대전』을 만드셨으며, 성종 이후에도 수많은『속록』을 펴냈습니다. 이것이 어찌 경장하기를 좋아해서였겠습니까(好爲紛更)? 오직 시대의 요구에 적절히 맞추기 위해(權時適宜之策) 부득이하게 내린 대책이었습니다.

하지만 지금은 옛법을 융통성 없이 고수할 뿐만 아니라, 설령 그릇된 법규라 할지라도 시행된 지 오래되었다는 이유만으로 법전으로 받들고 있습니다. 그 해독이 온 나라에 퍼져 백성들이 신음하고 있는데도 이를 고치려 하지 않으시니, 이 나라 백성들이 무슨 죄가 있기에 명민한 임금을 만난 오늘날까지도 끝내 도탄에서 벗어나지 못한단 말씀입니까? 옛날 제갈량諸葛亮은 "적을 토벌하지 않으면 왕업 또한 망할 것이니, 앉아서 망하기를 기다리느니 차라리 적을 치는 것이 낫다"라고 하였습니다. 신 역시 감히 아뢰옵니다. "경장하지 않으면 나라가 망할 것이니, 가만히 앉아 망하기를 기다리는 것이 어찌 경장하는 것만 같겠습니까?"

경장하여 잘 되면 사직의 복이오나, 경장하여 잘못되더라도 망하는 것을 재촉하는 것이 아니라 경장하지 않고 망하는 것과 같을 뿐입니다. 전하께서 백성을 사랑하는 마음이 지극하시나 이를 뒷받침할 제도를 갖추지 않으신다면, 이는 맹자가 말한 '선한 마음만 있고 실천할 법도가 없는〔徒善無法〕' 격이라 백성들은 결코 그 덕을 입지 못할 것입니다. 이것이 백성이 쌓인 폐단 때문에 한계에 달했다는 것입니다. 아, 태조 대왕께서 천명을 받아 나라를 세우시고, 태종 대왕께서 대업을 도우셨으며, 세종대왕께서 나라의 기틀을 공고히 하신 이래 역대 국왕의 손을 거쳐 오늘날 전하께 이르렀습니다. 하늘에 계신 조상들의 영령이 이 나라를 굽어살피시며 전하께 거는 기대가 어찌 깊고 간절하지 않겠습니까?

지금 백성은 뿔뿔이 흩어지고 군사는 쇠잔해졌으며, 창고는 비고 민심에 닿는 은혜도 미치지 않고 있습니다. 신의信義는 땅을 쓴 듯 사라졌습니다. 만약 외적이 변경을 침범하거나 폭도가 무장하고 난을 일으킨다면, 막아낼 병력도 먹일 군량도 없으며, 유지할 만한 신의조차 없으니, 전하께서는 대체 무엇으로 이에 대응하려 하십니까? 지금 듣건대, 중국의 사신이 온다는 소식에 서도西道의 백성들이 벌써부터 지탱할 계책이 없다 합니다. 지금 전하의 성의와 근신으로도 나라를 보전하기 힘든 실정인데, 만약 뒤를 이으실 분이 조금이라도 근신하지 않는다면, 나라는 곧장 망할 것입니다. (…) 개혁해야 할 묵은 폐단은 너무 많아 지금 다 열거하기 어렵습니다만, 우신愚臣이 늘 경연에서 아뢴 것은 공안貢案(공물 예산표) 개정, 관원 감축, 감사監司 구임久任(오래 재직시킴) 이 세가지일 뿐입니다.

이른바 공안을 개정하자는 것은 다음과 같은 이유 때문입니다. 고을마다 토지의 넓이와 인구수가 달라 형편이 제각각임에도 바쳐야 할 공물〔貢

役)의 수는 차이가 없어 부담의 경중이 공정하지 못합니다. 또한 대부분 토산물도 아닌 물건을 억지로 마련해 각 관청에 분납하게 하니, 그 해독은 백성에게 돌아가고 아전들만 배를 불릴 뿐 정작 국용國用에는 보탬이 되지 않습니다. 근래 우리나라는 조세가 너무 가벼워 마치 '맥나라의 도리〔貊之道, 맥은 북방의 국가, 20분의 1 부세〕'와 같습니다. 한해 수입으로 지출을 감당하지 못해 비축해둔 쌀을 보태 쓰다 보니, 200년 역사를 지닌 나라에 2년치 식량도 남지 않아 국가의 꼴이 말이 아닙니다. 참으로 한심한 일이 아니겠습니까? 지금 세금을 더 거두자니 백성의 기력이 다했고, 예전 방식대로 두자니 비축분이 곧 바닥날 것은 명백합니다.

신의 의견은 이렇습니다. 공안을 개정하되 식견 있는 이에게 맡겨 토산물 위주로 세목을 조정하고, 한 고을이 바치는 곳을 두세 관청으로 한정하십시오. 그리하면 국고 수입은 줄지 않으면서도 백성의 부담은 열에 아홉이 줄어들 것입니다. 이렇게 민심을 위로한 뒤에 적당히 조세를 현실화한다면 국가 재정은 차츰 충족될 것입니다. 그러므로 공안 개정은 백성을 위함인 동시에 국가 재정을 확보하기 위한 필수적인 조치입니다. 이른바 관원을 줄이자는 것은 다음과 같은 이유 때문입니다. 수령을 두는 본뜻은 오직 백성을 다스리기 위함입니다. 그러나 지금, 고을은 많고 백성은 적어 수령이 빈자리만 지키는 곳이 허다합니다. 이 때문에 아전과 백성의 삶은 더욱 곤궁해지고, 수령을 임명할 때 적임자를 찾기도 어렵습니다.

그런데도 논의하는 자들은 개혁을 어렵게만 여겨, 고작 관아의 식솔을 줄이는 정도의 미봉책에 머물고 있습니다. 나라 전체가 오그라들어 소생할 기미가 없으니, 이대로라면 8도의 수령들이 모두 홀아비 신세가 될 지경입니다. 이것이 어찌 온전한 법제라 하겠습니까? 이 폐해에 대해서는 전하께서도 일찍이 유의하시어 여러 번 말씀하셨는데, 무엇 때문에 망설이며 시행하지 않으십니까? 지금이라도 인접한 피폐한 고을 두세곳을 병합하여 하나로 만드십시오. 이는 세상을 놀라게 할 만큼 파격적인 개혁도 아니며, 백성의 부담을 3분의 1로 줄이고 유능한 수령을 선발하기에도 훨씬 유리한 길입니다.

이른바 감사를 오래 재직(久任)시키자는 것은 다음과 같은 이유 때문입니다. 감사는 한 도道의 주인이니, 그 직책에 오래 머물면서 백성과 더불어 신뢰를 쌓아야만 왕도의 교화가 펼쳐지고 명령이 제대로 시행됩니다. 그래야 평시에는 치적을 이룰 수 있고 비상시에는 사태에 대응할 수 있습니다. 그러나 지금은 그렇지 않습니다. 감사의 임기는 고작 1년뿐이며 가족조차 동행하지 못하게 하니, 모두 감사로 나가는 것을 꺼립니다. 임명받는 날부터 병을 핑계로 사퇴할 계책을 세워 수개월간 부임을 지체하다 끝내 직을 면하는 실정입니다. 이 때문에 도에는 늘 주인이 없는 것과 같고 정사는 맡길 곳이 없으니, 백성들은 아무런 혜택도 받지 못합니다. 나라를 생각하는 이가 있어 좋은 정치를 펴려 해도 1년의 임기는 너무 짧아 성과를 내기 어렵습니다. 그러니 감사가 있건 없건 백성은 상관하지 않게 되었으니, 감사를 둔 본래 뜻이 이와 같지는 않았을 것입니다.

지금 만약 여러 도의 중심지에 감영監營을 설치하고, 감사로 하여금 가족을 데리고 부임하게 하십시오. 함경도나 평안도의 예처럼 그 자리에 오래 머물게 하며, 조정 신하 중에서 경제에 밝고 백성을 어루만질 수 있으며 대중을 통솔할 만한 사람을 뽑아 그 직책을 충실히 이행하게 하십시오. 그리고 임기가 끝나면 중앙 정계에 참여시킴으로써, 내직만 중시하고 외직을 가볍게 여기는 폐단을 없애야 합니다. 그렇게 하면 온 나라 백성이 실질적인 혜택을 입고, 원망의 소리가 마을에서 사라질 것입니다. 이것이 어찌 백성을 편안하게 하는 최선의 계책이 아니겠습니까? (…)

국방, 변방: 비록 저는 아는 것 없는 서생에 불과하나, 이곳 평안도 지역을 오랫동안 왕래하며 보고 들은 것이 있어 출병의 시세와 관련하여 제 나름의 구상을 정리해보았으니 부디 합하께서 너그러이 살펴주시

기를 바랍니다: 「숙천부사를 대신하여 평안병사 김수문에게 올리다」 병인(1566)**9**

지난번 우리 관군이 적을 얕잡아 보다 기세가 꺾인 일을 생각하니 분함을 금할 길이 없습니다. 적병을 그대로 살려 보낼 수는 없겠으나, 조정의 깊은 속내를 알 수 없는 상황에서 평안도 전역은 이미 징집과 군량 조달을 마치고, 모두 전장에 나설 날만을 손꼽아 기다리고 있습니다. 비록 저는 아는 것 없는 서생에 불과하나, 이곳 평안도 지역을 오랫동안 왕래하며 보고 들은 것이 있어 제 나름의 구상을 정리해보았습니다. 부디 합하(김수문)께서 너그러이 살펴주시기를 바랍니다. 들건대『맹자』에 "아무리 지혜가 있더라도 시세時勢를 이용하는 것만 같지는 못하고 아무리 좋은 농기구〔鎡基〕가 있더라도 때를 기다리는 것만 같지는 못하다"**10**라고 하였습니다.

지금의 군사 동원은 아무래도 시세가 아닌 듯합니다. 왜 그러한가 하면, 저 오랑캐들은 야수와 같아서 한곳에 오래 머물러 살지 않습니다. 이미 우리와 대적하는 관계가 되었으니, 그들은 필시 짐을 싸서 깊은 곳으로 숨어들어 우리 군대를 피할 것이 분명합니다. 이러한데 우리 군대가 비록 쳐들어가더라도 놈들의 종적을 찾지 못하면, 괜히 헛수고가 될 것입니다. 지금 출병이 시세에 맞지 않는 첫번째 이유입니다. 만약 저들이 스스로의 잘못을 깨닫고 무리를 합하고 병사를 정비하여 험난한 요새에 복병을 배치해 우리 군대에 대항한다면 어찌하겠습니까? 이는 훈련이 부족한 우리 군사가 적들의 요새로 뛰어드는 격입니다. 우리 군대와 적들의 형세가 다르고 용맹스럽고 겁내는 실상이 같지 못합니다. 이러한데 꼭 승리한다고 장담할 수 있겠습니까? 출병이 시세에 맞지 않는 두번째 이유입니다.

---

9 「대숙천부사, 상평안병사김수문(代肅川府使, 上平安兵使金秀文)」〖부사즉선생부옹노공경린府使卽先生婦翁盧公慶麟〗, 1566년(명종 21, 31세) 가을 이전 추정, 『율곡전서』 권12.

10 『맹자』「공손추상(公孫丑上)」.

또한, 북방 일대는 춥고 산길이 눈에 막혀 사람과 말이 통행하기가 매우 어렵습니다. 오랑캐들은 추위를 잘 견디고, 활도 군세고 말도 상태가 좋은 데, 반면 우리 군사는 추위에 떨며 제대로 싸우기조차 힘들 것입니다. 출병이 시세에 맞지 않는 세번째 이유입니다. 저의 생각으로는 출병을 멈출 수 없다면 반드시 내년 봄과 여름 사이 농사의 파종을 마친 다음 출병하는 것이 좋겠습니다. 이렇게 하면 적들은 이미 우리를 얕잡아 본 데다, 또 우리가 죄를 문책하는 움직임도 없으면, 필시 태만해져서 경계를 풀고 농사에 전념할 것입니다. 그때 우리 군사가 뜻밖에 출정하여 기습 공격으로 그들의 농장을 짓밟고 근거지를 소탕한다면, 이것이 이른바 병법에서 말하는 "빠른 천둥에 귀를 막을 새가 없다"[11]라는 것입니다.

또한 그 시기는 날씨가 그리 춥지 않아 병사와 군마가 기운을 펼 수 있고, 나뭇잎이 무성해지기 전이라 적의 동태를 정탐하기에도 쉬우니 시세로 볼 때, 가장 적절합니다. 다만 반대하는 이들은 필시 봄이 되면 군량이 바닥날 것이라며 구실을 삼을 것입니다. 이는 물론 일리가 있는 말이나, 지금 민간에 농사는 지었어도 수확이 없어 조세 외에는 비축한 곡식이 없습니다. 비록 가을이라 해도 봄과 형편이 다를 바 없습니다. 더욱이 내년 봄에는 상평창의 곡식을 풀어 민간을 구제하는 시기이니, 군량을 조달하는 문제는 지금과 무슨 차이가 있겠습니까? (…)

삼가 생각건대, 합하께서는 병법에 통달하여 임금의 두터운 신임을 받고 계십니다. 비록 작전의 큰 틀은 조정에서 결정되나, 현장에서 군대를 지휘하고 승패를 가름하는 장수의 전권은 오직 합하께 달려 있습니다. 지금의 국방은 마땅히 만전을 기해야 합니다. 간곡히 바라건대, 부디 정세를 깊이 살피고 정예 병력을 선발하여 군대의 사기를 드높여 결정적인 기회를 기다려주십시오. 그리하여 나라의 위엄을 떨친다면 더할 나위 없는 다행

---

11 『육도(六韜)』「군세(軍勢)」.

이겠습니다. 가만히 생각건대, 아무것도 모르는 어리석은 주제에 망령되이 주제넘은 말을 올렸습니다. 송구하고 두려운 마음을 금할 길이 없습니다.

국방, 시무책: 지금의 정사는 무엇 하나 믿을 만한 것이 없으니, 적이 닥치면 패배는 불 보듯 뻔합니다. 생각이 여기에 미치니 가슴이 터질 듯 한심할 따름입니다 : 「육조계」 계미(1583)[12]

우리나라는 태평성대가 오래 지속된 나머지 매사에 나태함이 깊어지고 도성과 지방의 방비는 비어 있습니다. 군사와 식량이 모두 바닥나 작은 오랑캐의 침범에도 온 나라가 요동치니, 만약 큰 적이 쳐들어온다면 그 어떤 지혜로운 자라도 이를 막아낼 방도가 없을 것입니다. 옛말에 "적이 나를 이기지 못하도록 먼저 대비하고, 내가 적을 이길 기회를 기다리라"라고 하였습니다. 하지만 지금의 정사는 무엇 하나 믿을 만한 것이 없으니, 적이 닥치면 패배는 불 보듯 뻔합니다. 생각이 여기에 미치니 가슴이 터질 듯 한심할 따름입니다.

하물며 경원慶源 지방 여진족의 위협은 단시일에 해결될 문제가 아닙니다. 강력한 군사력으로 저들의 소굴을 소탕하지 않는다면 함경도 육진은 끝내 평안을 찾지 못할 것입니다. 지금 당장 힘을 길러 후일을 도모하지 않고 임시방편으로만 대응한다면, 어찌 변방의 적만 걱정하겠습니까? 말로 이루다 할 수 없는 국가적 재앙이 닥칠까 두렵습니다. 신은 본래 비루한 서생인데 외람되게 병조판서의 중책을 맡아 밤낮으로 고민한 끝에 어리석은 소견을 올립니다. 대략적인 내용은 다음과 같으며, 상세한 곡절은 마땅히 대면하여 보고드리겠습니다. 1. 어질고 유능한 사람을 임용할 것〔任賢能〕, 2. 군사와 백성을 양성할 것〔養軍民〕, 3. 재용을 풍족히 할 것〔足財用〕, 4. 번

---

12   「육조계(六條啓)」, 1583년(선조 16, 48세) 2월, 『율곡전서』 권8.

병을 견고히 할 것(固藩屛), 5. 전마를 준비할 것(備戰馬), 6. 교화를 밝힐 것
(明敎化).

국방, 변방: 병조판서, 변방의 오랑캐인 번호들을 어루만져 가까이
두되, 난을 일으켜 변경을 침범한 니호는 단호하게 토벌하여 우리 군사
의 위엄을 세우고, 변장의 실태와 장수들의 재능을 일일이 통찰하여 능
력에 따라 임용할 수 있도록 해야 합니다. 「육조의 방략을 어사 서익에
게 주다○절필」갑신(1584)[13]

변방의 오랑캐인 번호藩胡들을 어루만져 가까이 두되, 우리 임금님의 인
덕을 베풀어 다음과 같이 타이르십시오.

"너희 무리 중에 복종하지 않는 자가 있어, 심한 자는 군사까지 동원하
여 모반을 꾀하기에 이르렀다. 우리 장사들이 분연히 일어나 병력을 총동
원하여 너희들의 소굴을 말끔히 소탕하려 하였다. 그런데 임금께서 이를
불쌍히 여기시어 이르시기를, '저들이 우리 강토를 울타리처럼 지켜주는
번병藩屛이 된 지도 이미 수백년이라 우리 백성과 다를 바가 없다. 하루아
침에 무지하고 못난 소수의 무리가 스스로 불충한 짓을 하여, 귀한 것과 천
한 것 혹은 옳고 그름을 분별하지 못하는 행동을 저질렀다고 해서 곧바로
토벌을 가한다면, 비록 한때의 통쾌함은 얻을지 모르나 실상은 백년의 원
한을 맺게 될 것이다. 그러므로 이제 마땅히 어루만져 진정시키되, 항복하
는 자는 예전처럼 대하고 항복하지 않는 자는 따로 찾아내어 엄히 다루어
야 하니, 이처럼 시비를 가린 뒤에 정벌하는 것이 옳겠다'라고 하셨다. 너
희들이 먹고 입으며 처자와 편안히 지낼 수 있는 것은 모두 우리 임금님
덕분이다. 너희들은 장차 무엇으로 보답하겠는가? 이제 대부분의 번호가

---

13 「육조방략여서어사익○절필(六條方略與徐御史益○絕筆)」, 1584년(선조 17, 49세) 1월
    14일, 『율곡전서』권14.

항복하였는데도 홀로 막다른 데 처한 도적은 오랑캐 추장 니호尼胡뿐이다. 이 니호 한 사람으로 해서 너희들의 항복이 진실하지 않은 것처럼 보이게 되었으니, 이대로 지연되어 금년 봄과 여름까지 전쟁이 그치지 않는다면 너희들은 결코 안심하고 농사를 지을 수 없을 것이다.

어찌하여 고작 니호 한명 때문에 이 수백리에 달하는 번호 무리가 곤궁에 처해야 한단 말인가? 니호는 본래 항복할 뜻을 가졌으나 마음속으로 의심하여 나올 듯 말 듯 주저하고 있으니, 이것이 어찌 온전한 항복의 도리이겠는가? 너희들은 반역했다가 투항한 오랑캐인 명간明看의 일을 보지 못하였느냐? 그는 홀몸으로 처자를 거느리고 경원慶源으로 와 항복하였으나 죽지 않았고 예전과 같은 대우를 받았으니, 이것이야말로 참다운 투항이요 항복이다. 니호도 만약 명간처럼 한다면 응당 예전처럼 대접할 것이나, 그렇지 않다면 우리는 즉시 싸우고 지키기를 결단하여 병력을 다해 저들의 부락을 섬멸할 것이다.

그렇게 되면 너희들도 마땅히 군마를 먹이고 군사를 독려하여 도망치는 저 도적을 함께 토벌해야 할 것이며, 가만히 앉아 성패만 구경하다가 훗날 죄를 자초해서는 안 될 것이다.”

이와 같이 타일렀음에도 끝내 응하지 않아 만약 불을 질러 소탕하게 될 때는, 온성穩城·종성鍾城·회령會寧 등 함경북도 국경 요충지에 연달아 나타나는 추장들의 처자를 모두 성안에 볼모로 잡아두십시오. 다만 이들을 대접하는 것은 극히 후하게 대우해야 하며, 결코 박절하게 재촉하여 몰아세워서는 안 됩니다. 오로지 나라를 향한 충의와 정성으로써 그들을 감동하게 해야 하니, 그리하면 저들도 반드시 즐거운 마음으로 따르게 될 것입니다.

1. 군사력을 남용하여 무도武道를 더럽힌다는 것은, 영토를 다투고 사람 죽이기를 그치지 않는 것을 이르는 말입니다. 그런데 지금 니호는 우리 성하에 거주하는 번호로서, 대대로 나라의 은혜를 받아 관직이 정2품 자헌대

부資憲大夫에 이르렀고 마침내 거물 추장巨酋이 되었습니다. 그의 부귀는 물론이요, 영유한 토지와 소유한 백성 중 털끝만큼이라도 나라의 은혜가 아닌 것이 없습니다. 이러한 오랑캐가 하루아침에 감히 난을 일으켜 수차 례 수만명의 무리를 동원하여 우리의 변방 성〔邊城〕을 포위 공격하고 백성 들을 무참히 살해하였습니다. 만약 이 오랑캐 종족을 소탕하여 없애지 않 는다면, 우리 임금님의 위엄을 바로 세워 영원히 번호들을 다스릴 방법이 없을 것입니다.

지금 이에 대해 논의하는 자들은 니호를 토벌하는 거사를 두고 마치 적 진 깊숙이 들어가는 위험한 일처럼 여기니, 한나라 장수가 북방 오랑캐를 물리쳤던 낭거서산狼居胥山의 기개와 비교할 때 그들의 소견이 주견 없이 구질구질함은 진실로 개탄할 만합니다. 비록 그러하나 토벌은 끝내 그만 둘 수 없는 일입니다. 저 니호가 만약 우리 군사의 위엄에 눌려 무릎으로 기어 군영의 문에 이르기를, 마치 앞서 명간이 항복하듯 한다면 피차간에 혹 무사할 수도 있을 것입니다. 그러나 니호가 자진하여 항복하지 않거든, 번호들의 항복을 받는 일을 마친 뒤에 그 처자들을 볼모로 잡으십시오.

그 후에 번호들을 길잡이 향도嚮導로 삼아 창끝을 서로 잇대어 일제히 나아가 불시에 습격하면, 저들 중 젊은 장정들이야 도주하겠지만 노약자 들은 여전히 많이 남아 붙잡힐 것입니다. 이때 죽이거나 상해를 입히지 말 고, 노약자들과 처자들을 모두 몰고 돌아와 훗날의 볼모로 삼아 잘 보존해 야 합니다. 반면 저들의 부락은 즉시 큰 도끼로 낱낱이 쳐부수어 남은 흔적 이 없도록 해야 합니다. 대체로 이와 같이 하면 저들이 앞으로 나아가도 의 지할 곳이 없고 뒤로 물러나도 몸을 기댈 곳이 없게 될 것입니다. 여기에 자신들의 노약자와 처자가 죽지 않고 살아 있다는 소식을 듣게 되면, 저들 역시 반드시 투항할 계획을 세우게 될 것입니다.

1. 요즈음 왕명을 받든 사명使名(사자)의 행렬이 끊이지 않고 연달아 이어 지니, 함경남북도가 그 괴로움을 이기지 못하고 있습니다. 특별한 임무를

띠고 파견된 별명別命에 대해서는 숙식 및 일체의 지원을 간략하게 하여, 여러 고을이 접대를 제대로 해내지 못하는 일이 있더라도 부디 문득 위엄을 부리거나 노기를 더하지 마십시오. 특별 사명을 받은 사신들이 흔히 군사를 통솔하는 원수元帥와 서로 뜻이 맞지 않아 천하의 일이 잘못되는 경우가 많고, 성공하는 일은 적습니다. 이러한 실정을 충분히 헤아려 원수를 대우하되 예의와 겸양을 극진히 하여, 어떤 일이든 모두 온화하게 헤아려 처리하고 조금도 거슬리거나 어기는 뜻이 없어야 합니다.

1. 여러 고을의 장수들에 대하여, 아무개는 대장을 삼을 만하고, 아무개는 실전에 나설 전장戰將을 삼을 만하며, 아무개는 성을 지키는 수장守將을 삼을 만하다는 것을 가려내야 합니다. 또한 아무개는 지략才略은 뛰어나지만 무예가 부족하고, 아무개는 무예는 출중하지만 지략이 부족하며, 또 누가 지략과 무예를 모두 겸비하고 있는지 하나하나 상세히 살피십시오. 이를 깊이 통찰해두었다가, 훗날 사태가 벌어졌을 때 각자의 재능에 맞게 임용하여 쓸 수 있도록 해야 합니다.

1. 군사를 통솔하는 원수와 각 도의 병사나 수사水使인 곤수閫帥가 서로 화합하지 못한다는 소문이 바야흐로 무성한데, 사실이 그러한지 아닌지는 아직 알지 못하겠습니다. 부디 마음을 여기에 두고 상세히 관찰하여, 혹여 이들이 완전히 융화되어 서로 더불어 일을 성취시킬 수 있는지를 확인하십시오. 만일 끝내 융화될 수 없다면, 이 어찌 크게 근심해야 할 일이 아니겠습니까?

1. 변방을 지키고 오랑캐를 정벌하는 변장邊將들이 대개 반드시 겁쟁이만은 아닐 것이니, 그들 중에 어찌 의분하는 마음이 강하여 오랑캐 무리를 소탕하고자 뜻을 둔 사람이 없겠습니까? 다만 변장의 실태를 일일이 자세히 통찰하는 과정에서, 그가 품은 의지뿐만 아니라 실제 그 일을 감당할 수 있는 재능을 갖추었는지의 여부 또한 반드시 살펴보아야 합니다.

붕당, 공론, 허위 풍조: 이준경의 유소: 소신은 이준경이 조정에 붕당의 조짐이 있다고 한 말이 구체적으로 누구를 가리키는지 알지 못하나, 어찌 근거 없는 붕당의 논의로 공론이 의지할 곳을 공격하여 공론을 위축하고 소멸하게 내버려둘 수 있겠습니까?: 「붕당을 논한 상소」 임신 (1572)[14]

소신이 서울을 떠난 지 오래되었는데, 근래에 도성에 들어와 정세를 살펴보니, 형세가 예전과는 크게 달라져 있습니다. 뜻있는 선비들은 큰 근심을 품고 집 안에서 천장을 보며 남몰래 탄식하고, 밖에서는 놀란 눈으로 서로 돌아보고 있으니, 치세의 기상이 갑자기 사라져버린 듯합니다. 속으로 그 까닭을 괴이하게 여겨 따져보니, 대체로 얼마 전 세상을 떠난 영중추부사 이준경李浚慶이 죽기 직전 올린 진언進言 때문입니다. 그는 '조정의 붕당을 깨트려야 한다'라는 주장을 폈는데, 전하께서는 그의 말을 깊이 신뢰하여 조정이 이미 혼란에 빠졌고, 붕당이 이미 형성되었다고 의심하고 계십니다. 이 때문에 조정 신하들이 올리는 상소와 차자箚子를 모두 스스로를 변명하는 말이라 여겨 깊이 살피지 않으니, 신하들이 당황하고 미혹됨이 이와 같은 지경에 이른 것입니다. 소신은 비록 무능하나 마음속으로 이를 깊이 통탄하고 있습니다.

아, 이준경은 직위가 재상[宰輔]이었고 국정의 무거운 책임을 지고 있었기에 전하께서 평소 깊이 의지하던 사람입니다. 죽음이 임박해서는 스스로 충성을 바치겠다는 생각이 간절하였고 오직 붕당만이 걱정거리라 하였습니다. 전하께서 그의 말을 깊이 믿는 것은 참으로 이치에 맞습니다. 비록 그러하나 말을 듣는 데에는 도리가 있으니, 겉으로 드러난 평판에 치우쳐 중심이 미혹되어서는 안 됩니다. 또 사람을 이해하는 데에는 방법이 있으

---

14   「논붕당소(論朋黨疏)」, 1572년(선조 5, 37세) 8월 27일, 『율곡전서』 권4; 『남계문집(南溪文集)』 권85, 「율곡이선생연상(栗谷李先生年上)」, "六年 壬申 先生三十七歲, 八月, 庚辰".

니, 그 행동을 관찰하고 마음을 살피는 것이 가장 합당합니다.

가만히 이준경의 사람됨을 따져보면, 강직하고 엄격함으로써 자신을 지키고 청렴하고 검소함으로써 자신을 다스렸습니다. 세상 사람들이 보기에 그 누가 그를 현명한 재상이라 생각하지 않았겠습니까? 그러나 그의 기질과 타고난 성품을 보면 여러 가지 병폐가 있습니다. 선善을 좋아하는 마음이 없는 것은 아니나 식견이 명확하지 못하고, 나라를 걱정하는 생각이 없는 것은 아니나 재능과 기량이 부족합니다. 선비들을 사랑하는 마음이 없는 것은 아니나 남보다 뛰어난 체하며 스스로를 높였습니다.

대체로 식견이 명확하지 않으면 이치를 살피는 것이 정밀하지 못하여, 옳은 것을 그르다 하고 그른 것을 옳다 하는 일이 많습니다. 재능과 기량이 부족하면 폐단을 다스려 바로잡고 나라의 기강을 떨쳐 일으키지 못한 채, 그저 옛 습관을 따라 안일하게 지내며 사람들의 비평과 업신여김을 받게 됩니다. 또한 남보다 뛰어난 체하며 스스로를 높이면, 올바름을 지키며 꼿꼿하게 행동하는 선비들은 빤히 바라보면서도 그의 문하로 들어가지 않습니다. 오직 남을 모함하고 면전에서 아첨하는 자들만이 그의 마당으로 어지럽게 드나들게 됩니다.

그는 명확하지 못한 식견에 남보다 잘난 체하는 태도가 더해져, 안으로는 기쁘게 해주는 아첨만을 받아들이고, 밖으로는 온 나라 사람들의 비판을 자초하였습니다. 이준경이 재상으로서 세운 업적은 보지 않아도 알 만합니다. 이는 소신의 말이 아니라 나라 사람들의 공론입니다. 아, 붕당에 관한 논의야 어느 시대인들 없었겠습니까? 오직 그 무리가 군자인가 소인인가를 살피는 것이 중요할 따름입니다. 진실로 군자라면 곧 천명이나 백명이 붕당을 이룬다고 하더라도 많을수록 더욱 좋은 일입니다. 그러나 소인이라면 단 한 사람이라 하더라도 용납해서는 안 될 것입니다. 하물며 그들이 붕당을 이루게 해서야 되겠습니까?

만약 사악함과 올바름을 불문하고 언제나 붕당에 대해 의심하고 그것을 깨뜨리려 한다면, 이는 곧 동한東漢 환제 때 '당고黨錮의 화난禍難'과, 당나라 말기 양왕이 백마역에서 선비들을 대량 학살한 '청류淸流들의 참화慘禍'가 반드시 일어나지 않는다고 할 수 없을 것입니다. 대체로 간교한 재상 이임보李林甫 한명이 당나라를 그르치기에 족하였고, 송나라의 육적六賊 중 우두머리인 채경蔡京 한명이 송나라를 망치기에 족하였습니다. 소인들이 혼란을 조성할 때 어찌 그 무리가 반드시 매우 많아야만 되는 것이겠습니까?

자고로 붕당을 논한 글로는 송대 구양수歐陽修의 '붕당론朋黨論'보다 더 조리 있게 쓴 것이 없고, 주자朱子가 유정劉正에게 답하는 글보다 더 절실하게 쓴 것이 없습니다. 전하께서 시험 삼아 그것들을 찾아 읽어보면, 곧 군자와 소인들의 참된 모습을 분명히 알 수 있게 될 것입니다. 신이 어찌 감히 그 사이에 사족을 달겠습니까? 다만 오늘날의 일을 두고 말하자면, 이준경이 이른바 붕당이라 부르는 것이 구체적으로 어떤 사람들을 가리키는 것인지 알지 못하겠습니다. 지금은 권세를 휘두르던 간신〔權奸〕들이 이미 사라졌고, 그 남은 무리도 숨조차 크게 쉬지 못할 만큼 위축되었습니다. 비록 소인이 한명도 없다고는 말할 수 없으나, 감히 공공연히 작당하여 남을 비판하거나 무리를 모아 악행을 저지르는 흔적은 없습니다. 애초에 붕당이라 지목할 근거가 없습니다.

남들이 가는 대로 줄을 서고 대열을 뒤쫓으며 함께 나아가고 물러나는 자들은 그 수를 헤아릴 수 없을 만큼 많습니다. 그들은 각자 자신의 몸을 편히 하고 녹봉을 보전하는 데에만 급급할 뿐이니, 이들을 붕당이라 불러서는 안 됩니다. 오직 임금을 사랑하고 나라를 걱정하며, 공익을 위해 봉사하고 사사로움을 막는 사람은 손꼽아 보아도 몇 명 되지 않습니다. 그러나 공론은 바로 이런 사람들에 의지하여 겨우 그 명맥을 유지하고 있는 것이니, 이준경이 말한 붕당이란 바로 이런 참된 신하들을 가리키는 것이 아니겠습니까?

오늘날의 조정에 대하여 전하께서는 이미 어지러운 상태(亂)라 여기는데, 소신 역시 결코 잘 다스려지고(治) 있다고는 생각지 않습니다. 다만 전하께서 무엇을 보고 이미 어지럽다고 하는지 알지 못하겠습니다. 소신이 생각하는 잘 다스려지지 않는 이유에 대해서 말씀드려 보겠습니다. 본래 조정이 잘 다스려진다는 것은 위로는 도리道理로 일을 헤아림이 있고, 아래로는 법규를 지킴이 있어 기강이 엄숙하고 온갖 법도가 곧으며, 올바른 정령政令을 발하고 어진 정치(仁政)를 펴서 백성들이 넓고 크게 스스로 만족하며 사는 것을 말합니다.

그러나 오늘날은 그렇지 않습니다. 위로는 도리로 나라를 다스리는 모습을 볼 수가 없고, 아래로는 법규를 지켜 직책을 다하는 자를 볼 수 없습니다. 기강은 떨쳐지지 않고 온갖 법도는 해이해졌으며, 대간의 권위가 떨어져 언로는 거의 막혀버렸습니다. 임금의 은택은 백성에게 미치지 않고 나라의 근본은 흔들리고 있습니다. 세상은 왕도정치를 현실과 동떨어진 멀고 굽은 길이라 여기고 있으며, 국가의 아름다운 법령들은 그저 겉치레 뿐인 문구로 전락하고 말았습니다.

심지어 공물과 부세의 수합을 관장하기 위해 설치한 정공도감正供都監은 설립된 지 이제 3년이나 되었으나, 역할이 불분명합니다. 행정의 폐단을 개혁하여 백성을 구제하기는커녕 부질없는 문서와 장부만 만들며 아침에 쓴 것을 저녁에 지워버리는 짓이나 일삼고 있습니다. 앉아서 나라의 양식만 축냈을 뿐 끝내 이루어놓은 것이 없습니다. 민간의 어리석은 백성들까지 속으로 비웃고 있거늘 하물며 식견 있는 자들이야 어떠하겠습니까? 국정 운영과 시행이 이와 같은데도 이미 잘 다스려지고 있다고 말하는 자가 있다면, 그는 어리석은 자가 아니라면 간사한 자일 것입니다.

지금의 조정에 대하여 전하께서도 본래 화합하지 못하고 있다고 여기는데, 소신 역시 결코 화합되어 있다고 생각하지 않습니다. 다만 전하께서 무엇을 보고 화합하지 못한다고 하는지 알지 못하겠으나, 소신이 생각하는 '화합하지 못하는 이유'에 대해서는 말씀드려보겠습니다. 본래 조정이 화합한다는 것은 대소 관리들이 일심一心으로 서로 공경하고 협력하며, 위로는 삼공三公(삼정승)이 정권을 굳건히 잡고 아래로는 여러 관리가 직무에 충실히 봉직하는 것을 말합니다. 또한 잘잘못(득실)을 서로 바로잡아주고 가부可否를 따져 도와줍니다. 마음과 기운이 조화되어 천지의 조화를 끌어내어 산속에 은거하는 선비들까지도 모두 한목소리로 호응하여 조정에 나아가 일하기를 원하게 되는 상태를 말합니다.

그러나 오늘날은 그렇지 못합니다. 대신들은 권간權姦들에 의해 자주 바뀌었고, 죽임을 당하는 참혹한 시기를 겪으며 겨우 목숨만을 보전해왔습니다. 이 때문에 지난날의 화를 입을까 늘 겁에 질려 오직 안정만을 바랍니다. 신진 사림들은 대신들의 그런 태도가 구차하게 삶을 연명하려는 것이라 하여 의심했습니다. 성상께서 즉위하던 초기에는 사기士氣가 다소 진작되어 어지러움을 바로잡고 다스림을 꾀하기에 급급했고, 그 과정에서 언론이 격양되고 일상적인 법규가 무시되기도 하니, 이번에는 대신들이 사림들의 과격함을 의심하게 되었습니다. 이처럼 겉으로 드러난 자취는 비록 불화하는 듯 보이나, 그들의 속마음은 모두 나라를 걱정하는 데서 나온 것입니다. 본래 화합에 해가 될 일은 아니었습니다. (…)

이준경은 젊었을 때는 선비들에게 약간의 명망이 있었으나, 재상의 지위에 오른 뒤에는 올바른 건의를 한 적이 없었습니다. 이에 올바른 여론인 청의淸議가 일어 그가 하는 일 없이 자리만 차지하고 있음을 비판하였습니다. 그러나 이준경은 스스로 반성하고 격려할 생각은 하지 않고 도리어 그러한 여론에 노여움을 품었습니다. 이 때문에 근래 사림과 대립하게 되었고, 사림과 대립하게 되니 자연히 참소와 모함이 빗발치듯 쏟아지게 된 것입니다. 지난 몇 년간 도성 안에서는, 여우나 쥐 같은 간사한 무리가 사림을 해치려 모의하고 있고 이준경이 그 주동자라는 소문이 퍼졌습니다.

식견 있는 이들은 성상의 밝으심이 마치 중천의 해와 같아 도깨비나 괴물 같은 자들이 감히 재주를 부리지 못할 것이라 믿었습니다. 또한 이준경이 비록 황당한 주장을 하더라도 설마 올바른 선비들인 청류淸流를 모함하기까지 하겠는가 생각했습니다. 이 때문에 공론이 터져 나오려다 잠시 멈추었던 것입니다. 오늘날 이준경이 남긴 말을 놓고 볼 때, 지난해부터 떠돌던 소문이 거짓이 아님을 어찌 알지 못하겠습니까? 아, 여우처럼 남을 의심하는 자들이 모함의 입술을 놀리기 시작했고, 끈질기게 남을 해치려는 자들이 온갖 비행의 문을 열었습니다.

이준경의 말이 과연 사실이라면, 조정의 신하들 중에는 분명 간악한 무리를 지어 공익을 배반하고 사욕을 채우는 자가 있을 것입니다. 전하께서는 마땅히 시비를 분명히 가리고 정밀하게 사실을 따져, 반드시 그 근원을 잡아내어 먼 곳으로 내쫓아야 합니다. 어찌 그 말을 믿으면서도 실상을 추구하지 않으며, 그 말을 따르면서도 폐단을 개혁하지 않아, 간악한 자들이 제멋대로 행동하게 방치하십니까? 만약 조정의 신하 중에 그러한 무리가 없다면, 이준경의 말은 분노와 원한에서 비롯되었거나 정신이 착란된 상태에서 나온 것입니다. 이는 한낱 불충일 뿐만 아니라 도리어 국가적인 큰 재앙의 근원을 도발한 것입니다.

전하께서는 마땅히 그 그릇됨을 깊이 꾸짖고 여러 신하에게 분명히 공표하십시오. 그리하여 군자들은 임금을 의지해 충성을 다하게 하고, 소인들은 감히 입을 열지 못한 채 물러나 간계를 부리지 못하게 하셔야 합니다. 어찌 시비를 분별하지 않고 흑백을 구분하지 않아, '얼음과 숯'이 한 그릇에 있고 '향기로운 풀과 구린 풀'이 뒤섞여 있게 하십니까? 아, 전하께서는 붕당을 타파할 책임을 대신들에게 지우셨습니다. 대신들은 이준경의 말이 망언임을 모르지 않으나, 속마음을 열어 피를 뿌리는 심정으로 정성을 다해 진실을 아뢰지는 못하고 있습니다. 도리어 어물쩍 양편이 모두 괜찮은 듯이 대처하여 마치 조정에 정말 붕당이 있는 것처럼 보이게 하니, 진실로 무슨 마음에서입니까?

진정으로 타파해야 할 사당私黨이 있다면 대신들은 마땅히 옳고 그름을 분명히 가려 흐린 것은 물리치고 맑은 것은 드러내어, 군자는 임용되고 소인은 자취를 감추게 해야 합니다. 어찌 부질없는 몇 줄의 말로 일시적인 책임만 모면하려 하십니까? 만약 조정에 깨뜨려야 할 사사로운 붕당이 없다면, 이준경의 말은 시기와 질투의 시작이며 남을 해치는 신호가 될 것이 분명합니다. 대신들은 마땅히 그의 주장을 논파하고 잘못을 지적하여, 사람들로 하여금 그의 말이 지닌 해독이 독성 강한 부자附子(약재의 일종)처럼 결코 먹을 수 없는 것이며, 물이나 불처럼 결코 뛰어들 수 없는 것임을 알게 해야 합니다. 어찌 나라를 걱정하는 정성이라며 함부로 칭찬을 가해, 전하께서 먼저 들은 잘못된 말에 현혹되게 하십니까? (…)

미천한 신은 본래 세속과 서로 어긋나고 화합하지 못하여 걸어온 발자취마다 외롭고 위태로웠습니다. 게다가 깊은 고질병이 몸에 배어 있고 학문은 여전히 막혀 있으며, 마음속에는 이미 벼슬길에 나아갈 뜻도 현실에 대한 미련도 끊어진 지 오래입니다. 그럼에도 불구하고 전하를 사모하는 일념만큼은 갈수록 더욱 새롭고 뚜렷해지기에, 신의 처지가 비록 전하와 멀리 떨어져 소원疏遠할지라도 감히 이 붉은 충심〔丹心〕을 남김없이 기울이는 바입니다. 만약 신이 보잘것없는 식견으로나마 터득한 한마디가 성스러운 조정에 조금이라도 보탬이 될 수 있다면, 신은 비록 인적 없는 저 마한 물가에서 말라 죽는 한이 있더라도 전하의 은혜에 만분의 일이나마 보답했다고 말할 수 있을 것입니다. 신은 진실로 가슴속에 끓어오르는 격정을 가눌 길 없어 차마 말을 끝맺지 못하니, 두렵고 떨리는 황공함이 지극할 따름입니다.

동서시비東西是非, 조제보합調劑保合, 양시양비兩是兩非, 동심동덕同心同德: '동인'과 '서인'이라는 이름이 한번 불거진 뒤로 논의는 날로 격화되어 제재할 길이 없고, 조정에는 온전한 사람이 없게 되었으니, 동서의

구별을 완전히 씻어버리고 다시는 언급하지 말도록 명하십시오: 「대사
간 직을 사양하며 동서 당파적 편견을 씻어낼 것을 청하는 상소」 기묘
(1579)[15]

선정善政과 혼란, 국가의 흥망성쇠는 사림의 화합 여부에 달려 있지 않
은 적이 없으니 이는 사리로 보아 당연한 일입니다. 신은 오늘날의 사림이
과연 화목하다고 말할 수 있는지 알지 못하겠습니다. 다만 들리는 바에 의
하면, 동인과 서인의 붕당설이 방금 큰 갈등의 빌미가 되었다고 하니, 이는
신이 깊이 근심하는 바입니다. 신이 근본 원인〔原泉〕을 따져서 말씀드리겠
습니다.

심의겸沈義謙은 왕실 외척 출신이었으나 약간 선善한 마음으로 향하는
뜻이 있었습니다. 계해년(명종 18, 1563)에 이량 일파가 사림을 해치려 했을
때, 심의겸이 그 죄상을 고발하여 이량 무리(이감, 권신 등)를 귀양 보내는 데
힘을 썼습니다. 이 일로 인해 기존의 사림들이 그 사람됨을 인정하였으니,
심의겸을 알아준 사람들은 주로 기성旣成 사류들이었습니다. 김효원金孝元
은 젊었을 때는 행실을 조심함이 없었지만, 뒤에 잘못을 고쳐 선해졌습니
다. 관직에 나선 후에는 몸가짐을 청렴하고 고결하게〔淸苦〕하고 강한 권세
를 두려워하지 않았으며, 또한 즐겨 명망 있는 선비들을 끌어들였습니다.
이 때문에 후진後進 사림들이 그를 높이 보게 되었으니, 김효원을 알아준
사람들은 주로 젊은 사류들이었습니다.

선배이든 후배이든 모두 사림이라는 점은 같습니다. 만일 서로를 의심
하거나 벽을 두지 않고 같은 마음으로 힘을 합하여 왕실을 도왔다면 또한

15   「사대사간겸진세척동서소(辭大司諫兼陳洗滌東西疏)」, 1579년(선조 12, 44세) 5월 22일,『율
     곡전서』권7;『선조실록』권13, 12년 5월 병인(22일), "以司諫院大司諫召李珥, 珥辭疾不至,
     而上疏論東西分黨, 而東人攻西太甚, 欲強定是非, 請打破東西, 保合士類, 使之一心徇國. 上以
     疏辭不中, 命遞珥職 於是兩司, 玉堂紛紅駁論矣".

좋지 않았겠습니까? 다만 그 갈등의 연유는 이러했습니다. 심의겸이 김효원의 젊은 시절 잘못(척신 윤원형의 집에 출입한 일)을 잊지 않고, 김효원이 청요직(청직)에 선발될 물망에 오를 때마다 여러 번 방해하였습니다. 이조좌랑 오건이 김효원에게 자신의 벼슬을 물려주려 했을 때, 심의겸이 이를 들어 저지한 것이 대표적입니다. 그러나 김효원의 명성이 날로 높아지자 마침내 심의겸도 이를 억누르지 못하게 되었습니다.

김효원 역시 요직을 얻은 후에 심의겸의 과실을 의논하며 말하기를, "그는 어리석고 기품이 거칠어 등용할 수 없다"라고 하였습니다. 대체로 심의겸이 김효원을 비방한 것은 애초에 개인적인 원한 때문이 아니라, 다만 악(김효원의 과거 행실)을 미워하는 마음을 고집하여 현실에 맞게 변통할 줄 모르는 탓이었습니다. 김효원이 심의겸의 흠을 지적한 것 또한 반드시 사감私憾을 보복하고자 한 것이 아니라, 마침 그의 소견이 그와 같았을 뿐입니다. 이에 이것을 방관하던 자들이 그 실정을 깊이 구명하지 않고 쓸데없이 두 사람의 나쁜 점을 번갈아 말하였는데, 더군다나 불평을 품은 무리들이 두 사람 사이를 이간질하여 점점 뚜렷하게 분당의 조짐이 생기게 되었습니다.

을해년(선조 8, 1575)에 신(이이)이 홍문관에 있으면서 그 사실을 직접 목격하고는, 이것이 훗날 국가적 재앙[禍]을 초래할 것임을 깊이 깨달았습니다. 이에 대신 노수신(당시 우의정)을 만나 다음과 같이 말했습니다. 심의겸과 김효원 두 사람은 모두 사림에 속하는 이들이라 흑백黑白이나 사정邪正(사악함과 바름)을 명확히 가릴 수 없을 뿐만 아니라, 실제로 서로를 증오하여 기어이 해치려 하는 것도 아닙니다. 다만 터무니없는 소문이 어지럽게 퍼져 조정을 어지럽히고 있을 뿐입니다. 이대로 내버려두면 큰 우환이 생길까 두렵습니다. 잠시 두 사람을 외직(지방관)으로 내보내어 피차 갈등을 융화하고 사태를 진정시키는 것이 좋겠습니다.

노수신의 의견도 신과 일치하여, 경연에서 전하께 아뢰어 두 사람을 모두 외직으로 내보냈습니다. 신은 그 후 조정이 어느 정도 안정되리라 생각했습니다. 그러나 신이 병으로 물러나고 세상일이 어긋나 손쓸 수 없게 되자, 의논하는 이들이 비로소 "김효원을 내보낸 것은 이이의 잘못이다"라고 비난하기 시작했습니다. 이에 일을 꾸미기 좋아하고 말을 지어내는 자들이 동인東人과 서인西人이라는 설을 만들어냈습니다. 이제는 공과 사, 혹은 득과 실을 따지지도 않고 오직 심의겸을 편드는 자를 '서인'이라 하고, 김효원을 편드는 자를 '동인'이라 부르게 되었습니다. 이로 인해 조정의 관리들은 아주 용렬한 사람이 아니고서는 모두가 '동서'로 지목되어 갇히게 된 것입니다.

아, 선배 사류들이 모두 심의겸을 추종하는 것도 아니며, 청렴하고 결백한 명망으로 자립하는 이들도 많습니다. 다만 심의겸이 스스로 사류들 틈에 끼어들었을 뿐인데, 이제 모든 선배를 심의겸의 문객門客으로 몰아세우니, 선배가 된 처지에서 이보다 더한 치욕이 어디 있겠습니까? 후배 사류들 또한 모두가 김효원에게 심복하여 영수領袖로 추대하는 것이 아니며, 학문으로 세상에 이름이 나 김효원의 존경을 받는 이들도 많습니다. 그런데 후배들을 모두 김효원의 문객으로 몰아붙이니, 후배가 된 처지에서 또한 부끄럽지 않겠습니까? '동인'과 '서인'이라는 이름이 한번 불거진 뒤로 조정에는 온전한 사람이 없어졌으니, 참으로 사림의 재앙[厄]이라 할 만합니다.

을해년(1575) 당시 이른바 '서인'들은 이미 인심을 잃었고, 그 후 '동인'들은 점차 청렴한 논의[淸論]를 주도하여, 서로 겨루어보지도 않고 이미 승부가 결정된 상황이었습니다. 지난해(1578) 김성일이 경연에서 탐관오리들의 수뢰 사건을 언급했을 때, 전하께서 갑자기 그 명단을 물으시자 감히 숨기지 못하고 들은 바를 정직하게 아뢰었습니다. 이로 인해 뇌물을 받은 자들이 발각되기에 이르렀습니다. 이에 대간이 부득이하게 삼윤三尹(윤두수·윤근수·윤현)을 탄핵하기 시작했습니다. 당초에는 반드시 삼윤을 배격하려던 의도가 아니었으나, 우연히 발설된 것이 이 지경에 이른 것입니다.

다만 '동·서'의 명칭이 생긴 지 오래된 터라, 마침 삼윤이 지목되자 사람들은 모두 "본래의 뜻은 서인을 공격하는 데 있지, 장물贓物을 조사하여 탄핵하자는 것이 아니다"라고 말하게 되었습니다. 그때 대사간 김계휘(서인의 영수 격)가 휴가 중이라 고향에 있어 사건의 곡절을 깊이 살피지 못한 채 풍문만 들었습니다. 그는 동인이 서인을 공격하는 것은 옳지 않다고 판단하여 급히 달려와 전하께 단독으로 아뢰었으나, 그 언사가 매우 중도를 잃고 격렬하여 오히려 사류들의 격분을 샀고 결국 큰 소요로 번졌습니다. 신은 평소 김계휘를 사리에 밝고 의지할 만한 인물이라 여겼으나, 하루아침에 이토록 판단이 흐려졌으니 참으로 괴이한 일이었습니다.

사태가 이 지경에 이른 뒤라도 만일 마음이 공정하고 식견이 밝은 자가 있어 두 세력 사이를 진정시키고 논의를 화평하게 이끌었다면 안정되었을지도 모릅니다. 그러나 조정의 대신들은 겨우 자신만 보존할 뿐 타인을 진정시킬 힘이 없었고, 나머지 경대부들은 입을 다물고 몸을 사리며 후배들이 하는 대로 내버려두었습니다. 이에 여러 사람의 불만이 고슴도치 털처럼 돋아나고 대중의 분노가 불길처럼 일어나, 논의는 날로 격화되어 제재할 길이 없습니다. 이는 마치 만 섬(斛)들이의 큰 배를 풍파 속에 띄워놓고, 키를 잡는 사공 하나 없이 사람마다 노만 저어서 배가 닿을 곳을 잃은 것과 같습니다. 신은 이 사태의 종말이 어떻게 될지 참으로 두렵습니다.

요사이 사헌부의 상소는 감히 노골적인 배척을 시작하여, 서인을 사악한 당파(邪黨)라 부르고 심의겸을 소인이라 하니, 논의의 과격함이 이제 극도에 달했습니다. 김효원도 신이 아는 사람이고 심의겸도 신이 아는 사람입니다. 그들의 됨됨이를 논한다면 둘 다 인재로서 쓸 만한 이들이요, 그들의 허물을 말한다면 둘 다 잘못이 있다 하겠습니다. 만일 한 사람은 군자이고 한 사람은 소인이라고 편을 가른다면, 신은 결코 그 말을 믿지 않겠습니다. 어째서 두 사람 모두 그르다고 하는 것입니까? 예로부터 외척으로서 국정에 참여하여 실패하지 않은 이가 드물었습니다.

후한의 두무竇武(환관을 숙청하려다 반역으로 몰려 죽은 외척)나 당나라의 장손무기長孫無忌(고종을 도와 태평성대를 열었으나 측천무후에게 숙청당한 충신)와 같이 충성스럽고 현명한 외척들조차 끝내 화를 면치 못했습니다. 그런데 심의겸이 누구이기에 감히 외척의 신분으로 정사에 깊이 관여하려 한단 말입니까? 이것이 바로 심의겸의 잘못입니다. 또한 예로부터 군자는 혐의를 받을 만한 일을 피함(避嫌)에 소홀함이 없었습니다. '오이밭에서 신발끈을 고쳐 매지 말고, 오얏나무 아래에서 갓을 바로 쓰지 말라(瓜田李下)'는 말은 옛 성현들이 경계하던 바입니다. 오직 성인이나 대현大賢만이 혐의를 피하지 않아도 의심받지 않을 수 있는 법입니다.

그런데 김효원이 누구이기에 혐의를 피하지 않고 곧바로 심의겸을 비방하여, 스스로 원수를 갚으려 한다는 비난을 자초하고 서로 설화舌禍를 만들어내는 것입니까? 이것이 바로 김효원의 잘못입니다. 신이 이와 같이 논하기에, 요즈음 비판자들은 모두 신을 욕하며 말합니다. "모호하게 양쪽이 다 옳다고 하니 시비가 불분명하다. 천하에 어찌 둘 다 옳고 둘 다 그른 일(兩是兩非)이 있겠는가?" 이에 신은 감히 다음과 같이 대답하겠습니다.

천하의 시비를 다툼에 있어 양편이 모두 옳은 경우도 있으니, 주나라 무왕이 폭군 주왕을 토벌한 것과 백이·숙제가 무왕의 행위가 도리에 어긋난다며 말고삐를 잡고 간언한 것은 둘 다 옳습니다. 또한 양편이 모두 그른 경우도 있으니, 전국시대에 제후들이 사사로운 이익을 위해 서로 싸운 것은 둘 다 그른 것입니다. 만일 심의겸이 진정으로 나라를 망쳐서 동인들이 그를 공격하는 것이라면, 시비는 말하지 않아도 명백할 터인데 신이 어찌 애써 설명할 필요가 있겠습니까?

그러나 지금의 실상은 그렇지 않습니다. 국가의 다스려짐과 어지러움, 백성의 편안함과 고통이 오직 심의겸의 거취에 달린 것이 아닌데도, 눈을 부릅뜨고 대담하게 그를 기어이 '소인'의 구렁텅이로 밀어 넣으려 하니 이는 대체 무슨 소견입니까? 현 상황을 주도하며 시류에 영합하는 무리들의 뜻을 가만히 살펴보니, 단지 심의겸이 다시 벼슬길에 오르는 것을 막기 위해 그에게 '소인'이라는 낙인을 찍으려는 것에 불과합니다. 그러고는 겉으로는 화평하게 사태를 해결하려 하며 "시비는 명백히 가리되, 처치는 화평하게 해야 한다"라고 말하니, 그럴듯해 보이나 실상은 핵심이 없는 말입니다.

왜 그런가 하면, 대체로 세력을 조제調劑(조절)한다는 것은 양쪽 모두가 사림〔士類〕일 때라야 비로소 서로 화합할 수 있는 것입니다. 만일 한쪽은 군자이고 한쪽은 소인이라 규정한다면, 물과 불이 한 그릇에 담길 수 없고 향기로운 풀과 냄새나는 풀이 한 떨기에서 자랄 수 없는 법입니다. 예나 지금이나 어찌 군자와 소인을 한데 버무려 나라를 보전한 전례가 있겠습니까? 선한 것을 좋게 여기면서도 등용하지 못하고, 악한 것을 미워하면서도 제거하지 못한 것이 바로 곽공郭公이 나라를 망친 까닭(춘추시대 망국의 고사)입니다. 옛글에도 이르기를 "현명하지 못함을 알면서도 멀리하지 못한 것은 잘못이며, 인자한 사람〔仁人〕이라야 먼 곳으로 추방하여 함께 살지 않는다"[16]라고 하였습니다. 옛날 군자들이 소인을 이토록 엄하게 대한 까닭은, 소인이 조정에 머물면 반드시 국가에 화를 입히기 때문입니다.

지금 비판하는 자들이 만일 심의겸을 진정 소인이라 여긴다면, 마땅히 숨김없이 그 과오를 낱낱이 열거하여 속히 멀리 유배 보내는 것이 옳을 것입니다. 그런데 지금 꾹 참고 용서하는 척하고 있으니, 이는 전하를 정직하게 섬기는 도리가 아닙니다. 만일 심의겸이 소인이 아니라면 전하께 올리는 언사는 더욱 신중해야 마땅합니다. 그런데도 까닭 없이 남에게 악명을 씌워 사실 여부를 헤아리지 않고 오직 자기 마음만 즐겁게 하고 있으니, 이는 전하를 정성으로 섬기는 것이 아닙니다. 비판하는 자들(동인)은 반드시

---

16   『대학(大學)』 10장.

이 두가지 경우 중 하나에 해당할 것입니다.

이제 심의겸 개인의 문제는 차치하더라도, 당쟁의 연루된 벌이 어진 선비들에게까지 미치고 있습니다. 정철鄭澈 같은 이는 충성스럽고 곧으며 강개하여 오직 한마음으로 나라를 근심하는 인물입니다. 비록 도량이 좁고 고집스러운 결점이 있으나, 그 기개와 절조만큼은 하늘을 나는 독수리에 비할 만합니다. 그런데 그에게 '사당邪黨'이라는 명목을 붙여 조정에 발을 들이지 못하게 하였습니다. 김계휘는 청렴함으로 자신을 지키고 국가의 전례와 제도〔典故〕에 매우 밝고 익숙합니다. 비록 위엄이 부족하고 경솔한 결점이 있으나, 그 재능만큼은 여러 고위 관료들 중에서도 비할 데가 없습니다. 그런데 그에게 온갖 허물을 씌워 황량한 들판으로 은퇴하게 하였습니다.

한수韓脩는 성품이 고요하고 원숙하며 선을 좋아하고 선비를 사랑하는 이입니다. 비록 재주와 학식에 미흡함이 있으나, 그 마음과 행실은 실로 나라의 선량한 선비〔良士〕입니다. 그런데 말 한마디가 비위에 거슬린다고 비방을 퍼부어 두문불출하게 만들었습니다. 이 세 사람의 사퇴만으로도 국가로서는 이미 아까운 일인데, 하물며 온갖 구실을 찾아내어 더러운 이름을 덮어씌운 인재들이 어찌 이들뿐이겠습니까? 당시 권력을 쥔 시배(동인 세력)들의 뜻은 서인을 모조리 배척하려는 것이 아니었습니다. 다만 '국시國是(국가의 올바른 정책 방향)'를 정하여, 모든 이로 하여금 '동인이 옳고 서인이 그르다'라고 말하게 하려 한 것입니다. 그런 뒤에야 벼슬을 내어주어 자기들에게 반항하지 못하게 길들이려는 것이 본래의 계략입니다.

하지만 한 뚝배기의 밥과 한 그릇의 국이라도 발로 차서 준다면 거지조차 고맙게 여기지 않을 것입니다. 하물며 사류士類라는 이름을 가진 자가 어찌 악명을 감수하면서 그들 밑에 굽히려 하겠습니까? 사림으로 대접하지 않으면서 그들이 물러나는 것을 잘못이라 탓하는 것은, 문을 닫아걸고 그곳으로 들어가라고 하는 것과 같습니다. 앞서 을해년(1575)에 서인이 분명 잘못을 저질렀으나, 지금 동인의 과실은 그때보다 더 심합니다. 남을 그르다 비판하면서 정작 자신도 그 잘못을 그대로 본받고 있으니 너무나 심한 처사가 아니겠습니까?

아, 조정은 전하의 조정이며 관직은 국가의 공적인 기구(公器)입니다. 마땅히 공론公論으로 시대의 인재들을 고루 등용해야 하거늘, 심의겸과 김효원 두 사람의 시비를 가리는 일이 무엇이 그리 중요하기에 이를 기준으로 사람의 거취를 결정한단 말입니까? 하물며 국시를 정하는 일에 어찌 입씨름(口舌)으로 다투는 비천한 방식을 쓴단 말입니까? 모든 사람의 마음이 함께 옳다고 여기는 것을 '공론'이라 하며, 그 공론이 머무는 곳을 '국시'라 합니다. 국시란 온 나라 사람이 의논하지 않아도 절로 함께 옳다 하는 것이니, 이익으로 유혹하거나 위엄으로 겁박하지 않아도 삼척동자까지 그 옳음을 아는 것이 진정한 국시입니다.

그러나 지금 그대들이 말하는 국시는 이와 다릅니다. 주도하는 자들만 스스로 옳길 여길 뿐, 듣는 자들은 따르기도 하고 거부하기도 합니다. 어리석은 백성들까지도 반은 옳다 하고 반은 그르다 하여 끝내 하나로 모이지 않으니, 어찌 집집마다 찾아가 타일러 억지로 정할 수 있겠습니까? 이는 도리어 사람들의 의심만 키워 화근을 만들 뿐입니다. 이 당론黨論을 만든 이들이 사림 전체의 뜻을 대변하는 것도 아닙니다. 그들 중에는 박식하고 깊이 생각하는 선비가 없는 것은 아니나, 과격한 중론衆論에 휩쓸려 자기 소신을 펴지 못하고 있습니다. 이토록 무너진 선비들의 여론(士論)을 언제쯤 다시 바로잡을 수 있겠습니까?

아, 인재를 얻기 어렵다는 탄식은 태평성대였던 하은주 삼대에도 그러하였거늘, 하물며 지금처럼 쇠퇴한 세상에 인물이 적어 손꼽아 보아도 몇 사람 되지 않는 현실은 어떠하겠습니까? 설령 온 나라의 선비들이 선후배를 막론하고 서로를 삼가고 화합하여 국사에 힘을 쏟는다 해도, 시대의 흐름은 위태롭고 국력은 약해 일이 제대로 풀리지 않을까 두려운 상황입니다. 그런데 어찌하여 다시 동인과 서인을 가르고 유파와 품계를 따져가며 '이쪽은 취하고 저쪽은 버려야 한다'라고 고집한단 말입니까? 동서 양편이 서로 자기 의견만 내세우며 양보하지 않게 된 이후로, 앞뒤를 살피고 좌우를 견제하며 상대가 나를 해치지 않을까 두려워하는 데만 급급해하고 있습니다.

그러니 남은 힘이 어찌 국정의 다른 일에 미칠 수 있겠습니까? 이런 까닭에 벼슬길은 혼탁해지고 기강은 날로 무너지며, 백성들의 삶은 날로 궁핍해져 바로잡을 길이 없어졌습니다. 설령 동인이 군자라는 이름을 얻고 서인이 소인이라는 평을 듣는다 한들, 그것이 도대체 도처에서 쪼들리는 백성들의 생계에 무슨 보탬이 되겠습니까? 신이 근심하는 바는 단지 여기서 그치지 않습니다. 예부터 사류는 정치적으로 패하는 경우가 많고 성공하는 경우는 적었습니다. 비록 그들의 주장이 순수하고 정의에서 나온 것이라 해도, 도리어 소인들로부터 붕당이라는 지목을 받아 처형과 유배가 잇따르기도 했습니다.

하물며 지금 사림은 그 처사가 중도를 잃어 참소와 이간질이 틈타기 쉬우니, 어찌 오늘의 정쟁이 훗날 화가 닥칠 징조가 아니겠습니까? 만일 소인이 기회를 엿보다 교묘하게 사림을 일망타진할 계략을 세운다면, 과격한 분열은 결국 사림의 전멸로 이어져 나라가 망하지 않을까 두렵습니다. 을사년(1545, 명종 즉위년) 사화 당시, 대윤(윤임)과 소윤(윤원형)의 다툼은 본래 사림과는 무관한 권력 투쟁이었습니다. 그럼에도 소인배들은 그 화를 사림에게 전가하여 큰 피해를 주었습니다. 그런데 지금은 사림들이 직접 서로 격분하며 싸우고 있으니, 장차 닥쳐올 화를 어찌 면할 수 있겠습니까? (…)

아! 오늘날 전하께 말씀드려야 할 시급한 일이 어찌 이뿐이겠습니까? '군사를 양성하고 백성을 휴식시켜 뜻밖의 재난에 대비하는 대책(養兵休民)' 등에 관하여, 신이 비록 초야에 머물고 있으나 나라를 걱정하는 마음에 약간의 견해를 품고는 있었습니다. 그러나 신의 엉성한 계책이 당장의 현실에 맞지 않을까 하여 차마 입 밖에 내지 못하였습니다. 생각건대, 전하께서 매번 신을 부르는 명을 내리셨는데, 그것이 어찌 신의 가난하고 궁색함을 불쌍히 여겨 녹봉이나 주려는 뜻이겠습니까? 반드시 미천한 신의 말중에도 채택할 만한 것이 있다고 여겼기 때문일 것입니다. 신은 비록 병이 깊어 직접 나아가지는 못하나, 이제 드려야 할 말은 모두 다 하였습니다.

전하께서는 신의 이 충언을 받아들여주시고, 신의 직책을 거두어주시며 은퇴를 허락하여주십시오. 그리하여 신이 스스로 몸을 보살피며 고향 산천에 머물도록 배려하여주시면, 천지부모와 같은 그 크신 은혜를 신은 무엇으로 보답해야 할지 모르겠습니다. 총명하신 성상께서는 부디 살펴주십시오.

6장
전환
이학의 재구성

위학僞學

지선, 앎의 지선, 행의 지선, 무릇 지선이라는 것은 사물의 당연한 법칙이요, 그 법칙은 다른 것이 아니라 단지 가장 적절한 곳일 뿐이니, 지선은 앎〔知〕에도 있고, 행함〔行〕에도 있는데, 선생(기대승)께서는 어찌 앎에는 지선이 없고 행함에만 지선이 있다고 보십니까?: 「기대승(명언)에게 주다」 정묘(1567)[1]

어제 가르침을 받고, 거듭거듭 생각했습니다. 물러나서 곰곰이 생각해보아도 끝내 고명(기대승)의 뜻을 깨닫지 못하겠습니다. 저의 식견이 어두워서 끝내 도를 배울 수 없단 말입니까? 어찌 이토록 서로 뜻이 맞지 않는단 말입니까? 마땅히 생각하고 여쭈어야 하므로 다시 저의 비루한 소견을 올립니다. 제가 이른바 '앎의 지선〔知之至善〕'이라고 말한 것을 너무 깊이

---

[1] 「여기명언대승(與奇明彦大가)」, 1567년(명종 22, 32세) 봄 추정, 『율곡전서』 권9.

배척하지 마십시오. 무릇 지선至善이라는 것은 단지 사물의 당연한 법칙입니다〔事物當然之則〕. 그 법칙은 다른 것이 아니요, 단지 가장 적절한 곳〔十分恰好處〕일 뿐입니다.

통틀어 말하자면, 앎〔知〕과 행함〔行〕이 모두 도달하여 한가지 티도 남아 있지 않고 만가지 이理가 밝게 다 드러난 뒤에야 비로소 '지선에 머물렀다止至善'고 말할 수 있습니다. 나누어 말하자면, 앎〔知〕에도 하나의 지선至善이 있고, 행함〔行〕에도 하나의 지선至善이 있습니다. 앎이 가장 적절한 곳에 이르러 다시 옮기고 바꿀 것이 없다면 '앎이 지선에 머물렀다〔知之止於至善〕'고 이르고, 행함이 가장 적절한 곳에 이르러 다시 옮겨지거나 움직이지 않는다면 '행함이 지선에 머물렀다〔行之止於至善〕'고 이릅니다. 이것이 무슨 방해가 되겠습니까?

선생(기대승)께서는 어찌 통틀어 말한 지선만을 취하고, 나누어 말한 지선은 취하지 않으십니까? 만약 선생의 말과 같다면, 행함에만 지선이 있고 앎에는 지선이 없다는 말이 됩니다. 사물이 있으면 반드시 법칙이 있는데, 앎은 어떤 사물이기에 홀로 지선이 없단 말입니까? 만약 앎을 사물이 아니라고 여긴다면, 『대학』의 명덕明德조차도 사물이라고 일컫는데, 앎만 홀로 사물이 아니겠습니까? 천하에 이름이 있어서 이름 붙일 수 있는 것은 모두 사물이라고 말할 수 있거늘, 어찌 반드시 눈에 보이는 물건〔物之物〕만이 사물이란 말입니까?

이것으로 미루어본다면, 『대학』의 지지선止至善은 나누어 말하면 명덕明德에도 지지선이 있고, 신민新民에도 지선이 있습니다. 명덕 위에서 나누어 말하면 수신修身에도 지지선이 있고, 정심正心에도 지지선이 있고, 성의誠意에도 지지선이 있고, 격물치지에도 지지선이 있습니다. 신민 또한 그러합니다. 합하여 말하자면, 명덕과 신민이 모두 지선에 머무른〔止於至善〕 뒤에야 비로소 지선에 머무르는 그 분수를 다하는 것입니다. 어찌 격물치지에는 지선이 없다고 말할 수 있겠습니까?

또 선생께서 말하신 '명명덕明明德을 비록 다해도 아직 궁리진성窮理盡性(이치를 탐구하고 본성을 다함)의 지위에 이르지 못했다'라는 것은 더욱 온당치 못합니다. 명명덕의 조목에는 격물치지가 있으니 이는 곧 궁리이고, 성의誠意, 정심正心, 수신修身이 있으니 이는 곧 진성盡性입니다. 만약 선생의 말과 같다면, 『대학』의 공부가 비록 지극히 다 이루어져도 오히려 성인에 이르지 못한단 말이 됩니다. 그렇다면 공자께서는 어찌 사람들에게 지극한 도를 가르치지 않으시고, 도리어 두번째 등급의 학문을 가르치셔서 사람들로 하여금 비록 그 도를 다하더라도 다만 두번째 등급의 사람을 만들었겠습니까?

선생께서는 또 능득能得(학문의 완성)을 불혹不惑(공자가 50세에 이룬 경지)의 지위라고 여깁니다.【다시 『대학』을 살펴보면 이 논설은 본래 잘못되었으니 깊이 변론할 필요는 없습니다.】그러므로 명명덕의 공부가 궁리진성의 지위에 이르지 못했다고 하는 것은 또한 너무 고집스럽습니다. 선유先儒의 논설은 각각 가리키는 바가 있으니, 고집해서는 안 됩니다. 능히 얻음〔能得〕은 진실로 얕고 깊음이 있습니다. 그 얕은 것부터 말하자면 불혹 또한 능히 얻었다고 말할 수 있습니다. 그러나 그 깊은 곳으로 말하자면, 생각하지 않아도 얻어지고〔不思而得〕, 애쓰지 않아도 도리에 맞는〔不勉而中〕 경지가 아니면 능득의 지극한 공〔極功〕이라고 말할 수 없습니다. 어찌 『대학』의 지극한 공이 불혹에 그칠 뿐, 끝내 성인의 지위에 이르지 못한다고 판단하겠습니까? (…)

또 선생께서 말하신 이른바 '지선이 중이 아니다〔至善非中〕'라는 것 또한 온당하지 못합니다. 지선은 바로 하늘이 부여한 저절로 그러한 중中입니다. 성현의 논설이 비록 각각 가리키는 바는 다르지만, 이름 붙여진 것은 사실 하나입니다. 만약 모두 둘로 나눈다면, 이미 지선이 있는데 또 중中이 있고, 또 당연한 법칙이 있게 되니, 배우는 자가 장차 어느 것을 따라야 할지 헤맬 것입니다. 대체로 옛 학자들은 귀로 듣고 눈으로 보며, 마음으로 생각하고 몸소 실천한 뒤에야 비로소 말로 표현했습니다.

저와 같은 자는 단지 입과 귀에만 발라두었을 뿐이니, 마땅히 말하는 바가 자주 막힐 것입니다. 다만 군자는 사람 때문에 그 말을 버리지 않습니다. 엎드려 바라건대 다시 세번 생각하시어, 지극히 마땅한 논의로 다시 보여주시는 것이 어떻겠습니까? 우리 동료들 가운데 논의가 또한 서로 모순되는데, 어찌 한가로이 다른 언설의 시비是非를 결정할 겨를이 있겠습니까? 이것이 바로 제가 이치를 하나로 귀결시키고자〔歸一〕 서두르는 이유입니다.

무실적 경학, 대학의 청송과 지선, 인과 이언적, 나의 생각으로는 회재가 참혹한 난리를 겪었기에, 이 논설을 지어 한 시대를 경계하고, 만분의 일이라도 세상을 구제해보고자 했던 듯하다: 「회재의 『대학보유』 읽고 난 후 논평」 신사(1581)[2]

회재晦齋(이언적)가 『대학』의 '송사를 듣고 판결한다'라는 청송聽訟을 본말장本末章에 넣어 해석하면서도 별도로 구분해놓은 의도는 깊이 알 수 없어 그것이 타당한지는 모르겠으나, 경문의 끝부분에 배치한 것은 마땅하다고 생각한다. 다만 경일장經一章을 두고 주자朱子는 공자의 말이라 하였는데, 회재는 증자曾子의 말이라고 하였으니 그 근거를 알 수 없다. 만약 증자의 말이라면 인용구 끝에 '공자께서 말하셨다〔子曰〕'라고 덧붙이는 것이 합당하겠으나, 만약 경일장 자체가 공자의 말이라면 굳이 다시 '자왈'이라고 일컫지 않았을 것이니, 이 점은 의문으로 남는다.

'편안하다는 것은 처해 있는 상황에서 편안한 것을 말한다'라고 한 말은 비록 몸의 태도를 지적한 것 같지만, 실상은 앎을 통해 얻은 편안함일 뿐

---

2   「회재대학보유후의(晦齋大學補遺後議)」, 1581년(선조 14, 46세) 10월, 『율곡전서』 권14.

아직 실제 행동에까지 미친 것은 아니다. 그런데 『맹자』에서 이른바 '처함이 편안하다〔居之安〕'는 것은 바로 깊은 학문으로 나아가 스스로 깨달음을 얻는 심조자득深造自得의 공효이다. 이는 앎〔知〕과 행함〔行〕을 합하여 말한 것이지, 앎의 한 측면에만 그친 것이 아니다. 그렇다면 『대학』에서 말하는 정定·정靜·안安의 편안함은 『맹자』의 '처함이 편안함'과 비록 서로 가까워 보일지라도 그 경중은 같지 않다. 그런데도 회재가 이 둘을 합하여 하나로 보았으니, 이는 아마도 온당하지 못한 듯하다.

'고려한다〔慮〕'라는 말을 '생각함〔思〕'으로 여기는 것은 비록 크게 어긋나는 것은 아니지만, 생각은 사물의 이치를 끝까지 연구하는 과정에서 일어나는 일이다. 애초에 생각하지 않는다면 머물 곳을 알아서 마음이 정定해지는 단계에 이를 수 없다. 그러므로 사물의 이치가 이미 규명되고 앎이 지극한 경지에 이른 뒤에, 또다시 별도의 생각하는 공부를 한다는 것은 있을 수 없는 일이다. 선현들께서 여慮를 앎〔知〕과 행함〔行〕의 사이에 두고, 어떤 일에 임했을 때 다시 한번 더 고요하고 자세하게 살피는 것이라고 말한 것은 생각건대 바꿀 수 없는 확고한 정론이라 하겠다.

마땅히 그래야만 하는 이치인 소당연所當然과 왜 그러한지에 대한 근거인 소이연所以然을 아는 것이 바로 사물을 궁구하여 앎을 지극히 하는 것이다. 만약 그 근거인 소이연을 알지 못한다면, 그칠 데를 제대로 안다고 말할 수 없을 것이다. 정定과 정靜 이하는 다름 아닌 앎〔知〕의 공효로서 그 의미가 점차 깊어지는 것일 뿐이다. 그러므로 이는 공자가 말한 불혹不惑과 지천명知天命 사이에 실질적인 등급이 있는 것과는 같지 않은 듯하다. 『대학』 경문經文의 두 구절인 '머물 곳을 안 뒤에야 정함이 있다〔知止以后有定〕'라는 대목과 '사물에는 본말이 있다〔物有本末〕'라는 대목을 격물장格物章에 배치하는 것은 글의 의미상 자연스러워 보인다.

하지만 반드시 그렇게 해야만 하는지는 확신할 수 없다. 다만 궁리한다는 것은 소당연과 소이연을 깊이 연구하여, 겉과 속 그리고 정밀함과 거침

중 어느 것 하나 극진히 밝혀지지 않음이 없게 하는 것이다. 그렇게 이치를 다 밝히고 나면, 근본과 말단 그리고 먼저 할 일과 나중 할 일〔本末先後〕은 자연히 그 과정에 포함되어 있을 것이다. 그런데 만약 단지 사물의 근본과 말단, 시작과 마침〔本末始終〕만을 따지는 데 그친다면, 그것은 궁리 공부의 측면에서 놓친 점이 있지 않을까 한다. 그리고 '그칠 데를 안 뒤에〔知止〕'로 시작하는 대목은 단지 그 공부의 공효를 말하였을 뿐이다.

이러한 내용을 바탕으로 살펴보건대, 비록 이 경문을 근거로 격물치지 格物致知의 공부를 한다고 하더라도, 실제로는 공부를 어디서부터 시작해야 할지 착수처를 얻기 어렵다. 그러므로 정자程子와 주자朱子 두 선생의 설명이 상세하고 치밀하며 공부의 단계와 과정〔功程〕이 뚜렷하여, 실제로 공부를 해나갈 수 있게 해주는 것만 못한 것이다. 지선至善과 중中은 그 명칭은 다르지만 실제 의미는 같으니, 회재의 말은 타당하다고 하겠다. 다만 이것은 이전부터 통용되던 말이지 회재가 처음으로 창안해낸 것이 아니다. 주자의 『대학혹문大學或問』에서 이理를 논한 부분을 보면, 여러 성현의 언설을 합하여 하나로 정리하였으니, 지선과 중이 서로 다르지 않다는 것은 이 문헌을 통해서도 충분히 확인할 수 있다.

글의 마지막 부분에서 논의한 내용은 인仁을 치국평천하治國平天下의 근본으로 삼고, 이를 뒷받침하기 위해 여러 성현의 말을 반복하여 인용한 것이 무수히 많으니, 가히 상세하게 다 설명했다고 할 만하다. 주자가 한 말을 부족하다고 여기며, '인仁' 한 글자가 명확하게 밝혀지지 못함으로 인해 그 폐해가 후세까지 전해질 것을 걱정한 마음은 참으로 간절하다고 이를 만하다. (…) 나의 생각으로는 회재 선생이 직접 참혹한 난리를 겪었기에, 이 논설을 지어 한 시대를 경계하고, 만분의 일이라도 세상을 구제해보고자 했던 듯하다. 그러한 간절한 의도가 아니었다면, 이리저리 흩어지고 복잡하게 얽힌 말을 만들어 주자의 가르침을 가볍게 여기는 일이 되었을지도 모른다. 후세의 군자는 이에 대하여 반드시 분명하게 가려낼 것이다.

공부론, 성학십도, 의심스러운 것을 묻습니다: 「퇴계 선생에게 올리는 문목」경오(1570)**3**

1.『중용』의 1장 혹문或問에서 북계진씨北溪陳氏(진순)가 '가르침[敎]으로 말미암아 들어가는 이는 거의 천지위육天地位育(천지가 제자리에 위치하고 만물이 육성됨)의 경지에 가깝다'라고 하였습니다.**4** 저는 '그 가르침[敎]으로 말미암아 들어가는 자라도 그 성공하는 데 이르러서는 성인과 마찬가지다'라고 의심해왔으니. 이제 가르침을 주신 편지를 받으니, '공자의 편안하게 하면 오고 흔들리면 화답하는 수래동화綏來動和**5**의 경지는 안자顏子(안연)와 증자曾子도 갑자기 미칠 수 없는 것이다'라고 하셨는데, 그것은 진실로 그렇습니다. 다만 저는 '나면서부터 아는 자[生知]와 배워서 아는 자[學知]는 자질이 비록 같지 않을지라도, 그 성대하여 변화하는 경지[大而化之, 대이화지]에 이르러서는 차별이 없다'라고 여겼습니다.

안자는 비록 배워서 아는 학지의 단계라 하더라도 다만 성인과는 한칸의 간격이 있을 뿐입니다. 만약 몇 살을 더 살아서 성대한 변화의 경지에 이르렀다면, '수래동화'의 공능도 역시 공자와 같아졌을 것입니다. 그런데 만약 진순의 언설[陳氏之說]과 같다면 배워서 아는 자는 끝내 천지위육의 공효功效를 다할 수 없을 것입니다. 어찌 배우는 자들이 성인聖人이 되려고 하는 뜻을 막는 일이 아니겠습니까? 또한 가르침을 주신 말 중에 이른바 '갑자기 미칠 수 없다'라고 한 것은 진실로 옳으나, 만약 '끝내 미칠 수 없다'라고 한다면 그것은 옳지 못합니다. 이것이 제가 진순의 언설을 의심하

---

3   「상퇴계선생문목(上退溪先生問目)」, 1570년(선조 3, 35세) 3~5월,『율곡전서』권9.
4   『중용혹문(中庸或問)』「수장(首章)」, "陳氏曰, 中和位育, 聖神之能事. 由敎而入者, 果能盡致中和之功. (…) 但庶幾乎位育者, 賢人之學, 雖曰及其成功一也".
5   『논어』「자장편(子張篇)」, "綏之斯來, 動之斯和."

는 이유입니다. (…)

2. 『성학십도聖學十圖』는 명칭과 그 의의가 정밀하고 절실하여, 후학으로서는 거기에 논평할 여지가 없습니다. 다만 그 가운데는 제가 보기에는 한두가지 의심스러운 점이 있습니다. 의심스러운 것은 마땅히 여쭈어야 하니 감히 묵묵히 있을 수 없습니다. 『서명西銘』에서 이른바 '맛있는 술을 싫어한다〔惡旨酒〕' 이하 '백기伯奇'[6]라는 데에 이르기까지입니다. 이것은 자식이 어버이를 섬기는 것을 사람이 하늘을 섬기는 데 비유하여, 하늘을 섬기는 어떤 일은 고양顧養(부모를 봉양하는 것)에 해당하고, 어떤 일은 '석류錫類'[7]에 해당한다는 식으로 말한 것입니다. 열거된 사람들이 모두 도道를 극진히 한 것이라고 본 것은 아니며, 다만 그 한가지 일만 취한 것입니다.

그런데 이제 『성학십도』에는 '성현들이 각기 그 도를 다했다'라고 하였습니다. 만약 이렇게 말하면, 순임금과 우임금과 증자는 진실로 도를 다했다 하겠지만, 저 영봉인潁封人(춘추시대 정나라의 영고숙潁考叔)과 신생申生(춘추시대 진나라 헌공獻公의 아들)의 무리가 어찌 도를 다한 자들이겠습니까?

3. 임은정씨林隱程氏(정복심)의 「심학도心學圖」는 의심스러운 점이 매우 많습니다. 그 대략을 말하면, '대인의 마음〔大人心〕은 곧 성인의 마음이니, 이것은 부동심不動心과 종심從心이다'라고 한 따위입니다. 무엇 때문에 성인의 경지인 대인심大人心을 도심道心보다 앞에 두었습니까? 본심은 비록 어리석은 사람이라 하더라도 이는 모두 가지고 있는 마음입니다. 만약 대인심이라고 하면, 이는 그 공부工夫를 다 하고, 그 공효功效를 지극히 하여 본심을 온전히 이룬 것입니다. 어찌 공부도 하지 않고 저절로 그런 마음을 가질 수 있겠습니까?

6　중국 주(周)나라 윤길보(尹吉甫)의 아들이다. 길보가 후처의 말을 듣고 아들을 축출하니 백기는 이른 아침에 들에 나가 거문고를 들고 '이상조(履霜操)'란 곡조의 노래를 부르다가 강물에 투신하여 자살했다.

7　『좌전(左傳)』「은공편(隱公篇)」, "君子曰 考叔 純孝也 愛其母 施及莊公 詩曰 孝子不匱 永錫爾類 其此之謂乎". 효(孝)를 길이 사람들에게 이어가게 한다는 뜻이다.

또 인욕을 막고〔遏人欲〕 천리를 보존하는 것〔存天理〕을 두 갈래의 공부로 나누었으니 이미 타당치 않고, 그 공부의 순서도 차례를 잃었습니다. 마음이 여기 있음〔心在〕과 마음으로 생각함〔心思〕 또한 위치를 바꾸어놓은 듯합니다. 이미 홀로 있을 때 삼감〔愼獨〕과 이기고 돌아옴〔克復〕, 그리고 마음이 여기 있음〔心在〕을 말하고, 곧 잃어버린 마음을 찾음〔求放心〕이라고 말하였습니다. 비록 반복하여 미루어 생각해보아도 결국은 차례가 바뀌었습니다. 합하閤下(이황)께서는 임은정씨의 언설을 미루어 설명하여, 안자도 '방심放心'을 구했다고까지 하였으니, 이것도 역시 타당치 않습니다.

대체로 성현의 말은 정밀한 것이고 거친 것이 있으니, 그 정밀한 면을 가지고 억지로 그 거친 면을 구할 수도 없고, 소략한 면을 가지고 억지로 그 정밀한 면을 구할 수도 없습니다. 맹자 '구방심求放心에 관한 논설'은 널리 배우는 이를 위하여 말한 것이니, 이것은 거친 수준의 공부의 측면이요, 공자 '극기복례克己復禮에 관한 논설'은 오로지 안자를 위해 말한 것이니, 이것은 정밀한 공부의 측면입니다. 이제 그 정밀한 공부의 측면에 대해서는 반드시 이것을 눌러 낮추어서 거친 공부의 측면으로 하고, 그 거친 공부의 측면에 대해서는 반드시 이것을 끌어 높여서 정밀한 공부의 측면으로 하면, 비록 이 말이 행해질 수는 있으나 어찌 공평정대한 도리이겠습니까?

또한 신독愼獨을 가지고 인욕人欲을 막는 공부의 한쪽에다 놓으면, 무릇 성찰省察에 관한 일은 모두 마땅히 여기에 속할 것입니다. 그리고 경계하고 두려워함〔戒懼〕을 가지고 천리天理를 보존하는 공부의 한쪽에다 놓으면, 무릇 기르는 것〔涵養〕에 관한 일은 모두 마땅히 여기에 속할 것입니다. 그런데 도설의 도식을 보면, 마음을 다함〔盡心〕은 이것이 지知에 관한 일인데 곧 함양에 속해 있고, 마음을 바르게 함〔正心, 정심〕은 실천〔行〕인데 곧 성찰에 속해 있습니다. 이것도 이해할 수 없는 것입니다. 제 생각에는 이「심학도」는 문장이 중복되고 설명을 겹쳐놓았을 뿐이요, 별다른 의미가 없으니 아마도 반드시 취할 것은 없을 것 같습니다.

4. 제8 「인설도仁說圖」는 마땅히 「심학도」의 앞에 있어야 할 것 같습니다. 이렇게 배치한 이유는 잘 모르긴 합니다만, 어떠하겠습니까?

정학正學

정학, 양명학에 대한 응전. 이단이라는 말이 어찌 반드시 불교나 노자, 선학과 육학만을 가리키겠습니까? 세상의 선비 된 자들은 오로지 바른 학문인 정학에 힘쓰고, 품팔이꾼이나 장사꾼의 처지로 전락하지 않도록 하는 것이 마땅한 노릇입니다. 「학부통변의 발문」 신사(1581)[8]

기의 흐름에 양陽만 있고 음陰이 없을 수 없듯이, 학문의 길에도 오직 바른 것만 존재하고 사악한 것이 없을 수는 없으니, 이는 자연의 형세가 그러한 것이다. (…) 그러나 주나라의 도가 쇠약해지자 비로소 노자와 장자, 양주와 묵적이 나타나 그 사악하고 치우친 말들을 제멋대로 늘어놓았다. 이들은 비록 맹자가 강력히 물리쳤으나, 그 흐름을 완전히 뿌리 뽑아 멈추게 하지는 못하였다. 대개 상고시대의 이단은 사악함이 분명하게 드러났으므로, 현명한 이들은 오히려 자신도 그에 더럽혀질까 두려워 멀리했다. 그러나 중고시대의 이단은 겉으로 보기에 이익과 욕심을 말끔히 벗어난 듯하여, 사악하면서도 마치 바른 도리인 것처럼 보였다. 이 때문에 현명한 이들조차 미혹되기 시작하였다.

한나라 이후에는 불학(불교)이 들어왔고, 당나라 이후에는 이것이 변하여 선학禪學이 되었다. 그 이론이 정밀하고 사람의 마음을 뒤흔드는 정도가 노장사상이나 양묵의 언설에 비길 바가 아니었다. 이것으로 인해 학식

---

[8] 「학부통변발(學蔀通辨跋)」, 1581년(선조 14, 46세) 겨울, 『율곡전서』 권13.

이 높은 선비들마저 휩쓸리듯 그 뒤를 따랐고, 마침내 중국을 선불교의 세계로 만들고 말았으니 생각할수록 비탄스러운 일이다. 다행히 정자와 주자가 일어나 무너져가는 우주를 떠받치고, 해와 달을 닦아 세상을 다시 밝히었다. 이단을 꺾어 무너뜨려 천하를 훤하고 맑게 한 그분들의 공적은 옛 성현들과 비교해도 더욱 성대하다 하겠다. 이에 선학과 불교의 학문은 쇠퇴하여 힘을 쓰지 못하였다.

그러나 정자와 주자가 세상을 떠나고 나니, 겉으로는 유학을 내세우나 속은 선학인 학문이 나타났다. 마치 꺼진 재를 불어 다시 불씨를 살리듯 그 기세가 다시 세상에 성해졌으니, 참으로 심각하도다, 이단을 완전히 뿌리 뽑아 없애기가 이토록 어려우니 말이다. 진건陳建(호 청란淸瀾)은 개탄하는 마음으로 사악한 논설을 물리치고 바른 도리를 세우는 것을 목적으로 삼아 『학부통변』을 저작하였다. 이 책에서 그는 널리 자료를 찾아내고 깊이 궁구하며 밝게 시비를 가려 상세히 말하였다. 그리하여 육상산陸象山과 왕양명王陽明이 가리고 감추었던 속셈을 마치 손가락으로 가리키듯 명확히 집어내어, 방황하는 사람들이 그들의 유혹에 속아 넘어가지 않게 하였으니 그 뜻이 참으로 훌륭하고 의론 또한 매우 정대하다.

다만 진건이 평소 쌓은 학문적 실천과 덕업이 사람들에게 얼마나 신뢰를 얻어 천하와 후세에 무게감 있게 받아들여질지는 알 수 없다. 또한 성리性理에 관한 중요한 대목을 설명함에 있어서도 미묘한 이치를 다 극진히 밝혀내지는 못하여, 주자학의 정밀함에서 볼 때 조금도 어긋남이 없는 완벽한 수준까지는 이르지 못했다. 그러나 그의 글을 통해 육상산과 왕양명의 사악한 술법을 깊이 알아낼 수 있으니 그 공적이 이미 크다 하겠다. 그러니 어찌 작은 허물을 찾아내어 지적함으로써, 이단에 편드는 자들에게 구실을 만들어줄 필요가 있겠는가? 식견 있는 이들이 혹 이 글이 지나치게 장황하여 정밀하고 요약된 의미가 부족하다며 의문을 제기하기도 하는데, 이 역시 일리가 있는 말이다.

하지만 중국의 선비들이 육상산의 학문에 휩쓸려 들어가고, 전해 듣기로는 왕양명이 문묘文廟(종사從祀)에까지 모셔졌다고 한다. 그렇다면 사악한 말의 재앙이 홍수가 산을 에워싸고 언덕을 넘실거리는 것처럼 극심한 형세이니, 한 개인의 힘으로 이를 막아 세우기는 어려운 일이다. 진건이 눈을 부릅뜨고 용기를 내어 외로이 부르짖으며 홀로 대항하다 보니, 자신의 주장을 높여 강조하지 않을 수 없었을 것이다. 어려움을 물리치고 어지러운 세상을 바로잡기 위해 웅변에 힘쓰다 보니 과연 정밀함과 간결함만을 위주로 할 수는 없었을 것이나, 그것이 또한 무슨 해가 되겠는가?

다만 학술의 계보를 나열하면서 주자조차 42~43세 전에는 선학의 틀을 벗어나지 못했고, 육상산을 만난 뒤에도 반신반의함을 면치 못했다고 주장한 점은 잘못이다. 하지만 그의 공로를 취하고 허물을 덮어주는 것 또한 사람을 대하는 충후한 도리이다.

어떤 사람이 물었다. "중국의 선비들은 육상산의 학문에 많이 물들었으나 우리나라는 아직 그런 소식이 없으니, 아마도 우리나라 사람들의 마음이 바른 것이 중국 사람보다 나아서가 아니겠습니까?"

내가 이렇게 대답하였다. "만약 육상산의 학문에 물들지 않고 오로지 주자의 학문을 공부하는 데 힘써 제대로 알고 올바르게 실천한다면 확실히 중국보다 낫다고 할 수 있을 것입니다. 그러나 만약 오지 이익과 욕심만을 취하는 데 힘을 쏟아 주자의 학문과 육상산의 학문을 둘 다 내팽개친다면, 그 우열이 어떠하겠습니까? 나는 일찍이 다음과 같이 탄식한 바 있습니다. '중국의 선비들은 오히려 공부하는 대상이 있어 여간해서는 마음을 놓아버리는 일이 적다. 그래서 혹 주자의 학문을 하기도 하고 혹 육상산의 학문을 하기도 하며 마침내 인생을 헛되이 보내지 않는다. 비록 사악한 길과 바른 길이 다를지라도, 배불리 먹고 종일토록 마음 쓰는 곳 하나 없이 멍하게 보내는 것보다는 나은 것이다.'

우리나라 선비들은 주자의 학문도 하지 않고 육상산의 학문도 하지 않으면서 오로지 세속의 나쁜 습관에만 매달리는 자가 많습니다. 이것이야 말로 날품팔이꾼이나 장사하는 노복과 무엇이 다르겠습니까? 이런 상태를 가지고 중국보다 낫기를 바란다면 잘못된 일이 아니겠습니까? 이단이라는 말이 어찌 반드시 불교나 노자, 선학과 육학陸學(육상산의 학문)만을 가리키겠습니까? 세상에서 선왕의 도리를 옳지 않다고 여기며 자기 한 몸의 욕심만을 따르는 자는 모두 이단이 아닌 것이 없습니다. 만약 세속의 습관을 옳다고 여겨 부지런히 이익만을 추구하면서, 도리어 육상산의 학문을 비방하고 비웃는다면, 이는 마치 사악한 도를 해친 사악한 무리를 존경하고 높이면서 양주와 묵적을 비웃는 것과 무엇이 다르겠습니까? 아! 세상의 선비 된 자들은 오로지 바른 학문인 정학에 힘쓰고, 날품팔이꾼이나 장사꾼의 처지로 전락하지 않도록 하는 것이 마땅한 노릇입니다."

양명학에 대한 응전, 양명학자 황홍헌의 요청, 정자와 주자의 학설을 바탕으로 극기복례설을 지으니, 중국은 성리의 총본산으로 정주 이후 도통을 이은 분이 있습니까: 「극기복례설·명나라 사신 황홍헌을 위해 짓다」임오(1582)[9]

가만히 생각건대, 인仁이란 본래 마음이 갖춘 온전한 덕성〔本心之全德〕이요, 예禮는 하늘의 이치가 구체적인 절차와 형식으로 나타난 것〔天理之節文〕입니다. 또한 기己란 한 몸에서 생겨나는 사사로운 욕심〔一身之私欲〕을 뜻합니다. 사람이 누구나 본래 선한 마음을 갖추고 있음에도 인仁하지 못한 까닭은, 사사로운 욕심이 생겨나 그 본심을 가로막기 때문입니다. 사욕을 제거하고자 한다면 모름지기 몸과 마음을 바르게 다스려 한결같이 예법에 따라야 합니다. 그렇게 한 뒤에야 비로소 사욕을 이겨낼 수 있으며〔克

---

9   「극기복례설(克己復禮說)·위조사황홍헌작(爲詔使〔黃洪憲作〕), 1582년(선조 15, 47세) 겨울, 『율곡전서』권14.

리), 본래의 예법을 회복할 수 있습니다〔復禮〕.

의義·예禮·지智가 모두 하늘의 이치〔天理〕인데도 유독 예禮만을 들어 말한 이유가 있습니다. 예는 몸과 마음을 단속하고 살피는 구체적인 일이기 때문입니다. 보고, 듣고, 말하고, 움직이는 모든 과정이 하늘의 당연한 법칙을 따르고, 몸가짐과 행동 전부가 예법의 절차에 맞게 되면, 마음의 덕성이 온전해져 의로움〔義〕과 지혜〔智〕가 자연히 그 안에 깃들게 됩니다. 안자는 한번 성인의 가르침을 듣고 이를 자신의 책임으로 받아들여 용감하게 실천함으로써 곧바로 타고난 천성을 회복하였습니다. 이것이 바로 공자께서 유독 안자만을 일컬어 학문을 좋아한다〔好學〕고 칭찬하신 까닭입니다.

작은 나라의 사람으로서 제 소견이 좁고 편벽되어, 다만 정자와 주자의 학설만을 굳게 지킬 뿐 달리 더 넓게 펼칠 만한 도리가 없습니다. 비록 정자와 주자가 세워놓은 학문의 틀에서 구애받지 않으려 해도 마음대로 되지 않습니다. 이제 귀하(명나라 사신 황홍헌)의 밝은 물음을 계기로, 명확히 깨닫지 못하던 차에 가르침을 받아 얻은 것이 있게 되었으니, 놀라움과 감사한 마음이 그지없습니다. 중국은 성리의 총본산〔中朝, 성리지굴性理之窟〕이니 반드시 정자와 주자를 계승하여 떨쳐 일어난 분이 계실 터인데, 지금의 사론士論이 그 도통을 이을 만하다고 인정하는 분은 누구입니까?

바라건대 학덕이 높으신 귀하의 가르침을 받아, 우물 안 개구리가 더 넓은 세상을 의심하듯 제 좁은 식견으로 품었던 의문을 씻어내고 싶습니다.

태극음양, 음양본유, 무시무종, 이기불상리, 본래 '충막무짐'이라고 한 것은 이理를 가리켜 말한 것인데, 어찌 눈에 보이는 형체가 없다고 해서 곧장 조짐조차 없다고 할 수 있겠습니까. 「박순(화숙)에게 답하다」 을해(1575)[10]

10   「답박화숙(答朴和叔)」, 1575년(선조 8, 40세) 겨울. 『율곡전서』 권9.

성현의 말에도 과연 부족한 점이 있으니, 다만 '태극이 양의(음양)를 낳았다'라고 말하고, '음양은 본래부터 있는 것이요(陰陽本有), 어느 시점에 처음 생겨난 것이 아니다(非有始生之時)'라는 것을 명확히 말하지 않았기 때문입니다. 이에 글자만 보고 해석하는 자들은 '기가 생기기 전에는 이理만 있었을 뿐이다'라고 주장하니, 이것이 진실로 하나의 큰 병폐입니다.

또 어떤 언설에서는 '텅 비고 맑고 고요한 기운(太虛澹一清虛)이 음양을 낳는다(生陰陽)'라고 하는데, 이것 또한 한쪽으로 치우친 오류입니다. 음양이 본래부터 끊임없이 순환하는 것임을 모르고, 마치 음양이 처음 생겨나는 때가 있다고 생각하기 때문입니다. 처음이 있다면 마지막 소멸되는 때도 있을 것입니다. 그렇다면 음양의 기틀이 멈춰진 지 오래일 터이니, 합당한 말이겠습니까? 그리고 그 '담일(맑고 고요함)의 기운'이라는 것이 음陰이란 말입니까, 양陽이란 말입니까? 합하(박순)께서는 지난번에 그것을 음이라고 지목하셨는데, 그렇다면 결국 태극이 만물의 밑바탕이 아니라, 음기陰氣가 밑바탕이라는 말이 됩니다. 이는 다만 음이 양의 어미가 되는 줄만 알고, 양 또한 음의 아비가 되는 줄은 모르고 하는 말이니 합당하겠습니까?

소자邵子(소옹邵雍)의 이른바 '무극 이전에 음이 양을 포함하였다'라는 말도, 하나의 양기가 움직이기 시작하기 이전 시점을 끊어서 말한 것일 뿐, 근본을 추구하여 참으로 음양의 시작이 있었다고 한 말은 아닐 것입니다. 그리고 태극은 음양의 밑바탕이 되어 음이든 양이든 어디에나 존재하여 헤아릴 수가 없습니다. 그러므로 '신神은 일정한 장소가 없고, 역易(변화)은 일정한 형체가 없다'라고 하였습니다. 이제 만약 '음기陰氣가 음양의 밑바탕이 된다'라고 주장한다면, 이는 신령한 작용(神)에 일정한 장소가 생기고 변화(易)에 일정한 형체가 있게 되는 것이니, 더욱 합당하지 않은 말입니다.

본래 '충막무짐沖漠無朕'이라고 한 것은 이理를 가리켜 말한 것입니다.

만일 이것을 기氣를 가리킨 것이라고 한다면, 기는 음이 아니면 양일 수밖에 없으므로 아무런 조짐이 없는 상태에 이를 수 없습니다. 어찌 눈에 보이는 형체가 없다고 해서 곧장 조짐조차 없다고 할 수 있겠습니까? 지금 허공 가운데는 모두 기운이 가득 차 있습니다. 비록 눈에 보이는 형체는 없더라도 이를 어찌 '충막무짐'이라 일컬을 수 있겠습니까? 그러므로 '충막무짐'이라는 명칭은 기氣에 깃든 본연지성本然之性을 가리키는 것과 같습니다. 비록 본성이라고 부르더라도 실제로는 본성이 기를 떠나 존재할 때가 없는 것과 마찬가지로, 충막하다고 말하더라도 실제로는 텅 비어 충막하기만 한 때는 결코 없습니다.

만일 실제로 충막하기만 한 때가 있어 거기에서 음양을 낳았다고 한다면, 이 또한 음양이 처음 생겨난 시점이 따로 있다는 논리가 됩니다. 이 점을 모름지기 충분히 이해해야 하며 결코 소홀히 지나쳐버려서는 안 됩니다. 화담花潭(서경덕)의 학문적 공력(공부)이 깊지 않은 것은 아니나, 다만 생각이 지나쳐 도리어 기氣가 음양의 근본이 된다고 주장하였습니다. 결국 한쪽으로 치우친 견해에 빠져 이理와 기氣를 명확히 구분하지 못하고 뒤섞어버렸으니, 성현의 뜻에 크게 어긋나게 된 점이 참으로 애석하지 않겠습니까? 정자가 말하기를, '움직임과 고요함[動靜]은 그 시작되는 실마리가 따로 없고, 음과 양의 변화는 처음 생겨난 시점이 없다. 도道를 아는 자가 아니면 누가 이런 이치를 알 수 있겠는가'라고 하였습니다. 삼가 바라건대, 합하(박순)께서는 이 말에 대하여 깊이 유념해주시기를 바랍니다.

성혼에 대한 답변

성혼의 '여율곡논이기제1서'에 대한 답변, 횡설수설, 심성정의, 사단과 칠정, 인심과 도심, 인심도심상위종시, 심은 성과 정, 의를 모두 아우르고 다스리는 주재이니, 마음에 어찌 두개의 근본이 있겠습니까?: 「성호원에게 답하다」임신(1572)[11]

성현의 언설은 혹 횡설橫說(보편적인 관점, 가로)로 논해지기도 하고, 혹 수설竪說(근원적인 관점, 세로)을 중심으로 논해지기도 하여, 각기 가리키는 바가 다릅니다. 만약 수설을 횡설의 잣대로 재단하려 하거나, 횡설을 수설의 틀에 억지로 끼워 맞추려 한다면, 성현이 전하고자 했던 본래의 취지를 잃을 수 있습니다. 마음〔心〕은 본래 하나〔心一〕이지만, 도심이라 일컫기도 하고 인심이라 일컫기도 하는 것은, 성명性命(하늘이 부여한 본성)과 형기形氣(육체적 본능)의 차이가 있기 때문입니다. 정情 또한 하나〔情一〕이지만, 어떤 경우에는 '사단四端'이라 하고 어떤 경우에는 '칠정七情'이라 하는 것은, 오로지 이理만을 가리켜 말하느냐〔專言理〕 아니면 기를 겸하여 말하느냐〔兼言氣〕의 차이 때문입니다.

그러므로 인심과 도심은 서로를 겸할 수는 없으나, 처음과 끝이 되며〔相爲終始〕 사단은 칠정 전체를 포괄할 수는 없지만, 칠정은 그 안에 사단을 포함합니다. 『서경』의 「대우모」편에 나오는 "도심은 은미하고, 인심은 위태롭다"라는 구절에 대한 주자의 설명이 가장 자세합니다. 사단은 칠정처럼 정의 전체 면모를 갖추지는 못하였고, 칠정은 사단처럼 정의 본질이 순수하지는 못하다는 것이 저의 어리석은 견해입니다.

인심과 도심이 처음과 끝이 된다는 것〔人心道心相爲終始〕은 무엇을 의미하냐면, 가령 어떤 사람의 마음이 처음에는 하늘이 부여한 바른 본성인 성명性命에서 곧바로 발현되었을지라도, 혹 그것을 온전히 따르지 못하고 사사로운 뜻〔私意〕이 섞이면, 그 마음은 처음에는 도심으로 시작했으나 인심으로 끝맺게 된다는 것입니다. 반대로, 마음이 처음에는 형기形氣에서 비

---

11 「답성호원(答成浩原)」, 1572년(선조 5, 37세) 여름, 『율곡전서』 권9.

롯되었을지라도, 그것이 바른 이치에 어긋나지 않는다면 도심과 다를 바가 없습니다. 또한, 설령 처음에는 이치에 어긋나는 마음이 일어났더라도, 스스로 그름을 깨닫고 제어하여 욕심에 휘둘리지 않는다면, 이는 처음에는 인심이었으나 도심으로 마무리하는 것입니다.

대체로 인심과 도심은 정情과 그 정이 일어난 뒤에 어떻게 다스릴지 판단하는 의意를 겸하여 말하는 것〔人心道心, 兼情意〕이지, 단지 정만을 가리키는 것이 아닙니다. 칠정은 마음의 움직임에 일곱가지가 있다고 통칭한 것이며, 사단은 칠정 중에서 선한 일면만을 골라내어 말한 것입니다. 따라서 사단과 칠정의 관계는 인심과 도심처럼 서로 상대적인 관계로 설정된 것과는 다릅니다. 또한, 정情이란 마음이 외부 자극에 반응하여 발출된 상태를 의미하며, 아직 헤아리거나 비교하여 판단하는 의意의 영역까지는 나아가지 않은 것을 말합니다. 이런 점에서 볼 때, 사단과 칠정의 관계는 인심과 도심이 서로의 시작과 끝이 되는 것과는 다릅니다. 그런데 어찌 성격이 다른 두 개념을 억지로 같은 기준에 대입할 수 있겠습니까?

이제 만약 마음을 인심과 도심의 양변으로 나누어 설명하고자 한다면, 마땅히 '인심도심에 관한 논설'을 따라야 합니다. 또한 정 중에서 오로지 선한 측면만을 강조하여 말하려 한다면 '사단에 관한 논설'을 근거로 삼아야 하며, 선과 악을 아우르는 보편적인 정 전체를 논하려 한다면 '칠정에 관한 논설'을 따라야 합니다. 이러한 각각의 맥락을 무시하고 서로 섞으려드는 것은 마치 네모난 촉꽂이를 둥근 구멍에 억지로 끼워 넣으려는 것과 같습니다. 그러니 분분한 논쟁을 벌일 필요는 없을 것입니다.

사단과 칠정의 관계는 인간의 성품을 바라보는 본연지성本然之性과 기질지성氣質之性의 관계와 같습니다. 본연지성은 보편적 도덕성만을 가리키기에 기질氣質을 포함하지 않지만, 기질지성은 기품 속에 본연의 성품이 깃들어 있는 것을 말합니다. 즉, 기질지성은 본연지성을 그 안에 포함하고 있는 것입니다. 그러므로 사단은 칠정을 포괄할 수 없으나, 칠정은 사단을 포함하고 있습니다. 주자가 『주자어류』에서 언급한 "이에서 발현하고〔發於理〕 기에서 발현한다〔發於氣〕"라는 것은 사실 정의 연원을 대략적으로 구분하여 설명한 것일 뿐입니다. 후대의 학자들이 이 말을 너무 엄격하게 나누어 복잡하게 전개할 줄 주자가 어찌 알았겠습니까? 그러므로 배우는 자들은 그 속에 담긴 본래의 의미를 올바르게 살피는 것이 마땅합니다.

또한 퇴계(이황)는 이미 선善을 사단에 귀속시키고서도 다시 '일곱가지 정 또한 선하지 않음이 없다'라고 말하였습니다. 만약 그렇다면 사단 외에도 선한 정이 있는 셈입니다. 이 정은 어디로부터 발하는 것이겠습니까? 맹자가 인간의 본성에서 우러나오는 네가지 실마리(측은·수오·공경·시비)만을 언급한 것은 그 핵심적인 대강을 제시한 것일 뿐입니다. 그 외의 수많은 선한 정들이 모두 사단에 속한다는 사실은 배우는 자가 마땅히 미루어 짐작하여 알아야 합니다. 사람의 정이 어찌 인의예지에 근본하지 않고 선한 정이 될 수 있겠습니까?【이 대목은 마땅히 깊이 연구하고 정밀하게 생각해야 합니다.】선한 정의 대표 격으로 이미 사단이 있는데, 만약 사단에 포함되지 않는 또 다른 선한 정이 별도로 존재한다고 한다면, 이는 사람의 마음에 두개의 근본이 있다는 것〔二本〕과 같습니다. 이것이 어찌 타당하겠습니까?

대체로 마음이 움직이기 이전의 고요한 상태〔未發〕를 성性이라 하고, 외부 자극에 반응하여 겉으로 드러난 상태〔已發〕를 정情이라 합니다. 그리고 정이 표출된 뒤 이를 헤아리고 판단하는 과정〔計較商量〕을 의意라고 부릅니다. 이처럼 심心은 성性과 정情, 의意를 모두 아우르고 다스리는 주재主宰가 됩니다. 따라서 아직 발하지 않은 것과 이미 드러난 것 그리고 그에 따르는 판단 과정을 통틀어 모두 심心이라 일컬을 수 있습니다. 이때 마음이 작용하여 구체적인 현상으로 발하는 것은 기이며〔發者, 氣也〕, 그러한 작용이 일어나게 하는 근본적인 법칙과 원리는 이입니다〔所以發者, 理也〕.

마음의 작용이 올바른 이치〔正理〕로부터 곧바로 발현되고〔直出〕, 기의 작용이 사사롭게 개입〔用事〕하지 않는다면, 그것이 바로 도심道心입니다. 이 것은 칠정 중에서도 오로지 선한 측면만을 가리킵니다. 반면, 마음이 일어 날 때 이미 기의 작용이 사사롭게 개입〔用事〕하게 되면 인심人心이 되는데, 여기에는 칠정 가운데 선과 악의 가능성이 모두 섞여 있습니다. 배우는 자 가 기의 사사로운 작용을 알아차리고 정밀하게 살펴서 다시 올바른 이치 를 따르게 된다면, 인심은 도심의 통제와 명령을 따르게 될 것입니다〔人心 聽命於道心〕.

그러나 마음의 움직임을 정밀하게 살피지 못하고 그저 욕망이 향하는 대로 방치한다면, 정이 이기고 사욕이 왕성해집니다. 그렇게 되면 인심은 더욱 위태로워지고〔人心惟危〕 도심은 더욱 희미해져 보이지 않게 됩니다 〔道心惟微〕. 마음의 움직임을 정밀하게 살피느냐, 혹은 살피지 못하고 방치 하느냐는 결국 의意가 어떻게 작용하느냐에 달려 있습니다. 그러므로 수 양에 힘쓰는 것은 뜻을 성실히 하는 성의誠意보다 더 우선해야 할 일은 없 습니다.

이제 만약 '사단은 이가 발동하여 기가 따르는 것이요〔四端理發而氣隨之〕, 칠정은 기가 발동하여 이가 올라탄 것〔七情氣發而理乘之〕'이라고 주장한다 면, 이것은 매우 신중히 검토해야 할 문제입니다. 이러한 논의는 마치 이理 와 기라는 두 실체가 선후를 다투며 각각 독립적으로 드러나는 것으로 어 길 수 있기 때문입니다. 만약 마음의 작용이 이처럼 두 갈래에서 나온다면, 마음에 두개의 근본이 있다는 것이 아니겠습니까? 정情은 비록 여러 가지 로 드러난다고 할지라도, 이理에서 비롯되지 않은 것이 어디 있겠습니까? 모든 정은 그것이 발현될 때 기가 사사롭게 작용하느냐, 아니면 방해 없이 이理의 명령을 순순히 따르느냐에 따라 선과 악의 차이가 생기게 됩니다. 이 원리를 몸소 체득하고 깊이 살핀다면, 마음의 작동 방식을 명확히 알 수 있을 것입니다.

보내주신 별지의 내용은 대체로 타당합니다. 다만, '사단과 칠정은 성에서 발하고, 인심과 도심은 심에서 발한다'라는 대목은 자칫 마음과 본성을 별개의 두 갈래로 볼 여지〔心性二岐之病〕가 있습니다. 본래 성이란 마음속에 깃든 이理를 말하며〔心中之理〕, 마음은 그 성품을 담고 있는 그릇〔盛貯性之器〕과 같습니다. 그릇과 그 안에 담긴 내용물이 뗄 수 없는 관계이듯, 어찌 본성에서 나오는 것과 마음에서 나오는 것이 따로 있을 수 있겠습니까? 인심과 도심은 모두 똑같이 본성에서 발현되는 것입니다. 다만 그 과정에서 기에 가려져 드러나면 인심이 되고, 기에 가려지지 온전히 드러나면 도심이 될 뿐입니다.

성혼의 '여율곡논이기제2서'에 대한 응답, 미발지유선악, 심성정도, 기품유선악, 이유선악, 대체로 본연이란 이일理一을 말하는 것이요, 유행이란 분수를 말하는 것인데, 유행지리를 버리고 본연지리를 구하는 것은 진실로 옳지 않습니다: 「성호원에게 답하다」 임신(1572)¹²

'선악의 정情'은 외부 사물에 감응하여 움직이지 않음이 없습니다. 다만 그 감응하는 대상에 바름〔正〕과 사악함〔邪〕이 있고, 마음이 움직일 때 법도에 맞는 것〔中〕과 지나치나 미치지 못하는 것〔過不及〕이 있으니, 바로 여기에서 선과 악의 구분이 생겨납니다.

이것은 정이 발현할 때 형기形氣에 가려지지 않아, 그 '본성의 본연〔性之本然〕'을 곧장 온전히 이루는 경우입니다. 그러므로 이때의 정은 선하여 도덕적 절도에 부합하며〔善而中節〕, 인·의·예·지의 단서〔四端〕가 되는 것을 볼 수 있습니다. 본성에서 곧장 발현하였으므로〔直發〕 도식에서는 이를 바로 아래로 내려 썼습니다. 이것은 정이 발현할 때 형기에 가려져 그 '본성의 본연〔性之本然〕'을 잃어버리는 경우입니다. 그러므로 이때의 정은 악하

---

12   「답성호원」, 1572년(선조 5, 37세) 여름, 『율곡전서』 권9. 『우계집』에는 이 편지가 산실된 「여율곡논이기(與栗谷論理氣)」 제3서의 답변서로 편집되어 있다.

심성정도心性情圖

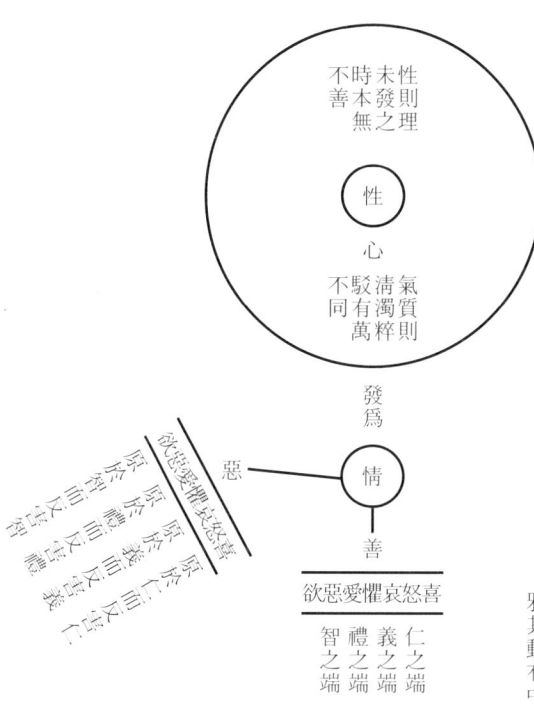

　性則
未發
之理
不時未善
本善無

性

心

氣質則
清濁粹
不駁有
同萬

發爲

惡　　　情　　　善

欲惡愛懼哀怒喜

仁之端
義之端
禮之端
智之端

此情之發而不爲形氣所揜直遂
其性之本然故善而中節可見其
爲仁義禮智之端也直發故直書

善惡之情無非感物而動特所感有正有
邪其動有中有過不及斯有善惡之分耳

此情之發而爲形氣所揜失其性之
本然故惡而不中節不見其爲
仁義禮智之端也橫發故橫書

智之端所言之慾惡
禮之端所言之哀懼
義之端所言之怒
仁之端所言之喜愛

여 도덕적 절도에 맞지 않으며〔惡而不中節〕, 인의예지의 단서〔四端〕가 되는 것을 볼 수 없습니다. 본성에서 비켜나 발현하였으므로〔橫發〕 도식에서는 이를 옆으로 비스듬히 썼습니다.

정자程子(정호)는 『이정유서』에서 말하기를, '사람이 태어날 때 기를 품수 받으니〔人生氣稟〕, 이理에도 선악이 있다〔理有善惡〕'라고 하였습니다. 이 여덟 글자는 사람들에게 본성과 현실의 관계를 매우 절실하게 깨우쳐주는 구절입니다. 여기서 말하는 이理란 그 기를 타고 유행하는 상태의 이〔乘氣流行之理〕를 가리키는 것이지, 이理의 본연〔理之本然〕을 가리키는 것이 아닙니다. 본연의 이〔本然之理〕는 진실로 순수하게 선한 것〔純善〕이지만, 기를 타고 유행할 때 그 나뉨이 만 갈래로 다르고 기품에 선악이 있으므로〔氣稟有善惡〕, 그에 따라 이理 역시 선악으로 나타나는 것〔理亦有善惡〕입니다. (…)

대체로 본연本然이란 이理가 하나인 것〔理一〕을 말하는 것이요, 유행流行이란 나누어짐이 만 갈래로 다른 것〔分殊〕을 말하는 것입니다. 유행하는 이〔流行之理〕를 버리고 따로 본연의 이〔本然之理〕를 구하는 것은 진실로 옳지 않습니다. 그러나 만약 이理에 선악이 있다는 것〔理之有善惡〕을 들어, 그것을 이理의 본연으로 삼는다면, 이 또한 옳지 않습니다. 따라서 이일분수理一分殊라는 네 글자는 몸소 체득하고 깊이 연구해야 할 것입니다. 한갓 이理가 하나라는 것〔理一〕만 알고 나누어짐이 다르다는 것〔分殊〕을 알지 못한다면, 이는 불가에서 마음의 작용을 성품이라 여겨〔以作用爲性〕 제멋대로 방자하게 구는 것과 다를 바가 없습니다.

반대로 한갓 나누어짐이 다르다는 것〔分殊〕만 알고 이理가 하나라는 것〔理一〕을 알지 못한다면, 이는 순자荀子가 인간의 성품이 악하다〔以性爲惡〕고 하거나 양웅揚雄이 성품에 선과 악이 섞여 있다〔以爲善惡混〕고 하는 것과 같은 오류에 빠지게 됩니다. 지난번 편지에서 '미발의 때에도 역시 선하지 않은 싹이 있다〔未發之時亦有不善之萌〕'라고 하신 말은, 다시 생각해보아도 더욱 큰 착오임을 알겠습니다. 오형吾兄(성혼)께서 마음의 큰 근본을 제대로 알지 못하는 병통의 뿌리〔病根〕가 바로 여기에 있습니다.

미발이란 성의 본연〔性之本然〕이며, 태극의 오묘함〔太極之妙〕이자 중中이며 대본大本입니다. 여기에도 '선하지 않은 싹이 있다'라고 하면, 성인聖人만이 홀로 대본을 지니고 평범한 사람〔常人〕들은 대본이 없는 셈이 됩니다. 이렇게 되면 맹자의 '성선에 관한 논설〔性善之說〕'은 공허한 고담준론〔駕虛之高談〕에 그치게 될 뿐이며, 일반 사람들은 결코 요순 같은 성인이 될 수 없을 것입니다. 자사子思께서 어찌하여 『중용』 1장에서 '군자의 희로애락이 미발한 상태를 중이라 한다〔君子之喜怒哀樂之未發謂之中〕'라고 한정하여 말하지 않고, 널리 '희로애락이 미발한 상태를 중이라 한다〔喜怒哀樂之未發謂之中〕'라고 말하셨겠습니까? 형(성혼)의 주장은 천만부당하니, 마땅히 서둘러 고쳐야 합니다.

이상에서 논한 것 중에는 간혹 선현들께서 미처 밝혀내지 못한 부분도 있습니다. 만약 오형(성혼)을 만나지 못했다면, 변론이 이와 같은 논의에까지 이르기는 쉽지 않았을 것입니다. 여기에서 서로 의견이 일치한다면, 다른 문제들도 부합되지 않음이 없을 것입니다. 요즈음 이른바 학자라는 이들 중에 어찌 총명하고 말재주 있는 사람이 없겠습니까? 하지만 이와 같은 도학의 학술〔此事〕을 말할 수 있는 사람은 흔치 않습니다. 아마도 사람들은 이 이학의 의론〔見此論〕을 보고 괴이하게 여기며 비웃지 않는 이가 드물 것입니다.

성혼의 '여율곡논이기제3서'에 대한 응답, 이일, 승어기, 이일분수, 이지주재, 주리도심, 주기인심, 이의, 식색, 도의, 형기, 인심과 도심 상대적 관계, 칠정포사단, 이기호발 비판, 심성정에 관한 이론을 상세하게 말했으나 서로 부합하지 않는 것은 아마도 이기에 투철하지 못하기 때문인 듯합니다:「성호원에게 답하다」 임신(1572)[13]

대체로 이理란 하나일 뿐이기에〔理一〕, 본래부터 치우치거나 바르고, 통하거나 막히며, 맑거나 흐리고, 순수하거나 뒤섞여 지저분한 차이가 없습니다. 그러나 이理가 타는 바의 기〔所乘之氣〕는 오르내리고 흩날리며 한시도 멈추지 않고 뒤섞여 불균형을 이룹니다. 이것이 천지만물을 만들어낼 때, 어떤 것은 바르고 어떤 것은 치우치며, 어떤 것은 통하고 어떤 것은 막히며, 어떤 것은 맑고 어떤 것은 흐리며, 어떤 것은 순수하고 어떤 것은 잡박하게 되는 것입니다. 이理는 비록 하나이지만 이미 기에 올라탔으므로〔旣乘於氣〕, 그 나뉘어 나타남이 만가지로 다릅니다〔其分萬殊〕.

그러므로 이理가 천지에 있으면 천지의 이가 되고〔天地之理〕, 만물에 있으면 만물의 이가 되며〔萬物之理〕, 우리 사람에게 있으면 사람의 이가 됩니다〔吾人之理〕. 그런즉, 세상 만물이 이처럼 참치부제參差不齊(서로 어긋나고 고르지 않음)한 것은, 기가 하는 것입니다〔氣之所爲〕. 비록 차별적인 현상이 기의 작용 때문이라고 말하지만, 반드시 이理가 그 주재가 됩니다〔理爲之主宰〕. 그렇다면 세상 만물이 이토록 고르지 못한 것은 역시 이理가 마땅히 그러해야 하는 것이지〔理當如此〕, 이理는 그렇지 않은데 기가 홀로 그렇게 만드는 것은 아닙니다. (…)

대체로 사람은 장재張載가 『서명西銘』에서 말한 것처럼, '천지를 주재하는 것〔天地之帥, 이理〕'을 부여받아 본성〔性〕으로 삼고, '천지에 빈틈없이 충만한 것〔天地之塞, 기氣〕'을 부여받아 형체〔形〕로 삼습니다. 그러므로 우리 마음의 작용〔吾心之用〕은 곧 천지의 조화와 같습니다〔卽天地之化〕. 천지의 조화는 두가지 근본이 없으니〔無二本〕, 우리 마음이 드러나는 것〔吾心之發〕 또한 두가지 근원이 없습니다〔無二原〕. 사람이 태어나 고요한 상태인 것은 하늘이 부여한 본성〔性〕이요, 사물에 느껴 움직이는 것은 본성의 욕구〔欲〕입니다. 사물에 느껴 감동하는 찰나에, 인仁에 거하고자 하고, 의義를 따르

13   「답성호원(答成浩原)」, 1572년(선조 5, 37세) 여름, 『율곡전서』 권9.

고자 하며, 예禮로 돌아가고자 하고, 이理를 궁구하고자 하며, 충성되고 믿음직하고자 하는 것, 그리고 부모에게 효도하고 임금에게 충성하며 집안을 바로잡고 형을 공경하며 친구 사이에 간절히 권면하고자 하는 것, 이러한 부류를 도심道心이라 합니다.

감동하는 것[感動]은 참으로 형기形氣이나, 그 발함이 인의예지의 올바름에서 직접적으로 나오고 형기가 이것을 가리지 않으므로, 이理를 위주로 하여[主乎理] 도심이라 지목한 것입니다. 만약 배고프면 먹고 싶고, 추우면 입고 싶으며, 목마르면 마시고 싶고, 가려우면 긁고 싶으며, 눈은 아름다운 색을 보고 싶어 하고, 귀는 소리를 듣고 싶어 하며, 사지는 편안히 하고자 하는 것, 이러한 부류를 인심이라 합니다. 그 근원은 비록 천성에 바탕을 두고 있으나, 그 발함은 귀와 눈, 사지의 사사로운 욕구로부터 나오고 천리의 본연[天理之本然]은 아니므로, 기를 위주로 삼아[主乎氣] 인심이라 지목한 것입니다.

도심이 발하는 상태는 마치 이제 막 타오르기 시작한 불길이나 막 솟아나기 시작한 샘물과 같아서, 갑작스러운 사이에는 알아채기가 어렵습니다. 그래서 '미미하다[微]'라고 말하는 것입니다. 인심이 발하는 상태는 마치 매가 팔찌(매사냥용 보호구)를 벗어난 것 같고, 말이 고삐를 벗어난 것 같아서, 날뛰는 기세를 제어하기가 어렵습니다. 그래서 '위태롭다[危]'라고 말하는 것입니다. 인심과 도심은 비록 두가지 이름이지만[二名], 그 근원은 사실 하나의 마음[一心]일 뿐입니다. 마음이 발함에 어떤 때는 이의理義(보편적 원리)를 위하고, 어떤 때는 식색食色(본능적 욕구)을 위하기 때문에, 그 발함에 따라[隨其發] 이름을 달리 부르는 것[異其名]뿐입니다.

만약 형(성혼)께서 보낸 편지에서 말하신 것처럼 '이理와 기가 서로 번갈아 발한다[理氣互發]'라고 한다면, 이는 곧 이理와 기가 두개의 물건[二物]으로 마음속에 각각 뿌리를 내리고 있다[各爲根柢]는 뜻입니다. 그렇다면 마음이 미발한 상태에 이미 인심과 도심의 싹[苗脈]이 따로 존재하며, 이理가 발하면 도심이 되고, 기가 발하면 인심이 된다는 것입니다. 그렇게 되면 우리 마음〔吾心〕에 두개의 근본이 있게 되는데〔二本〕, 이 얼마나 큰 오류가 아니겠습니까? 주자는 『중용장구中庸章句』 「서문」에서, '마음의 비어 있고 신령한 지각 능력〔心之虛靈知覺〕은 하나일 뿐이다〔一而已矣〕'라고 하셨습니다.

그런데 형께서는 어디에 근거하여 이 '이기호발에 관한 논설'을 얻으신 것입니까? 성현들이 인심과 도심에 대해 혹은 천명에서 근원한다〔原於性命〕거나 혹은 형기에서 생겨난다〔生於形氣〕고 말한 것은, 이미 마음이 발한 것을 보고 세운 논의일 뿐입니다. 그 발함이 이의理義(보편적 원리)를 위한 것일 때, 그 까닭을 추구해보면, 어디에서 이러한 '이의의 마음〔理義之心〕'이 있게 되었겠습니까? 그것은 바로 우리의 성명性命이 마음속에 갖추어져 있기 때문에 이러한 도심이 있는 것입니다. 그 발함이 식색(본능적 욕구)을 위한 것일 때, 그 까닭을 추구해보면 어디에서 이러한 '식색의 의념〔食色之念〕'이 있게 되었겠습니까? 그것은 바로 우리가 혈기라는 육체를 갖추었기 때문에, 이러한 것을 인심이라 부르는 것일 뿐입니다.

이것은 이기호발에 관한 논설에서 혹은 이理가 발하고〔或理發〕 혹은 기가 발하여〔或氣發〕 근본이 하나가 아니게 되는 것과는 다릅니다. 대체로 발하게 하는 것〔發之者〕은 기이고, 발하는 까닭〔所以發者〕은 이理입니다. 기가 아니면 발할 수 없고, 이理가 아니면 발할 근거가 없습니다.【발지發之 이하 스물세 글자는 성인께서 다시 살아나신다 해도 바꾸지 않을 말입니다.】이理와 기는 시간적인 선후도 없고〔無先後〕 분리되거나 합쳐지는 일도 없으니〔無離合〕, 서로 번갈아 발한다〔互發〕고 말할 수 없습니다. 다만 인심과 도심은 혹 육체적 욕망〔形氣〕을 위한 것이냐, 혹 도덕적 정의〔道義〕를 위한 것이냐에 따른 것입니다.

인심과 도심은 그 마음이라는 원천은 하나일지라도 겉으로 드러나는 흐름이 이미 갈라졌기 때문에, 어쩔 수 없이 서로 다른 두 갈래〔兩邊〕로 나누어 설명해야 합니다. 하지만 사단과 칠정은 이와 전혀 다릅니다. 사단은

'칠정의 선한 부분〔七情之善一邊〕'이고, 칠정은 '사단을 포함하여 하나로 묶은 전체〔四端之摠會者〕'입니다. 어떻게 부분(일변, 사단)에 불과한 것을 전체(총회, 칠정)와 나란히 두고서, 서로 대립하는 별개의 두 갈래로 나눌 수 있겠습니까?

주자가 '이에서 발하고〔發於理〕 기에서 발한다〔發於氣〕'라고 한 언설은 반드시 뜻이 있을 것입니다. 그런데 오늘날 사람들은 그 뜻〔意〕을 깨닫지 못한 채 오로지 그 언설〔說〕만 고수하여, 억지로 떼어내 해석하고 있습니다. 이러니 논의를 거듭할수록 오히려 진실에서 멀어지게 되는 것이 아니겠습니까? 주자의 뜻은, 사단은 오로지 이理의 측면에서 말한 것〔專言理〕이고, 칠정은 (이理와) 기를 포함하여 말한 것〔兼言氣〕일 뿐입니다. 결코 사단은 이理가 먼저 발하고〔理先發〕, 칠정은 기가 먼저 발한다〔氣先發〕는 식으로 말한 것이 아닙니다. 그런데 퇴계(이황)는 주자의 말을 근거로 논지를 세워, '사단은 이理가 발하고 기가 그것을 따르는 것〔四端, 理發而氣隨之〕'이고, '칠정은 기가 발하고 이理가 그것에 올라타는 것〔七情, 氣發而理乘之〕'이라고 말하였습니다.

퇴계가 말한 칠정은 '기가 발하고 이理가 그것에 올라타는 것'이 맞습니다. 하지만 그것은 비단 칠정만 그런 것이 아닙니다. 사단 역시 '기가 발하고 이理가 그것에 올라타는 것'일 뿐입니다. 왜냐하면 어린아이가 우물에 빠지는 것을 본 이후에야 비로소 불쌍히 여기는 측은한 마음이 발동하기 때문이니, 이때 '아이를 보는 것과 측은해하는 것'은 기氣입니다. 이것이 바로 '기발氣發'이라는 것입니다. 그리고 측은해하는 마음의 근본은 인仁입니다. 이것이 바로 '이승지理乘之'라는 것입니다. 이러한 작동 방식은 비단 인심만 그러한 것이 아닙니다.(도심도 그러한 것입니다)

천지의 조화〔天地之化〕는 기의 운동 변화〔氣化〕에 이理가 그 위에 올라타는 것〔理乘之〕이 아님이 없습니다. 그러므로 음과 양이 움직이고 멈출 때 태극이 그 위에 올라타 있는 것이니, 여기에는 시간적 선후가 있다고 말할 수 없습니다. 만약 이理가 발하고 기가 따른다[理發氣隨]고 하는 언설이라면, 분명히 선후의 차례가 생기게 됩니다. 이것이 어찌 이理를 해치는 일이 아니겠습니까? 천지의 조화는 곧 우리 마음이 발한 것[吾心之發]과 같습니다. 천지의 조화에 이화理化와 기화氣化의 구별이 없다면, 우리 마음[吾心]에 어찌 이발理發과 기발氣發의 다름이 있겠습니까? 만약 우리 마음이 천지의 조화와 다르다고 한다면, 그것은 제가 알 수 있는 바가 아닙니다.【이 대목이 가장 깊이 깨달아야 할 지점입니다. 여기서 합치되지 않는다면, 아마도 의견이 하나로 귀결될 기약이 없을까 걱정됩니다.】

또한 이른바 이理에서 발한다[發於理]라는 말은 성이 발하여 정이 된다[性發爲情]는 것과 같습니다. 만약 이理가 발하고 기가 따른다[理發氣隨]라고 한다면, 이것은 발하는 바로 그 처음에는 기가 아무런 상관도 하지 않다가, 이미 발한 후에야 기가 비로소 따라와 발한다는 뜻이 됩니다. 이것이 어찌 합당한 이치이겠습니까? 퇴계(이황)와 기명언(기대승)이 사단칠정에 관해 나눈 논설이 무려 만여마디에 달합니다. 명언(기대승)의 논의는 명쾌하고 직설적이어서 마치 파죽지세와 같습니다. 반면 퇴계가 변증한 논설은 비록 상세하기는 하나 의리가 분명치 않아, 반복해서 씹어보아도 끝내 적실한 맛[的實之滋味]이 느껴지지 않습니다.

명언의 학식이야 어찌 감히 퇴계에게 바라겠습니까? 다만 재치와 지혜가 있어, 우연히 이 대목에서만큼은 진리를 깨달아 이른 것뿐입니다. 제가 가만히 퇴계의 의도를 살펴보니, 사단은 안에서 발하고[由中而發], 칠정은 외물을 느껴서 발한다[感外而發]는 것으로 선입견을 삼았습니다. 그리고 주자의 '이理에서 발하고 기에서 발한다'라는 말을 빌려와 자기의 주장을 확장하고 덧붙이다 보니, 많은 갈등을 만들었습니다. 매번 그 글을 읽을 때마다 개탄하지 않을 수 없으니, 이는 바른 견해를 가리는 하나의 허물[一累]이라고 생각합니다. 『주역周易』「계사전繫辭傳」에서는 '고요히 움직이지 않다가[寂然不動] 느껴서 마침내 통한다[感而遂通]'라고 했습니다.

비록 성인의 마음이라 할지라도 '외부의 자극 없이 스스로 움직이는 것'은 없습니다. 반드시 무언가에 느껴서 움직이기 마련인데, 그 느끼는 대상〔所感〕은 모두 외부의 존재〔外物〕입니다. 왜 그렇게 말하겠습니까? 아버지를 감촉해야 효孝가 움직이고, 임금을 감촉해야 충忠이 움직이며, 형을 감촉해야 경敬이 움직이기 때문입니다. 아버지, 임금, 형이라는 존재가 어찌 내 마음속에 들어 있는 추상적인 이理일 뿐이겠습니까? 천하에 어찌 외부의 느낌 없이 마음속에서 저절로 우러나오는 정이 있겠습니까? 단지 느끼는 대상에 바른 것과 간사한 것이 있을 뿐이며, 그로 인해 움직이는 마음에는 지나침과 미치지 못함이 있을 뿐입니다. 이것이 곧 선과 악의 구분이 생기는 이유입니다.

그런데 만약 외부의 느낌을 기다리지 않고 마음속에서 저절로 우러나오는 것을 사단이라고 한다면, 이는 곧 아버지 없이 효가 발하고, 임금 없이 충이 발하며, 형 없이 경이 발한다는 말이 됩니다. 이것이 어찌 사람의 참된 정〔人之眞情〕이겠습니까? 이제 측은한 마음을 예로 들어 말해보겠습니다. 어린아이가 우물에 빠지려는 것을 본 이후에야 비로소 이 마음이 발동합니다. 이때 내가 느끼는 대상은 어린아이인데, 어린아이는 마음 밖의 외부 사물이 아닙니까? 어찌 어린아이가 우물에 빠지는 것을 직접 보지도 않고 스스로 측은한 마음이 발하는 것이 있겠습니까? 가령 그런 일이 있다면, 그것은 '마음의 병〔心病〕'에 불과할 뿐이니, 사람의 정〔人之情〕은 아닙니다.

대체로 사람의 타고난 본성性에는 인의예지신 다섯가지가 있을 뿐입니다. 이 다섯가지 외에는 다른 본성이 없습니다. 정情에는 희로애구애오욕 일곱가지가 있을 뿐입니다. 이 일곱가지 외에는 다른 정이 없습니다. 사단은 단지 선한 정을 따로 부르는 이름〔善情之別名〕일 뿐입니다. 그러므로 칠정을 말하면 사단은 이미 그 안에 있는 것입니다. 이런 관계는 인심과 도심이 서로 상대적으로 이름 붙인 것〔相對立名〕과는 다릅니다. 그런데 형(성혼)께서는 어찌하여 기어코 이것을 나란히 놓고 비교하려는 것입니까?

대체로 인심과 도심은 서로 상대적으로 이름 붙인 것입니다(相對立名). 이미 도심이라고 불렀다면 인심이 아니고, 이미 인심이라고 불렀다면 도심이 아니기에, 이 둘은 서로 다른 두 갈래(兩邊)로 나누어 설명할 수 있습니다. 하지만 칠정의 경우에는 이미 그 안에 사단을 포함하고 있습니다(七情包四端). 그래서 사단은 칠정이 아니라거나, 칠정은 사단이 아니라고 말할 수 없습니다. 그런데 어찌 사단과 칠정을 두 갈래로 나눌 수 있겠습니까? 칠정이 사단을 포함하고 있다는 것을 우리 형께서는 아직도 터득하지 못했다는 것입니까? (…)

형께서 성性에는 '이가 위주가 되는 것(主理)'과 '기가 위주가 되는 것(主氣)'이 있다고 한 말은 언뜻 보기엔 큰 문제가 없어 보입니다. 하지만 제 생각에 이론적 오류의 뿌리가 바로 이 속에 숨어 있는 듯하여 걱정스럽습니다. 본연지성本然之性은 오직 이理만을 가리켜 말하고 기에 대해서는 언급하지 않는 것이며, 기질지성氣質之性은 기를 아울러 말하되 그 속에 이理를 포함하고 있는 것입니다. 그러니 이 두 성품 또한 단순히 주리나 주기라는 식으로 막연하게 두 갈래로 나누어 설명해서는 안 됩니다. 본연지성과 기질지성을 두 갈래로 나누어버리면, 잘 모르는 사람이 어찌 사람에게 두가지 본성이 따로 있다고 생각하지 않겠습니까?

또한 사단을 주리라 하는 것은 괜찮지만, 칠정을 주기라 하는 것은 옳지 않습니다. 칠정은 이理와 기를 모두 포함해서 말하는 것이지(七情包理氣而言), 기만이 위주가 되는 것이 아니기 때문입니다. 【인심과 도심은 주리나 주기라는 말을 붙여 설명할 수 있습니다. 그러나 사단과 칠정은 그렇게 말할 수 없습니다. 사단은 칠정 속에 들어 있는 것이며, 칠정은 이理와 기를 모두 겸하고 있기 때문입니다.】 자사子思는 성정性情의 덕을 논하며 '희로애락이 미발한 상태를 중中이라 하고, 발하여 모두 절도에 맞는 것(中節)을 화和라 한다'라고 하였습니다. 여기서 오직 칠정만을 들고 사단은 언급하지 않았습니다. 만약 형의 말처럼 칠정이 주기라면, 자사는 천하의 큰 대본과 보편적 도리[達道]를 논하면서 이理라는 중요한 한쪽 면을 빠뜨린 셈이 됩니다. 그것이 어찌 큰 결함이 아니겠습니까? (…)

나정암羅整菴(나흠순) 같은 이는 견해가 매우 높고 탁월함에도 불구하고, '이와 기를 하나의 것으로 보는 결함[理氣一物之病]'이 약간 있습니다. 퇴계의 정밀하고 치밀함은 근대에 보기 드물 정도로 훌륭하지만, '이가 발하고 기가 따른다[理發氣隨]'는 언설은 '이와 기 사이에 선후가 있다고 보는 병통[理氣先後之病]'이 약간 있습니다. 노선생(이황)께서 돌아가시기 전에 이珥는 이 말을 전해 들었을 때, 마음속으로는 그것이 잘못되었음을 알았습니다. 다만 제가 나이가 젊고 배움이 얕아 감히 질문하고 논쟁하여 견해를 하나로 모으지[歸一] 못했으니, 매번 이 생각이 들 때마다 통한을 금할 길이 없습니다.

지난번 형과 이理와 기를 논할 때 견해가 다르지 않아 저는 속으로 매우 기쁘고 다행스럽게 여겼습니다. 우리 두 사람이 대본에 대해 비록 진정한 깨달음[眞見]에 이르렀다고는 할 수 없어도, 적어도 그 명칭과 의리는 제대로 알고 있다고 여겼습니다. 그런데 이번에 보내주신 편지를 보니, 은연중에 '이와 기를 두 갈래로 나누어 보는 병통[理氣二岐之病]'에 빠지려 합니다. 이것은 마치 긴 복도의 기둥을 다시 세어보고도 틀리는 것과 같은 어처구니없는 착오가 아닙니까? 어찌하여 견해가 이토록 일정하지 못하고 흔들리는 것입니까?

형께서는 이미 명언(기대승)과 저의 논의가 명확하고 군더더기가 없다[明白直截]고 인정하셨습니다. 그러면서도 한편으로는 도리(진리)가 혹시 이와 다른 별개의 모습으로 존재하지 않을지 의심하시니, 저는 참으로 이해할 수가 없습니다. (…) 세상에 떠도는 평범한 무리들에게는 이 오묘한 이치를 갑자기 말해줘도 소용이 없습니다. 하지만 우리 두 사람은 이 고요한 물가에서 서로 교유하는 사이이니, 각자 들은 바를 고집하고 아는 바를 제멋대로 행해서는 안 됩니다. 그래서 저는 서둘러 견해를 하나로 하고자[歸一]

하여, 저도 모르게 이 지경에 이르렀습니다. 엎드려 바라건대, 저의 파격과 무례함(狂僭)을 너그러이 용서하시고, 부디 느긋하게 깊이 연구하고 자세히 살피기를 간절히 바랍니다.

성혼의 '여율곡논이기제4서'에 대한 답서, 이무위, 기유위, 인심과 도심, 혹원혹생, 인승마출입, 그릇과 물 은유, 호발 불가, 인심·도심에 투철하지 못하면 이·기에 대해서도 명확하게 파악하지 못하게 되니, 혹 이理와 기가 서로 떨어져 있다고 생각하기 때문에 인심과 도심에도 두 근원이 있는 것으로 의심하는 것입니다: 「성호원에게 답하다」 임신(1572)[14]

'이와 기에 관한 논설(理氣之說)'과 '인심·도심에 관한 논설(人心道心之說)'은 모두 일관된 것입니다. 만약 인심·도심에 투철하지 못하면(未透), 이理와 기에 대해서도 명확하게 파악하지 못하게 됩니다. 만약 이理와 기가 서로 떨어질 수 없다는 것을 분명하게 알았다면, 인심·도심 역시 이 두 근원이 없다는 것도 미루어 알 수 있는 것입니다. 오직 이理와 기에 대해 명확하게 파악하지 못하여, 혹 이와 기가 서로 떨어져 각각 다른 곳에 있을 수 있다고 생각하기 때문에 인심과 도심에도 두 근원이 있는 것으로 의심하는 것입니다. 만약 이理와 기가 서로 떨어질 수 있는 것이라면 정자의 '음양은 시작이 없다(陰陽無始)'라는 말은 헛된 말이 됩니다. 이 학설을 어찌 내가 거짓으로 지어낸 것이겠습니까? 다만 선현들이 이를 미처 상세히 말하지 않았을 뿐입니다. (…)

이理는 형이상자形而上者요, 기는 형이하자形而下者입니다. 이 둘은 서로 떨어질 수 없습니다. 이미 서로 떨어질 수 없으면 그 발용發用도 하나이니,

---

14   「답성호원」, 1572년(선조 5, 37세) 여름, 『율곡전서』 권9.

'서로 발용함이 있다(互有發用)'라고 말할 수 없습니다. 만약 '호유발용'이라고 한다면, 이것은 이理가 발용할 때 기가 혹 미치지 못하는 경우가 있고, 기가 발용할 때 이理가 혹 미치지 못하는 경우도 있다는 것이 됩니다. 이렇다면 이理와 기는 이합離合이 있고 선후先後가 있게 되고, 동정動靜에는 단서가 있고 음양陰陽에는 시작이 있게 됩니다. 그 오류가 적다 할 수 없습니다.

다만 이는 스스로 작용하는 힘이 없고(理無爲), 기는 작용하는 힘이 있습니다(氣有爲). 그러므로 정情이 본연지성本然之性에서 나와 형기形氣에 가려지지 않는 것은 이理에 속하고, 비록 처음에는 본연지성에서 나왔으나 형기에 가려진 것은 기에 속한 것입니다. 이는 또한 어쩔 수 없이 논의한 것입니다. 사람의 본성이 본래 선한 것은 이理 때문이지만, 기가 아니면 이理가 발하지 못합니다. 인심과 도심도 그 어느 것인들 이理에 근원한 것이 아니겠습니까? 미발未發한 때에도 인심의 싹(苗脈)이 이理와 함께 마음속에 상대하고 있는 것이 아닙니다.

근원은 하나(源一)이나 흐름이 둘이라는 것(流二)을 주자가 어찌 몰랐겠습니까? 다만 말을 만들어 사람들을 가르치다 보니, 각각 그 강조하는 바가 달랐을 뿐입니다. 정자는 '선과 악은 본성 속에 두 물건이 상대하여 있다가 가가 따로 나오는 것이 아니다'라고 하였습니다.[15] 대개 선과 악처럼 판연히 다른 두가지도 오히려 상대하여 각각 따로 나올 리가 없는데, 하물며 혼연히 하나로 섞여(渾淪) 서로 떨어지지 않는 이理와 기가 어찌 상대하여 호발互發하겠습니까?

만약 주자가 참으로 이理와 기가 서로 발용함이 있어(理氣互有發用) 상대적으로 각각 드러난다고 여겼다면, 이것은 주자도 역시 잘못 안 것입니다. 그렇다면, 어떻게 그분이 '주자라고 하는 완벽한 존재'로서의 주자가 될

---

15   『근사록(近思錄)』, 「도체(道體)」, "水之淸, 則性善之謂也. 故不是善與惡在性中, 爲兩物相對
      各自出來".

수 있겠습니까? 성인이 인심과 도심이라는 이름을 나눈 것은, 어찌 공연히 그렇게 하신 것이겠습니까? 이의 본연[理之本然]은 본래 순수하게 선하지만 기를 타고 발용할[乘氣發用] 때 선과 악이 나뉩니다. 한갓 기를 타고 발용할 때 선과 악이 있는 것만 알고, 이의 본연을 모른다면, 이는 대본을 알지 못하는 것입니다. 반대로 한갓 이의 본연이 선하다는 것만 알고 그 기를 타고 발용할 때 혹 악으로 흐를 수 있다는 것을 모른다면, 이는 마치 도둑을 자식으로 아는 격입니다. 사사로운 욕심을 천리라고 여기는 꼴입니다.

그러므로 성인은 이런 점을 염려하여 정情이 그 성명의 본연[性命之本然]에서 바로 나온 것[直遂]을 도심이라 이름하여, 사람들이 그것을 잘 보존하고 기르게[存養] 하여 넓혀나갔습니다. 반면 정情이 형체와 기질에 가려져 성명의 본연이 곧게 드러나지 못한 것을 인심이라 이름하여, 사람들이 그 지나치거나 미치지 못함을 살펴서 절제하도록 한 것입니다. 인심을 절제하게 하는 것은 도심이 하는 바입니다. 대체로 사람의 형체와 모습[形色]은 선천적으로 타고난 천성입니다. 그러면 인심이 또한 어찌 선하지 않겠습니까? 다만 그 인심이 지나치고 미치지 못함이 있기 때문에 악으로 흐르는 것일 뿐입니다.

만약 도심을 넓히고 인심을 잘 절제하여, 사람의 형체와 모습이 각각 그 법칙을 따르게 하면, 움직이거나 멈추거나 하는 모든 행위가 성명의 본연이 아님이 없을 것입니다. 이것은 예로부터 성현들이 전해온 마음공부[心法]의 으뜸가는 종지宗旨입니다. 이러한 공부가 이理와 기가 번갈아 발한다고 하는 '이기호발에 관한 논설'과 무슨 관계가 있겠습니까? 퇴계의 학술적 병통은 오로지 '호발互發'이라는 두 글자에 있으니, 참으로 안타까운 일입니다. 노선생(이황)같이 정밀하고 치밀한 학자도 대본에 대해서는 여전히 한 겹의 막膜이 가려져 있는 듯합니다. 진북계陳北溪(진순)의 언설은 모르긴 하지만, 역시 주자의 본뜻이 어디에 있는지 알고서, 정말로 퇴계의 견해처럼 '호발'이라고 생각했던 것일까요? 이에 대해서는 알 수 없습니다.

도리(진리)는 결단코 이와 같은 것이니, 다만 마땅히 이러한 견해를 굳게 지키며 힘써 실천[力行]하여 실질을 기해야 합니다. 의심을 품고 오락가락하며 서로 다른 주장이 내 마음을 어지럽게 해서는 안 됩니다. 불가의 말에, "금가루가 비록 귀중한 것이지만 눈에 들어가면 병이 된다[落眼則翳]"라는 구절이 있습니다. 이 비유는 성현의 언설이 비록 귀중하나 잘못 보면 해가 된다는 것이니, 이 말은 매우 좋습니다. 성현의 말에는 그 뜻이 혹 따로 있는 데가 있으나, 그 뜻을 구하지 않고 한갓 겉으로 드러난 글자에만 매달린다면, 어찌 도리어 해가 되지 않겠습니까? (…)

주자의 '혹은 근원한다' '혹은 생겨난다'에 관한 논설[或原或生之説] 역시 마땅히 그 뜻을 구해 이해할 것이지, 그 말 자체에 얽매어 호발에 관한 논설을 주장하는 근거로 삼아서는 안 될 것입니다. 나정암(나흠순)은 식견이 높고 명석하여 근대에 뛰어난 학자입니다. 이理와 기는 두개의 것이 아니라고 하여 도리의 근본에 대해 깨달음이 있었는데 오히려 주자는 이理와 기를 두 갈래로 본 것[二岐之見]이 아닌가 하고 의심하기도 했습니다. 이것은 비록 주자의 본뜻을 잘못 알기는 하였으나 도리어 대본에 대해서는 바르게 본 점이 있습니다. 다만 인심과 도심을 체와 용의 관계로 본 것[以人心道心爲體用]은 그 명칭과 뜻을 잃은 것이라 역시 안타깝습니다.

비록 그렇디 히더리도 정암의 허물은 명칭을 붙이는 명목名目에 대한 깃이지만 퇴계의 허물은 성리性理에 대한 것입니다. 비교해보면 퇴계의 허물이 더 무겁습니다. 【이 구절의 논의를 어찌 성급하게 다른 사람에게 보여줄 수 있겠습니까? 알지 못하는 사람은 반드시 퇴계를 비방하고 헐뜯는다[誹毁]고 여길 것입니다. 소재蘇齋(노수신)가 인심과 도심에 대해 정암의 학설을 좇으려 한 것 역시 '호발에 관한 논설'을 그렇다고 여기지 않았기 때문입니다. 그 견해가 본래 옳지만, 다만 호발에 관한 논설에 의존하지 더라도 인심·도심은 또한 각각 그 명의名義를 얻을 것인데, 어찌 반드시 이와 같이 할 필요가 있겠습니까? 이제 이 논의를 가지고 소재에게 질문하면, 서로 부합할 점이 있을 것 같으나 다만 아직 적합한 때가 아니므로 감히 그렇게 하지 못하고 있습니다.】

사물 가운데 그릇〔器〕을 떠나지 않고 끊임없이 흐를 수 있는 것은 오직 물〔水〕뿐입니다. 그러므로 물만이 이理에 비유할 수 있습니다. 물의 본래 맑음〔水之本淸〕은 본성의 본래 선함〔性之本善〕과 같고, 물을 담는 그릇이 깨끗하거나 더러운 차이가 있는 것은 기질이 서로 다른 것〔氣質之殊〕과 같습니다. 그릇이 움직여서 물이 같이 움직이는 것〔器動水動〕은 기가 발하여 이가 올라타는 것〔氣發理乘〕입니다. 그릇과 물이 함께 움직이는 것이니〔器水俱動〕, 그릇이 움직이는 것과 물이 움직이는 것의 다름이 있지 않는 것은, 이理와 기가 번갈아 발하는 구분이 없는 것과 같습니다. 그릇이 움직이면 물은 반드시 따라서 움직이나, 물이 스스로 움직이는 것은 없으니, 이理는 작용하는 힘이 없고〔理無爲〕, 기는 작용하는 힘이 있다는 것〔氣有爲〕과 같습니다. (…)

이理가 기를 떠나지 못하는 것은 참으로 물〔水〕이 그릇〔器〕을 떠나지 못하는 것과 같습니다. 그런데 이제 만약 서로 발용함이 있다〔互有發用〕라고 하면, 이것은 혹 그릇이 먼저 움직여 물이 따라 움직이기도 하고, 혹 물이 먼저 움직여 그릇이 따라 움직이기도 한다는 것과 같습니다. 천하에 어찌 이런 이치가 있겠습니까?

또 사람〔人〕이 말〔馬〕을 탄 것〔人乘馬〕으로 비유해보겠습니다. 여기서 사람은 성이고, 말은 기질입니다. 말의 성질이 혹 온순하고 양순하며 혹 거칠어 잘 따르지 않는 것은, 사람의 타고난 기품이 깨끗하고 순수하거나 탁하고 섞인 차이가 있는 것과 같습니다. 문을 나설 때 혹 말이 사람의 의도를 따라 나아가는 경우가 있고, 혹 사람이 말의 다리만 믿고【신信 자는 임任 자와 같은 뜻이나 약간 다릅니다. 대개 임任 자는 알고서 일부러 맡기는 것이요, 신信 자는 알지 못하면서 맡기는 것입니다】그대로 나아가는 경우가 있습니다.

말이 사람의 의도를 따라 나아가는 것은 사람에게 속하는 것이니, 곧 도심입니다. 사람이 말의 다리만 믿고 그대로 나아가는 것은 말에게 속하는 것이니, 곧 인심입니다. 문 앞의 길은, 사물이 마땅히 행해야 할 도리입니다. 사람이 말을 타고 아직 문을 나서지 않았을 때는, 사람이 말의 다리를 믿을지, 말이 사람의 의도를 따를지 다 같이 그 단서를 볼 수 없습니다. 이것은 인심과 도심이 본래는 아무런 상대적인 싹〔苗脈〕이 없는 것과 같습니다. (…) 이와 같이 비유를 들어보면, 인심과 도심이 이理를 위주로 하거나 기를 위주로 한다고 하는 논설이 어찌 명백하고 알기 쉽지 않겠습니까?

만약 호발에 관한 논설로 비유해보면, 이것은 아직 문을 나서지 않았을 때는 사람과 말이 각각 다른 곳에 있다가, 문을 나선 뒤에야 사람이 곧 말을 타는데, 혹 사람이 나아가고 말이 뒤따르거나, 혹 말이 나아가고 사람이 뒤따르는 것과 같습니다. 이것은 명분과 도리를 모두 잃은 것이어서, 도무지 말이 안 되는 어불성설입니다. 비록 그러하나 이 비유는 사람〔人〕과 말〔馬〕은 혹 서로 떠날 수도 있으니, 그릇〔器〕과 물〔水〕의 비유만큼 밀접하고 적실하지는 못합니다. 또한 물 역시 형체가 있으니, 형체가 없는 이理와는 비교될 수 없습니다. 비유는 융통성이 있게 보아야 하고〔活看〕, 비유에 얽매여서는 안 됩니다. (…)

이제 보내온 편지를 받고 그 취지를 상세히 살펴보니, 형(성혼)의 견해가 잘못된 것이 아니라, 말의 표현〔發言〕이 잘못된 것이었습니다. 이전에 보내드린 나의 편지〔鄙書〕에 어조와 기세가 너무 과격했는데, 생각하니 부끄럽고 또 부끄럽습니다. 보내온 편지에서 이른바 "귀일歸一하는 데 급급하여 어찌 억지로 강요할 수 있겠습니까? 역시 잠심하여 생각하고 깊이 탐구하기를 기다려야 합니다"라고 한 말은 지극히 옳습니다. 도리는 모름지기 깊이 생각하여 자득해야 하는 것〔潛思自得〕입니다. 만약 오로지 남의 말에만 의존한다면, 오늘 웅변 잘하는 사람을 만나 이 말이 옳다고 하면 그 말을 기뻐하여 따르고, 내일 또 다른 웅변 잘하는 사람을 만나 저 말이 옳다고 하면 역시 그 말을 기뻐하여 옮겨 따르게 될 것입니다. 그렇다면 언제 자기의 견해가 있겠습니까?

'유기'에서 물이 격렬하게 부딪힌다는 언설[柳磯激水之說]은 사물을 보고 도리를 생각했다고 할 수 있겠습니다. 하지만 오히려 미진한 바가 있습니다. 대체로 물이 아래로 흘러가는 이理요, 물을 내리쳐서 손에 닿게 하는 것 이것 역시 이理입니다. 만약 물이 오직 아래로만 흘러 내려가 비록 아무리 내리쳐도 튀어 오르지 않는다면, 이理가 없는 것입니다. 물을 내리쳐서 손에 닿게 하는 것은 비록 기지만, 내리쳐서 손에 닿게 하는 까닭[所以]은 이理입니다. 어찌 기가 홀로 작용한다고 할 수 있겠습니까? 물이 아래로 흘러가는 것은 본연지리[本然之理]요, 내리쳐서 손에 닿는 것은 기를 탄 이[乘氣之理]입니다. 기를 탄 현상의 밖에서 본연을 구하는 것은 참으로 옳지 않습니다.

만약 기를 타고서 정상에 반대되는 것(튀어 오른 물)을 가지고, 그것을 본연이라고 하는 것 역시 옳지 않습니다. 또한 만약 정상에 반대되는 것을 보고서 드디어 기가 홀로 작용하고 이理는 그곳에 있지 않다고 여기는 것 역시 옳지 않습니다. (…) 이와 기의 오묘함[理氣之妙]은 알기도 어렵고[難見] 설명하기도 어렵습니다[難說]. 대체로 이理의 근원은 하나일 뿐이니, 기의 근원도 역시 하나일 뿐입니다. 기가 유행하여 고르지 못하면, 이理도 역시 유행하여 고르지 못하니, 기는 이를 떠나지 못하고[氣不離理], 이는 기를 떠나지 못합니다[理不離氣].

대체로 이렇다면 이와 기는 하나[理氣一]이니, 어디에서 이理와 기의 다름을 볼 수 있습니까? 이른바 '이는 이고[理自理], 기는 기다[氣自氣]'라고 하는데, 어디에서 '이는 이고, 기는 기다'라는 것을 볼 수 있습니까? 바라건대, 형께서는 정밀히 생각하여 핵심을 찌르는 한마디를 해주십시오. 형의 식견이 어느 경지에 이르렀는지 확인하고 싶습니다.

성혼의 '여율곡논이기제5서'에 대한 답서, 이기지묘, 이기영, 혹원혹생, 낮에 한가롭게 앉아 있다가 이기의 묘함(理氣之妙)이 본래 떨어짐과 합함이 없다는 것을 느끼고, 이기를 읊은 단률 시 한수를 지어 보내니, 이기불상리와 혹원혹생에 관한 언설에 서로 합치할 수 있기를 바랍니다:「성호원에게 답하다」임신(1572) [16]

밤사이 도황道況(근황)이 어떠하신지요? 어제 보낸 장서長書는 상세히 살펴보셨습니까? 낮에 한가롭게 앉아 있다가 이기의 묘함(理氣之妙)이 본래 떨어짐과 합함(離合)이 없다는 것을 느꼈습니다. 이에 마침내 단률短律의 시 한수를 지어 써서 보냅니다. 이 시에 적어 보낸 견해가 서로 합치하면 다른 것도 합하지 않음이 없을 것입니다. 다만 형이 이미 이기가 한순간도 서로 떨어질 수 없다는 것(不相離)을 알면서도 오히려 호발에 관한 논설에 미련을 두는 것은 아무리 생각해보아도 그 까닭을 알지 못하겠습니다. 아마도 이것은 혹원혹생或原或生에 관한 언설에 얽매어 전향轉向하지 못하는 것이 아닙니까? (…)

이기를 읊어(理氣詠) 우계牛溪 도형道兄에게 드리다

원기元氣는 어디서 비롯하였는가,
무형無形은 유형 속에 있도다.
근원을 궁구해보면 본래 합해 있음을 알겠고,
【이와 기는 본래 합쳐진 것(理氣本合)이요, 처음에 합쳐진 때(始合之時)가 있었던 것이 아닙니다. 이기를 둘로 나누려는 자는 도를 알지 못하는 자입니다.】

---

16 「답성호원」, 1572년(선조 5, 37세) 여름, 『율곡전서』권9.

물줄기를 따라[流派] 내려가며 만물의 뭇 정精을 본다.

【이와 기는 원래 하나이지만[理氣原一] 나누어져서 음양과 오행의 정미함이 됩니다.】

물[水]은 그릇[器]을 따라 모나고 둥글며,

허공[空]은 병[瓶]을 따라 작고 커진다.

【이가 기를 타고 유행하여[乘氣流行] 서로 고르지 못한 것이 이와 같습니다. 허공과 병에 관한 언설은 불가에서 나온 것인데 그 비유가 절실하므로 여기에 인용하였습니다.】

그대는 두 갈래[二歧]에 미혹되지 말고,

성이 발하여 정이 되는 것[性爲情]을 묵묵히 체험하오.

성혼의 '여율곡논이기제6서'에 대한 답서. 이통기국, 기발이승일도, 본연지기 도심. 나는 본래 이 한가지 논설(이기호발에 관한 견해)을 남겨두고 형(성혼)이 스스로 논설하기를 기다리려고 했으나 이제 극처에까지 말하여 그 근원을 궁구하지 않으면, 마침내는 견해가 귀일될 날을 기약할 수 없을 듯하여 이통기국, 기발이승일도, 본연지기 등과 같은 모든 것을 다 털어놓았습니다 : 「성호원에게 답하다」임신(1572)[17]

밤사이에 청황淸況(근황)은 어떠하신지요? 어제 보내신 답장을 받고 형(성혼)의 뜻을 잘 알았습니다. 의견이 거의 합치할[歸一] 가망이 있어 매우 다행한 일입니다. 별도로 이기理氣를 논한 긴 글을 써서 보내니, 자세히 살펴보고 회신해주기 바랍니다. 보내온 편지에 이른바 '기氣는 형적形迹(형체와 자취)에 관계된 것이니, 이理와 같지 않다'라고 한 말은 진실로 그 대강이라 하겠습니다. 그러나 그 가운데 많은 곡절이 있으니, 모름지기 십분 끝까

---

17   「답성호원」, 1572년(선조 5, 37세) 여름, 『율곡전서』권9.

지 궁구해야 그 뜻을 알아낼 수 있다고 하겠습니다. 별지로 주신 긴 편지의 내용은 매우 상세하였습니다. 나는 본래 이 한가지 논설(이기호발에 관한 견해)을 남겨두고 형이 스스로 언설하기를 기다리려고 하였습니다.

그런데 이제 형의 끝까지 파고드는 물음을 받고, 만약 극처를 말하여 그 근원을 궁구하지 않으면, 마침내는 견해가 귀일되는 날을 기약할 수 없을 듯합니다. 그러므로 또 주머니 속에 있는 모든 것을 다 털어놓았으니, 이것은 모두 성현들의 뜻입니다. 혹 경전에 여기저기 흩어져 나와 있고 종합하여 말하지 않았던 것인데, 내가 이것을 합하여 말한 것입니다. 이통기국 理通氣局 네 글자는 내가 발견하여 얻은 것이라고 여기면서도, 독서가 많지 않아 이미 이런 말이 있었던 것을 아직 보지 못하였나 싶기도 합니다. 도심을 본연지기本然之氣라고 한 것도 역시 새로운 말인 듯합니다. 비록 이것이 성현들의 뜻이기는 하나 아직 문자로 기록된 것을 보지 못했는데, 형이 만약 이 말에 대하여 의심하고 괴이하게 여겨 배척하지 않으면, 합하지 않는 것이 없을 것입니다. (…)

이理와 기는 원래 서로 떨어져 있지 않아 흡사 한 물건인 듯하나, 그 다른 까닭은 이理는 무형無形(형체가 없음)이고, 기는 유형有形(형체가 있음)이며, 이理는 무위無爲(작용함이 없음)이고, 기는 유위有爲(작용함이 있음)이기 때문입니다. 무형·무위하여 유형·유위의 주재(主)가 되는 것은 이理이며, 유형·유위하여 무형·무위의 그릇(器)이 되는 것은 기입니다. 이理는 무형이고 기는 유형이므로, 이는 통하고 기는 국한됩니다(理通而氣局). 이理는 무위이고 기는 유위이므로, 기가 발하면 이가 타는 것입니다(氣發理乘).

이가 통한다는 것(理通)은 무엇을 말하는 것입니까? 이理는 본말本末(뿌리와 끝)도 없고 선후先後(앞과 뒤)도 없습니다. 본말도 없고 선후도 없으므로 아직 사물에 감응하지 않았을 때도 먼저인 것이 아니며, 이미 감응했어도 뒤인 것이 아닙니다.【정자程子의 학설이다[18]】그러므로 기를 타고 유행하여 참치부제參差不齊(고르지 않고 어긋남)하지만 그 본연의 오묘함(本然之妙)은 묘리妙理가 없는 데가 없습니다〔無乎不在〕. 기가 치우치면 이理도 역시 치우치게 되나 그 치우친 바는 이가 아니라 기이며, 기가 온전하면 이도 역시 온전하니, 온전한 바는 이가 아니라 기입니다. 맑고 탁하고 순수하고 잡박한〔淸濁粹駁〕 것과 찌꺼기·재·거름·오물〔糟粕煨燼糞壤汚穢〕 가운데도 이理가 있지 않은 곳이 없어 각각 그 본성이 되지만 그 본연의 오묘함〔本然之妙〕은 손상되지 않고 그대로입니다. 이것을 이른바 이통理通이라 하는 것입니다.

기가 국한된다〔氣局〕는 것은 무엇을 말하는 것입니까? 기는 이미 형적에 관계되기 때문에, 본말이 있고 선후가 있습니다. 기의 본체는 담일청허湛一淸虛(맑고 깨끗하며 비어 있음)할 뿐이니, 어찌 일찍이 찌꺼기·재·거름·오물〔糟粕煨燼糞壤汚穢〕 등의 기가 있었겠습니까? 오직 그 기가 오르내리고 날아 흩어지며 잠시도 쉬지 않으므로 참치부제하여 온갖 변화가 생깁니다. 이러므로 기가 유행할 때 그 본연을 잃지 않는 것도 있고, 그 본연을 잃어버리는 것도 있으니, 이미 그 본연을 잃어버리면 기의 본연〔氣之本然〕은 이미 있는 데가 없습니다. 치우친 것은 치우친 기요 온전한 기가 아니며, 맑은 것은 맑은 기요 탁한 기가 아니며, 찌꺼기·재·거름·오물〔糟粕煨燼糞壤汚穢〕의 기요, 담일청허湛一淸虛의 기가 아니니, 이것은 이理가 만물 가운데서 그 본연의 오묘함〔然之妙〕이 어디서나 그대로 있지 않는 것이 없는 것과 같지 않습니다. 이것이 이른바 기국氣局이라 하는 것입니다.

기가 발하여 이가 탄다〔氣發理乘〕는 것은 무엇을 말하는 것입니까? 음陰이 고요하고 양陽이 움직이는 것은 기틀이 스스로 그러한 것〔機自爾〕이요, 시키는 자〔使之者〕가 있는 것이 아닙니다. 양이 움직이면 이理가 그 움직임에 타는 것이지 이가 움직이는 것이 아니며, 음이 고요하면 이理가 그 고요함에 타는 것이지 이가 고요한 것이 아닙니다. 그러므로 주자는 『주자어류』 권94에서, '태극太極이란 본연의 오묘함〔本然之妙〕이요, 동정動靜이란

---

18 『이정유서(二程遺書)』 권15, "冲漠無眹, 萬象森然已具. 未應不是先, 已應不是後".

이것이 타는 기틀[所乘之機]이다'라고 하였습니다. 음이 고요하고 양이 움직이는 것은 그 기틀이 스스로 그러한 것인데, 음이 고요하고 양이 움직이는 그 까닭[所以]은 이理입니다. 이렇기 때문에 주자周子(주돈이)는 「태극도설太極圖說」에서, '태극이 움직여 양을 낳고 고요하여 음을 낳는다'라고 하였습니다.

대체로 이른바 '움직여 양을 낳고 고요하여 음을 낳는다'라는 것은 아직 그러하기 이전[未然]의 근원을 말한 것이요, '동정動靜은 이것이 타는 기틀이다'라는 말은 그것이 이미 그러한[已然] 것을 보고 말한 것입니다. 동정이 끝[端]이 없고 음양이 처음[始]이 없으니, 이기의 유행은 모두 이연已然한 것뿐이니, 어찌 미연未然한 때가 있겠습니까? 이런 까닭에 천지의 조화[天地之化]와 우리 마음의 발함[吾心之發]이 모두 기가 발하여 이가 타는 것[氣發而理乘之]이 아님이 없습니다.

이른바 기발이승氣發理乘이란 것은 기가 이에 앞선다는 것이 아닙니다. 기는 유위요 이는 무위니, 그 말이 그렇지 않을 수 없습니다. 대개 이理에는 한 글자도 다른 것을 더할 수 없으며, 털끝만큼의 수양[修爲]도 더할 수 없습니다. 이理는 본래 선한 것인데, 어찌 수양이 필요하겠습니까? 성현의 천마디 만마디 수많은 말이 다만 사람들로 하여금, 그 기를 단속하여 '기의 본연[氣之本然]'을 회복하라고 할 뿐입니다. 기의 본연[氣之本然]이란 『맹자孟子』「공손추公孫丑」편에 나오는 호연지기浩然之氣입니다. 호연지기가 천지에 가득 차면 본래 선한 이理가 조금도 가려지지 않습니다. 이것이 맹자의 양기에 관한 논의[養氣之論]가 성인의 학문에 공헌한 이유입니다.

만약 '기발이승이라는 하나의 길[氣發理乘一途]'이 아니라, 이理도 또한 따로 작용함이 있다고 한다면, 이理를 무위라고 할 수 없습니다. 공자는 무엇 때문에 『논어論語』「위령공衛靈公」편에서, '사람이 도를 넓히는 것이지[以能弘道], 도가 사람을 넓히는 것이 아니다[非道弘人]'라고 하였겠습니까? 이와 같이 간파하면 '기발이승일도'가 분명하고 환하게 드러날 것이며,

'혹원혹생'과 사람이 말의 발을 믿고 말이 사람의 뜻에 순응한다는 '인신마족, 마순인의人信馬足, 馬順人意'에 관한 논설도 역시 널리 통하여 각각 그 뜻을 다 알 수 있을 것입니다. 자세히 음미하고 상세히 생각하시되, 그 사람의 식견이 천박하다고 함부로 그 말까지 가볍게 여기지는 마십시오.

'기발이승일도에 관한 논설[氣發理乘一途之說]'은 '혹원혹생'이나 '인신마족, 마종인의'에 관한 논설과 모두 관통합니다. 형은 아직 여기에 대해 투철하지 못하기 때문에[未透] 오히려 퇴계의 '이기가 서로 발하며 안에서 나오고 밖에서 감응되어 먼저 두가지 뜻이 있다[理氣互發內出外感]'라고 하는 논설을 다 버리지 못하고 있습니다. 도리어 퇴계의 이러한 논설을 끌어다가 나의 언설에 덧붙이려 하고 있습니다. 별지에 쓴 논의는 매우 상세하지만, 아무래도 형은 아직도 얼음 풀리듯 의심이 확 풀리지 않은 것 같습니다. 대개 '기발이승일도'에 관한 논설은 '추상적인 본원을 추론한 것'에 관한 논의[推本之論]요, '혹원혹생'과 '인신마족, 마종인의'에 관한 논설은 '현상의 흐름을 따라 고찰한 것'에 관한 논의[沿流之論]입니다.

이제 형이 '미발未發 상태는 이理와 기가 각각 발용發用하는 묘맥苗脈이 없다'라고 하였으니, 이것은 나의 견해와 합치합니다. 다만 '성과 정 사이에 원래 이理와 기의 두 물건이 있어 각기 나온다'라고 하였으니, 이것은 단지 언어에 있어 실수일 뿐만 아니라 실제로는 견해가 잘못된 것입니다. 그리고 또 '하나의 길[一途]로 나아가 그 중한 쪽을 택하여 취한 것이다'라고 하였으니, 이는 또한 나의 견해와 합치합니다. 한장 편지 내용에 내 의견과 어떤 것은 합치하고, 어떤 것은 어긋나기도 합니다. 이것은 비록 식견이 적확하지 못하다 하겠으나, 역시 믿기도 하고 의심하기도 하여 장차 깨닫게 될 기틀이 있는 것입니다. 이제 만약 '기발이승'과 '인신마족, 마종인의'에 관한 논설을 한데 섞어서 하나의 언설로 만든다면, 함께 하나로 돌아갈 것이니 또 무엇을 의심하겠습니까?

도심은 성명性命에 근원하지만, 발하는 것은 기입니다. 이것을 이발理發

이라 하는 것은 불가합니다. 인심과 도심이 모두 기발氣發이나, 기가 본연의 이〔本然之理〕에 순응한 경우에는, 기도 역시 본연의 기〔本然之氣〕이므로, 이理가 그 본연의 기를 타고서 도심이 되는 것입니다. 기가 본연의 이〔本然之理〕에서 변화하는 경우에는, 기 역시 본연의 기에서도 변화하므로 이理 또한 그 변화한 기를 타고서 인심이 되니, 혹은 지나치기도 하고 혹은 미치지 못하기도 합니다. 혹은 겨우 발하는 처음에 이미 도심이 그것을 재제宰制하여 과불급過不及이 없게 하기도 하고, 혹은 과불급이 있은 뒤에 도심이 역시 재제하여 중中으로 지향하게 하기도 합니다.

기가 '본연지리本然之理'에 순응하는 것은 본래는 기발氣發이나, 기가 이理에게 명령을 들으므로, 그 중한 쪽이 이에 있어서, 이를 위주로 한다〔主理〕라고 말합니다. 기가 '본연지리'에서 변화한 것은 본래는 이理에 근원하였으나 이미 기의 본연〔本然之氣〕이 아니니, 이理에게 명령을 듣는다고 할 수 없으므로, 그 중한 쪽이 기에 있어서 기를 위주로 한다〔主氣〕라고 말합니다. 기가 명령을 듣고 안 듣는 것은 모두 기가 하는 바요, 이理는 무위이니, 서로 발용함이 있다〔互有發用〕고 할 수 없습니다. 다만 성인聖人은 형기形氣가 이理에게 명령을 듣지 않음이 없어서, 인심도 역시 도심이니 마땅히 따로 의논해야 할 것이요, 다같이 섞어서 하나의 언설로 해서는 안 됩니다.

또 주자(주희)는 '마음의 허령지각心之虛靈知覺은 하나일 뿐이니〔一而已矣〕, 혹 성명의 바른 것에 근원하기도 하고〔或原於性命之正〕, 혹 형기의 사사로운 것에서 생기기도 한다〔或生於形氣之私〕'라고 하여, 먼저 하나의 심心자를 앞에 놓았으니, '심은 기〔心是氣〕'입니다. 혹 근원하기도 하고 혹 생기기도 하여 마음이 발하지〔心之發〕 않음이 없으니, 어찌 기발氣發이 아니겠습니까? 심心 가운데 있는 이理가 바로 성性이요, 심이 발하는데〔心發〕 성이 발하지 않을 이치가 없으니, 어찌 이가 탄 것〔理乘〕이 아니겠습니까?

혹 근원한다는 것은 그 이理의 중한 쪽을 가지고 말한 것이요, 혹 생겨난다는 것은 기의 중한 쪽을 가지고 말한 것이니, 당초부터 이와 기의 두 묘맥〔理氣二苗脈〕이 있는 것은 아닙니다. 말을 만들어 사람을 가르치자니 부득이 이렇게 말한 것인데, 배우는 자의 그릇된 견해가 있고 없는 것은 주자〔주희〕의 예측한 바가 아니었을 것입니다. 이렇게 본다면 기발이승이 혹원혹생에 관한 논설과 과연 서로 어긋남이 있겠습니까? 이렇게 변론하고 설명해도 오히려 의견이 합치되지 않는다면 끝내 서로 합하지 못할까 염려됩니다.

그리고 만약 퇴계의 호발互發 두 자는 단지 말을 잘못 표현한 실수가 아닌 듯합니다. 아마도 이와 기가 서로 떨어질 수 없다는 오묘함〔理氣不相離之妙〕을 깊이 보지 못한 듯합니다. 또한 안에서 나오고 밖에서 감응한다〔內出外感〕는 것의 차이를 두었으니, 이것은 나의 견해와 크게 서로 다른 것입니다. 그런데 형이 끌어다가 붙이려 한 것은 내 뜻의 소재를 알지 못할 뿐만 아니라, 퇴계의 뜻도 명확하게 보지 못한 것입니다. 대개 퇴계는 안에서 나오는 것〔內出〕을 도심이라 하고 밖에서 감응되는 것〔外感〕을 인심이라고 하나, 나는 인심과 도심이 모두 안에서 나오고 그 움직임 또한 모두 밖의 자극에 감응함에 기인한다고 생각합니다. 이것이 과연 서로 합하는 것이라 하여 끌어다 붙일 수 있겠습니까? 모름지기 앞으로 퇴계의 원론元論과 나의 앞뒤 편지를 다시 살펴보고 그 뜻을 구해보는 것이 어떻겠습니까?

성과 정은 본래 이기호발理氣互發의 이치가 없습니다. 무릇 성이 발하여 정이 된다〔性發爲情〕는 것을 다만 기가 발하여 이理가 탄 것이라고 한 것 등의 말은 내가 함부로 잘못 만들어낸 것이 아닙니다. 이것은 곧 선유先儒의 뜻입니다. 다만 선유가 상세히 말하지 않은 것을 내가 그 취지를 부연하였을 뿐이니, 나의 논설은 천지에 세워도 어긋나지 않고 후세의 성인을 기다려도 의혹이 없을 것임을 결코 의심하지 않습니다. 어디에서 선유의 뜻을 볼 수 있겠습니까? 주자는 『주자대전』 권61에서, '기질지성은 다만 이 성이【이 성性자는 본연지성이다】 기질 가운데 떨어져 있으므로, 기질을 따라 스스로 하나의 성이【이 성性자는 기질지성이다】되었다'라고 하지 않으셨습니까? 정자도 『이정유서』 권1에서, '성이 곧 기요, 기가 곧 성이니, 생生한 것을 일컫는다'라고 하였습니다.

이렇게 본다면 기질지성과 본연지성이 결코 두개의 성이 아닙니다. 다만 기질에 있어서 그 이理만을 가리킬 때 본연지성이라고 하고, 이理와 기를 합하여 명명한 것을 기질지성이라고 한 것입니다. 성이 이미 하나라면 정에 어찌 두 갈래의 근원이 있겠습니까? 오직 두개의 성이 있은 뒤에라야 두개의 정이 있는 것입니다. 만약 퇴계의 언설대로 하면, 본연지성은 동쪽에 있고 기질지성은 서쪽에 있어서, 동쪽으로부터 나오는 것을 도심이라 하고 서쪽으로부터 나오는 것을 인심이라 하는 격입니다. 이것이 어찌 합당한 이치이겠습니까? 만약 성이 하나라고 한다면, 또 장차 성으로부터 나오는 것을 도심이라 하고, 성 없이 스스로 나오는 것을 인심이라 할 것입니다. 이것도 또한 합당한 이치이겠습니까? 말이 순조롭지 못하면 일이 이루어지지 않는 법이니, 이 점에 대해 반복하여 깊이 생각하기를 간절히 바랍니다.

지난번 도설圖說(심성정도) 가운데 한 말은 옛 성인들이 발명하지 않은 것을 확장했다고 여겨 한 것은 아닙니다. 그 도설과 이른바 '인仁에 근원하였으나 도리어 인을 해친다' 같은 언설은 비록 성현들의 뜻이지만 분명히 말한 이가 없으니, 식견이 얕은 자는 반드시 이것이 선현先賢의 논설을 배반하는 것이라고 의심할 것입니다. 그러므로 그렇게 말을 하였을 뿐이니, 말 때문에 본래의 뜻을 해치지 않는 것이 어떻겠습니까?

인심도심, 왕명 제진, 도심은 순수한 천리이므로 선만이 있고 악은 없으며, 인심은 천리도 있고 인욕도 있으므로 선도 있고 악도 있습니다: 「인심도심도설」 임오(1582)[19]

신臣은 살피건대, 천리天理가 사람에게 부여된 것을 성性이라 이르고, 성과 기를 합하여 한 몸을 주재主宰하는 것을 심心이라 하며, 심이 사물에 감응하여 밖으로 발하는 것을 정情이라 합니다. 성은 바로 마음의 본체(體)이고, 정은 마음의 작용(用)이며, 마음은 바로 미발未發(마음이 드러나지 않은 상태)과 이발已發(마음이 드러난 상태)의 총칭입니다. 그러므로 심통성정心統性情(마음이 성과 정을 통솔한다)이라고 이르는 것입니다.

성의 조목에는 다섯가지가 있으니 인의예지신仁義禮智信이요, 정의 조목에는 일곱가지가 있으니 희로애구애오욕喜怒哀懼愛惡欲입니다. 정이 발하는 데는 도의道義를 위하여 발하는 것이 있으니, 가령 어버이에게 효도하고자 하고, 임금께 충성하고자 하는 것과, 어린아이가 우물에 빠지려고 하는 것을 보고 측은해하고, 옳지 않은 것을 보고 부끄러워하며, 종묘를 지나갈 때 공경하는 것과 같은 종류가 그러한 것입니다. 이것을 도심이라 이릅니다. 한편 구체口體(형기)를 위하여 발하는 것이 있으니, 가령 굶주리면 먹으려 하고 추우면 입으려 하고 피로하면 쉬려고 하며, 정기精氣가 왕성하면 아내를 생각하는 것과 같은 종류가 그러합니다. 이것을 인심이라 이릅니다.

이理와 기는 혼융渾融(뒤섞여 합쳐짐)하여 원래 떨어져 있는 것이 아닙니다〔不相離〕. 마음이 움직이는 것이 정이 되니, 마음을 움직여서 정으로 드러나게 하는 것〔發之者〕은 기이고, 그렇게 드러나게 하는 까닭〔所以發者〕은 이理입니다. 기가 아니면 발할 수 없고〔不能發〕 이理가 아니면 발할 근거가 없으니, 어찌 이발과 기발理發氣發의 다름이 있겠습니까? 다만 도심은 비록 기를 떠나지 않지만, 그것이 발할 때는 도의道義를 위한 것이므로 성명性命에 소속시키고, 인심은 비록 역시 이理에 근본하는 것이나 그것이 발할 때는 육체적인 욕구를 위한 것이므로 형기形氣에 소속시켰을 뿐입니다. 방촌方寸(마음) 가운데는 애초에 인심이니 도심이니 하는 두개의 마음二心이 있는

---

19 「인심도심도설(人心道心圖說)」봉교제진(奉敎製進), 1582년(선조 15, 47세) 7월, 『율곡전서』권14.

것이 아니고, 다만 마음이 발하는 곳〔發處〕에 두가지 단서가 있을 뿐입니다.

그러므로 도심을 발하는 것은 기이지만, 성명(이理)이 아니면 도심은 생겨나지 않고, 인심이 근거하는 것은 이理이지만, 형기(기)가 아니면 인심은 생겨나지 않습니다. 이것이 바로 혹원혹생·공사公私의 차이가 있는 까닭〔所以〕인 것입니다. 도심은 순수한 천리天理이므로 선하여 악할 가능성은 없으며, 인심은 천리도 있고 인욕도 있으므로 선하기도 하고 악할 가능성도 있습니다. 이를테면 마땅히 밥을 먹어야 할 때 먹는 것이나, 마땅히 옷을 입어야 할 때 입는 따위는 성현도 이것을 면할 수 없는 것이니, 이것은 천리입니다. 식욕이나 색욕의 생각으로 인하여 정도에서 흘러나가 악하게 되는 것은 사사로운 욕심인 인욕입니다. 도심은 다만 지키기만 하면 되지만, 인심은 인욕으로 흘러가기 쉬우므로 비록 선한 상태일지라도 또한 위태롭습니다.

마음을 다스리는 것〔治心者〕은 한 생각〔一念〕이 발하는 찰나에 그것이 도심인 줄을 알면 곧 넓혀서 충실하고〔擴充〕, 그것이 인심인 줄을 알면 곧 정밀하게 살펴야 합니다〔精察〕. 반드시 도심으로 절제하고 인심이 항상 도심의 명을 듣게 한다면〔聽命〕 인심 또한 도심이 될 것입니다. 이러면 어찌 천리가 보존되지 않겠으며, 어찌 인욕을 막지 못하겠습니까? 진서산眞西山은 천리와 인욕을 지극히 분명하게 논하였으니 학자들이 공부하는 데 있어 매우 큰 도움이 됩니다. 다만 인심을 오로지 인욕으로 돌려 한결같이 이기려 애쓰는 것은 미진한 점이 있습니다.

주자는 『중용장구』「서문」에서, '비록 최상의 지혜를 가진 상지上智라도 인심이 없을 수 없다'라고 하였으니, 성인도 또한 인심이 있는 것입니다. 어찌 인심을 전부 인욕이라고 할 수 있겠습니까? 이런 것을 가지고 본다면, 칠정七情은 인심과 도심, 선과 악을 포괄하는 총체적인 명칭입니다. 맹자는 칠정 가운데 선한 일변을 뽑아 사단四端으로 지목하였으니, 사단이란 곧 도심이면서 인심의 선한 것입니다.

사단에 신信을 말하지 않았는데, 정자는 『이정유서』에서, '이미 성심誠心이 있어 사단이 된 것이니〔旣有誠心爲四端〕, 신이 그 가운데 있다〔則信在其中矣〕'라고 하였습니다. 대체로 사람의 다섯가지 성품〔五性〕 중 신信은 오행의 토土와 같습니다. 동서남북 같은 고정된 위치〔定位〕가 없고, 특정한 기운도 없으나, 사계절에 두루 스며들어 어디에나 존재하며 전체의 작용을 돕는 역할을 합니다. 논자들 중에는 혹 사단을 가지고 도심을 삼고, 칠정으로 인심을 삼기도 합니다. 사단은 진실로 도심이라고 할 수 있으나 칠정을 어찌 인심이라고만 할 수 있겠습니까?

칠정 이외에 다른 정이 없는데, 만약 치우치게 인심만을 지칭한다면 이 것은 그 절반만 들추고 절반은 버리는 것입니다. 자사子思는 칠정의 미발未發한 것을 중中이라 하였고, 이발已發한 것을 화和라고 하여 성정의 전덕〔性情之全德〕을 논하면서 다만 칠정만 거론했을 뿐입니다. 어찌 치우치게 인심만을 거론했을 이치가 있겠습니까? 이것은 칠정이 인심과 도심, 선과 악의 총칭인 것이 명확하여 의심할 만한 것이 없습니다.

성性은 마음〔心〕에 갖추어져 있다가 발하여 정情이 됩니다〔性發爲情〕. 성性은 본래부터 선한 것이니, 정 또한 의당 선하지 않음이 없어야 할 것인데, 정은 혹 선하지 않은 것이 있는 것은 무슨 이유이겠습니까? 이理는 본래 순수하고 지극히 선하지만 기는 청탁이 있으니, 기는 '이를 담는 그릇〔盛理之器〕'입니다. 아직 발하지 않았을 때는 기가 용사用事하지 않으므로 중체中體가 순수하게 선하나, 그것이 발함에 미쳐서는 선과 악이 비로소 나뉩니다. 선한 것은 청기淸氣가 발한 것이고, 악한 것은 탁기濁氣가 발한 것입니다. 그 근본은 다만 천리天理일 뿐입니다.

정의 선한 것은 청명한 기를 타고〔乘〕 천리를 따라 곧장 발출〔直出〕하여 중中을 잃지 않으니, 그것이 인의예지의 단서가 됨을 볼 수 있으므로 사단이라 부릅니다. 정의 선하지 못한 것은 비록 또한 이理에 근본한 것이지만, 이미 오탁汚濁한 기에 가려져 그 본체를 잃고 멋대로 생겨납니다〔橫生〕. 혹

인심도심도설人心道心圖說

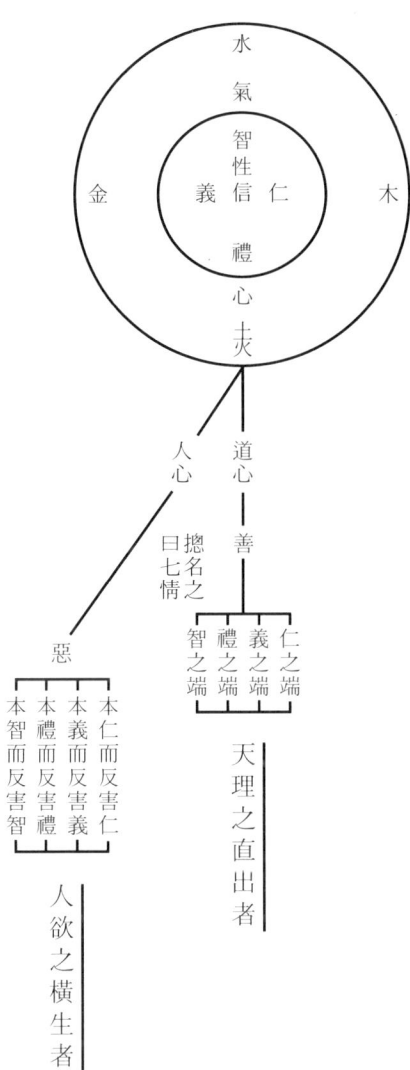

과過하고 혹은 불급不及하여 인仁에 근본하였으면서도 도리어 인을 해치고, 의義에 근본하였으면서도 도리어 의를 해치고, 예禮에 근본하였으면서도 도리어 예를 해치고, 지智에 근본하였으면서도 도리어 지를 해치니, 그러므로 사단이라고 이를 수 없는 것입니다.

주자周子(주돈이)는 「태극도설」에서, '오성五性이 감동하여 선악이 나뉜다'라고 하였고, 정자(정호)는 『이정유서』에서, '선악이 모두 천리이다'라고 하였으며, 주자(주희)는 『주자대전』 권40, 「답하숙경서答何叔京書」에서 '천리로 인하여 인욕이 있다〔因天理而有人欲〕'라 하였으니, 모두 이러한 뜻입니다. 오늘날의 학자들은 선과 악이 기의 청탁에서 비롯된 것임을 알지 못합니다. 그 논설을 탐구해도 깨닫지 못했으므로 도리어 이발〔理發者〕로 선을 삼고, 기발〔氣發者〕로 악을 삼아 이理와 기가 서로 분리되는 잘못이 있게 하였습니다. 이것은 밝지 못한 논의입니다. 신은 어리석고 주제넘을 헤아리지 못하고 삼가 윗편과 같이 도圖를 만들었습니다.

성혼의 '여율곡논이기제7서'에 대한 응답, 이통, 기국, 이지통, 기지국, 이제 형(성혼)의 견해는 단지 기만 논하고 성은 논하지 않았으니, 순자와 양웅의 잘못에 빠져 있습니다: 「성호원에게 답하다」 임신(1572)[20]

마른나무에는 마른나무의 기가 있고 식은 재〔灰〕에는 식은 재의 기가 있으니, 천하에 어찌 형체만 있고 기가 없는 물건이 있겠습니까. 다만 이미 마른 나무와 식은 재의 기가 되면 다시는 산 나무와 산 불의 기가 아니니, 생기生氣는 이미 끊어져 유행할 수 없는 것입니다. 이理가 기를 탄 것으로 말하면, 이理가 마른나무와 식은 재에 있는 것은 본래 기에 국한되어 각각

---

20   「답성호원」, 1572년(선조 5, 37세) 여름 추정, 『율곡전서』 권10.

한 개체의 이(一理)가 되는 것이나, 이理의 본체의 측면에서 말하면, 비록 마른 나무와 식은 재에 있어도 그 본체의 혼연함은 본래 그대로입니다. 그러므로 마른나무와 식은 재의 기는 산 나무와 산 불의 기가 아니나, 마른나무와 식은 재의 이理는 곧 산 나무와 산 불의 이理입니다.

오직 그 이理가 기를 타서 한 물건에 국한되기 때문에, 주자(주희)는 『주자문집』권46에서, '이理는 절대로 같지 않다'라 하였으며, 오직 그 이理가 비록 기에 국한되었다 하더라도 본체는 스스로 같기 때문에 '이理는 이理이고 기는 기이니, 서로 섞이지 않는다'라고 하였습니다. 사물에 국한된 것은 기의 국한됨(氣之局) 때문입니다. 이理는 스스로 이어서 기와 서로 섞이지 않는다는 것이 이의 통함(理之通)입니다. 이제 형(성혼)은 다만 이理가 잘게 부서진 것이 기에 국한되어 각각 하나의 이理가 된 것만 보고, 혼연히 일체인 이理가 비록 기에 있으나 통하지 않는 데가 없음을 보지 못하였습니다. 그것이 일관하는 의미에 대해서는 어찌 무거운 관문과 겹겹의 고개에 가로막혀 있을 뿐이겠습니까?

순자荀子와 양웅揚雄은 다만 잘게 부서진 이理가 각각의 사물에 들어 있는 것만 보고 본체本體를 보지 못하였기 때문에 '성학'과 '선악이 혼효되어 있다'라는 언설이 있는 것입니다. 반면 맹자는 다만 본체만 거론하고 기를 타고 있는 것에 관한 논설에는 미치지 못하였기 때문에 고자告子를 온전히 굴복시키지 못하였습니다. 그러므로 정자는 『이정유서』권6에서, '성을 논하면서 기를 논하지 않으면 불비不備(불충분)한 것이요, 기를 논하고 성을 논하지 않으면 불명不明(명확하지 않음)하니, 성과 기를 둘로 갈라놓으면 옳지 않다'라고 하였습니다.

이제 형의 견해는 단지 기만 논하고 성은 논하지 않았으니, 순자와 양웅의 잘못에 빠진 것입니다. '불명'한 것보다는 차라리 '불비'한 것이 낫지 않겠습니까? 도리는 보기 어려우니 가장 경계해야 할 것은, 일변一邊에 집착하는 것입니다. 이 말을 보고도 여전히 합치되지 않는다면, 잠시 각각 자기의 아는 바를 높이고 논변을 그만두고서 공력을 쌓은 뒤에 다시 논변하는 것이 어떻겠습니까?

성혼의 '여율곡논이기제8서'에 대한 응답, 소견 삼층, 망견, 자득지미, 의양지미, 요즈음 정암(나흠순), 퇴계(이황), 화담(서경덕) 세 선생의 언설을 보니, 정암이 최고이고 퇴계가 다음이며 화담이 또 그다음이니, 그중에서도 정암과 화담은 자득지미自得之味가 많고 퇴계는 의양지미依樣之味가 많습니다: 「성호원에게 답하다」 임신(1572)[21]

사람의 견해에는 세가지 층위가 있습니다[人之所見有三層]. 성현의 글을 읽어서 그 명목名目만 아는 자가 한 층이요, 이미 성현의 글을 읽어서 그 명목을 알고, 또 깊이 생각하고 정밀하게 살펴 환하게 깨달음이 있어 명목의 이치가 마음과 눈 사이에 드러나 성현의 말이 과연 나를 속이지 않음을 아는 자가 또 한 층입니다. 다만 이 층위에는 아주 여러 층이 있는데 한가지 끝자락만을 깨달은 자도 있고 그 전체를 깨달은 자도 있으며, 전체 중에도 그 깨달은 것이 또한 얕고 깊은 것이 있습니다. 요컨대 입으로 읽고 눈으로 보는 그런 유類가 아니고 마음으로 깨달은 바가 있기 때문에 함께 이 층위로 돌립니다. 그리고 이미 명목의 이치를 깨달아 마음과 눈 사이에 환히 드러났을 뿐만 아니라 참되게 실천하고 역행力行하여 그 아는 바를 실질적으로 채우고, 그 지극한 데 이르러서는 친히 그 경지를 밟고 몸소 그 일을 하여, 단지 눈으로 보는 수준이 아닙니다. 이와 같이 한 뒤에라야 바야흐로 진지眞知(참된 앎)라고 이를 수 있습니다.

최하의 한 층은 남의 말만 듣고 따른 자이고, 중간층은 멀리서 바라보는 자이며, 최상층은 그 경지를 직접 밟아서 친히 본 자입니다. 비유하자면,

---

21 「답성호원」, 1572년(선조 5, 37세) 여름 추정, 『율곡전서』 권10.

여기에 높은 산이 하나 있는데 산꼭대기의 경치가 말할 수 없이 절묘하다고 합시다. 어떤 사람은 그 산의 소재조차도 알지 못하고 그저 남의 말만 듣고 믿기만 합니다. 이 때문에 남이 산꼭대기에 물이 있다고 하면 역시 물이 있는 줄로 여기고, 남이 산꼭대기에 돌이 있다고 하면 역시 돌이 있다고 여깁니다. 자기가 스스로 보지 못하고 오직 남의 말만 좇으니, 다른 사람이 혹 물도 없고 돌도 없다고 하면 그 허실을 분별할 수 없습니다. 남의 말은 한결같지 않은데 나의 식견은 일정함이 없으니, 마땅히 사람을 택하여 그 말을 좇지 않을 수 없습니다.

사람이 만약 믿을 만하다면 그 말도 역시 믿을 수 있습니다. 성현의 말은 반드시 믿을 만하기에 따르고 어기지 않는 것입니다. 그러나 다만 성현의 말을 따랐다 하더라도 그 뜻의 소재를 알지 못하기 때문에 남이 혹 믿을 만한 사람의 말을 잘못 전하더라도 그 또한 따를 수밖에 없는 것입니다. 오늘날 학자들의 도道에 대한 소견 또한 이와 같습니다. 한갓 성현의 말만 좇고 그 뜻을 알지 못하기 때문에, 혹 그 본래의 취지를 잃는 자도 있고 혹 그 기록의 오류를 보고도 오히려 억지로 끌어 맞추어 좇는 자도 있으니, 이미 자기가 스스로 보지 못했기 때문에 형세가 그렇지 않을 수 없습니다. (…)

그리고 산을 바라보는 깃〔望見〕 중에도 또한 차이가 있습니다. 동쪽에서 그 동쪽 편만 본 자도 있고 서쪽에서 그 서쪽 편만 본 자도 있으며 동서에 구애되지 않고 그 전체를 본 자도 있습니다. 비록 부분과 전체의 차이는 있으나 모두 스스로 본 것〔自見〕입니다. 자기가 스스로 보지 못하고 남의 말만 따르는 자는 비록 산의 전체를 말할 수 있다 하더라도 그것은 자기의 말이 아니고, 마치 앵무새가 사람의 말을 전하는 것과 같습니다. 그러니 어찌 산의 한쪽 편만 바라본 자의 마음인들 굴복시킬 수 있겠습니까? (…)

이런 것으로 비유를 해보면, 오늘날 배우는 자들은 대개 남의 말만 따르는 자들입니다. 비록 성현의 말을 잘 말할 수 있다 하더라도, 이것은 남의 것을 의양依樣(따라함)하고 모획摸劃(그대로 베낌)하는 것에 불과합니다. 의양하고 모획하는 자들 가운데서도 잘 말하는 자는 또한 많이 보기 어려우니 더욱 탄식할 만합니다. (…) 만약 이단異端 같은 것으로 말하자면, 그들의 이른바 산꼭대기란 것은 '이 산(진리)'이 아닙니다. 다시 '다른 산'이 있어 산꼭대기에는 깜짝 놀랄 만한 물건들이 있고, 가시덤불이 길을 가로막고 있는데도 미혹迷惑된 자들이 곧 좇아가니, 또한 슬픈 일이 아니겠습니까?

사람이 '이 산(진리)'을 바라보지 못하고 한갓 남의 말만 믿는다면, 만약 다른 사람이 또 '다른 산(이단)'을 가리켜 이 산이라고 해도, 그 사람이 평소에 신봉하는 자라면 반드시 옷을 걷어붙이고 가시덤불을 헤치며 좇아갈 것이니, 어찌 더욱 슬프지 않겠습니까? 만약 직접 바라본 자라면 어찌 이런 근심이 있겠습니까? 다만 한쪽 편만 바라보는 자는 보는 바가 온전하지 못하기 때문에 비록 자기는 이단에 미혹되지 않았다 하더라도 그가 발언하는 것이 혹 어긋나기도 하여 도리어 남을 그르치게 합니다. 그러니 가시덤불을 건너가는 자를 돕고 조장하지 않으리라 보장할 수 없습니다. 이런 점에 대해 더욱 눈을 밝게 뜨고 대담하게 떨쳐 말을 극진하게 해서 분명히 분별하지 않을 수 없습니다.

요즈음 정암, 퇴계, 화담 세 선생의 언설을 보니, 정암이 최고이고 퇴계가 다음이며 화담이 그다음입니다. 그중에서도 정암과 화담은 자득지미自得之味가 많고 퇴계는 의양지미依樣之味가 많습니다.【퇴계는 한결같이 주자의 설을 따름】정암은 이학理學의 전체를 바라보았으나 다 밝지 못한 점이 조금 있습니다. 또한 주자를 깊이 믿어 그 뜻을 적확하게 보지 못한 상태에서 기질이 뛰어나고 탁월하였기에 말이 혹 지나친 경우가 있습니다. 약간 이기를 일물로 보는 병통〔理氣一物之病〕에 빠졌습니다. 하지만 실제로 이기를 일물로 본 것은 아니고, 본 바가 다 밝지 못하기 때문에 말이 혹 지나쳤을 뿐입니다.

퇴계는 주자를 깊이 믿고 그 뜻을 깊이 구했습니다. 기질이 정밀하고 상세하며 신중하고 치밀하며 공부가 또한 깊어서 주자의 뜻에 부합하지 않음이 없습니다. 이학의 전체에 대해서도 본 바가 없다고 할 수 없으나, 환하게 관통하는 지경에는 오히려 이르지 못한 면이 있었습니다. 이 때문에 견해가 밝지 못함이 있고 말이 혹 조금 어긋남이 있었으니, '이기호발理氣互發'과 '이발기수理發氣隨'에 관한 논설은 도리어 식견의 결점[知見之累]이 되었습니다.

화담은 총명이 남보다 뛰어났으나 후중厚重(중후)함이 부족했습니다. 독서와 궁리가 문자에 구애되지 않고 자기의 의사를 많이 적용했습니다. 총명이 남보다 뛰어났기 때문에 보는 것은 어렵지 않았으나, 후중함이 부족하였기 때문에 적은 것을 얻고도 만족하게 여겼습니다. 그는 이理와 기가 서로 떠나지 못하는 그 오묘함[理氣不相離之妙]에 대하여 환히 눈으로 보아서, 다른 사람들이 글만 읽고 모방하는 것과는 비교할 수 없습니다. 그리하여 그것으로 지극한 즐거움[至樂]을 삼아서 '담일청허한 기[湛一淸虛之氣]는 어디에나 있지 않은 곳이 없다'라고 하여, 「귀신사생론鬼神死生論」에서는 스스로 '천명의 성인이 다 전하지 못한 묘리[千聖不盡傳之妙]를 터득했다'라고 하였습니다.

그는 다만 '담일청허한 기' 위에 다시 이통기국理通氣局의 한 조목이 있음을 미처 알지 못했습니다. 『주역周易』「계사상繫辭上」편에 나오는 '계선성성繼善成性(선을 계승하여 성을 이룬다)의 이理'는 어느 물건에나 있지 않은 데가 없지만, 담일청허한 기는 있지 않은 곳이 많이 있습니다. 이理는 변화가 없으나 기는 변화가 있으니, 원기元氣가 생생불식生生不息하여 가는 것은 지나가고 오는 것은 그 뒤를 잇게 되어 이미 지나간 기는 이미 있는 곳이 없습니다. 화담은 『화담집花潭集』권3에서, '하나의 기가 장존하여[一氣長存], 가는 것도 지나가지 않고, 오는 것도 뒤를 잇는 것이 아니다'라고 하였으니, 이것이 화담의 '기를 이로 인식한 병통[認氣爲理之病]'이 있게 된 까닭입니다. 비록 그러하나 부분적이든 전체적이든 간에 화담의 견해는 스스로 얻은 '자득의 견해〔自得之見〕'입니다.

오늘날 배우는 자들은 입만 열면 곧 '이는 무형이고〔理無形〕 기는 기유형이니〔氣有形〕, 이와 기는 결단코 일물이 아니다〔理氣決非一物〕'라고 말하나, 이것은 자기의 말이 아니고 남의 말을 전하는 것일 뿐입니다. 그러니 어찌 '화담의 입'을 상대하여 '화담의 마음'을 복종하게 하기에 충분하겠습니까? 오직 퇴계가 화담을 공박한 논설만이 깊이 그 병통에 적중해서 후학들의 그릇된 견해를 구제할 수 있었습니다. 대개 퇴계는 남의 것을 따른 의양지미〔依樣之味〕가 많으므로 그 말에 구속되면서 조심하였고, 화담은 스스로 얻은 자득지미〔自得之味〕가 많으므로 그 말이 즐거우면서도 호방하였습니다.

조심하였기 때문에 실수가 적고, 호방하였기 때문에 실수한 것이 많았으니, 차라리 퇴계의 의양〔依樣〕을 취할지언정 화담의 자득〔自得〕을 본받을 필요는 없습니다. 이러한 의론은 마땅히 나〔珥〕의 식견이 조금 진전되어 이〔理〕를 밝힘에 익숙한 뒤에 비로소 정론〔定論〕을 지어 배우는 자들에게 보여야 할 것입니다. 그런데 이제 형의 감발〔感發〕로 인하여 감히 조금도 숨기지 못하고 한꺼번에 설파하였으니, 발설한 것이 너무 시기상조라고 여겨집니다. 한번 본 뒤에는 돌려보내주기를 간절히 바랍니다. 다른 사람의 눈에는 띄지 않게 하였다가 뒷날 다시 그 득실을 보려고 합니다.

성혼의 '여율곡논이기제9서'에 대한 응답, 이기무시, 음양무시, 이기본유, 이통기국, 본체상, 본체유행, 이와 기에 관한 논설은 큰 줄거리에서 이미 합하여졌으니, 사소한 차이는 공부하다 보면 반드시 융합될 때가 있을 것입니다:「성호원에게 주다」임신(1572)[22]

이〔理〕와 기는 시작〔始〕이 없으니 실로 선후를 말할 수 없습니다. 다만 그

---

[22]   「여성호원(與成浩原)」, 1572년(선조 5, 37세) 여름 추정,『율곡전서』권10.

소이연所以然(까닭)의 근본을 미루어보면(推本), 이理는 중추(樞紐)이자 뿌리〔根柢〕가 되므로, 부득이 이理를 우선으로 삼는 것입니다. 성현의 말이 비록 많다 하더라도 그 요체는 이 같은 데 지나지 않을 뿐입니다. 만약 사물의 측면에서 살피면 분명히 먼저 이理가 있고 뒤에 기가 있습니다. 대개 천지가 아직 생기기 전에 천지의 이〔天地之理〕가 없다고 할 수 없으니, 이것을 미루어볼 때 모든 사물이 다 그러합니다. 이제 우리 형(성혼)께서는 도리어 본원本源을 궁구하는 데는 선후가 있다고 여기면서, 사물의 측면에서 살피는 것은 선후가 없다 하니, 앞뒤가 맞지 않고 어긋남이 이토록 극에 달해, 감히 의견이 하나로 돌아가는 것〔歸一〕을 바랄 수 없습니다.

다만 정자의 말에 '음양은 시작이 없다〔陰陽無始〕'라고 하였으니, 이 말이 잠시 빌려와서 깨우쳐 주려는 비유입니까? 아니면 명백하게 인식하기 위해 직접 한 말입니까? 만약 이 말이 잠시 빌려와서 비유한 것이라면 형의 언설이 옳겠지만, 그렇지 않다면 어찌 음양에 시작이 있다고 할 수 있겠습니까? 형의 언설은 곡절이 일정하지 않은데, 대개 '태초〔太一之初〕가 있다'라고 말하는 것이, 바로 소견의 근본입니다. 이 말에 병통이 없다면 나의 언설이 그른 것입니다. 이理와 기는 본래 그 자체가 뒤섞인 것〔混合〕으로 모두 '본래 있는 것〔本有〕'이지, 비로소 생겨난 시작의 때〔始生之時〕가 있는 것이 아닙니다. (…)

이와 기에 관한 논설은 큰 줄거리에서 이미 합하여졌으니, 사소한 차이는 깊이 분별하고 급하게 합치하려고 할 필요가 없습니다. 오래도록 공부하다 보면 반드시 융합될 때가 있을 것입니다. 예전에 분분하게 변설했던 것은 대개 서로의 뜻을 제대로 이해하지 못한 데서 나온 것이니, 지금 돌이켜 생각해보면 우스운 일입니다. 이통기국理通氣局이라는 것은 요컨대 본체의 측면에서 언설해야 할 것이나 또한 본체를 떠나서 별도로 그 유행을 구할 수는 없습니다. 사람의 성性이 만물의 성과 같지 않은 것은 기의 국한됨〔氣局〕 때문이요, 사람의 이理가 곧 만물의 이理와 같은 것은 이의 통함

〔理通〕 때문입니다. 모나고 둥근 그릇은 서로 다르지만 그릇 속의 물은 하나이며, 크고 작은 병은 서로 다르지만 병속의 공기〔虛空〕은 하나인 것과 같습니다. 기가 하나의 근본인 것〔氣之一本〕은 이理가 통하기 때문이며, 이가 만가지로 나뉘는 것〔理之萬殊〕은 기가 국한되기 때문입니다. 본체 가운데〔本體之中〕 유행이 갖추어져 있고〔流行具焉〕, 유행 가운데〔流行之中〕 본체가 존재합니다〔本體存焉〕. 이것으로 미루어보면 이통기국에 관한 논설이 과연 일변一邊에 떨어진 것이겠습니까?

『맹자』「양혜왕상梁惠王上」 편에서, '사랑〔愛〕을 인仁이라 하고 마땅함〔宜〕을 의義라 한다'라고 하는 정의는 한둘이 아니니, 선유들께서 어찌 일찍이 한 글자로 그 이理를 논하지 않으셨겠습니까? 이런 것은 깊이 생각하고 상세하게 연구해야 할 일지, 또한 억지로 합치려 해서는 안 될 것입니다.

지난번 편지에 제〔珥〕 언설이 너무 날카롭고 사나웠는데, 보내주신 지적이 과연 합당하니, 깊이 감사하고 또 감사합니다. 다만 '기는 끊어지나 이理는 통한다'라거나, '형체는 있으나 기는 없다'라거나, '인심이 본연의 기를 잃었다'라는 등의 말은 모두 나의 말이 아니니, 나의 전번 편지를 다시 보는 것이 어떻겠습니까? 만약 제 말을 바꾸어놓고 도리어 책망한다면, 이것은 스스로 가상의 적〔元隻, 소송 상대〕을 만들어놓고 그 소송에서 이기려고 하는 것입니다. 혹 마음을 평온하게 하지 못한 허물이 아니겠습니까? 우스운 일입니다.

'기질의 치우치고 막힌 것〔偏塞〕을 두고 그 본연의 기〔本然之氣〕를 잃었다'라고 한 말은 비록 적절하지 않은 것 같지만, 『맹자』「고자상告子上」 편에서 말한, '그 본심을 잃었다〔失其本心〕'라는 말에 비추어보면, 아마도 이치에 어긋나지 않을 듯합니다. 본심本心은 잃을 수 없는데도 오히려 잃었다고 하였는데, 하물며 담일한 기가 변하여 더러운 것이 된 것을 두고, 어찌 잃었다고 할 수 없겠습니까? 다시 한번 생각해보는 것이 어떻겠습니까?

면재勉齋(황간)의 언설을 가지고 강적强敵을 얻었다고 하는 것은 더욱 희롱하는 말에 가깝습니다. 만약 도리로 변설한다면 꼴 베고 나무하는 자에게도 물을 수 있고, 미친 사람의 말[狂言]도 택할 수 있으니, 저 역시 입을 놀릴 수 있습니다. 이제 만약 도리로 구하지 않고 세력의 강약으로만 본다면, 한 사람의 퇴계가 열 사람의 이이李珥를 이기기에 충분할 것입니다. 하물며 장차 면재(황간)까지 끌어들여 돕게 하시겠습니까? 이는 여러 마리의 호랑이가 한마리의 양羊을 공격하는 것과 같습니다. 나머지는 다 말할 수 없으니, 만나서 진술하겠습니다.

7장
성학
수기 안민의 길

성학의 체계

대학, 대학연의, 성학집요, 인군지학, 통호상하, 수기치인, 안민, 도통, 신의 모든 힘과 정성을 이 책에 쏟아부었으니, 전하께서 항상 책상 위에 놓아두고 보신다면 천덕과 왕도의 학문에 도움이 될 것이며, 임금의 학문〔人君之學〕을 위주로 하였으나, 실상은 위아래(임금에서 선비들)에 모두 통용〔通乎上下〕되는 것입니다:「성학집요·서문」을해 (1575)[1]

신은 이렇게 생각합니다. 도는 오묘해서 형체가 없기 때문에 글〔文〕로 도를 표현합니다. 사서四書와 육경六經에서 이미 도를 밝히고 완비되어 있어 경전을 통해 도를 추구하면 이치가 다 드러날 것입니다. 다만 걱정되는 것은 도를 담은 책이 너무나 방대하여 요점을 얻기가 어렵습니다. 선현〔先

---

1   「성학집요(聖學輯要)·진차(進箚)」 1575년(선조 8, 40세) 7월 16~17일, 『율곡전서』권6; 권 19.

正, 주희)이『대학』을 내세워서〔表章〕규모를 세웠습니다. 성현의 수많은 가르침이 모두 여기서 벗어나지 않으니, 이 책이야말로 요점을 파악하는 방법입니다. 서산 진씨西山眞氏(진덕수)는 이 책의 요지를 미루어 넓혀서『대학연의大學衍義』를 지었습니다.

『대학연의』는 경전과 주석을 널리 인용하고, 역사책을 두루 참고하여, 학문의 근본과 다스림의 차례가 환하게 체계적으로 드러났습니다. 또한 임금의 몸에 중점을 두었으니 참으로 제왕이 도에 들어가는 지침〔指南〕입니다. 다만 권수가 너무 많고 문장이 산만하며, 사건의 경과를 기록한 책〔紀事, 역사서〕과 같고 참다운 학문〔實學〕의 체계는 아닙니다. 참으로 아름답기는 하나 다 좋다고는 할 수 없습니다. 학문은 본래 마땅히 널리 해야 하며 지름길을 따라 요약〔徑約〕해서는 안 됩니다. 다만 배우는 자가 나아갈 방향이 정해지지 않고, 마음을 굳게 세우지 않고서 먼저 박학다식함을 추구하면 생각이 한곳에 집중되지 못하여 취하고 버리는 것이 정확하지 못합니다. 혹 본질에서 벗어나 참됨을 잃을 염려가 있습니다.

그러니 반드시 먼저 요긴한 길을 찾아서 확실하게 학문의 영역〔門庭〕을 열어놓은 다음에라야 제약 없이 널리 배울 수 있고, 유추를 통해 앎을 확장할 수 있을 것입니다. 하물며 임금의 한 몸에는 나라의 모든 일〔萬機, 정무〕이 집중되어 있습니다. 정사를 처리하는 시간은 많이 걸리고, 글을 읽는 시간은 적습니다. 만약 그 강령을 취하고 그 종지宗旨를 확립하지 않은 채 오로지 널리 배우는 데만 힘쓴다면, 문장을 기억하고 외는〔記誦〕습관에 얽매이거나 문장을 화려하게 꾸미고 다듬는 데 빠지게 됩니다. 그러면 사물의 이치를 궁구〔窮理〕하고, 마음을 바르게 하며〔正心〕, 자신을 닦고〔修己〕, 남을 다스리는〔治人〕도리에 관해서는 참으로 얻는 것이 없을 것입니다.

신은 변변치 못한 선비〔腐儒〕인데도 밝은 시대를 만나 전하를 뵈니, 전하께서는 총명과 지혜를 하늘로부터 타고나셨습니다〔天資〕. 참으로 학문에 힘을 쏟고 노력하는 공력〔學問之功〕으로 마음과 본성을 함양하고 성취하여 그 도량을 채운다면, 우리나라[東方]에서도 요순과 같은 다스림을 볼 수 있을 것입니다. 이것은 천년에 한번 오는 기회이니, 결코 놓쳐서는 안 될 일입니다. 다만 생각건대, 신은 경박하고 소홀하며 부박하고 얕아서, 타고난 재능과 기국이 이미 낮습니다. 성질이 거칠고 소홀하여 하는 일이 정밀하지 못하고, 학문 또한 거칠고 황폐합니다. 해바라기[葵藿]가 해를 향하는 것 같은 정성은 비록 간절하나 충성을 다할[效忠] 길은 알지 못하겠습니다.

생각건대『대학』은 진실로 덕에 들어가는 문인데 진씨(진덕수)의『대학연의』는 오히려 간략하게 요약하지 못했습니다. 그래서 신은 참으로『대학』의 취지를 본떠서 차례를 나누고, 성현의 말씀을 정밀하게 가려 뽑아 그 내용을 채웠습니다. 조목은 상세하고 분명하며 문장은 간략해도 이치를 다 갖추었다면, 요체를 파악하는 방법이 이 책에 있다 할 것입니다. 이것을 우리 임금님께 올린다면, 마치 어리석은 농부가 봄볕과 봄 미나리[芹曝]를 바치려고 한 것처럼 주변 사람들의 비웃음을 면치 못하겠으나, 반딧불이나 촛불 같은 빛[螢燭之光]이라도 해와 달의 밝음[日月之明]에 조금이라도 도움이 될 것입니다.

이 책을 편찬할 때 다른 잡다한 공력은 그만두어 물리치고 오로지 요점만을 간추리는 데 전념하여 사서와 육경, 선유들의 학설과 역대의 역사서에 이르기까지 깊이 탐색하고 널리 찾아내어 그 정수만을 뽑아 차례대로 모으고 나누었습니다. 번잡한 것은 줄이고 요약하였으며, 깊이 침잠하여 음미하고 사색하며 거듭 교정하기를 두해를 넘겨 편찬을 마쳤으니, 모두 다섯편입니다.

제1편 통설統說은 수기修己와 치인治人을 합하여 말한 것이니, 곧『대학』에서 말한, 명명덕明明德, 신민新民, 지어지선止於至善에 해당합니다.

제2편 수기修己는 곧『대학』에서 말한 명명덕에 해당하는데, 모두 13조목입니다. 수기의 제1장은 총론摠論입니다. 제2장 입지立志(뜻을 세움), 제

3장 수렴收斂(거두어들임)은 나아갈 방향을 정하고 흩어진 마음을 거두어들여『대학』의 기틀을 세우는 것입니다. 제4장 궁리窮理(진리를 탐구함)는 곧『대학』에서 말한 격물格物·치지致知입니다. 제5장 성실誠實, 제6장 교기질矯氣質(기질을 바로잡음), 제7장 양기養氣(기를 기름), 제8장 정심正心(마음을 바르게 함)은 곧『대학』에서 말한 성의誠意·정심正心입니다. 제9장 검신檢身(몸을 단속함)은 곧『대학』에서 말한 수신修身입니다. 제10장 회덕량恢德量(도덕적인 역량을 넓힘), 제11장 보덕輔德(도덕적인 행위를 보좌함), 제12장 돈독敦篤은 성의·정심·수신의 남은 뜻을 거듭 논한 것입니다. 제13장은 그 공효功效를 논한 것이니, 수기가 지어지선止於至善에 머무는 것입니다.

제3편 정가正家(집안을 바르게 함)와 제4편 위정爲政(정치를 행함)은 곧『대학』에서 말한 신민新民에 해당합니다. 정가는 제가齊家를 말하는 것이고, 위정은 치국治國·평천하平天下를 말하는 것입니다.

제3편 정가正家는 모두 8조목입니다. 정가의 제1장은 총론입니다. 제2장 효경孝敬(효도와 공경), 제3장 형내刑内(집안에 본보기가 됨), 제4장 교자敎子(자식 교육), 제5장 친친親親(친족을 친하게 대함)은 부모에게 효도하고, 아내에게 본보기가 되며, 자녀를 교육하고, 형제와 친척 간에 우애를 두텁게 하는 도리를 말합니다. 제6장 근엄謹嚴(신중하고 엄숙함), 제7장 절검節儉(절약하고 검소함)은 다 설명하지 못한 뜻을 풀어낸 것입니다. 제8장은 그 공효를 설명한 것인데, 곧 집안을 다스리는 일이 지어지선에 머무는 것입니다.

제4편 위정爲政은 모두 10조목입니다. 위정의 제1장은 총론입니다. 제2장 용현用賢(현명한 사람을 등용함), 제3장 취선取善(착한 것을 취함)은 곧『대학』에서 말한, 어진 사람만이 능히 사람을 사랑하고 미워할 수 있다는 뜻입니다. 제4장 식시무識時務(시대의 급선무를 파악함), 제5장 법선왕法先王(선왕을 본받음), 제6장 근천계謹天戒(하늘의 경고를 삼감)은 곧『대학』에서 인용한 '은殷나라를 거울삼아야 한다'는 것과 '큰 천명은 보존하기 쉽지 않다'는 것을 뜻합니다. 제7장 입기강立紀綱(기강을 세움)은 곧『대학』에서 말한, '나

라를 가진 자가 삼가지 않을 수 없으니, 편벽되면 천하의 죽임을 당하게 된다'는 뜻입니다. 제8장 안민安民(백성을 편안하게 함), 제9장 명교明敎(교육을 밝힘)는 곧 『대학』에서 말한, '군자에게 혈구지도가 있으니, 효도를 일으키고 우애를 일으켜 배반하지 않게 한다'는 뜻입니다. 제10장은 끝으로 공효를 논한 것이니, 곧 나라를 다스리고 천하를 평안하게 함이 지어지선에 머무는 것입니다.

제5편 성현도통聖賢道統(성현과 도리의 계통)은 곧 『대학大學』의 이념이 실현된 자취입니다.

이상의 내용을 합하여 『성학집요聖學輯要』라 하였습니다. 마지막에 도를 전하는 책임〔傳道之責〕을 전하께 바라는 것이라 해도 또한 지나친 말이 아닙니다. 전하께서는 성인이 나타난다는 5백년의 시운에 해당하는 임금이자 스승의 자리〔君師之位〕에 계시며, 선善을 좋아하는 지혜와 욕심이 적은 인자함, 그리고 일을 결단하는 용기를 갖추고 계십니다. 진실로 학문에 힘쓰기를 처음과 끝이 한결같이 하여 끊임없이 힘쓰신다면, 어떤 중대한 책임과 원대한 사업인들 감당하고 이루어내지 못하겠습니까? 다만 어리석은 신의 견문이 넓지 못하고 식견과 사려가 투철하지 못하여, 이 책의 편차를 나누는 과정에서 순서를 잃은 것이 분명 많을 것입니다.

그러나 인용한 성현의 말씀은 모두 천지에 내세워도 어긋나지 않고, 귀신에게 물어도 의심스러운 것이 없으며, 후세의 성인을 기다려보아도 의혹할 것이 없는 것들입니다. 그러니 어리석은 신이 체계〔條理〕를 잘못 나누었다 하여 성현의 앞선 훈계를 가벼이 여겨서는 안 됩니다. 혹 어리석은 신의 보잘것없는 견해가 그 사이에 섞여 있기도 하나, 이 또한 모두 성현의 가르침을 신중하게 상고하고 성인들의 글을 모방한 것이니, 감히 제멋대로 되지도 않는 말을 내뱉어 종지宗旨를 잃지는 않았습니다.

신의 모든 힘과 정성을 이 책에 모두 쏟아부었습니다. 만약 전하께서 밝게 굽어살피시어 항상 책상 위에 놓아두고 보신다면, 전하의 천덕天德과 왕도王道의 학문(聖學)에 아마도 적잖은 도움이 될 것입니다. 이 책은 비록 임금의 학문(人君之學)을 위주로 하였으나, 실상은 위아래(임금에서 선비들) 에 모두 통용(通乎上下)되는 것입니다. 학문하는 자들 가운데 널리 보기는 하였으되 체계가 없는 자는 마땅히 이 책을 통해 공부한 것을 돌이켜 수렴 하여 요약하는 방법(反約之術)을 얻어야 할 것입니다. 또 학문할 기회를 놓 쳐 견문이 좁고 고루한 자는 마땅히 이 책에 힘을 쏟아 학문을 하는 바른 방향(向學之方)을 정해야 할 것입니다.

이렇게 한다면 학문의 시작이 빠르거나 늦어도 모두에게 유익할 것입니 다. 이 책은 곧 사서와 육경의 입문서(階梯)입니다. 만약 부지런히 노력하 는 것을 싫어하고 편안하고 간편한 것에 안주하여, 학문의 공효가 여기서 그친다면, 이는 단지 집의 문과 뜰만 찾고 방 안에는 들어가려고 하지 않는 것과 같습니다. 이것은 신이 이 책을 엮은 본래 의도가 아닙니다.

만력萬曆 3년 을해년(1575, 선조 8년) 가을 7월 16일, 통정대부 홍문관 부제 학 지제교 겸 경연 참찬관 춘추관 수찬관인 이이는 손을 맞잡고 머리를 조 아려 삼가 올립니다.

수기 안민을 위한 성학

도학, 성학, 실공, 추성용현, 신의, 실효, 안민, 선조에게 올리는 이유, 제왕의 학문은 기질을 변화시키는 것(變化氣質)보다 절실한 것이 없는 데, 전하는 도량이 넓지 못하고 이기려는 사사로운 마음이 있고, 신하 들을 의심하는 병통이 있습니다: 「성학집요·진차」 을해(1575)[2]

성학집도 목록도[3]

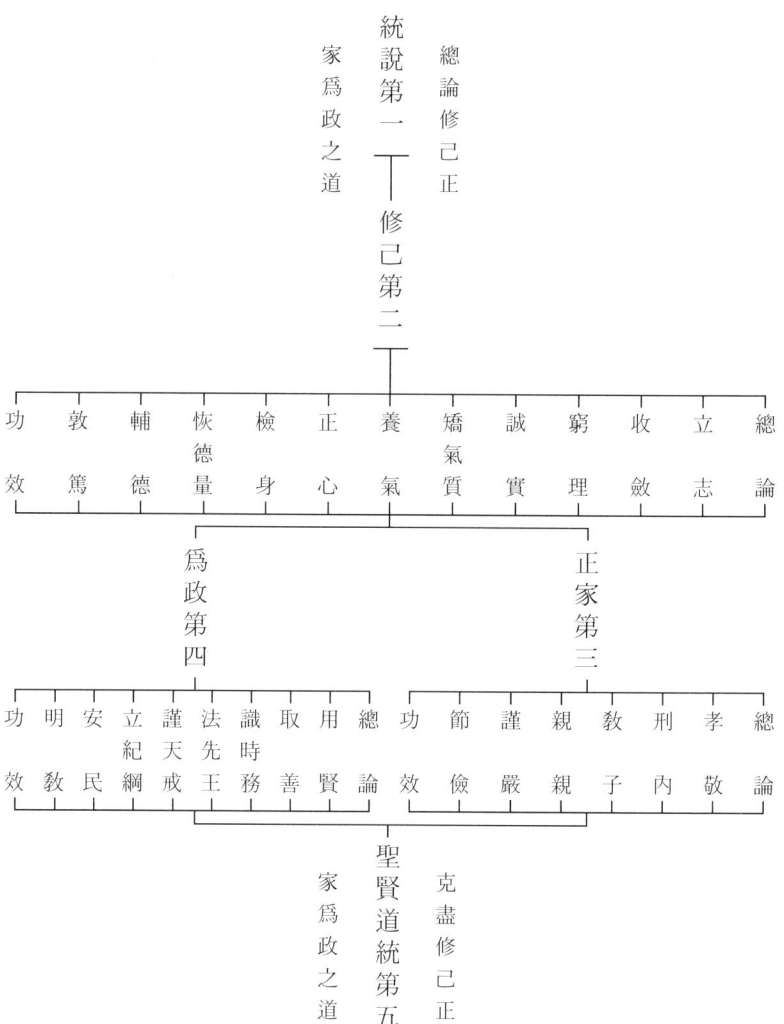

總論修己正

統說第一 ┬ 修己第二 ┬
家爲政之道

總論　立志　收斂　窮理　誠實　矯氣質　養氣　正心　檢身　恢德量　輔德　敦篤　功效

爲政第四　　　　　　　正家第三

總論　用賢　取善　識時務　法先王　謹天戒　立紀綱　安民　明教　功效　　總論　孝敬　刑內　教子　親親　謹嚴　節儉　功效

克盡修己正
聖賢道統第五
家爲政之道

2　「성학집요·진차」 1575년(선조 8, 40세) 9월 27일, 『율곡전서』 권6; 권19.

3　「성학집요·목록도」 1575년(선조 8, 40세) 7월 16~17일, 『율곡전서』 권6; 권19.

홍문관 부제학 신臣 이이가 (…) 가만히 생각건대, 제왕의 도는 근본이 심술心術의 은미한 공부에 있고, 그것은 문자로 기록되어 있습니다. 성현들이 잇달아 일어나 시대에 따라 가르침을 세우고, 반복해서 미루어 밝히셨으니 서적이 점차 많아졌습니다. 경전과 훈고, 제자서, 역사서 등이 이루 셀 수 없이 많아졌습니다. 그 무엇인들 도를 실은 글이 아니겠습니까? 지금 이후로는 성현이 다시 나오더라도 더 이상 미진한 말이 없을 것입니다. 그러니 다만 마땅히 성인의 말로 이치를 살피고, 그 이치를 밝혀 실행에 옮김으로써, 자신을 이루고〔成己〕 만물을 이루는〔成物〕 공력을 다할 뿐입니다.

후세에 도학道學이 밝지 않고 행해지지 않는 것에 대해서는 독서가 넓지 못한 것을 걱정할 것이 아니라, 이치를 살피는 데 정밀하지 못한 것을 걱정해야 합니다. 또 견문이 넓지 못한 것을 걱정할 것이 아니라 실천이 독실하지 못한 것을 근심해야 합니다. 살피는 데 정밀하지 못한 것은 그 요령을 터득하지 못했기 때문이고, 실천하는 데 독실하지 못한 것은 그 정성을 다하지 않았기 때문입니다. 그 요령을 얻은 후에야 그 맛을 알 수 있고, 그 맛을 안 후에야 그 정성을 다할 수 있습니다. 신이 이 말을 해온 것이 오래되었습니다. 전부터 자료를 모아 한 책을 엮어서 요령을 얻는 도구로 삼아, 위로는 우리 임금(선조)께 바치고 아래로는 후학들을 가르치고자 했습니다. (…)

올해 초가을에 비로소 편찬을 완성하여, 그 이름을 『성학집요』라 하였습니다. 무릇 제왕이 학문하는 본말과 정치의 선후, 덕을 밝히는 실효, 백성을 새롭게 하는 실적의 대략은 모두 개요에 나타나 있습니다. 미미한 것을 미루어 큰 것을 알고, 이것으로 말미암아 저것을 밝힌다면, 천하의 도는 실로 이 책에서 벗어나지 않을 것입니다. 이 책은 신의 글이 아니라 바로 성현의 글입니다. 비록 신의 식견이 비루하고 편찬 순서가 엉성하더라도, 편집한 말들은 한 구절 한 구절이 약藥과 같아서 절실한 가르침 아닌 것이 없습니다.

정자程子는, "배움이 지극한 경지에 이르지 못했더라도 그 말이 지극하다면 그 말을 따라서 도에 들어갈 수 있다"라고 했습니다. 가령 이 책이 신의 손에서 나왔더라도 또한 사람으로 인해 말까지 폐기되어서는 안 될 것이니, 하물며 성현의 말씀이겠습니까? 이에 만번 죽을죄를 무릅쓰고 삼가 세 권의 책을 흰 보자기에 싸서 절하고 조정에 바칩니다. 부디 임금께서 열람하시어 앞선 성현들의 가르침을 깊이 음미하시고, 더욱 더 이어 빛나는 공부를 하셔서 높고 밝으며 넓고 두터운 경지에 이르신다면, 소신의 간절히 충성하기를 원하는 뜻도 조금은 펼칠 수 있을 것입니다.

가만히 생각건대, 제왕의 학문은 기질을 변화시키는 것〔變化氣質〕보다 절실한 것이 없고, 제왕의 정치는 정성을 들여 어진 이를 등용하는 것〔推誠用賢〕보다 더 우선하는 것이 없습니다. 기질을 변화하는 데는 마땅히 병통을 살펴 약 쓰는 것을 공력으로 삼고, 정성을 들여 어진 이를 등용하는 것은 마땅히 위아래가 서로 의심하지 않는 것으로 실효를 삼아야 합니다. 삼가 보건대, 전하의 총명과 예지는 많은 사람 중에서 뛰어나고, 효도하고 우애하며 공손하고 검소함은 타고난 천성에서 나옵니다. 성색聲色(음악과 여색)과 이욕利欲의 마음은 근원에서 끊어져, 지난 역사를 살펴보아도 비교할 만한 분이 드뭅니다.

이것은 신이 마음을 임금〔皇極〕에 쏟고 정情을 왕궁〔紫闥〕에 두면서 꼭 참다운 덕이 성취되는 것을 보고 삼황三皇·오제五帝의 발자취를 따르게 하고자 하는 까닭입니다. 다만 병통을 논한다면, 전하의 영특한 기질이 너무 드러나고, 선한 것을 받아들이는 도량이 넓지 못하며, 노여움을 쉽게 발하여 남에게 이기기를 좋아하는 사사로운 마음〔好勝之私〕을 버리지 못하셨습니다. 이 병통이 제거되지 않는다면 실로 도에 들어가는 데 방해가 될 것입니다. 이런 까닭에 온화한 말과 공손한 태도로 간언하는 자는 채택되고, 직언直言으로 면전에서 과실을 책망하는 자는 반드시 거슬리게 되는 것입니다. 이것은 아마도 성스러운 임금과 밝은 왕이 자신을 비우고 남의 말을 따르는 도리가 아닌 듯합니다.

이제 전하의 병통이 여러 일에 나타난 것을 가지고 말씀드리겠습니다. 전하께서 부인(후궁)과 내관을 대우하는 데 본래 엄격하여 조금도 연연해하는 마음이 없으십니다. 그러나 간언하는 자가 전하께서 누군가를 편파적으로 애호한다고 지적하면, 곧장 언성을 높이고 도리어 편파적으로 감싸려는 뜻을 보이십니다.

또 나랏일이 날로 무너지는 것을 보시고 바로잡아 개혁하려는 뜻이 없는 것은 아니나, 간언하는 자가 전하께서 고집스럽게 지킨다고 비판하면, 곧장 굳게 거절하여 도리어 고집스럽게 지키려는 뜻을 보이십니다. 말을 하고 일을 처리하는 것이 대체로 이와 같습니다. 이는 비록 신하들이 전하의 마음을 알지 못한 탓도 있겠으나, 또한 전하의 도량이 넓지 못하고 이기려는 사사로운 마음〔好勝之私〕을 극복하지 못한 때문이기도 합니다. 이제 전하의 자질은 순수하고 학문은 높고 밝으시니, 순임금이나 무왕과 같이 되는 것을 아무도 막을 수 없습니다. 그런데 어찌하여 뜻을 세우기를 돈독하게 하지 않고, 선을 취하기를 널리 하지 않으십니까?

신하들이 전하의 잘못을 바로잡아 허물이 없게 하려 하면 반드시 신하들이 자신을 몰라준다고 의심하십니다. 선한 말을 아뢰고 어려운 일을 권하여 요순의 도로 인도하려 하면, 반드시 전하께서는 감당하지 못한다고 거절하십니다. 또한 전하께서 한가하실 때나 혼자 계시는 은밀한 때에 읽으시는 서책은 무엇이고, 공력을 들이시는 일은 무엇입니까? 자질이 아름다운데도 확충하여 기르지 못하고, 병통이 깊은데도 고치지 못한다면, 어찌 신하들만이 아래에서 남몰래 통탄하겠습니까? 황천의 조상님들 또한 반드시 위에서 근심하실 것입니다.

엎드려 바라건대 전하께서는 먼저 큰 뜻을 세우시어, 반드시 성현을 표준으로 삼으십시오. 하은주 삼대三代를 기필하시고, 전심하여 글을 읽고 사물에 나아가 이치를 궁구하십시오. 말이 내 마음에 거슬리더라도 반드시 도리에 맞는가를 생각하시고, 말이 내 뜻에 순하더라도 반드시 도리가 아닌지 생각하십시오. 곧은 말을 즐겨 듣고, 간하는 것을 꺼리지 말며, 선한 것을 받아들이는 도량을 넓히십시오. 의리가 돌아가는 바를 깊이 살피고, 자기를 굽히는 것을 부끄럽게 여기지 말며, 남에게 이기려는 사사로운 마음을 버리십시오. 일상생활 가운데 실천하는 것이 성실하여 한가지 일도 그르침이 없게 하고, 한가한 가운데 마음가짐이 돈독하여 한가지 생각도 어긋남이 없게 하십시오. 중도에 게으르게 하지 말고, 작은 성취에 만족하지 마십시오. 모든 병통의 근원을 제거하고 아름다운 자질을 온전히 하여 제왕의 학문을 이루신다면, 더없는 다행이겠습니다. (…)

옛날부터 임금과 신하가 서로 마음을 알지 못하면서도 공적을 이루었다는 것은 들어본 적이 없습니다. (…) 이것은 모두 충성과 신의가 본래 마음에서 맺어져 참소하고 헐뜯는 말이 먹힐 틈이 없었기 때문입니다. 더구나 성스러운 임금과 어진 신하가 뜻을 같이하고 도를 함께하며 물고기가 물을 만난 듯이 서로 기뻐하여, 하루에 세번씩 만나 가르치고 배우며, 말하면 들어주고 간언하면 다 따라주었습니다. 그러니 어떤 선한 것인들 행해지지 않으며, 어떤 일인들 이루어지지 않겠습니까? 이것이 후세의 임금들이 마땅히 본받아야 할 점입니다.

그런데 후세의 임금들은 그렇지 않아서, 높은 자리에 앉아 팔짱을 끼고, 깊은 궁궐에 거처하며 신하들과 소원하게 지냅니다. 그 선함을 알면서도 등용하려는 뜻을 보이지 않고, 그 악함을 보면서도 내치는 명을 내리지 않습니다. 스스로 생각하기를, 나라의 중요한 기밀을 신하들이 감히 엿볼 수 없게 하는 것이 임금의 체통을 지키는 것이라고 여깁니다. 그리하여 마침내 군자는 감히 그 정성을 다하지 못하고, 소인은 그 틈을 엿볼 빌미를 얻게 되어, 간사함〔邪〕과 바름〔正〕이 뒤섞이고, 옳음〔是〕과 그름〔非〕이 모호해져서 나라를 다스릴 수 없게 됩니다. 이것을 경계해야 할 것입니다.

지금 전하께서 선함을 좋아하는 것이 지극하긴 하지만, 선비들이 반드시 옳지만은 않다고 의심하십니다. 악한 것을 미워하는 것이 깊긴 하지만, 비루한 자들이 반드시 그르지만은 않다고 의심하십니다. 그러다 보니 곧은 선비[直士]와 겉으로만 곧은 척하는 자[色厲者]가 모두 '교격하다는 평판[矯激之名, 괴팍하고 과격함]'을 얻게 되어, 어진 이가 충성을 다할 수 없게 됩니다. 또 아첨하는 자와 노련한 원로가 모두 순후淳厚(순수하고 후덕함)하다고 평가되어, 어리석은 자가 더욱 그 기개를 떨어뜨립니다. 여기에 임금이 신하를 접견하는 일이 아주 드물어 정과 뜻이 막히는 것이 더해집니다. 정령政令은 천심과 부합하지 못하고, 승진과 좌천은 백성들의 뜻에 따르지 않게 됩니다. 선비들의 말은 행해지지 않고, 한갓 큰소리치며 비방하는 말만 취하여, 백성들을 해치는 법을 제거하지 않고, 도리어 개혁의 부작용에 대해서만 근심합니다.

이 때문에 선한 것을 좋아하면서도 어진 이를 등용하는 실효가 없고, 악한 것을 미워하면서도 간사한 이를 제거하는 유익함이 없습니다. 의논은 갈라지고, 시비는 정해지지 않습니다. 충성스럽고 어진 이들에게 믿고 맡기는 일이 없고, 간사하고 좀스러운 자들에게 엿보고 노릴 틈을 주게 됩니다. 전하께서 육척의 고아(어린 임금)를 부탁할 만한 자가 누구이며, 백리 되는 고을의 명命을 맡길 만한 자는 누구입니까? 임금이 마음을 붙인 바가 있을 터인데, 신하들은 그것을 알지 못합니다. 이것이 어찌 위아래가 서로 의심하지 않는 실상이겠습니까?

삼가 바라건대, 전하께서는 반드시 믿을 만하고 충성스러운 대신에게 팔다리와 같은 중임[股肱之重]을 맡기시어, 간언하면 수용하고 계책을 따르며, 처음부터 끝까지 한결같이 하십시오. 또한 학문이 밝고 행실이 깨끗한 이를 선발하여 경연[經筵]에 두어, 수시로 출입하여 항상 좌우에서 모시게 하고, 마음을 다해 임금의 뜻을 일깨우고 인도하게 하십시오. 그리하여 온 나라 선비들이 모두 흥기할 마음을 품게 하십시오. 산림에 은거해 있는 현인[巖穴之賢]도 지극한 정성으로 불러 쓰시고, 재능을 헤아려 관직을 주되, 반드시 자신의 역할을 할 수 있는 자리에 두십시오. 끝내 불러올 수 없는 자들도 표창하고 장려하여 높은 기개를 이루어주십시오.

시대의 마땅함을 살피고 역량을 가늠하여 비록 세상의 도를 갑자기 바꿀 수는 없더라도 조정에는 항상 올바른 논의〔淸議〕가 펼쳐져, 선함을 좋아하시는 실상을 다하십시오. 감히 딴마음을 품은 자가 혹 사악한 논의를 주장하여 선왕의 도를 드러내놓고 배척하거나, 혹은 얼굴을 바꾸어가며〔改頭換面〕무언가 해보려는 기세를 은밀히 저지하는 자로 형적이 이미 드러나더는 숨길 수 없다면, 마땅히 유배 보내거나 처단하여 악을 미워하시는 실상을 다하십시오. 반드시 어진 이를 등용하고 불초한 자를 물리친다면, 위로는 가려진 바가 없고, 아래로는 의심하는 바가 없어, 위아래 사이에 간과 쓸개를 꺼내 보일 정도로 훤히 알게 하여〔肝膽洞照〕, 마침내 온 나라 사람들이 청천백일과 같아 조금도 다 드러내지 않은 속마음이 없게 하십시오.

군자는 믿는 바가 있어서 정성을 다하여 재능을 펼 것이며, 소인은 두려워하는 바가 있어 얼굴빛을 고쳐 선을 따르게 될 것입니다. 바른 기운이 자라고 국맥이 튼튼해지며, 기강이 진작되고 선한 정치가 행해지도록 하십시오. 이로써 제왕의 다스림을 이룬다면 더 없는 다행이겠습니다. 아! 밝은 임금이 나오는 것은 천년에 한번 있을 만한 귀한 일인데, 세상의 도가 추락하는 것은 물이 아래로 흐르듯이 쉽게 일어나는 일입니다. 지금 급히 구제하지 않으면 나중에 후회해도 소용이 없을 것입니다.

옛사람은 '어리석은 임금을 원망하지 않고 현명한 임금을 원망한다'라고 했습니다. 대개 어리석은 임금은 하고자 해도 할 능력이 없으므로 백성들이 기대하는 바가 없습니다. 그러나 현명한 임금은 할 수 있는데도 힘쓰지 않기 때문에 백성들의 원망이 더욱 깊은 것입니다. 그러니 어찌 크게 두려워하지 않을 수 있겠습니까? 신이 지금 엮은 책을 올리면서 마땅히 다른 말을 덧붙이지 않아야 하지만 오히려 구구절절 몇 마디 말씀을 드렸습니다. 이것은 전하께서 참으로 기질을 변화시키려는 공부가 없거나, 정성을 다해 어진 이를 등용하지 않는다면, 비록 이 책을 올린다 해도 또한 헛된 말이 되고 말기 때문입니다. 이 때문에 외람된 말까지 드렸으니, 전하께서는 어리석고 망령된 점을 용서하시고 너그럽게 살펴주십시오. 뜻대로 하기 바랍니다.

8장
전승
이이의 뒤안길

평가: 선조실록 이이의 졸기, 갑오일(1584년 1월 16일), 이이의 죽음을 알리는 한 줄 기사: 「선조실록」 갑신(1584)[1]

이조판서 이이가 세상을 떠났다.

평가: 선조수정실록 이이의 졸기, 이이가 보여주었던 도덕과 충의의 실상은 억지로 왜곡할 수 없다: 「선조수정실록」 갑신(1584)[2]

---

[1] 「선조실록(宣祖實錄)」, 1584년(선조 17, 49세) 1월 16일, 『선조실록』 권18. 이이의 졸기가 기록된 『선조실록』은 1609년(광해군 원년) 7월 12일에 편찬을 시작하여 1616년(광해군 8) 11월에 완성되었다. 편찬 총괄 책임자인 총재관(總裁官)은 북인의 영수였던 영의정 기자헌(奇自獻)이었으며, 대북의 실질적 영수였던 이이첨(李爾瞻)이 박건(朴楗) 등과 함께 실록청 당상으로서 실무를 총괄했다. 당시 집권 세력이었던 대북파는 '이조판서 이이가 졸하였다'는 단 한줄의 기록만을 남겼을 뿐, 이이의 학문적 성취나 생전의 공로를 기리는 상세한 기록은 의도적으로 배제했다.

[2] 「선조수정실록(宣祖修訂實錄)」, 1584년(선조 17, 49세) 1월 1일, 『선조수정실록』 권18. 『선조수정실록』은 1623년 인조반정 직후부터 편찬이 논의되었으나 국난으로 미뤄지다, 1643년(인조 21) 서인계 대제학 이식(李植)의 상소를 계기로 본격적인 개수 작업이 재추진되었다. 이후 집필 과정을 거쳐 1657년(효종 8) 서인의 영수이자 영의정인 총재관 김육(金堉)의 주

기묘일(1584년 1월 1일) 초하루, 이조판서 이이가 세상을 떠났다. 이이는 병조판서로 있을 때부터 과로로 인하여 병이 생겼다. 이때 이르러 병세가 악화되어 임금(선조)이 의원을 보내 치료하게 하였다. 이때 서익徐益이 순무어사巡撫御史로 관북關北(함경도)에 가게 되었는데, 임금이 이이에게 찾아가 변방에 관한 일을 묻게 하였다. 자제들은 병이 조금 차도가 있으나 몸을 수고롭게 해서는 안 되니 접견하지 말도록 청하였다. 그러나 이이가 말했다. "나의 이 몸은 다만 나라를 위할 뿐이다. 설령 이 일로 인하여 병이 더 심해진다고 하더라도 이 또한 운명이다." 억지로 일어나 맞이하여 여섯개 조항의 방략(六條方略)을 입으로 불러주었다. 이를 다 받아쓰자 호흡이 끊어졌다가 다시 깨어났으나 하루를 넘기고 세상을 떠났다. 향년 49세였다.

　임금이 이 소식을 듣고 놀라서 슬퍼하며 소리를 내어 통곡하였으며 사흘 동안 고기반찬을 먹지 않았으며(素膳), 장례 지원(恤典)을 더 후하게 하였다. 모든 관원과 동료, 성균관과 사학의 제생, 호위병과 시중의 백성, 그밖의 하급 관리와 아전 및 종에 이르기까지 모두 달려와서 통곡하였다. 가난한 마을의 일반 백성들도 더러는 서로 조문하며 눈물을 흘리면서 '우리 백성들이 복이 없기도 하다'라고 하였다. 상여가 나가는 날 밤에는 멀고 가까운 곳에서 모여 와 전송하였는데, 횃불이 하늘을 밝히며 수십리에 걸쳐 끊이지 않았다. 이이는 서울에 집이 없었고, 셋집에는 남은 곡식이 없었다. 친우들이 수의襚衣와 부의賻儀를 모아 염을 하고 장사를 지냈으며, 작은 집을 사서 그 가족에게 주었으나 오히려 가족들이 살아갈 방도가 없었다. 서자庶子 둘이 있었다.【부인 노씨盧氏는 임진왜란 때 죽었는데 그 문에 정표旌表하게 했다.】

이이의 자字는 숙헌叔獻이고 호號는 율곡栗谷이다. 나면서부터 비범하였고, 마음이 넓고 크며 큰 뜻이 있었다. 총명하여 지혜가 숙성해 7세에 이미 경서經書를 통달하였고 글을 잘 지었다. 지극한 천성으로 효성스러웠다. 12세에 아버지가 병이 나자 팔을 찔러 피를 내어드렸고, 조상의 사당에 나아가 울면서 기도하였더니, 아버지의 병이 곧 나았다. 학문함에 있어 문장 다듬는 것에 힘쓰지 않았으나, 일찍부터 글을 잘 지어 사방에 이름이 알려졌다. 어머니가 돌아가시자 슬픔과 상심으로 인해 잘못 선학禪學(불교)에 물들어 19세에 금강산에 들어가 불교의 계율〔戒〕과 선정〔定〕에 종사〔從事〕하였는데, 산중에서 떠들썩하게 생불生佛이 나왔다고 하였다. 그러나 얼마 후에는 그러한 생활이 잘못된 것임을 깨닫고 돌이켜 정학正學(도학)에 전념하였다.

스승의 가르침을 받지 않고서도 도의 큰 근본을 환하게 꿰뚫어보았고, 정미하게 이치를 분석하였으며, 독실하게 믿고 힘써 실행하였다. 과거에 급제한 후에는 현달한 직위〔淸顯職〕를 여러 번 사양하고, 자신의 도를 작게 쓰려 하지 않았다. 해주海州의 산중으로 물러나 살면서 강학講學하며 제자들을 가르쳤다. 이에 은병정사隱屛精舍를 세워 주자朱子를 제사〔祠祀〕 지냈으며, 정암靜菴(조광조)과 퇴계退溪를 배향配享하여 본보기로 삼았다. 벼슬에 나아가고 물러남과 재물을 사양하고 받아들이는 일을 한결같이 옛사람이 하던 대로 하는 것을 스스로의 규범으로 삼았다.

이이는 어려서부터 장공예張公藝가 구세 동거九世同居한 것을 흠모하여 항상 그 그림을 걸어놓고 완상하였다. 이때에 이르러 맏형수에게 신주神主를 받들어 함께 살기를 청하여 모시고 형제들과 조카들을 모아 의식주를 함께하였다. 명절〔歲時〕과 초하루 보름〔朔望〕에는 이른 아침마다 조상께 고하고 절하는 것을 한결같이 『주자가례朱子家禮』대로 하였다. 아래로 노비에 이르기까지 출입하며 인사하는 것〔參謁〕에 모두 예식이 있었으며, 별도로 훈사訓辭를 만들어 언문으로 번역해서 가르쳤으니, 집안〔閨門〕이 마치

관부와 같았다. 한 집에 모여 함께 식사하고, 거문고를 타고 노래하며 놀 때에도 모두 예절이 있었다.

당세에 예학을 강구하여 상례와 제례에 정성을 다한다고 이름난 사람도 가정 교육의 예절에 있어서는 모두 이이를 따를 수 없었다. 매양 아버이를 일찍 여읜 것을 슬퍼하였고, 둘째 형〔仲兄, 이번〕을 아버지 섬기듯이 하여 성심과 성의를 다하고 게을리함이 없었다. 그리고 서모庶母를 친어머니 섬 기듯이 하여 겨울에는 따뜻하게 여름에는 시원하게 보살폈으며 저녁과 아 침마다 정성으로 문안을 드렸다. 또 녹봉도 마음대로 처리하지 않았다. 학 자들이 그것은 예禮에 어긋난다고 권고하자, 이이는 '내 의견이 이러할 뿐 이니 남들이 따를 본보기가 되기에는 부족하다'라고 하였다.

조정에 나아가서는 임금을 섬길 때는 충성을 다하고 힘을 다하였으며, 시골〔田里〕에 물러나 있을 때도 애타는 심정으로 잊지 않았다. 전후에 걸쳐 올린 상소문〔封章〕과 면대하여 아뢴 말들〔面奏〕을 보면 그 내용이 간절하고 강직하며 간곡하고 애틋하였다. 다스림의 체제〔治體〕는 규모가 높고 원대 하여 하은주 삼대의 정치를 회복하는 것을 목표로 삼았다.

나라의 형세가 쇠퇴해져 난리의 조짐이 있음을 분명히 알았으며, 항상 임금의 마음을 바른 도리로 이끌고, 풍속을 바로잡고 조정을 화합하여 하 나로 만드는 것을 본령으로 삼았다. 그리고 폐단을 고치고 백성을 구제하 며 무비武備를 닦는 것으로 급무로 삼았다. 이를 반복해서 시종일관하여 논하고 진술하였다.

비록 소인이나 속된 무리에게 배척을 당했으나 조금도 거들떠보지 않았 다. 임금도 처음에는 직언을 견제하였으나 만년에는 다시 뜻이 맞아 총애 하고 신임함이 바야흐로 두터워졌는데, 갑자기 세상을 떠났다. 이이는 타 고난 기품이 매우 고상한 데다가 충실히 닦은 학문과 덕행으로 더욱 높은 경지로 나아갔다. 청명한 기운에 온화한 분위기가 배어나오고, 너그럽고 활달하면서 과단성이 있었다. 사람을 대하고 상황에 대처하기를 한결같이 정성스럽고 신실하게〔誠信〕하였으며, 은총과 사랑을 받거나 오해나 미움을 받을 때에도 일절 마음에 두지 않았으므로, 어리석은 자나 지혜로운 자를 막론하고 그에게 마음으로 귀의하지 않는 자가 없었다.

시대를 구제하는 일을 급선무로 여겼기 때문에 관직에서 물러났다가 다시 조정에 나아갔고, 사류士類를 보합保合(보호하고 화합함)하는 것을 자신의 임무로 삼았다. 사심 없이 할 말을 다 하여 주변 사람들에게 꺼리는 대상이 되었고, 마침내 정파적 이익을 우선하는 사람들〔黨人〕에게 원수처럼 여겨져 거의 큰 화를 면하지 못할 뻔하였다. 이이는 인물을 논하고 추천할 때 반드시 학문과 명예로운 품행을 위주로 하였고, 진실되지 못하면서 빌붙으려는 자들은 나중에 배반하는 경우가 많았다. 그래서 세속의 여론〔流俗〕은 그가 현실 사정에 어둡고 실정에 맞지 않다〔疎闊〕고 지목하였다.

그러나 이이가 죽은 뒤에 편당偏黨이 크게 기세를 부려 한쪽을 제거하고는 조정을 바로잡았다고들 하였다. 하지만 그 내부에서 다시 알력이 생기고 사분오열되어 마침내 국가의 무궁한 화근이 되었다. 그리하여 임진왜란에 이르러서는 강토가 스스로 무너지고 나라가 마침내 기울어지는 결과를 빚고 말았으니, 이이가 평소에 미리 염려하여 먼저 말했던 것들이 사실에 부합하지 않는 것이 없었다. 그가 건의했던 여러 상황과 형편에 따른 방책〔便宜策〕들이 다시 추후에 국론으로 채택되었으며, 백성들의 말〔民言〕이 모두 '이이가 보여주었던 도덕과 충의의 실상은 억지로 왜곡할 수 없다'라고 칭송하였다. 저서로 『율곡문집』과 『성학집요聖學輯要』 「격몽요결擊蒙要訣」 「소학집주개본小學集註改本」이 세상에 전한다.

조선 후기 실학, 경장의 계승, 식시무: 반계 유형원, 율곡(이이)은 조선 건국 이래로 시무에 대한 식견이 가장 뛰어났는데, 대체로 반계(유형원)의 말은 율곡의 대책과 합치되는 것이 많았다: 「경장을 논함」[3]

근세의 이율곡李栗谷은 경장에 관해 많은 말을 하였는데, 당시에 위정자들은 옳게 여기지 않았다. 그러나 오늘날 그 논의를 살펴보면, 대책이 명쾌하고 절실하여 열에 여덟아홉은 실행할 만한 것이다. 대체로 율곡은 조선 건국 이래로 시무에 대한 식견이 가장 뛰어났는데(識務之最), 애석하게도 지금 사람들은 그의 사람 됨됨이만 숭상할 뿐, 그가 제시한 실질적인 대책에 대해서는 숭상하지 않는다. 나라를 구제할 좋은 방책들이 매몰되어 쓰이지 못하고 있다. 그가 경장해야 한다고 했던 큰일은 곧 공안貢案(공물 명부)을 개정하는 것이었다. 율곡의 의견은 토지에 부과하는 세금을 규정해 놓지 않으면 거두어들이는 것이 더욱 가혹해져서 민생이 해독을 입게 된다는 것이었다.

그 후에 마침내 대동법大同法이 시행되어 백성들은 다른 말을 하지 않게 되었다. 그러나 여전히 세금(賦稅)은 가벼운데 징수는 무거운 것을 면하지 못하였고, 여러 가지 가혹한 요구와 곳곳에서 벌어진 수탈의 폐단은 여전히 절반이나 남아 있었다. 이는 율곡의 뜻이 제대로 시행되지 못했고, 후대에 대동법을 추진했던 여러 사람들이 그만큼 역량을 발휘하지 못했기 때문이다. 그렇지 않았다면 백성들이 입은 혜택이 마땅히 이 정도에 그치지 않았을 것이다. 일이 이미 그만둘 수 없는 지경에 이르러서야 비로소 경장이 된다는 것을 알게 되는 것이다.

조금 경장하면 조금 유익함이 있고, 크게 경장하면 큰 유익함이 있게 된다. 낡은 관습에 매여 그루터기를 지키고(守株待兔) 배에 금을 긋는 것(刻舟求劍) 같은 태도로는 잃어버린 것을 채우는 데 아무런 도움이 안 되지 않는다. 유반계柳磻溪(유형원)에 이르러서는 그 뜻이 더욱 커졌다. 세상의 잘못된 것을 한번에 씻어버리고 성인聖人의 제도로 돌아가서, 반드시 백성들에게 토지를 나눠주어야 한다는 것이었다. 그 뜻은 비록 좋았지만 끝내 시

---

3   「논경장(論更張)」, 미상(영조 연간), 『성호전집(星湖全集)』 권46.

행하기는 어려웠다. 또한 이 한가지 일〔토지 개혁〕은 그만두더라도, 그 나머지 방책들은 정확하게 시폐의 정곡을 찌르는 것이었다. 비록 당대에 시행되지 못했으나, 후대에는 반드시 이를 취해 본받을 자가 있을 것이니, 그는 영원히 스승이 될 것이다.

대체로 반계〔유형원〕의 말은 율곡의 대책과 합치되는 것이 많았는데, 그 중에 한두가지만 들어보면 다음과 같다. 쓸데없는 관리〔冗官〕는 줄이고, 관직은 오래 임용〔久任〕하며, 인재 등용은 덕행德行을 우선하고, 작은 군현郡縣들은 병합하며, 노비는 종부법從父法을 허용하지 말 것 등이다. 이것들은 모두 율곡이 이미 말했던 것이니, 망령되게 고치거나 혹여라도 잘못될 우려가 없다. 이는 온 나라 사람들이 옳다고 말하는 일이니, 건의하여 반드시 시행해야 할 일들이다. 그런데 어찌하여 그들의 말은 큰 종鐘처럼 무겁게 여기면서, 그 뜻〔경장〕은 가을날 털끝처럼 가볍게 여겨, 백년이 지나도록 여전히 머뭇거린단 말인가?

이것은 다만 쓸데없는 관리를 줄이고 군현을 병합하면 관원官員의 수가 적어져서 벼슬에 나가는 데 방해가 되고, 관직을 오래 임용하면 영화로운 벼슬을 두루 하지 못할까 두려우며, 덕행을 앞세우면 글 잘하는 사람들이 벼슬길에 조금 막히게 되고, 노비의 종부법을 없애면 혹 종을 잃는 수도 있기 때문이다. 이런 사소한 이익이 걸린 것들도 오히려 머뭇거리는데, 하물며 크게 경장하여 진작하는 것을 바랄 수가 있겠는가?

전파, 항전: 청나라 절강 문인, 집안에 소장하고 있던 우리나라의 대유大儒인 율곡의 「성학집요」 한질을 인편에 보내니, 깊이 체득하여 힘써 행하고 출판하여 천하에 널리 유포한다면, 조선의 영광이자 다행이 아니겠습니까:「철교〔엄성〕에게 준 편지」 정해(1767) 「여철교서與鐵橋書」, 1767년(영조 43) 봄, 『담헌서』 외집 권1, "항전척독杭傳尺牘".4

대용(홍대용)은 고합니다. 정월 초이틀(1767년 1월 2일)에 역관曆官이 돌아오는 편에 지난 8월 초하루(1766년 8월 1일)에 보내주신 편지를 잘 받았습니다. 살피건대, 수레를 돌려 절강浙江의 향리로 돌아가서 부모님을 모시고 모두 다 평안하다니 마음으로 위로와 축하를 글로 다하기 어렵습니다. (…) 용(홍대용)은 봄에 둘째 딸을 출가시키고 병든 아이의 치료를 위해 충청도 수촌壽村에서 서울로 이사하였습니다. 부모님을 모시고 지내는 것이 그럭저럭 편안하고 요행히 다른 괴로움도 없으니 다행스럽습니다. 근래에 쓸데없는 일에 시달려 조용히 앉아 책을 볼 수 없어 일상 공부가 퇴보하기만 하고 진전을 보지 못하겠습니다.

그리고 「성학집요聖學輯要」한질 4책을 보냅니다. 이 책의 저자인 율곡栗谷 선생 이이李珥는 우리나라〔동방〕의 대유大儒입니다. 학문을 논하고 이치를 논함이 모두 볼만한 곳이 많습니다. 『율곡문집』 23책이 있는데, 권질卷帙이 많아서 멀리 보내드리지 못하고, 그중 「성학집요」 한질은 편집이 간결하고 엄격하여 소홀함이 없으며, 원문에 덧붙인 설명〔附說〕이 또한 잘 맞고 간절하여, 비단 임금의 귀감〔人君之龜鑑〕이 될 뿐만 아니라 선비의 학문〔韋布之學〕도 또한 여기에서 벗어나지 않습니다. 이에 집안에 소장하고 있던 옛 판본을 인편에 보냅니다. 바라건대, 역암力闇(엄성)은 평온한 마음으로 익수하게 보고 깊이 체득하여 힘써 행하길 바랍니다. 또한 이를 인하여 출판하여 천하에 널리 유포한다면, 어찌 조선의 영광이자 다행이 아니겠습니까?

---

4   「여철교서(與鐵橋書)」, 1767년(영조 43) 봄, 『담헌서(湛軒書)』 외집 권1, "항전척독(杭傳尺牘)".

이이 연보

연도	이이	국내외 주요 사건
1536년 (중종 31년)	• 12월 26일 강릉 오죽헌에서 아버지 이원수, 어머니 신사임당의 3남으로 출생.	• 장 깔뱅이 스위스 제네바로 망명하며 종교개혁 제창.
1541년 (중종 36년)	• 한양의 본가로 올라와 다음 해부터 어머니 신사임당에게서 글을 배움. (6세)	• 『우마양저염역병치료방』과 『구황절요』 발간.
1543년 (중종 38년)	• 화석정을 소재로 한 시(화석정)를 지어 신동으로 소문남.	• 주세붕이 백운동서원을 세움.
1545년 (중종 40년)	• 강릉 외가에서 「경포대부」를 지음. (10세)	• 인종 사망 후 명종 즉위. • 을사사화가 일어남. • 평안도에서 양전 실시.
1548년 (명종 3년)	• 진사과 초시에 입격하여 재능이 널리 알려짐.	• 『속무정보감』 발간. • 로마 교회, 아우구스부르크에서 신구교의 융화 시도.
1551년 (명종 6년)	• 어머니 신사임당이 48세로 별세. 파주 자운산에 장례 후 부재모상(父在母喪)의 예법에 따라 기년상(1년)을 치르고, 심상(心喪)을 더하여 3년상을 치름. (16세)	• 프랑스에서 신교가 금지됨.
1554년 (명종 9년)	• 어머니를 여읜 뒤 생사의 경계를 고민하다가 봉은사(奉恩寺)를 왕래하며 불서(佛書)를 접했고, 세속을 벗어나 산수에서 진리를 구하고자 금강산에 입산함.	• 『구황촬요』 언해본 간행. • 청주목사 이정(李楨)이 『연평답문』을 중간함.
1555년 (명종 10년)	• 금강산 출산 후 강릉 외가에 머물며 유학에 전념함. (20세)	• 을묘왜변 발발. • 『경국대전주해』와 『운곡휘음시』(증보판) 출간. • 신성로마제국, 아우구스부르크 종교회의에서 루터파 신교 공인.
1557년 (명종 12년)	• 성주목사 노경린의 딸과 성주에서 혼인(4월 29일) 후 처가살이를 시작함.	• 11월 8일, 12월 30일에 지진 발생. • 포르투갈, 마까오항 건설.
1558년 (명종 13년)	• 2월 초, 강릉 외가로 가던 길에 예안 토계(兔溪)의 계상(溪上)으로 이황을 예방. • 윤7월, 별시 문과 초시에서 「천도책」으로 장원.	• 영국, 그레샴 법칙 발표.
1561년 (명종 16년)	• 아버지 이원수가 별세함. 3년상을 치름. (26세)	• 이지함이 『토정비결』 집필.

1564년 (명종 19년)	• 7월, 식년 사마시 생원시에 장원 진사시에 입격함. • 8월, 식년 문과 초시, 복시, 전시에서 모두 장원을 함. 이전 시험을 포함하여 총 아홉차례 장원하였다 하여 '구도장원공'으로 불림. • 호조좌랑(정6품)으로 첫 관직에 나아감.	• 성수침 별세. • 이탈리아의 미켈란젤로 사망.
1565년 (명종 20년)	• 문정왕후가 서거한 후 승려 보우에 대한 죄상을 밝히는 유생들의 상소가 잇따르자 이이도 보우의 죄를 물어야 한다고 간쟁함. 윤원형을 탄핵하는 상소를 올림. (30세) • 1567년까지 예조좌랑·이조좌랑·사헌부 지평 등 언관·인사·재정 부서를 두루 역임.	• 문정왕후 별세. • 보우가 제주도에 유배되어 장살됨.
1568년 (선조 1년)	• 천추사 서장관으로 명나라에 다녀옴. 귀국 후 홍문관 부교리에 제수되었으나 사직하고 외할머니를 간병하기 위해 강릉으로 감.	• 『명종실록』 찬수. • 네덜란드, 스페인을 상대로 독립전쟁을 일으킴.
1569년 (선조 2년)	• 홍문관 교리로 있으면서 인재 등용, 농업·군사·법제 개혁안을 담은 보고서 『동호문답』을 집필하여 선조에게 바침. • 10월, 외조모 용인이씨 별세, 강릉으로 감. (34세)	• 이탈리아 피렌체, 토스까나 대공국이 됨. • 메르까또르도법 발표.
1572년 (선조 5년)	• 8월, 이준경의 붕당에 관한 「유소」를 비판하는 「논붕당소(論朋黨疏)」를 지음. • 여름에서 가을 사이, 성혼과 이기심성에 관해 논쟁함.	
1574년 (선조 7년)	• 1월, 우부승지로 임금의 구언(求言)에 응하여 재해 등 현실 문제를 시의에 맞게 변통하고 무실에 힘써 경장할 것을 요청하는 「만언봉사」를 올림. • 3월, 사간원 대사간에 임명되어 언관·경연관으로 국정 전반에 의견을 제시함.	• 1570년 별세한 퇴계 이황을 추모하는 도산서원 건립.
1575년 (선조 8년)	• 9월, 임금에서부터 선비와 백성에 이르는 공부의 요체를 『대학』과 『중용』의 체계로 구체화한 『성학집요』를 집필하여 선조에게 바침. (40세) • 동서 붕당의 화합을 시도(을해당론).	• 동서분당의 시작.
1577년 (선조 10년)	• 1월, 해주 고산 석담(石潭)으로 퇴거하여 가족 친지가 함께 모여살 수 있는 생활 공간을 마련하고 「동거계사」를 지음. • 12월, 유학 입문서 『격몽요결』을 완성. • 해주 지역 교화와 자치 규범을 담은 향약 「해주향약」을 제정하고, 해주 야두촌에 사창(社倉)을 설치함.	• 덴마크의 튀코 브라헤, 대혜성을 관측.

1580년 (선조 13년)	• 기자에 관한 사서를 정리한 『기자실기』를 편찬. (45세)	• 포르투갈, 일본 나가사끼에 상관 개설. • 스페인 국왕 필립 2세가 포르 투갈 국왕에 취임.
1582년 (선조 15년)	• 이조판서에 임명되어 인사 행정을 총괄함. • 어명으로 「인심도심도설」을 지어 올림. • 「김시습전」과 지방 교육제도 운영 지침서인 『학 교모범』을 집필.	• 일본, 혼노오지의 변이 일어 나 오다 노부나가 사망. • 그레고리력 사용 시작. • 이탈리아의 마떼오 리치가 중 국 선교를 위해 마카오에 도착. • 이탈리아의 갈릴레이가 흔들 이의 동시성 발견.
1583년 (선조 16년)	• 병조판서에 임명되어 군사·국방 체제의 문제를 지적한 상소 「육조계」(일명 「시무육조」)를 올림. • 경연에서 10만 양병의 필요성을 주장(김장생이 지은 「행장(율곡)」).	• 니탕개의 난이 일어남. • 『석봉천자문』 간행.
1584년 (선조 17년)	• 1월, 이조판서로 재직 중 서울 대사동 셋집에서 병 으로 별세. 파주 자운산 가족 묘역에 안장. (49세)	• 네덜란드 독립운동을 이끈 빌 럼 1세가 살해당함.
1681년 (숙종 7년)	• 우계 성혼과 함께 문묘에 배향됨.	

찾아보기

창비 한국사상선 7

이이

도학의 쇄신과 안민의 길

초판 1쇄 발행 / 2026년 2월 20일

지은이 / 이이

편저자 / 김경호

펴낸이 / 염종선

책임편집 / 박주용 박대우

조판 / 황숙화

펴낸곳 / (주)창비

등록 / 1986년 8월 5일 제85호

주소 / 10881 경기도 파주시 회동길 184

전화 / 031-955-3333

팩시밀리 / 영업 031-955-3399 편집 031-955-3400

홈페이지 / www.changbi.com

전자우편 / human@changbi.com

ⓒ 김경호 2026

ISBN 978-89-364-8120-9 94150